面向21世纪的研究生教学用书·语言学
（第一辑）

近代汉语词汇学

徐时仪　著

INDAI HANYU CIHUIXUE

HUI
汇

CI
词

暨南大学出版社
JINAN UNIVERSITY PRESS
中国·广州

图书在版编目（CIP）数据

近代汉语词汇学/徐时仪著. —广州：暨南大学出版社，2013.10
（面向21世纪研究生教学用书系列·语言学）
ISBN 978-7-5668-0599-7

Ⅰ.①近…　Ⅱ.①徐…　Ⅲ.①汉语—词汇学—近代　Ⅳ.①H134

中国版本图书馆CIP数据核字（2013）第112471号

……………………………………………………………………………

近代汉语词汇学
徐时仪　著

出 版 人　徐义雄
策划编辑　杜小陆
责任编辑　杜小陆　陈　蒙
责任校对　黄　斯　周明恩
出版发行　暨南大学出版社（广州暨南大学　邮编：510630）
网　　址　http：//www.jnupress.com　http：//press.jnu.edu.cn
电　　话　总编室（8620）85221601
　　　　　营销部（8620）85225284　85228291　85228292（邮购）
排　　版　弓设计
印　　刷　佛山市浩文彩色印刷有限公司
开　　本　787mm×960mm　1/16
印　　张　23
字　　数　425千
版　　次　2013年10月第1版
印　　次　2013年10月第1次
定　　价　49.80元

（暨大版图书如有印装质量问题，请与出版社总编室联系调换）

本书是国家社会科学基金项目“古白话词汇研究”(13BYY107)、上海市教委科研创新项目“古白话词汇研究”(13ZS084)和085工程项目“宋代文献整理与研究”及上海地方本科院校“十二五”内涵建设项目“东亚文献与城市发展研究”的研究成果。

词

目录

目录

Jin DAI han yu CI HUI Xue

绪论

语言是一种与自然、物质、精神现象都相关联的特殊社会现象，语言学则是现代科学的领先学科，现代化的语言信息大大地促进了科学技术的发展，而语言学的基础和核心，归根结底是信息载体——词。正如数学把世界高度抽象为一系列的数字一样，语言是把世界抽象成了一个一个的词。有了词，人们就能用有意义的声音来称呼客观世界中的事物、现象以及关系，无论这些事物、现象或关系有着多么复杂的形态和变化方式，人们总能通过词来把握客观世界，表达主观意识和思想情感。

词语研究是语言学研究的重要领域。词是语言中最基本的成分，也是语言成分中最具生命力的底层单位。词是构成词汇系统的主要成员，词汇是许许多多词汇成分的聚合体，是一个集合概念。词汇是构成语言的建筑材料，即语言中所有建筑材料（包括词和熟语等）的总汇。一种语言如果没有词汇，语音就只能是一般的声音，同猿啼鹿鸣没什么差别；语法也就成了无源之水，词与词之间的结构关系、词的形态变化等规则就无法存在了。如果说语音是语言的物质形式、语法是语言的间架的话，那么词汇就是语言的主体。“没有语法，人们可以表达的事物寥寥无几，而没有词汇，人们则无法表达任何事物。”① 词汇对社会的变化极为敏感，生产的发展，新事物的出现，制度的因革，风习的改变，无一不在词汇中迅速反映出来。因而，研究任何一门语言，都应从词汇开始，尤其是对于主要靠词与词的意义组合来表达语义的汉语词汇来说，词汇的地位显得尤为重要。只有掌握了词汇，才能知其义，才能读懂研究对象。几千年来，汉语经历了漫长的发展过程，汉语词汇除了一些基本词汇保持不变外，也在不断地发展变化，其中涉及社会、文化、心理等诸多因素。汉语是高度发达的语言，历史悠久，词汇面广量大，极其丰富，《汉语大词典》所收词语就达三十七万条。

词汇学是语言学的分支学科，以词汇为研究对象，研究词语的源流演变，词语的形式和意义，词语的组合和聚合关系，词语的构造及规范，词语的解释以及词汇系统的层级体系等。② 词汇学在我国可以说是一门既古老又年轻的

① ［加］Hector Harmerly：《词汇教学》，《国外外语教学》1989 年第 1 期。

② 《中国大百科全书》词汇学：“在语文学时期，词汇学是语言学的组成部分，曾经与语音学、语法学并列；在现代语言学里，一般认为音系学、句法学、语义学是语言学的三个组成部分，而词汇学是语义学的一支，也称词汇语义学。前期词汇学注重分类——历时的词义变异的分类（扩大与缩小、褒义与贬义、抽象与具体、本义与转义等）和共时的功能的分类。现代词汇学着重理论模式的建立，力求把前期词汇学已有的分类放在符号与公式的基础上，提高它的精密性和可验证性，同时也探索前期未曾探索的领域，例如不同语言里词汇的共性成分。”

学科，[①] 它源于传统的训诂学，又融合了现代的词法学和语义学。词汇学又可分为：历史词汇学，主要研究词汇的起源和发展；描写词汇学，主要研究某个时期的词汇系统；普通词汇学，研究语言词汇的一般理论。近代汉语词汇学属于历史词汇学的范畴。蒋绍愚曾指出："汉语历史词汇学，是对汉语词汇的历史发展作一些理论上的探讨。它无疑是要在吸取我国传统训诂学和现代语义学成果的基础上建立起来的。但它毕竟还不同于训诂学，因为它主要着眼于一些理论性问题的研究，而不是对具体词语的考释；它也不同于语义学，因为它不是谈一般的语义问题，而是对汉语词汇历史发展中的一些问题进行理论上的探讨。"[②] 汉语历史词汇学把词汇作为一个系统来研究，在大量具体词语考释的微观研究基础上，进行汉语词汇系统历史发展和演变的宏观研究，探索其规律、动因和机制，强调动态的、历史发展的，包括从上古、中古、近代一直到现代的词汇发展。

由于中国的传统文化以儒家经学为根基和核心，儒家思想一直为历代统治者所推崇，居于正统地位，成为封建社会精神生活和道德观念的基本准则，以十三经为代表的儒家著作也被奉为钦定的经典。在尊儒崇经风气的影响下，作为经学附庸的传统训诂学以解经、作注为主要任务，主要着眼于上古经传及诸子的材料，致力于研究解释儒家经典中的词语，强调"训诂声音明而小学明，小学明而经学明"，偏重从文献的角度研究音韵、训诂和校勘之学。"由于词汇研究自身因素的局限和后人思想认识的局限，汉语词汇和词汇史的研究，长时期以来重先秦和现代而轻中间。"[③] 历代的辞书对先秦两汉的词语收录较多，意义诠释也较完备，而对魏晋以后的词语则收录诠释得相对较少，尤其是对口语中的大量白话俗语词往往置之不顾。重古轻今，重通语轻方言，重书面语轻口语，重僻字僻义的训释轻常用词的考释，这是古人在汉语词汇研究中的主要倾向，因而"五四"以前，文言文被认为是雅的，白话文被认为是俗的。历代的白话俗语词一直被认为是不登大雅之堂的，因此对这些词汇的研究有所忽视，只有一些零散的研究著作。诚如郭在贻曾指出："在整个汉语史的研究中，关于词汇史的研究是最薄弱的环节，而在词汇史的研究中，关于俗语词的研究又几乎等于零。"[④] 蒋绍愚也指出："我们对汉语历史词汇的研究做得还非常不够。第一，对汉语各个历史时期的词汇的面貌，还处在

---

① 周祖谟《词汇和词汇学》："科学的词汇学的产生是比较晚的。"（《语文学习》1958 年第 9 ~ 11 号）

② 蒋绍愚：《古汉语词汇纲要》，北京：商务印书馆 2005 年版。

③ 许威汉：《慧琳音义研究 · 序》，上海：上海社会科学院出版社 1997 年版。

④ 郭在贻：《训诂学》，长沙：湖南人民出版社 1986 年版，第 144 页。

若明若暗的状态。先秦和西汉词汇的研究，前人给我们打下了一定的基础，但是还有不少问题需要进一步搞清楚。至于东汉以下，就以往的研究来说，几乎可以说是空白。近年来有不少学者致力于六朝到明清的词语研究，取得了很大的成绩，但总的来说，还是处于初始阶段。第二，对于汉语历史词汇的系统的、理论的研究，则显得更加薄弱。”① 因而，近代汉语词汇自 20 世纪 80 年代以来已成为汉语词汇学研究的新领域，这个领域尚是一个未经充分开发的处女地，主要指的是汉魏六朝以来古白话词语的研究。因为汉魏六朝以后的文言词语，基本上是承袭了先秦两汉的书面词语，没有多少新的发展变化，而汉魏六朝以后的古白话词，则出现了许多新现象。② 只要研究者辛勤耕耘，就一定会有所收获，这一领域的研究工作可以说是大有作为的。早在二十多年前，蒋绍愚曾说到在近代汉语词汇方面似有下列题目可做：

（1）与近代汉语词汇有关的专书的整理和评价，如《一切经音义》、《通雅》、《通俗编》、《证俗文》等。规模再扩大点，则可把唐宋笔记中的有关资料摘出进行汇编。此项工作做好了，对推动近代汉语词汇研究十分有用。

（2）专书词汇的研究。如日人长田夏树写过《游仙窟词汇研究》（只有上篇，下篇未见）。既可以是平面的描写（如长田所作），也可以是比较的研究（比较两本书词汇的异同，以窥测某一历史时期中词汇的发展变化），还可以在此基础上做作品的断代研究，如佐藤论《三言》、江蓝生论《搜神记》即是。

（3）构词法的研究。颜洽茂做过六朝时的构词法研究。近代汉语构词的形式更加多样。研究某一时期的构词法，或者研究某一种构词形式的发展兴衰，都值得一做。

（4）词语考释。然此项工作须靠平时积累，非一年半载仓促可就，作为论文题目似恐非宜。

（5）以今方言印证近代汉语词语，如胡竹安曾到山东考察《水浒传》中的词语，亦有人想到浙江考察《辍耕录》中的词语。然此事工程甚大，而收获多少难以预料，做论文似乎就不太保险。③

蒋绍愚后来在《近代汉语研究概要》中又进一步指出，近代汉语词汇研究应该包括：①词语的考释；②构词法的研究；③常用词演变的研究；④专

---

① 蒋绍愚：《古汉语词汇纲要·前言》，北京：商务印书馆 2005 年版。

② 郭在贻：《训诂学》，长沙：湖南人民出版社 1986 年版，第 144 页。

③ 蒋绍愚致郭在贻函，载《旻盦文存下编·友朋函札选录》，《郭在贻文集》（第四卷），北京：中华书局 2002 年版，第 304 ~ 305 页。

书词汇研究；⑤各阶段词汇系统的研究；⑥近代汉语词汇发展史的研究。[①]

近代汉语词汇学是汉语词汇研究中极其重要的一个部分。由于文言仿古所造成的书面语演变相对稳定的假象，传统训诂学基本上还是把古汉语词汇置于一个共时平面来研究，缺乏词语历时演变的考察，对词汇演变规律的理论探讨也不够准确和深入，而古今汉语词汇既有共同的基本规律，也有各自不同的特点。共同的内容体现了古今词汇的继承，不同的内容体现了古今词汇的发展。汉语词汇作为一个不可分割的整体，在词汇的构成方面形成一个连续的系统，古今的基本词汇大致相同，只是近代汉语的基本词汇更为丰富，而古代汉语以单音词为主，近代汉语以复音词为主，这又体现了二者词汇构成方面的同中有异。近代汉语词汇学的主要任务是描写近代汉语词汇的总体面貌，通过考察近代汉语中具体的词汇现象，探讨近代汉语词汇的发展变化过程和特点，研究近代汉语词汇的构词规则和词义系统，尤其是常用词语的文白兴替，旨在揭示文白此消彼长中近代汉语词汇承古启今的发展过程，探讨近代汉语词汇古今演变的内在规律，总结已有成果和探索研究方法等。就纵的方面来说，就是考察近代汉语新词的产生和旧词的式微，比较近代汉语词汇与古代汉语词汇的主要差别，探索词义演变的轨迹和现代汉语词汇的来源；就横的方面来说，就是研究近代汉语字与词、词与词、词与词汇等互相制约、互相影响、互相促进、互相转化的特点和规律。

大致而言，近代汉语从词汇的组成成分来看，增加了大量俗语词、方言词和市语行话，使这一时代语言的词汇显得多姿多彩；从词的构成形态来看，双音节词语占据词汇的主导地位，增加了一些新的词头、词尾，重叠式的词语数量增多，构词方法得到不断的扩展；从词义系统来看，现代汉语词义体系已初步建立，许多词语完成了从上古、中古向近代、现代的转化，部分词语还形成了与现代汉语相近的词义结构。近代汉语词汇上承古代汉语而下启现代汉语，具有半文半白、文白相间的特点，文白的此消彼长已开现代汉语词汇的滥觞，可以说这一时期是汉语词汇古今发展的重要阶段。

第一节　近代汉语词汇学研究的对象

近代汉语词汇学研究的对象主要是古白话文献中反映口语的词语。

---

① 蒋绍愚：《近代汉语研究概要》，北京：北京大学出版社2005年版，第287页。

语言作为社会交际的工具，一般都有口语和书面语两种表达形式。远古文字尚未产生，先民唯借语音以达意，语言只有口头形式。文字产生后，口语得以用书面形式记载下来，故书面语是口语的反映。根据先秦书面语表现出来的语言的结构特征和规律，周秦书面语具有极大的同一性。就其风格而言，大致可分为质言体和文言体。[①] 质言体一般是口语的直录，词句质朴，较少文饰，如《周书》中的《大诰》、《康诰》、《酒诰》等；文言体一般是经过加工润饰的作品，如《尚书》中的《洪范》、《顾命》及《仪礼》等十七篇。诸子百家中，《论语》大多是孔子的语录，最能反映当时的口语。墨子爱用质言体著书，引用古语也多译成其时口语，荀子、韩非子文亦朴实，不着重文采，而孟子、庄子则力求文质并茂。其时许多作品还吸收徒歌、童谣、俗谚入文。刘勰《文心雕龙·书记篇》称："文辞鄙俚，莫过于谚，而圣贤之书，采以为谈。"因此从书面语和口语的关系上说，不论质言体还是文言体，基本上都是当时口语的反映，周秦时代书面语和口语基本上是一致的，故刘知几《史通·言语》说："寻夫战国以前，其言皆可讽诵，非但笔削所致，良由体质素美。"朱熹说《尚书》中"至于《旅獒》、《毕命》、《微子之命》、《君陈》、《君牙》、《冏命》之属，则是当时修其词命，所以当时百姓都晓得者，有今时老师宿儒之所不晓。今人之所不晓者，未必不当时之人却识其词义也"[②]。同时，书面语又对口语有所加工。阮元《文言说》称："古人无笔砚纸墨之便，往往铸金刻石，始传之远；其著之简策传事者，亦有漆书刀削之劳，非如今人下笔千言，言事甚易也。"又说："古人以简策传事者少，以口舌传事者多，以目治事者少，以口耳治事者多。故同为一言，转相告语，必有愆误，是必寡其词，协其音，以文其言，使人易于记诵，无能增改，且无方言俗语杂于其间，始能达意，始能行远。"《诗经》就是经过加工润色而形成的书面语的典型代表，反映了当时书面语的同一性。其时列国朝聘，外交酬酢，谈判较胜，莫不以背诵《诗经》诗篇来表达自己的意志，由此可知这种经过加工的书面语是人人共晓的语言，虽然与当时的口语不一定完全相同，但相当接近当时的口语。

口语与书面语具有源与流的关系，同时又各有其继承性。由于时代条件的限制，我们今天只能看到一些流传下来的书面记录。从语言本身的发展而言，语言不仅通过一代一代的口耳相传，而且文字产生以后也通过书面的记录得以传承。今天的口语实际上是前人口语和书面语的融合体。书面语虽是

---

① 文言的历史也有新旧之分。尚书体的古体文言简奥朴实，句式古拙；春秋时期的新文言典雅蕴藉，骈散结合。参傅道彬：《春秋时代的"文言"变革与文学繁荣》，《中国社会科学》2007 年第 6 期。

② 王星贤点校：《朱子语类》卷七八，北京：中华书局 1986 年版，第 1981 页。

口语的记录，但已是经过加工的口语。[1] 如元稹《酬白学士代书一百韵》说："翰墨题名尽，光阴听话移。"其自注说："乐天每与余游，从无不书名屋壁。又尝于新昌宅说'一枝花话'，自寅至巳，犹未毕词也。"据《醉翁谈录》载，"一枝花"是长安名妓李娃的别名，后白居易的弟弟白行简写成《李娃传》。又如沈既济建中二年（781 年）从长安贬官至吴地，沿颍水坐船途中与四五个朋友"昼宴夜话，各征其异说"，他讲的狐女故事后来被写成《任氏传》。《李娃传》和《任氏传》是在新昌宅"自寅至巳"说的"一枝花话"和自陕西至浙江的"昼宴夜话"的雏形上写成，已是经过加工的书面语。

书面语的发展必然要受到口语的影响，随口语的变化而有所演变，但一旦形成一个独立的系统，则自有其发展的规律，不再完全随着口语的变化而变化，而是根据其自身的需要有所选择地吸收一些新的口语成分，且必然也会对口语的发展产生一定的影响。

随着时代的发展，口语也在发展演变。由于人们在写作时往往受到自身方言或其他方言的影响，共同语与方言词语的互相交流又是丰富词汇的一个重要源泉，因而人们在用书面语进行交际中或多或少地会夹带一些方言口语成分，从而对书面语有明显的影响。刘知几《史通·言语》指出："夫《三传》之说，既不习于《尚书》，两汉之词又多违于《战策》。足以验氓俗之递改，知岁时之不同。"朱熹曾说："古人文字，有一般如今人书简说话，杂以方言，一时记录者；有一般是做出告戒之命者。""《书》有易晓者，恐是当时做底文字，或是曾经修饰润色来。其难晓者，恐又是当时说话。盖当时说话自是如此，当时人自晓得，后人乃以为难晓尔。若使古人见今之俗语，却理会不得也。以其间头绪多，若去做文字时，说不尽，故只直记其言语而已。"[2] 陈第《毛诗古音考》自序也说："时有古今，地有南北，字有更革，音有转移，亦势所必至。"口语和书面语是语言的两个互相依赖的存在方式，口语是书面语的基础，书面语自然应当反映口语中的新变化，否则就会与语言的口头形式脱节，影响语言交际的一致性。

吕叔湘认为："秦以前的书面语和口语距离估计不至于太大，但汉魏以后逐渐形成一种相当固定的书面语，即后来所说的'文言'。""如果我们能知道，什么时候人们的说话从接近书面语变成跟书面语大不相同，我们就能把

---

① 高名凯《唐代禅家语录所见的语法成分》："尽管古代的白话文如何地不和当时的说话完全一致，我们却除了这写的记录之外，再也找不到其他的材料可以让我们知道古代语言的实况，所以，拿研究古代白话文的办法去探讨古代的语言不但是可能的（写的语言总相当地代表说的语言），而且是唯一的办法。"（《燕京学报》1948 年第 34 期）

② 王星贤点校：《朱子语类》卷七八，（北京：中华书局 1986 年版）

这个定为古代汉语和近代汉语的分界线。”[①] 郭锡良《汉语历代书面语和口语的关系》说：“研究汉语史最基本的材料是历代的书面语，弄清历代书面语同口语的关系是研究汉语史的前提条件。口语和书面语是一种语言的两种变体，两者当然有自己的特点，有某些差异。差异产生的根本原因是，口语是通过口耳相传的耳治语言，往往是随口而出；书面语是让人阅读的目治语言，往往是经过认真思考才写出来的。”“总体来看，两者的关系只是加工和未加工的区别，就语言系统来说，应该是一致的。其差异主要是修辞表达、言语风格方面的，是属于语言系统以外的东西。”[②] 语言的整化和分化是语言发展的基本运动形式，语言的整化使语言凝聚成统一的民族共同语，方言口语发展形成的语言分化又不断影响着共同语的发展，使其变得更为丰富多彩。文言文形成后，虽然已与语言的口头形式脱节，但在具体使用中仍不同程度地受到口语的影响。除了句式的演变外，它更多的是吸收了大量的新词新义。东汉后的文言作品中不同程度地包含一些当时的口语成分，这些作品虽然整体上是仿求古雅的文言，但完全不受现实语言发展的影响是不可能的，或多或少地会吸纳一些当时的口语因素，从而透露出古代口语由先秦发展到唐宋，以至形成现代汉语的一些信息。如《墨子·小取》：“假者，今不然也。”《经说下》：“假，假必非也而后假。”例中的“假”是当时口语而沿用至今，文言文中一般用“伪”。又如《战国策·赵策一》：“魏文侯借道于赵攻中山。”例中“借”也是当时口语而沿用至今，文言文中一般用“假”。如《战国策·齐策一》：“秦假道韩魏以攻齐。”司马迁的《史记》是文言文中的杰作，其所用语言与《尚书》已不尽相同。如《尚书·尧典》的“庶绩咸熙”，《史记》改写为“众功皆兴”；《汤誓》的“夏罪其如台”，《史记》改写为“（夏）有罪其奈何”。唐宋八大家的著作也是文言文中的杰作，其所用语言又与《史记》有所不同。究其原因，盖时代在发展，语言也在发展演变，两汉时口语与书面语已渐趋歧异，及至唐宋，口语与先秦则有很大的不同。原有的词汇越来越不够用，口语中必然会出现大量新词新义，口语对书面语的影响和渗透自然也越来越明显。

汉语在由古到今的演变过程中，一部分基本词汇如人、手、山、水、牛、羊等从先秦一直使用到现在，语义并未发生变化，而另一部分词语则或多或少有所变化，如周秦时只有“日”一词，后来口语中又出现了“太阳”一词，东汉至魏晋时“太阳”一词遂取“日”而代之进入书面语中。如东汉和

① 吕叔湘：《近代汉语读本·序》，上海：上海教育出版社 1985 年版。

② 郭锡良《汉语史论集》：“从语言系统的角度来看，我们认为，书面语同口语自殷商到西汉都是一致的。”（北京：商务印书馆 1997 年版）

帝永元二年诏："邪气岁增，侵犯太阳。"又如曹植《洛神赋》："皎若太阳升朝霞。"周秦以后的文言文在形式基本一致的前提下，难免也受其时口语的影响，因此与周秦时的文言文或多或少有一些不同。

语言的功用在于"明志"，而"言恐灭遗，故著之文字。文字与言同趋，何为犹当隐闭指意"。[①] 语言贵在明白通俗，而"文犹语也"，语言的发展要求书面语与口语趋于一致，这一趋势导致了周秦文言文与其后的文言文有一些不同，这些不同之处也就是周秦后不同时期口语成分的反映。这些口语成分奠定了古汉语中另一书面语系统——白话文形成发展的基础，相对于现代语体的白话文而言，可称其为古白话。[②] 古白话词语从形式上看大多是产生于汉魏至明清的历代口头常用词语，这些在当时的人们看来明白易晓的词语既不同于先秦的古代汉语，又不同于现代汉语。"自单字以至短语，其性质泰半通俗，非雅诂旧义所能赅，亦非八家派古文所习见也。"[③] 有的虽看似可以按字面义寻求解释，但结果往往望文生义，郢书燕说。粗略划分，大致可分为两大类：一为字面普通而义别，如尖新、影响、料理等；一为字面生涩而义晦，如闹篮、台孩、逼逻等。古白话的新兴口语词是近代汉语词汇学研究的主要对象。

语言中语音、语义、语法系统内部的各要素之间，以及这些系统彼此之间，都有互相联系和制约的关系，局部的变化往往会引起一系列的连锁反应。语言是社会的交际工具。社会的交际是语言发展的最基本的条件，语言内部各要素的相互影响是在这一条件的基础上起作用的，它决定着每一语言发展的特殊方向。任何事物的发展都有自己的特点，这是由事物的性质决定的。语言是人类最重要的交际工具，这种性质决定它的发展只能是渐变的，而且系统内部的各个组成部分的发展速度是不平衡的。渐变性和不平衡性是语言发展的两大特点。[④] 白话文的形成并不是一蹴而就的，而是在口语的基础上逐步影响文言文，增加文言文中的白话口语成分，进而形成与文言文相抗衡而并峙的反映实际口语发展的古汉语的另一书面语系统。白话文书面语系统在

---

① 王充：《论衡·自纪篇》。

② 较早使用"古白话"这一术语的是黎锦熙的《国语运动史纲·序》，北京：商务印书馆1935年版。也有称为早期白话或旧白话的。

③ 张相《诗词曲语辞汇释》序言中说："诗词曲语辞者，即约当唐、宋、金、元、明间，流行于诗词曲之特殊语辞，自单字以至短语，其性质泰半通俗，非雅诂旧义所能赅，亦非八家派古文所习见也。其字面生涩而义晦，及字面普通而义别者，皆在探讨之列。"张相所说的"特殊语辞"亦即白话词、口语词、俗语词、方言词等。

④ 叶蜚声、徐通锵：《语言学纲要》，北京：北京大学出版社1981年版，第179～180页。

其整个历史时期内并不完全相同。它逐渐演变，以适应口语本身的变化。

白话文书面语系统的形成在汉代已发其端绪。汉代的乐府歌辞大都是民间创作，皆矢口而言，绝无文饰，浑朴真挚，实际上是当时口语的真实反映。西汉的诏令、陆贾的《新语》以及《汉书·赵飞燕传》中一些直录的语句都表现出当时口语的某些特点，《史记》中也采用了不少当时的方俗口语。东西汉之交，开通西域，佛教由印度传入中原，传教士在传教时尽量用简单的、易于为人接受的语言来说明教义，因而佛经文献往往具有较强的口语色彩。东汉王充则有鉴于言文分离不易为多数人所晓，要求“形露易观”，反对“指意难睹”，主张言文一致，其所著往往直露其文，集以俗语。

魏晋南北朝时钟嵘所作《诗品》说魏文帝的诗“率皆鄙质如偶语”。《晋书·束皙传》载束皙“尝为《劝农》及《饼》诸赋，文颇鄙俗”。南朝刘义庆撰《世说新语》，记述东汉至东晋间佚文趣事和名士言行，书中也有不少口语语汇。

六朝乐府歌辞、汉译佛经和部分唐诗与其同时的散文相较而言则更接近口语。隋李谔上书疾呼改革文风。唐刘知幾也发出“怯书今语，勇效昔言，不其惑乎”的质问，提出书面语必须“近真”的主张。[①] 韩愈和柳宗元倡导的古文运动主张复兴秦汉散文，在一定程度上缩短了书面语和口语的距离。中唐时萌发有接近口语的半文言半白话的讲唱文学“变文”、禅宗“语录”和白话诗等，宋代则有“话本”和程朱语录等，皆反映了文言向白话的过渡。“话本”的“话”指用口语而不是文言讲述的故事，由“话本”的“话”可见，随着通俗文学的出现，口语已进入文学的殿堂，“话”和“文”逐渐分庭抗礼，文白已渐渐分流，文言与白话作为汉语这同一语言在发展演变过程中的两种不同表现形态，既有彼此的交融与借鉴吸收，表现为你中有我、我中有你，粗有涯界却又难以截然划分，各循其话语规则而发展。

唐宋以降，随着市民阶层的兴起壮大，俗文化的兴盛，追求言文一致渐成为时代的潮流，语言的通俗化、口语化倾向越来越明显，言与文（口语与书面语）的不一致越来越明显。据洪迈《夷坚丙志·契丹诵诗》载：“契丹小儿，初读书，先以俗语颠倒其文句而习之，至有一字用两三字者。顷奉使金国时，接伴副使秘书少监王补每为予言以为笑。如‘鸟宿池中树，僧敲月下门’两句，其读时则曰‘月明里和尚门子打，水底里树上老鸦坐’，大率如此。”又据《说郛》卷七《轩渠录》载，北宋开封“有营妇，其夫出戍”，其

① 刘知幾：《史通·言语》。

子名窟赖儿，她托一教学秀才写书寄夫云：“窟赖儿娘传语窟赖儿爷，窟赖儿自爷去后，直是忔憎儿，每日根特特地笑，勃腾腾地跳。天色汪囊，不要吃温吞蠖托底物事。”那秀才无法下笔成书，只好把已收的写信钱退还给她。[①]宋代的书面语大致仍沿用秦汉时的文言文，文化水平低的人往往听不懂书面语，也不会写书面语。书面语要反映当时的口语，因此就出现了书面语的白话文倾向。一些民间语言逐渐渗透到书面语中。如当时口语中的“勾当”、“管勾”等词，意为“管理”，用作“勾卖盐官、勾当御药院、管勾文字、勾当公事、管勾帐司”等官名。[②]

元代，蒙古族统治了中国，蒙古人的文化政策成为使用汉语口语的刺激因素，以其时口语为规范基础的书面语与蒙古语同时成为元代行政机关的官方语言。汉语原有的书面语系统在其时口语的影响下，由不断增加文言文中的口语成分进而渐演变成另一书面语系统，文白此消彼长也渐由量变向质变转化，初步形成了不同于文言文系统的古白话系统，出现了一批基本上记录和反映当时口语的平话、杂剧和小说。变文、语录、话本、杂剧和小说等广泛运用白话，改变了六朝骈文和唐代古文脱离口语的情况。

明代李贽意识到语言的发展和文学反映社会的表达形式演变，提出“诗何必古选？文何必先秦？降而为六朝，变而为近体，又变而为传奇，变而为院本，为杂剧，为《西厢曲》，为《水浒传》，为今之举子业，皆古今至文，不可得而时势先后论也”，[③]把《西厢记》和《水浒传》列入了“古今至文”。文学家袁宗道、袁宏道、袁中道兄弟三人为首的公安派受他的影响，主张文章要用当代的语言、自己的语言。袁宗道认为：“时有古今，语言亦有古今。今人所诧谓奇字奥句，安知非古之街谈巷语耶？”提出“宁今宁俗，不肯拾人一字”的口号。[④]冯梦龙也提出小说语言“话须通俗方传远，语必关风始动人”[⑤]。清代袁枚论诗不避俚俗，李渔、金圣叹和郑燮等主张行文要直写胸臆，文章中常夹杂一些白话。

---

① 《说郛》卷七《轩渠录》还说到有一位陈姓妇女寓居严州，几个儿子都宦游未归，一天她的族侄陈大琮过严州，于是陈氏叫他代作书寄给儿子，口授云：“孩儿要劣妳子，又阋阋霍霍地。且买一柄小剪子来，要剪脚上骨苗儿、肐胝儿也。”大琮迟疑不能下笔，这位妇女讥笑说：“原来这厮儿也不识字。”

② 《宋会要》职官四十四之四十；《司马文正公传家集》卷三十九《言王中正札子》；《续资治通鉴长编》卷三百六十七元祐元年二月戊子。

③ 李贽：《焚书·童心说》。

④ 袁宗道：《白苏斋类集》卷二十《论文》和《与冯琢庵师》。

⑤ 冯梦龙：《警世通言》卷十二。

19 世纪末，随着维新变法运动的兴起，雅训的文言已不足以表达新异纷繁的新思想和新事物，出现了书面汉语改革的潮流。黄遵宪在《日本国志·学术志》中注意到语言与文字就是指口语与书面语，指出“语言与文字离，则通文者少；语言与文字合，则通文者多”。“若小说家言，更有直用方言以笔之于书者，则语言文字几乎复合矣。”“乌知夫他日者不更变一文体为适用于今、通行于俗者乎?”这些主张开了晚清至“五四”白话文运动的先声。戊戌变法时，裘廷梁提出“崇白话而废文言”的主张，指出“人类初生，匪直无文字，亦且无话。咿咿哑哑，啁啁啾啾，与鸟兽等，而其音较鸟兽而繁。于是因音生话，因话生文字。文字者，天下公用之留声器也。文字之始，白话而已矣”。上古帝王的“文告皆白话，而后人以为诘屈难解者，年代绵邈，文字不变而言语变也”。“后人不明斯义，必取古人言语与今人不相肖者而摹仿之，于是文与言判然为二。一人之身而手口异国，实为二千年来文字一大厄。”[①] 梁启超等倡创新文体,[②] 虽仍文白夹杂，但白话成分已超过了文言。这种新文体以“解放”自期，以“觉世”自任，突破了文言的基本格局，动摇了文言的正统地位，吸引了当时的学者竞相仿效。1898 年中国第一份以白话报取名的《无锡白话报》在江苏无锡创刊，后又改名为《中国官音白话报》。[③] 其时出版了十多种白话报纸，五十多种白话教科书，一千五百多

---

① 裘廷梁：《论白话为维新之本》，发表于 1898 年《苏报》，载《清议报全编》卷二十六，日本横滨新民社出版。

② 梁启超:《湖南时务学堂学约》指出“觉世之文”与“传世之文”在表达方式和语言风格上有很大的不同:“传世之文，或务渊懿古茂，或务况博绝丽，或务瑰奇奥诡，无之不可；觉世之文，则辞达而已矣，当以条理细备、词笔锐达为上，不必求工”，只求即时生效，为当时群众所理解。(《饮冰室文集》(二)，北京：中华书局 1989 年版，第 27 页）梁启超认为文言“于当世应用之新事物、新学理，多所隔阂”。(《新民说·论进步》，《饮冰室文集》(四)，北京：中华书局 1989 年版，第 57 页）文言“太务渊雅，刻意摹仿先秦文体，非多读古书之人，一翻殆难索解”。(《绍介新著·原富》，《新民丛报》第一号，1902 年 2 月)

③ 据王洪祥《中国近代白话报刊简史》一文，1876 年 3 月 30 日起，申报馆曾发行过《民报》，每周三份，“此报专为民间所设，故字句俱如寻常说话”。(《郑州大学学报》1990 年第 6 期)《民报》创刊出版的第二天，上海《字林西报》曾用纯粹的白话风格刊登介绍说：“我们已看到申报馆新出版的一种报纸的创刊号，名字叫做民报，卖五个小钱一份，它的特点是用白话写的，可以帮助读者容易懂得它的内容。每一句的末尾都空着一格，人名和地名的旁边均以竖线号（——）和点线号（……）表明之，并且只售半个铜板一份，是使它可以达到《申报》所不能及于的阶级，譬如匠人、工人和很小的商店里的店员等。它将每天刊行。”1897 年在上海出版的《演义白话报》创刊号所载《白话报小引》认为：“中国人要想发愤立志，不吃人亏，必须讲究外洋情形、天下大势；要想讲究外洋情形、天下大势，必须看报；要想看报，必须从白话起头，方才明明白白。”(参陈玉申:《晚清报业史》，济南：山东画报出版社 2003 年版，第 109 页)

种白话小说。[①] 大量的新概念、新词语随着西学东渐而融入汉语，最终促成了文白演变由量变到质变的飞跃。“五四”后，各种白话报刊多达四百种，白话教科书盛行，古白话书面语系统遂演变为言文基本一致的现代书面语系统。

近代汉语词汇学不仅考察古白话文献中新兴口语白话词的产生，而且也考察文言旧词的消亡，尤其是常用词语的文白兴替，旨在揭示文白此消彼长中近代汉语词汇承古启今的发展过程，探讨汉语词汇古今演变的内在规律。

第二节　近代汉语词汇学研究的范围

近代汉语词汇学主要是研究近代汉语的词汇。汉语史的分期历来是个复杂的问题，各家说法不一，有的以纯语音为分期标准，有的以纯语法为分期标准，有的则兼收并蓄，然皆互有短长。近代汉语上承古代汉语，下启现代汉语，有关近代汉语时间范围的上限和下限，语言学界也有较为热烈的讨论。[②] 诸家对下限的看法比较接近，对上限的划分则有如下五种代表性的说法。

1. 六朝说

刘坚编著的《近代汉语读本》选录了5世纪至16世纪内各个时期接近口语的早期白话作品，[③] 他认为：“近代汉语的研究对象是早期白话，……六朝时期翻译佛经，译经的文章里就有不少白话成分。南朝宋刘义庆撰写《世说新语》，记述后汉至东晋间佚闻遗事和名士言行，书中也用了若干口语语汇。

---

① 谭彼岸：《晚清白话文运动》，武汉：湖北人民出版社1956年版。这一时期，先后创办起来的白话报刊还有《苏州白话报》、《常报》、《扬子江白话报》、《京话报》、《劝业白话报》、《京津白话报》、《北京官话报》、《正宗白话报》、《智群白话报》、《启民爱国报》、《爱国白话报》、《浙江白话报》、《湖州白话报》、《宁波白话报》、《绍兴白话报》、《安徽白话报》、《芜湖白话报》、《武昌白话报》、《长沙演说通俗报》、《正俗白话报》、《成都启蒙通俗报》、《山西白话报》、《晋阳白话报》、《直隶白话报》、《福建俗话报》、《济南白话报》、《桂林白话报》、《广东白话报》、《岭南白话报》、《潮州白话报》、《伊犁白话报》、《蒙古白话报》等。据方汉奇《中国近代报刊史》说：“从19世纪末到20世纪初，国内陆续创办的各种政治倾向的白话报纸不下50种。”陈万雄《革命派与清末民初的文学革新运动》认为：“清末最后约十年时间，出现过逾百份白话报和杂志。”（参《辛亥革命与近代中国》，北京：中华书局1994年版，第263、1103页）蔡乐苏《清末民初一百七十余种白话报刊》一文统计其时有一百七十余种白话报刊。丁守和编：《辛亥革命时期期刊介绍》（第五集），北京：人民出版社1987年版。

② 汉语中历史学上“近代”一词所指称的时期的起点是鸦片战争（1840年），1919年的“五四”新文化运动则被当作“现代”的开端。

③ 刘坚：《近代汉语读本》，上海：上海教育出版社1985年版。

拿韵文来说，从六朝乐府歌辞直到一部分唐诗，都比同时代的散文更接近口语。这些作品为通篇语体的白话文章的产生准备了条件。”① 吕叔湘也曾说：“从三国到唐末，这七百年该怎么划分？这个时期的口语肯定跟秦汉以前有很大差别，但是由于书面语的保守性，口语成分只能在这里那里露个一鳞半爪，……从古典书面语的立场说，这些都是‘俗语’，也就是说，都可以算是近代汉语的‘露头’。”②

2. 隋末唐初说

胡明扬《近代汉语的上下限和分期问题》主张“七世纪的唐初到十六世纪末、十七世纪初的清初，上下一千年”为近代汉语时期，又可分为早期（隋末唐初到五代北宋）、中期（宋元）、晚期（元明到清初《红楼梦》以前）。③ 其分期标准为：①语音上阴阳入对应的严整格局开始动摇，入声韵尾 -p、-t、-k 相混到消失；全浊声母的清化；-m 韵尾的消失。②语法上“的、了、呢、吗”的出现和全面替代“之、乎、者、也”，“这、那”替代“彼、此”；“将”和“把”字句的出现和发展；“动 + 将 + 趋”的出现、发展和消失。③语汇中“我、你、他”还有“们”的出现和全面替代“吾、汝、其”等古汉语人称代词。白维国也认为近代汉语时期是指隋唐至清中叶，包括对魏晋南北朝时期出现的新的语言现象的研究。④

3. 晚唐五代说

吕叔湘认为“汉语史的分期应该从汉语本身的发展经过着眼”，提出“用当时口语作基础，而或多或少地掺杂些文言成分的作品是直到晚唐五代才开始出现的（如禅宗语录和敦煌俗文学作品），因此，我们建议把近代汉语的开始定在晚唐五代即第九世纪”。⑤ 江蓝生认为吕叔湘以晚唐五代为近代汉语的上限“符合汉语发展的实际情况”。依据是：在语音方面，这个时期轻唇音开始分化；舌上音开始与照三合流；全浊声母开始清化乃至消失；阴阳入对应的严整格局开始动摇，入声韵尾开始失落；－m 韵尾开始消失。在语法方面，动态助词系统“了、着、过”开始出现并渐趋成熟；确立了“我、你、他”三身代词系统和“这、那”对立的指示代词二分系统；疑问词“什么”的前身就是唐五代文献里出现的“是物”、“是没”、“甚摩”、“什摩”等；表示复

---

① 刘坚、蒋绍愚：《近代汉语语法资料汇编·唐五代卷·序》，北京：商务印书馆 1990 年版。

② 吕叔湘：《魏晋南北朝小说词语汇释·序》，北京：语文出版社 1988 年版。

③ 胡明扬：《近代汉语的上下限和分期问题》，《语言学论文选》，北京：中国人民大学出版社 1991 年版，第 251 页。

④ 白维国：《近三十年日本对近代汉语的研究》，《国外语言学》1989 年第 3 期。

⑤ 吕叔湘：《近代汉语读本·序》，上海：上海教育出版社 1985 年版。

数的词尾“们”虽始见于宋代，但唐代文献中已出现“弭”和“伟”。[①] 唐作藩、杨耐思也认为：“所谓近代汉语，是指上自晚唐五代、下迄清末这段时间里存在的汉语。13 至 14 世纪是近代汉语典型代表的存活期，所以以往的研究者多半截取此期的汉语语音平面，即《中原音韵》所代表的音系进行断代的研究。”[②] 蒋冀骋通过对音韵、词汇、语法三方面的考察，认为将近代汉语定在晚唐五代—明末清初（9—17 世纪）比较符合语言实际。[③] 蒋绍愚也认为：“把语音和语法综合起来看，把唐代初年作为近代汉语的上限是可以的。”[④]

4. 自宋开始说

胡裕树认为“从近代汉语的历史发展中可以看到，宋元以后有两种明显的趋势在北方话的基础上发生：一种表现在书面语方面，就是白话文学的产生和发展；一种表现在口语方面，就是‘官话’逐渐渗入各个方言区域”。[⑤] 潘允中认为“自宋元明清至鸦片战争以前，是汉语史的近代时期”。[⑥] 周祖谟把近代汉语划在南宋至“五四”以前（1127—1918 年）。[⑦] 袁宾提出把南宋、元代、明代和清初作为近代汉语阶段的主干部分，其上沿可以前推几个世纪，下沿可以向后延伸几个世纪。[⑧]

5. 宋末元初说

王力认为语言的发展有它的一般的内部规律和特殊的内部规律，提出近代汉语为 13 世纪到 19 世纪（自 1840 年鸦片战争到 1919 年“五四”运动为过渡阶段）。近代汉语的特点是：①全浊声母在北方话里的消失；②-m 尾韵在北方话里的消失；③入声在北方话里的消失。[⑨] 李峻锷认为近代汉语的上限应是宋元之交，最早不能超过南宋，而下限应是一个较长的时段，即清乾隆嘉庆时期到“五四”时期这大约 150 年光景。[⑩]

综上所述，近代汉语的上限最早的定为 5 世纪（六朝），最晚的定为 13 世纪（宋末元初），前后约为 800 多年。各家分法不一虽反映了学者们对近代汉语的性质认识不一致，划界的标准不统一，对某一时期语言特征的认识不

---

① 江蓝生：《试述吕叔湘先生对近代汉语研究的贡献》，《中国语文》1994 年第 1 期。
② 唐作藩、杨耐思：《展望九十年代的汉语音韵学》，《语文研究》1991 年第 4 期。
③ 蒋冀骋：《近代汉语词汇研究》，长沙：湖南教育出版社 1991 年版，第 8、239、244 页。
④ 蒋绍愚：《近代汉语研究概况》，北京：北京大学出版社 1994 年版。
⑤ 胡裕树：《现代汉语·绪论》，上海：上海教育出版社 1981 年版。
⑥ 潘允中：《汉语语法史概要》，郑州：中州书画社 1982 年版，第 17 页。
⑦ 周祖谟：《汉语发展的历史》，《周祖谟语言文史论集》，杭州：浙江古籍出版社 1988 年版。
⑧ 袁宾：《论近代汉语》，《广西大学学报》1987 年第 1 期。
⑨ 王力：《汉语史稿》，北京：中华书局 1980 年版。
⑩ 李峻锷：《古白话界说与近代汉语上限的探索》，《上海师范大学学报》1988 年第 3 期。

一样，切分的方法不相同，但都倾向于在古代汉语与现代汉语之间分出一个以早期白话文献为代表的近代汉语时期。

语言现象是连续的、发展的，不以改朝换代而突变。王力在《古代汉语》绪论中提到古代汉语有两个书面系统：“一个是以先秦口语为基础而形成的上古汉语书面语言以及后来历代作家仿古的作品中的语言，也就是通常所谓的文言；一个是唐宋以来以北方话为基础而形成的古白话。”① 大致说来，先秦到西汉的文献语言基本与口语一致，东汉以后逐渐形成言、文分离的局面，书面文献也渐分为两大系统：一为以先秦到西汉文献语言为模仿对象的文言系统，一为以当时口语为基础的古白话系统。因而，我们认为汉语史的分期应从这一实际情况出发。江蓝生《古代白话说略》指出：“古代白话跟汉语史的分期有直接关系。长期以来大学里教汉语只有古代汉语和现代汉语之分，把‘五四’时期以前的语言统统称为古代汉语。这种分期忽略了文言与白话的区别，没有正确地反映汉语发展的历史阶段，因而是不太科学的。”② 胡竹安在谈到“中古白话”时期的划分时认为各家分期的标准不一，但均未把“词汇—语义”列为依据。这是值得讨论的问题。因为“词汇—语义”是语言（特别是口语）最活跃的要素，当一个历史时期中相当数量的基本词和常用词词义发生了显著的变化时，说它和语言的“质变”（分期的最终依据）没有什么关系，这显然是不可思议的。更何况古白话是用以记录古代口语的书面语，“词汇—语义”的面貌决定了古白话的性质，因而，“词汇—语义”应该作为古白话分期的主要标准。当然，万事开头难，刚开头时总是幼稚的、粗糙的，甚至有很多错误的部分。然而，没有人去做，将永远没有开端，更毋论成熟和完善。③ 事物发展总是由量变到质变的。语言渐变到一定程度即由一个阶段发展到了另一阶段，从而完成了从前一阶段到后一阶段的质变。在语言演变的历史进程中，决定音和义演变的因素各有其阶段性的特征，语言内部构造上的诸多层次也各有其相对的独立性，这些语言现象虽都可以作为汉语历史分期的因素来考虑，但各有差别，缺乏较为统一的阶段性演进特征。因而汉语史的分期应从这一实际情况出发，从语言的整体来综合衡量，以反

---

① 梅维恒（Victor H. Mair）说：“文言和白话实际上属于完全不同的语言范畴，前者是一种远离言语的半密码，后者跟活的汉语的口头形式具有紧密的一致。”又说：“语言资料表明，文言和白话从它们能被追溯到的时代起，一直就是两个有区别的系统。”见 Victor H. Mair：Buddhism and the Rise of the Written Vernacular in East Asia：The Making of National Languages（《佛教与书面白话在东亚的兴起：民族语言的形成》），*The Journal of Asian Studies*，1994，Vol. 53，No. 3，p. 708.

② 江蓝生：《古代白话说略》，北京：语文出版社2000年版，第7页。

③ 胡竹安：《中古白话及其训诂的研究》，《天津师范大学学报》1983年第5期。

映某一时期的本质特征为原则，同时兼顾各个方面。语言发展的各个时期之间难免有过渡，有联系，这本是很自然的事，不能用绝对的观点来一切两断。大致说来，先秦到西汉的文献语言基本与口语一致，东汉以后逐渐形成言、文分离的局面，书面文献也渐分为两大系统：一为以先秦到西汉文献语言为模仿对象的文言系统，一为以当时口语为基础的古白话系统。这两大系统也就是吕叔湘《文言与白话》中所说的“超语体文”与“语体文”。[①] 古白话这种语体文萌芽于汉魏，成熟于晚唐五代。大多数佛经译文、变文俗讲以及后来的话本、小说、杂剧和南戏剧本等都属于古白话系统，也有一些则介于两大系统之间，如较为通俗的诗、词、曲等。文言系统中历代的文言文文献虽或多或少掺杂了当时的口语成分，但并没有改变文言的格局。古白话系统则经历了一个口语成分不断增加的量变过程，最终质变为现代汉语书面系统。

吕叔湘在《近代汉语读本》序中说：“事实是，语言总是渐变的，言文分歧是逐渐形成的，此其一；另一方面，言文开始分歧之后，书面语也不是铁板一块，在不同时期，用于不同场合，有完全用古代汉语的，有不同程度地掺和进去当时的口语的。”[②] 他又在《魏晋南北朝小说词语汇释》序中说：“以语法和词汇而论，秦汉以前的是古代汉语，宋元以后的是近代汉语，这是没有问题的。从三国到唐末，这七百年该怎么划分？这个时期的口语肯定是跟秦汉以前有很大差别，但是由于书面语的保守性，口语成分只能在这里那里露个一鳞半爪，要到晚唐五代才在传统文字之外另有口语成分占上风的文字出现。”“长时期的言文分离，给汉语史的分期造成一定的困难。因此，是不是可以设想，把汉语史分成三个部分：语音史，文言史，白话史？这样也许比较容易论述。文言由盛而衰，白话由微而显，二者在时间上有重叠，但是起讫不相同，分期自然也不能一致。”[③] 事实上尽管在宋元以降古白话中出现了相当口语化的作品，但在古代汉语的两个书面语系统中，文言文始终处于汉语书面语系统的主流地位，古白话则作为旁系而存在。由于古白话在演变为现代汉语书面语系统的过程中总是处于旁系地位，因而造成古白话文献中长时期的文白夹杂现象，从而形成了近代汉语分期难分难舍的复杂状况。

本书有鉴于此，不拟强作近代汉语上下限的划分，而是在前辈学者所论和吕叔湘的设想基础上将古代汉语中的古白话系统，按照古白话由微而显、由始附属于文言到终于取而代之的发展线索分为露头、发展、成熟三个时期，

---

① 吕叔湘：《文言与白话》，《吕叔湘语文论集》，北京；商务印书馆 1983 年版，第 67 页。
② 刘坚：《近代汉语读本》，上海：上海教育出版社 1985 年版。
③ 吕叔湘：《近代汉语读本·序》，上海：上海教育出版社 1985 年版。

即秦汉到唐的早期白话（白话挤入书面语）、唐到明的中期白话（白话书面语系统形成）和明到清的晚期白话（白话与文言并存），[①] 进而从白话的发展着手来确定近代汉语词汇研究可涉及的大致范围。诚如王锳《近代汉语词汇研究与中古汉语》一文所说："汉语传世文献存在文言和白话两大系统，中古和近代正是白话系统由萌芽而渐臻成熟的时期。在这一时期内，汉语词汇面貌发生了很大变化。但由于历史的原因，前人对此重视不够，给汉语词汇史的研究留下了大段空白。"[②] "从事汉语历史词汇研究的，以能贯通中古和近代两大阶段为最佳选择。""如果限于时间和精力，不得不有所侧重，那么，侧重近代的不妨上溯中古，读一点中古的材料，尽可能了解中古阶段的已有成果；侧重中古的也不妨下探近代，读一点近代的材料，了解近代阶段的已有成果。这样相互借鉴，相互促进，必然会提高各自的研究质量，加快整体研究的步伐。"[③] 因而我们认为可以把唐五代至明清时期作为近代汉语研究的主体部分，即可把唐五代至明清看作是汉语史分期中的近代汉语，同时考虑到白话词语演变过程的连贯性和不可分割性，还可把近代汉语词汇研究的范围向上溯源至东汉向下探流至"五四"时期，以便更好地体现近代汉语词汇自成系统的特征。

第三节　近代汉语词汇学研究的意义

一、汉语词汇史研究与汉语史研究

词汇是语言中最直接反映社会生活的要素，既代表了语言的发展状况，又标志着人们对客观世界认知的广度和深度。近代汉语词汇上承古代汉语词汇，下接现代汉语词汇，介于上古汉语词汇和现代汉语词汇交融的中间状态，可以说是汉语词汇古今演变的交叉阶段和转折时期。

传统训诂学，尤其是清代学者对先秦两汉旧诂雅义的研究取得了很大的成绩，但正如王力所指出的："如果为了编写一部汉语大辞典，古人的研究成

---

① 参徐时仪：《汉语白话发展史》，北京：北京大学出版社2007年版。

② 王锳：《近代汉语词汇研究与中古汉语》，《近代汉语词汇语法散论》，北京：商务印书馆2004年版，第62页。

③ 王锳：《中古近代汉语词汇论稿·序》，北京：中央文献出版社2004年版，第3页。

果还是不够用的，因为，第一，他们只注意上古，不大注意中古以后的发展，第二，他们只注意单音词，不大注意复音词。所以这一方面的工作，还需要投入巨大的人力，才能有所成就的。”① 近代汉语时期出现了一大批新词新义，增加了大量的俗语词，双音词占据了词汇的主导地位，许多词语完成了从文到白的转化。如果我们对近代汉语词汇研究不够，那么对于整个汉语词汇史、现代汉语中某些词语的词源以至整个现代汉语（普通话及各大方言）就难以做出科学的全面的说明，辞书编纂自然也难以精确。罗常培也曾指出：“金元戏曲中之方言俗语，今日流行于民间者尚多，惟董理无人，索解非易。”② 因此，近代汉语词汇研究对汉语词汇史的研究具有重要意义。③

近代汉语词汇作为一种断代的语言事实，除了自身的特点外，也必然会反映出整个近代汉语的特点。近代汉语词汇的发展演变与整个汉语史的演变也紧密联系在一起，从中可观察到汉语语音及语法的演变现象和规律。

如《金刚般若波罗蜜经讲经文》：“众生身上有如来，佛与众生不塞离。”黄征、张涌泉校注：“塞离即相离，塞亦犹相。”④ 例中“塞”是“相”的语音变体，通“相”。白居易《山中问月》：“为问长安月，谁教不相离?”“相”下自注云：“思必切。”陆游《老学庵笔记》卷十：“世多言白乐天用‘相’字，多从俗语作思必切，如‘为问长安月，如何不相离’是也。然北人大抵以‘相’字作入声，至今犹然，不独乐天。老杜云：‘恰似春风相欺得，夜来吹折数枝花。’亦从入声读，乃不失律。俗谓南人入京师，效北语，过相蓝，辄读其榜曰大厮国寺，传以为笑。”孙奕《履斋示儿编》卷二十三引《古今诗话》云：“厮字唐人作斯音，五代时作入声。”“相”、“厮”作入声读，与“塞”音近。《广韵》“塞”为德韵，收 -k 尾，“思必切”为质韵，收 -t 尾。宋代麦德两韵的字并入质韵，由 -k 尾变成了 -t 尾。⑤“厮”始见于宋代，如欧阳修《渔家傲》：“天与多情丝一把，谁厮惹，千条万条萦心下。”《朱子语类》卷一一二：“又如今两人厮炒，自家要去决断他，须是自家高得他。”(112.2735)⑥“塞”、“相”和“厮”的异同既是词汇现象，也关涉语音的演变。

① 王力：《汉语史稿》，北京：中华书局1958年版，第563页。

② 罗常培：《金元戏曲方言考·序》，北京：商务印书馆1956年版，第1页。

③ 参王锳：《试论古白话词汇研究的意义与作用》，《文史》（第25辑），北京：中华书局1985年版；又刊蒋绍愚、江蓝生编：《近代汉语研究（二）》，北京：商务印书馆1999年版。

④ 黄征、张涌泉：《敦煌变文校注》，北京：中华书局1997年版，第657页。

⑤ 王力：《汉语语音史》，北京：中国社会科学出版社1985年版，第303页。

⑥ 本书所据《朱子语类》如未特别注明皆为王星贤点校本，北京：中华书局1986年版。括号内为卷和页码，下文同。

又如吕叔湘《释景德传灯录中在、著二助词》指出宋儒语录中常以“在”字为语助词，其例如：

苟如此为，则是为己，尚有私意在。（程语29）
是则是有此语，贤却发得太早在。（上蔡，上21）
先生须更被大任用在。（朱语140）
如此等文字，方共说起头时，自未知后面说甚么在。（又277）

唐宋俗语中，有于“在”字之后更缀一“里”字者。此一语中，“在”、“里”二字，原来当皆具有几分实义（“里”即“这里、那里”之“里”），此可于下例觇之：

及重试退黜，唁者甚众，而此僧独贺曰，“富贵在里”。（摭言7.1）
若说道，“我只是定，更无所为”，然物之好恶亦自在里。（程语223）
岂有虑君子太多，须留几个小人在里？（朱语142）

此“里”字不独与“在”合用，亦与“来”、“去”及其他动词合用，有如：

及胡安定出，又教人作治事斋，理会政事，渐渐挪得近里。”（朱语196）①

吴福祥《〈朱子语类辑略〉语法研究》说：
《辑略》中“里”要比“在”罕见，我们检到的只有下面一例：“及胡安定出，又教人作治事斋，理会政事，渐渐那得近里。”（196页）吕叔湘（1941）指出：“此一语助词，当以‘在里’为最完具之形式，唐人多单言‘在’，以‘在’概‘里’；宋人多单言‘里’，以‘里’概‘在’……”从我们以上的举例来看，《辑略》中“在”、“里”的使用频率跟吕先生的判断不太一致。②

检《朱子语类》卷一二〇所载为：“周子二程说得道理如此，亦是上面诸公挪趱将来。当杨刘时，只是理会文字。到范文正、孙明复、石守道、李太伯、常夷甫诸人，渐渐刊落枝叶，务去理会政事，思学问见于用处。及胡安

① 吕叔湘：《汉语语法论文集》，北京：商务印书馆1999年版，第59～60页。
② 吴福祥：《〈朱子语类辑略〉语法研究》，开封：河南大学出版社2004年版，第227页。

定出，又教人作‘治道斋’，理会政事，渐渐挪得近里，所以周程发明道理出来，非一人之力也。”（120.2915）句中“渐渐挪得近里”与上文“诸公挪趱将来”相呼应。“挪”，《朱子语类辑略》作“那”。“里”作为方位名词的附加成分有指方向的作用，“近里”指由自己内心向道理靠近，词义与“鞭辟近里”的“近里”相同。考程颐《师训》云：“学要鞭辟近里，着己而已。故博学而笃志，切问而近思，则仁在其中矣。”又考《朱子语类》卷四五载：

> 至之问：“‘学要鞭辟近里’，‘鞭辟’如何？”曰：“此是洛中语，一处说作‘鞭约’，大抵是要鞭督向里去。今人皆不是鞭督向里，心都向外。明道此段下云‘“切问近思”，“言忠信，行笃敬”’云云，何尝有一句说做外面去。学要博，志须要笃。志笃，问便切，思便近，只就身上理会。伊川言：‘“仁在其中”，即此是学。’元不曾在外，这个便是‘近里着己’。今人皆就外面做工夫，恰似一只船覆在水中，须是去翻将转来，便好，便得使。吾辈须勇猛着力翻将转！”（45.1150～1151）

据朱熹所释，“鞭辟近里”即督促自己向内心里“做工夫”，求于己心，只就自己身上理会。由此可见吕叔湘和吴福祥所说《朱子语类》此例中的“里”还不是语气词。“里”是方位名词的附加成分还是语气词，既涉及词汇研究也涉及语法研究。

因此，近代汉语词汇研究在整个汉语史研究上也具有重要的意义。①

二、汉语历史词汇学与现代汉语词汇学的研究

汉语词汇的研究一直十分薄弱，至今仍有许多词的意义让人似懂非懂，或者只知其一不知其二。至于就某一历史阶段而言，产生了哪些新词新义，哪些是沿用至今的，哪些是退出了历史舞台的，其间有什么规律可循？现代汉语中大量的常用词是如何成词及发展演变的，有何规律？诸如此类的问题，

① 如《水浒传》第四十四回：“原是本府六案孔目出身，极好刀笔。”检“极”或本作“及”，中古“极”为职韵，“及”为缉韵，《水浒传》“极”或本作“及”，反映了元明时入声已消失，“极”、“及”完全同音。又如《金瓶梅》中“一发”，或本作“亦发”，据词义实为“益发”。《广韵》“益”为影母昔韵，“亦”为以母昔韵，“一”为影母质韵，《中原音韵》“益”、“一”皆为齐微韵中的零声母去声字，“亦”也当与“益”同音，《金瓶梅》中“一发”或本作“亦发”，反映了近代汉语中影母以母合流。

远远没有得到圆满的答案。[①] 造成汉语词汇学研究滞后的原因除了缺乏足够的含有口语的白话文献语料来说明词义的变迁发展外，还在于汉语词汇的研究多为个别词语的考释，偏重于疑难词的考释而疏于常用词的研究，尤其是对近代汉语某一时代、某一典型白话文献整体观照的研究较少。[②]

如“赔”是现代汉语中的常用词，今传本《朱子语类》卷九二载有：“堂上乐，金钟玉磬。今太常玉磬锁在柜里，更不曾设，恐为人破损，无可赔还。”[③] 此条为万人杰录于淳熙七年（1180 年）以后，出自《池录》，今存《池录》阙。例中“赔”有“赔偿、偿还”义，检徽州本和成化本“赔”皆作“陪”。考钱大昕《恒言录》卷二指出：“赔，此字不见《玉篇》、《类篇》等书。古人多用‘备’字，或作‘陪’。明《永乐实录》追赔字皆不从贝旁。……《升庵外集》：‘昔高欢之法：盗私物十备五，盗官物十备三。后周诏：侵盗仓廪，虽经赦免，征备如法。备，偿补也，音裴，今作赔。音义同。而‘赔’字俗，从‘备’为古。’”检《字汇》：“赔，俗音裴，作赔补之字。”《正字通》：“赔，俗字，今读若裴。补偿人财物曰赔，本作备。”[④] 据徽州本和成化本《朱子语类》所载，亦可推知明以前“赔”的“赔偿、偿还”义尚记音写作“陪”，今传本作“赔”为后人所改。

又如“没”和“没有”是现代汉语中的常用词。“没”和“没有”的产生和发展导致了汉语否定词词义系统的重新调整，从而形成了现代汉语否定词系统中“没”和“不”二分天下的局面。石毓智和李讷《十五世纪前后的句法变化与现代汉语否定标记系统的形成——否定标记“没（有）”产生的句法背景及其语法化过程》一文说：“‘没’在唐、宋时期一直是一个名词性成分的否定标记，它否定动词性成分的用法十五世纪前后才出现。”[⑤] “明中

---

① 王锳：《试论古代白话词汇研究的意义和作用》，《文史》（第 25 辑），北京：中华书局 1985 年版。

② 据检索 1998 年以来国内发表的有关近代汉语词汇研究的论文有千余篇，内容主要集中于词语考释，研究的范围包括敦煌吐鲁番文献、汉译佛经、唐宋诗词、笔记小说、史书杂著等。有关汉语词汇专书的研究主要集中于先秦两汉至魏晋时期，而宋元明清的专书词汇研究相对较少。

③ 王星贤点校：《朱子语类》，北京：中华书局 1986 年版，第 2348 页。

④ 谭耀炬《“赔”字究竟始用于何时?》一文根据明梅膺祚《字汇》“赔”字下注：“古无此字”，再参考陈垣和清钱大昕提供的证据，推测在明代修订《永乐实录》以前“赔”字还没有正式使用，认为“赔”字的使用应该定在明宣宗宣德年（1426 年）至明世宗嘉靖（1566 年）间为宜。（《中国语文》2002 年第 3 期）

⑤ ［日］太田辰夫《中国语历史文法》（北京：北京大学出版社 1987 年版）认为“大约始于元明”，孙锡信《汉语历史语法要略》（上海：复旦大学出版社 1992 年版）也认为“用于否定动词大约也在元明之际”。

叶（约十五世纪）以后，‘没’开始逐渐用于谓语中心动词的否定。”①“‘没’从约八世纪起开始引申作否定‘领有’的动词，一直到约十四世纪的五六百年的时间里都是单独用，‘没有’是后起的用法。这跟现代汉语中‘没’和‘没有’可以自由替换的情况不同。根据梅祖麟（1984）对宋末元初大量文献调查，那时还是只用‘没’不用‘没有’，编于十四世纪到十五世纪的《老乞大》、《朴通事》、《水浒传》才开始用‘没有’。所以‘没有’的出现应大致在十四世纪左右。这是一个重要的发展，因为这表明‘没’由一个动词变成动词‘有’的单纯否定标记，这为‘没’向否定动词性成分的扩展提供了可能。”“‘没’作为普通动词的否定标记的时间比‘没有’凝固成复合动词的时间大约要晚一两百年。”“十六世纪以后现代汉语中的作为名词性和动词性否定标记的‘没（没有）’已经形成了。”②

然考《朱子语类》卷二一《论语三·道千乘之国章》所载，叶贺孙记录的朱熹解说《论语》中已有现代汉语中作为名词性和动词性的复合否定标记“没有”一词：③

“道千乘之国”，五者相因，这只消从上顺说。人须是事事敬，方会信。才信，便当定如此，若恁地慢忽，便没有成。（21.496）

例中的“没有”是用作“有”的否定词的较早用例，现代汉语中常用的

① 《汉语大词典》释“没（mò）”的副词义为“表示否定，相当于莫、不要”，引明吾丘瑞《运甓记·诸贤渡江》为最早书证。“没（méi）”的副词义为“未，不曾”，引《红楼梦》为最早书证。

② 石毓智、李讷：《十五世纪前后的句法变化与现代汉语否定标记系统的形成——否定标记“没（有）”产生的句法背景及其语法化过程》，《语言研究》2000年第2期。石毓智和李讷所根据的梅祖麟（1984）对宋末元初大量文献调查出自梅祖麟《从语言史看几本元杂剧宾白的写作时期》（《语言学论丛》（第十三辑））一文，梅祖麟根据高歌蒂《朱子全书内所见之宋代口语》一文认为“《朱子语类》根本没有‘没有’这个语词”。向熹《简明汉语史》亦认为：“‘没’在唐代开始用作‘有’的否定。”“明代‘没’用来修饰动词，有了副词的用法。‘没有’本是一个偏正词组，连用既久，也用来修饰别的动词，就成为一个复合的否定副词，产生较晚，不见于元曲及《水浒传》、《西游记》等小说里，似到清代才盛行起来。”（北京：高等教育出版社1993年版，第425页）

③ 叶贺孙，字味道。此条是其辛亥以后所闻朱熹讲解《论语三·学而》的笔录，出于李道传于嘉定乙亥年（1215年）在池州所刊《朱子语录》。据《池州刊朱子语录·后序》所说，叶贺孙曾佐道传校雠池州刊《朱子语录》，其所录自己所闻朱熹对《论语》的讲解大抵可以看作是当时朱熹与其讲学问答的实录。惜今存宋刻《晦庵先生朱文公语录》残本中未存此条。太田辰夫曾用宋刊本《张子语录》、《龟山语录》、《挥麈余话》、《诚斋集》、《刘知远诸宫调》来检验现存的《朱子语类》刻本，发现《朱子语类》和这五种宋刊本资料的用字法相同，指出《朱子语类》“可以说作为宋代的资料是大致可信的”。

“没有”一词在宋元之际已出现。梅祖麟《从语言史看几本元杂剧宾白的写作时期》一文指出：“现代汉语的‘没有’有两个用法，一个相当于文言的‘未’”，“一个相当于文言的‘无’”，但由于根据高歌蒂《朱子全书内所见之宋代口语》一文所论而误认为“《朱子语类》根本没有‘没有’这个语词”。① 至于“没”否定动词性成分的用法，也早于15世纪已出现。《敦煌变文集》“没”用于否定词多见，其中有个别用例似可看作否定副词。如卷四《八相变》：“数次叫问，都没应挨；推筑（催促）再三，方始回答。”（335）例中“应挨”与“回答”意义相同，位置相对。从对偶关系上看，副词“都没”和“方始”分别修饰“应挨”与“回答”。②《朱子语类》中也有“没”用为副词的例子。如：

如人读书，初未理会得，却不去究心理会。问他《易》如何，便说中间说话与《书》甚处相类。问他《书》如何，便云与《诗》甚处相类。一齐都没理会。(18.396)

若谓《春秋》谨严，便没理会。(83.3429)

反映金代语言的董解元《西厢记诸宫调》中亦有数例。如上本：“脸儿稔色百媚生，出得门儿来慢慢地行，便是月殿里姮娥也没恁地撑。”下本：“不当道你个日光菩萨，没转移好教贤圣打。”“何处疼，那面痛，教俺没理会。”③

---

① 梅祖麟：《从语言史看几本元杂剧宾白的写作时期》，《语言学论丛》（第十三辑），北京：商务印书馆1984年版。太田辰夫认为“‘没’、‘没有’否定动词大约始于元明。……而且可能‘没有’比‘没’早”。杨荣祥《近代汉语副词研究》提到吴福祥（1995）指出，《张协状元》中有7例后续谓词性成分的“没”，经查检，至少有两例可以肯定为副词用法（第二十出：“没瞒过我，实是你灾。”）（第二十三出：“音书断，没成虚假。”），结合《语类》中的用例，否定副词“没”在宋代肯定已经产生了，而作副词的“没有”至早是元代才有的。他认为“据此，太田辰夫‘“没有”比“没”早’的说法恐不可信”。（北京：商务印书馆2005年版，第164页）

② 蒋冀骋、吴福祥：《近代汉语纲要》，长沙：湖南教育出版社1997年版，第447页。

③《西厢记诸宫调》，北京：文学古籍刊行社1955年版，上本第11页，下本第9、16页。参俞光中、[日] 植田均：《近代汉语语法研究》，上海：学林出版社1999年版。俞光中、植田均说：“宋元以前对于‘领有、具有’的否定多用‘无’，少用‘没’，至于副词‘没’，更是凤毛麟角。《祖堂集》‘没’字凡九例，无一副词用法。《大唐三藏取经诗话》也没有副词‘没’。元曲里副词‘没’很少，香坂顺一（1983）找到过若干用例。”“《古本董解元西厢记》是明代海阳（休宁）适适子据明嘉靖年间张羽本重新校刻的，明人刻本尽管文字上时有更动，但添加个副词‘没’来似乎不大可能。合理的解释，副词‘没’是在北方某一方言区内首先使用开来的。”“副词‘没’普遍使用开来是很晚的事。明代也是有些作品在使用，偏于北系作品，其中有些书使用频率较高，如《金瓶梅》。”

关于“没”的动词和副词义的来源，有的学者认为是同一字记录了不同的两个词，其动词义为“无”（古音读 mo），副词义为“未” （古音读 mei）。[1] 考“未”读 mei 已是中古音，“没”的副词义可能还是由其动词义语法化而来。在“没（无）”和“有”组成的连动式“没（无）有”中，“没（无）”和“有”由原来的并列关系向“一轻一重”的偏正关系转化，“没（无）”趋于单纯表示否定，“有”则主要起动词的功能，相当于“未有”，此后“没（无）有”与“未有”渐趋于合流。其演变过程为：

无→没→没（无）有↘
未 ⟶ 未有 ↗没有

大约在南宋，“无（没）有”与“未有”才合流而凝固为一个复合词。“没有”由动词虚化为副词后，其表否定的动词义仍保持其原有的语义和功能，与其表否定的副词义并存。如《红楼梦》第七十三回：“读了没有两句，麝月又斟了一杯茶来润舌。”因而，“没（无）有”与“未有”趋于合流后，“没”、“没有”的动词和副词义也可看作是“无”、“无有”和“未”、“未有”的替代。“没有”既可做否定动词，又可做否定副词，遂成为汉语中一个名词和动词共有的否定标记。

“没”、“没有”由动词演变为副词是一个连续的、渐变的语法化过程，用于正反问句末尾的“没”、“没有”与语气词“么”也有一定的关系。[2] 据孙锡信《近代汉语语气词》一书说：“关于现代汉语语气词‘吗’的来源，学术界有基本一致的看法，即‘吗’来自‘么’，而‘么’来自‘无’。从六朝时起，‘无’也可用于句末构成反复问。”[3] 如：

（1）不知彼有法无？（《佛说义足经》下）
（2）孃在无？（《祖堂集》卷四）

例中“无”既表否定，又兼带有疑问语气。这与其在句中所表词义及所处位置有关。汉语中的语气词也往往由实词虚化而来。语法化可以是一个词

---

① 董志翘：《华语中的“离合词”及其插入成分》，《华文教育》2003 年 12 月 15 日第 2 版。

② 参徐时仪：《否定词“没”“没有”的来源和语法化过程》，《湖州师范学院学报》2003 年第 1 期。

③ 孙锡信：《近代汉语语气词》，北京：语文出版社 1999 年版。

组结构演变成一个词，也可以是一个实词演变成一个虚词；可以是一个具有实实在在词汇意义的语言成分演变成一个较虚的语言成分，也可以是一个较虚的语言成分演变成一个更虚的语言成分。[①] 在正反问句中，处于句末的“无”在表意上成为句子的次要成分，其所处的这种语法位置导致其词义有所抽象和虚化，渐趋于表示一种疑问语气。例（1）和例（2）中的“无”在语义上可以重新分析，一方面仍可分析为否定词，另一方面占据了语气词位置的“无”也可视为对整个句子所含命题发问的疑问语气词，不再具有否定意义。例（1）可理解为：“不知彼有法吗？”例（2）可理解为：“孃在吗？”正如孙锡信《近代汉语语气词》一书所指出，“无”并非纯粹的语气词，由“无”到“么”是在“无”与“么”交替运用过程中完成否定词到语气词的转化的。唐以后，当“无”演变成“么”以后，在正反问句中，“无”的运用日渐减少。“在与‘有’对立的意义上，反复问句中‘无’让位于‘否’及后来产生的‘没有’。”[②] 如：

（3）二哥，几时有道路也没？（《古今小说》卷三十六）
（4）注子里有酒没？（《水浒传》第二十四回）
（5）你灌了他些姜汤儿没有？（《金瓶梅》第十九回）
（6）你爹来了没有？（《金瓶梅》第三十八回）

因此，从某种意义上说，用于正反问句末尾的“没”、“没有”也可看作是“无”的替代。用于正反问句末尾的“没”、“没有”何以可替代“无”？我们认为这也与其在句中所表语义的变化及其所处结构位置有关。正反问句是以肯定形式加否定形式构成，当肯定形式部分不表示肯定而表示测度或反诘时，其否定形式部分就失去了否定意义，进而语法化为语气词。况且处于正反问句句末的“没”、“没有”在句子中充当的是次要成分，其所处的结构位置造成其所表示的否定动词义趋于虚化，甚至还可以用语气词“么”替代。如：

（7）老师来了没？
（8）老师来了没有？

① 参徐时仪：《论词组结构功能的虚化》，《复旦学报》1998 年第 5 期。
② 孙锡信：《近代汉语语气词》，北京：语文出版社 1999 年版，第 50 ~ 60 页。

(9) 老师来了么?

例(7)和(8)中的"没"、"没有"既带有否定义,又具有测度的语气,例(9)中的"么"则纯粹是语气词,二者虽然并不等同,但在某种程度上说,语气词"么"或许亦可看作是由用于正反问句末尾的"没"、"没有"虚化而成。①

据孙锡信《近代汉语语气词》一书所考,"'么'从'无'出,用于是非问和测度问"。② 就"没"、"无"和"么"的语音而言,"没"的上古音为明母入声物部,《广韵》中的音韵地位为明母入声没韵。"无"的上古音为明母平声鱼部,《广韵》中的音韵地位为微母平声虞韵。③ 俞光中、植田均《近代汉语语法研究》一书说,"'无'是微母字,隋代以后,轻唇微母字由重唇明母字分化出来(唐守温字母已有轻唇音),可是口语中许多常用字仍说重唇音。这种文白异读情况犹如今吴语重唇和轻唇的白音、文音对应,如'问闻味微(—小)无(—啥事体)尾'白音说[m-],文音读[v-]"。考《后汉书·冯衍传》载:"饥者毛食。"唐李贤注所加按语云:"《衍集》'毛'字作'无',今俗语犹然者,或古亦通乎?"④ 《冯衍传》中的"毛"即"无"的白读音[mu]。又如《吐鲁番出土文书》第一册《高昌延昌二十二年(582)康长受从道人孟边岁出券》载:"若长受身东西毛,仰妇儿上(偿)。"例中"东西"为死的讳称,"毛"即"无"。郭忠恕《佩觿》卷上:"河朔谓无曰毛。"据宋人朱弁《曲洧旧闻》卷六载苏轼和刘贡父互相开玩笑,刘贡父

① 吕叔湘《中国文法要略》中卷指出,文言里反复问句和是非问句形式上非常接近,"文言里不重复句子的一部分词语,只在句末加一'否'字,或'未'字,或'无'字。'未'等于白话的'没有','无'字就是白话的'么'和'吗'的前身,这可见用'吗'字的问句原是从反复问句化出来的"。(北京:商务印书馆1944年版)张伯江《疑问句功能琐议》一文也说道:"早期人们运用正反抉择的方式询问是非时,由于否定词必须贴近谓语,所以正反问句是以变化谓语语序的形式出现的。后来两方面的原因迫使它发生变化,一是句法结构内部,语序形式总是要向形态形式发展;二是话语表达的需要,疑问的交互作用要求在话语平面产生疑问标记。所以,是非表达法很快由谓语部分移到了句尾,'吗'问句应运而生。"(《中国语文》1997年第1期)

② 孙锡信:《近代汉语语气词》,北京:语文出版社1999版,第158页。

③ 据唐作藩:《上古音手册》,南京:江苏人民出版社1982年版;丁声树、李荣:《古今字音对照手册》,北京:中华书局1981年版。

④ 《后汉书》,北京:中华书局1965年版,第966~967页。《衍集》即冯衍的《曲阳集》,《后汉书》所载此语见于集中的《奏记邓禹》。检今传本冯衍《曲阳集》(明崇祯间八闽徐博刻本和民国六年扫叶山房石印本张溥编《汉魏六朝百三名家集》),"无"已皆为"毛"。清严可均校辑《全上古三代秦汉三国六朝文》卷二十亦收入此文,篇名改为《计说鲍永》,"无"亦为"毛"。(北京:中华书局1958年影印本,第581页上栏)

戏请苏轼吃皛饭，比至赴食，见案上所设一撮白盐，一碟白萝卜，一碗饭而已。苏轼遂也回请刘贡父吃毳饭。“贡父虽恐其为戏，但不知毳饭所设何物，如期而往。”到了苏轼府上，“苏轼徐曰：‘盐也毛，萝卜也毛，饭也毛，非毳而何？’贡父捧腹曰：‘固知君必报东门之役，然虑不及此也。’坡乃命进食，抵暮而去。世俗呼无为模，又语讹模为毛，尝同音，故坡以此报之”。[①] 由此可知，“无”的白读音［mu］和“没”音相似。汪荣宝《歌戈鱼虞模古读考》一文已指出：“古轻唇音皆为重唇，故‘无’字读如［ma］如［mu］。今俗语犹谓‘无’为［mu］或转曰［mau］，而变其字为‘没’为‘毛’，‘没’、‘毛’即‘无’字之本音也。”[②] 没，《集韵》为母果切，明母果韵。志村良治《中国中世语法史研究》一书说“没”在舒声化的过程中与明母模韵的“谟”［ma］（《大乘中宗见解》）或明母果戈韵的“磨、摩”［'ba］（《千字文》）等具有相近的音值。[③] 俞光中、植田均《近代汉语语法研究》一书认为：“随着北方入声开始消亡，‘无’和‘没’的语音差异趋向于模糊。《中原音韵》里‘无模没’三字同属‘鱼模’韵，据杨耐思《中原音韵音系》，三个字的韵母都是［u］。”[④] 考明人方以智《通雅》说：“江楚广东呼‘无’为‘毛’。”今广州话表示“没有”义仍说“无”［mou］，字作“冇”。据此我们可以说“无”与“没”的替换在唐代已露端倪，“没”由“沉入水中”引申的“消失”、“失去”义融入“无”的“亡”义而产生“没有”义，[⑤]“没”韵的舒声化与“无”的文白异读使得“没”的读音与“无”的白读音［mu］趋于相似，进而逐渐形成了“没”取代“无”的语义和语音

① 《笔记小说大观》（第八册），南京：江苏广陵古籍刻印社 1984 年版，第 136 页。曾慥《高斋漫录》则载苏轼和钱穆父开此玩笑。

② 汪荣宝：《歌戈鱼虞模古读考》，《国学季刊》1923 年第 1 卷第 2 期，第 262 页。

③ 参［日］志村良治著，江蓝生、白维国译：《中国中世语法史研究》，北京：中华书局 1995 年版，第 185 页。

④ 参俞光中、［日］植田均：《近代汉语语法研究》，上海：学林出版社 1999 年版，第 325 页。

⑤ 从语音的角度考察，“没”的否定义与其“沉没”义没有关联，梅祖麟《词尾“底”、“的”的来源》和《文读保存 -j-，白读失落 -j- 的例证》二文已指出：“《集韵》‘没’字有莫佩切一读。‘未’字失落 -j- 介音，就读作莫佩切。以前各家（戴密微 demieville1950；周法高 1953；太田辰夫 1958：302；司徒修 Stimson1971）都认为副词‘没’的来源是‘未’。”（《中央研究院历史语言研究所集刊》第五十九本第一分本，台北：中央研究院历史语言研究所 1999 年版；《梅祖麟语言学论文集·附录二》，北京：商务印书馆 2000 年版）然而汉语词义的演变往往不仅与语音有关，有时也涉及语义、语用及方言影响等诸方面因素，尤其是一些常用词在词义的演变或更替上往往彼此有更多的关联。“没”的“消失”、“失去”义与“无”的词义有相通之处，似亦不失为我们从语义角度来探讨“没”的来源的一个关联线索。

条件。[1] 宋时"无"与"没"往往并用,《朱子语类》已有用例。如:

此是随语生解,支离延蔓,闲说闲讲,少间展转,只是添得多,说的远。如此讲书,如此听人说话,全不是自做工夫,全无巴鼻。(116.2791)

人生都是他理,人欲却是后来没巴鼻生病。(13.224)

例中"无巴鼻"即"没巴鼻"。又据今存较早的天都外臣本《水浒传》第四十回载:"房里好床好铺睡着,无得寻思。"例中"无"字在后出的全传本及芥子园本中皆已改为"没",此亦可证"没"最终约在元明时已完成了取代"无"的替换过程。由于"没[muət]"舒声化后与"摩[mua]"相近,在虚化为语气词的过程中,语音产生了 mua > muo > mə 的演变,遂与"么"同,故正反问句句末的"没"、"没有"可用"么"替代。[2]

因此,近代汉语词汇研究无疑有裨于汉语历史词汇学和现代汉语词汇学的研究。

三、古籍整理与研究

近代汉语词汇研究同这一历史时期文化遗产的继承有密切关系。通过近代汉语词汇的研究,我们不仅可对汉语的发展历史和现代汉语的来龙去脉有比较全面深入的了解,还有裨于理解相关文献中一些词语的确切含义。要发扬光大我们民族的传统文化,分辨传统文化中的精华和糟粕,做到古为今用,首先必须掌握当时人们所用的语言,读懂有关的文献资料。近代汉语时期大量的文学、历史、哲学乃至科技著作,都直接或间接地反映着当时口语,有的则纯粹用口语来记录。要分析和利用它首先得理解它,要真正理解它又不能不从扫除文字、词汇方面的障碍入手。

近代汉语的语言粗看上去,似乎与现代汉语很相近,要看懂这一时期的一些文献资料似乎也不难,然而要真正读懂和理解这些文献中某些词语的词

---

① 潘悟云《汉语否定词考源——兼论虚词考本字的基本方法》(《中国语文》2002 年第 4 期)一文指出上古的"无"在虚化过程中语音发生促化变成了"没"。"不"从尤韵读入虞韵,"无"也是虞韵。"不"在北方促声化以后,进一步失去介音,读入没韵,与"没"同韵,它们的语音和语义关系是完全平行的。至于"没"(méi)的读音,左思民《论"没"和"没有"的来源》一文认为可能是"没"(mò)和"有"合音的结果,"有"读成轻音。(上海师范大学硕士学位论文,1985 年)

② 参徐时仪:《"不成"、"没"和"这"的语法化探补》,《现代汉语虚词研究与对外汉语教学》,上海:复旦大学出版社 2005 年版。

义却并不那么简单。如刘坚《近代汉语读本》所选作品中很多词语如果不加注释就较难理解正确。即使在《水浒传》、《金瓶梅》等较为通俗的古白话小说中也有许多看似容易其实难解的词语，有些词语至今尚无确诂，影响了对作品内容的理解，甚至导致误解。日本汉学家入矢义高在盐见邦彦编的《朱子语类口语语汇索引》序言中慨叹读《朱子语类》之难，认为关键就在于它是口语语体，而此书却是治哲学史、思想史、政治史乃至文学史的人不能不稍加留意的。因此，近代汉语词语的研究对整理和使用我国传统文化宝库中，这一部分文献具有实用价值。要真正读懂这些文献，就必须研究近代汉语的语言，掌握近代汉语的语言。

近代汉语词汇研究有助于提高古籍整理工作的质量。张相在《诗词曲语辞汇释》序言中曾慨叹说："每念吾国文学领域，极为广袤，普通披吟所及，率在《毛诗》、《楚辞》、汉魏乐府。其唐以来之近代文学，于方今有绝大关系者，辄为文字所障，未尽覃研。"由于历来在近代汉语研究方面的成果不多，因而读者和注释者对于唐以来的诗词、戏曲、笔记小说中的方俗白话词往往感到棘手。这些作品的注释往往昧于方俗白话词的特殊含义而造成失误。如《太平广记》卷一百四十"汪风"条载："请以百缗而交关焉。"文中"交关"一词有"交易、买卖"义，有的校注本注为："交关，交出房子的钥匙。"① 又如《南柯太守传》："虽稽神语怪，事涉非经；而窃位著生，冀将为戒。"文中"著"字乃"贪嗜、迷恋"义，有的唐宋传奇选注本误注为："著生，藉以维持生活。"②

近年来整理出版了不少汉魏至明清时期的古籍点校本或校注本，虽从总体上看质量大大超越前人，但在校勘、断句、注释方面往往也出现失误。推究致误的原因则大都与误解近代汉语词语有关。如：

《祖堂集》卷六"问曰：'西来密旨，和尚如何指示于人？'翠微驻步。须臾，师又进曰：'请和尚指示！'翠微答曰：'不可。事须要第二杓恶水浆泼作摩？'师于言下承旨，礼谢而退。翠微云：'莫掭却！'师曰：'时至根苗自生。'"例中"掭"，有的点校本改作"躲"或"堕"，③ 有的校注本改作

① 王汝涛等选注：《太平广记选》（上册），济南：齐鲁书社 1980 年版，第 64 页。

② 张友鹤：《唐宋传奇选》，北京：人民文学出版社 1964 年版，第 68 页。

③ 张华点校《祖堂集》改作"堕"，校注云："原文作'掭'。参《景德传灯录》卷十五、《古尊宿语录》卷三十六则作'垛'。岳麓书社 1996 年出点校本校作'躲'。垛，通堕。"郑州：中州古籍出版社 2001 年版，第 203 页。

"棎",[①] 谭代龙《义净译经身体运动概念场词汇系统及其演变研究》据以认为"五代以后，'躲'开始指称本概念场"[②]。考"躲"，《说文》未收。《字汇》："躲，避也。""躲"在宋以前文献中未见其他用例，宋代始有用例。如《朱子语类》卷一二二："伊川发明道理之后，到得今日，浙中士君子有一般议论，又费力，只是云不要矫激。遂至于凡事回互，拣一般偎风躲箭处立地，却笑人慷慨奋发，以为必陷矫激之祸，此风更不可长。"又作"趓"。如朱敦儒《卜算子》："古涧一枝梅，免被园林锁。路远山深不怕寒，似共春相趓。"也有作"亸"。如王观《减字木兰花》："大限催煎如何亸。"但未见作"探"。考"探"有"量度"义。《广雅·释诂三》："探，量也。"据投子和尚与翠微对话文意，"莫探却"，似承"事须要第二杓恶水浆泼作摩"进一步告诫投子和尚不要臆度，故投子和尚领悟后答"时至根苗自生"。因而五代时表"避"义的"躲"还没出现，《祖堂集》中的"探"似还不能断定是"躲"的俗写。

《朱子语类》卷五五《公都子问好辩章》："且如楚子侵中国，得齐桓公与之做头抵，拦遏住他，使之不得侵。"有的点校本误标点为："且如楚子侵中国，得齐桓公与之做头抵拦，遏住他，使之不得侵。"[③] 例中"头抵"是当时的口语词，有"对头、对手"义，如不明其义就会影响文意的理解。

《醒世恒言》卷三十一："员外见说，把些钱物与他，还了店中，便收留他。见他会书算，又且见便，诸色周全，便教他在店中做主管。"例中"见便"是明清时的白话词，有"聪明灵巧、知情达理"义。[④] 有的校注本未明此词词义，误标为"员外见说，把些钱物与他，还了店中，便收留他。见他会书算，又且见便诸色周全，便教他在店中做主管。"[⑤] 后又将"又且见便诸色周全"改为"又似梦中见的一般"。[⑥]

《武王伐纣平话》卷中："女子见道，化金光去了。万民尽看，言道好希

---

① 张美兰：《祖堂集校注》，北京：商务印书馆2009年版，第165页。"棎"为"树根"义，《广雅·释木》："棎，株也。""棎"似为"探"之误。

② 谭代龙：《义净译经身体运动概念场词汇系统及其演变研究》，北京：语文出版社2008年版，第239页。

③ 王星贤点校：《朱子语类》，北京：中华书局1986年版，第1318页。此义《朱子语类》还有用例，如一一九《训门人七》："先生笑曰：'他旧曾去晁以道家作馆，晁教他校正辟孟子说，被以道之说入心后，因此与孟子不足。后来所以抵死要与他做头抵，这亦是拗。'"又："李觏也要骂孟子。不知只管要与孟子做头抵做甚？你且拣个小底来骂，也得。"

④ 如《古今小说》卷三十："红莲已经十岁，清一见他生得清秀，诸事见便，藏匿在房里。"

⑤ 顾学颉校注：《醒世恒言》，北京：人民文学出版社1956年版，1979年印刷，第661页。

⑥ 顾学颉校注：《醒世恒言》，北京：人民文学出版社1997年印刷和2013年印刷，第679页和648页。

差。臣见奇异，特来奏我王。”文中“希差”即“希奇、怪异”义，古典文学出版社出版的《武王伐纣平话》标点为：“女子见道，化金光去了。万民尽看，言道好希，差臣见奇异，特来奏我王。”① 盖因不明“差”乃唐宋时俗语词而致失误。② 考皇甫枚《三水小牍》卷上“王知古为狐招呼戌”条载有“（保母）遥闻大叱曰‘夫人！差事！宿客乃张直方之徒也’”。文中“差事”即“怪事、奇事”。有的传奇小说选本也都误将这段文章标点为：“夫人差事宿客，乃张直方之徒也！”③

《金瓶梅词话》第十七回写李瓶儿：“寻思半晌，暗中跌脚，怪嗔道一替两替请着他不来，原来他家中为事哩。”例中“怪嗔道”是“怪”和“嗔道”同义复用，犹言“怪不得”。有的校点本误标为：“寻思半晌，暗中跌脚，怪嗔道：‘一替两替请着他不来，原来他家中为事哩。’”④ 由此可见标点整理古籍中古白话词研究的价值之一斑。

向达等编校的《敦煌变文集》是变文较早的结集，具有很高的学术价值。随着唐宋俗语词研究的深入，一些学者又作有订补，纠正了一些校勘上的失误。如《秋胡变文》：“今蒙娘教，听从游学，未季娘子赐许也不?”郭在贻指出例中“季”当是“委”字之误，考变文中子、女两个偏旁往往可以互易。同篇下文又云：“未委娘子赐许以不?”两文相照，可证“未季”确是“未委”。⑤ 蒋礼鸿《敦煌变文字义通释》根据翔实的资料考知“委”有“知”义，则“未委”就是“未知”，变文中“季”字乃“委”字之误，当无疑义。同类的例子又有杜甫《示从孙济》诗：“平明跨驴出，未知适谁门?”《全唐诗》、钱注《杜诗》、《杜诗详注》于“知”字下并出异文“委”。“委”作“知”解，正如张相所云为“字面普通而义别”的那一类词语。

所以，近代汉语词汇的研究对这一时期文献典籍的校勘、标点和注释有着重要的意义，我们必须认真研究近代汉语时期的方俗白话词，在整理校勘这一时期的文献典籍时才不至于轻信误本，妄下按断。

---

① 《武王伐纣平话》，北京：古典文学出版社1955年版，第44页。

② “希差”也作“希吒”。如《张协状元》第十出：“贫女回来必不容它，凭小圣说教希吒。”

③ 汪辟疆：《唐人小说》，上海：古典文学出版社1955年版；张友鹤：《唐宋传奇选》，北京：人民文学出版社1964年版。检《方言》：“非常曰侅事。”《说文》：“侅，奇侅，非常也。”“差”的“奇异”义也可能与“侅”有关联。

④ 戴鸿森校点：《金瓶梅词话》，北京：人民文学出版社1985年版，第201页。

⑤ 郭在贻：《读新版敦煌变文字义通释》，《天津师范大学学报》1982年第5期。

四、词典编纂与修订

词汇是词典的原始材料，也是词典研究的对象，词典又是词汇学研究的对象。词典研究的核心内容是词语的释义，大型汉语词典是汉语史词汇研究成果的直接体现者，新编这类词典质量上能否超过前人旧制，在很大程度上取决于近代汉语词汇的研究，取决于这方面研究成果概括吸收得如何。日本编《大汉和辞典》、台湾编《中文大辞典》可谓鸿篇巨制，惜在近代汉语词汇的收录诠释方面未有重大突破。《辞源》修订版和《汉语大词典》尽管力图尽可能溯源及流，显示词义发展的历史过程，但也仍然存在一些问题，亟须进行全面的修订。词典编纂工作，从根本上说，也就是解释词义，近代汉语词汇的研究与词典编纂关系密切，近代汉语词汇研究的成果可用来纠正现有辞书在释义上的失误。

如《中文大辞典》释“摘索”为“索取”，引用书证为韩偓《清兴》诗：“阴沉天气连翩醉，摘索花枝料峭寒。”例中“摘”有“离”义，宋元小说戏曲中屡见之，诗词曲中又每见“摘离”一词，“摘”就是“离”，“摘索”即“萧索、离索、疏索”，乃“萧条冷落”之义。

又如《朱子语类》卷八：“学者工夫，但患不得其要。若是寻究得这个道理，自然头头有个著落，贯通浃洽，各有条理。”又卷十：“读书须是子细，逐句逐字要见著落。”例中“著落”有“明确落实的场所”和“确实的依据”义，《汉语大词典》释“著落”为“确实的根据；可靠的来源”义，引清代薛雪《一瓢诗话》为例证，偏晚，可补《朱子语类》用例。

再如“杜撰”一词的词义为“没有根据地编造”，关于此词的语源，说法不一。清代有人认为“杜撰”一词与唐人杜光庭有关。吕种玉《言鲭》卷下说：“言作诗文无出处者曰杜撰。道家经忏俱杜光庭所撰，多涉虚诞，杜默为诗多不合律，引用无据，故云杜撰。”① 翟灏《通俗编》云：“道藏五千余卷，惟《道德经》二卷为真，余皆蜀道士杜光庭所撰，故曰杜撰。”② 也有人认为此词语源与某个姓杜的道士有关。洪亮吉《北江诗话》卷五云：“唐杜光庭为道士，撰集诸道经，多以己说参之，俗语称杜撰或以为即始于此，非也。《颜氏家训·杂艺篇》江南闾里间，有《画书赋》，乃陶隐居弟子杜道士所

① 吕种玉：《言鲭》，上海：有正书局1919年版排印本。

② 翟灏：《通俗编》，北京：商务印书馆1968年版，第149页。

为，其人未甚识字，轻为轨则，托名贵师，世俗传信，后生颇为所误。考林罕《字源偏旁小说》序，又作《隶书赋》云，假托许慎，颇乖经据，实则陶先生弟子杜道士所为，大误时俗，吾家子孙，不得收写，云云。余意杜撰二字，盖出于此。”①

宋人对此词的语源亦有探讨。据沈作哲《寓简》云：“汉田何善《易》，言《易》者本田何。何以齐诸田徙杜陵，号杜田生。今之俚谚谓白撰无所本者为杜田，或曰杜园者，语转而然也。岂当时亦讥何之《易》学师承无所自耶？”② 沈作哲所说“杜园”一词为宋代的俗语词，意为没有根据的、假的。考魏泰《东轩笔录》卷六载：“陈绎晚为敦朴之状，时谓之‘热熟颜回’。熙宁中，台州推官孔文仲举制科，廷试对策，言时事有可痛哭太息者，执政恶而黜之。绎时为翰林学士，语于众曰：‘文仲狂躁，真杜园贾谊也。’王平甫笑曰：‘杜园贾谊，可对热熟颜回。’合座大噱。绎有惭色。杜园、热熟，皆当时鄙语。”③ 又据王楙《野客丛书》卷二十云：“杜默为诗，多不合律，故言事不合格者为杜撰。”“然仆又观俗有杜田、杜园之说，杜之云者，犹言假耳。如言自酿薄酒，则曰杜酒。”④ 可见，“杜撰”一词的词义与其时俗语“杜园”相似。

据戴家祥《社、杜、土古本一字考》一文说，“杜”是“土”的后出分别文。⑤ 土，《广韵》亦有“徒古切”的读音，与“杜”同音，故典籍中常通用。如《诗·豳风·鸱鸮》：“迨天之未阴雨，彻彼桑土。”《经典释文》：“土，音杜。桑土，桑根也。《韩诗》作杜，义同。”“土”有“土生土长”的“当地、本地”义。如杜佑《通典·食货七》载：“建中初，命黜陟使往诸道，按比户口，约都得土户百八十余万，客户百三十余万。”文中土户即本地住户。“杜”也有“当地、本地”义。如况周颐《蕙风簃小品·杜煎考》说：“沪上药肆，辄大书其门曰‘杜煎虎鹿龟胶’。或问余‘杜煎’之意，弗能答也。沤尹言：杜煎犹杜撰，即自煎，吴语也。苏州蹋科菜有两种，本地自种曰杜菜，自常州来曰客菜。客菜佳于杜菜。以‘杜’对‘客’而言，可知与‘自’同意。”又据宋释文莹《湘山野录》卷上载：“石参政中立在中书时，盛文肃度禁林当值，撰《张文节公知白神道碑》进御罢，呈中书。石急问之：

---

① 洪亮吉：《北江诗话》，《丛书集成》本（2598册），北京：中华书局2010年版，第58页。

② 沈作哲：《寓简》，《笔记小说大观》本，台北：新兴书局1986年版，第554页。

③ 魏泰：《东轩笔录》，《笔记小说大观》本，台北：新兴书局1986年版，第352页。

④ 王楙：《野客丛书》，《笔记小说大观》本，台北：新兴书局本1986年版，第1728页。

⑤ 戴家祥：《社、杜、土古本一字考》，《古文字研究》（第十五辑），北京：中华书局1986年版。

‘是谁撰?’盛卒对曰:‘度撰。’对迄方悟,满座大笑。”[①] 这则记载中,石中立问盛度谁撰写了《张文节公知白神道碑》,盛度脱口回答是自己所撰。他回答时称自己的名字以表示谦敬。杜,《广韵》属上声姥韵,定母,徒古切;度,《广韵》属去声暮韵,定母,徒故切。晚唐时浊上已变去,故盛度回答后发现“度”与“杜”同音,与“撰”合在一起变成了“杜撰”。在座的人也因“度”与“杜”谐音,“度撰”变成“杜撰”而抑制不住大笑起来。由此记载可知,其时“杜撰”一词已为人所熟知,故盛度脱口而出的回答会引起人们的附会。

考盛度生活于北宋年间,约卒于仁宗宝元二年(1039年),按照常理,口语中一个词的出现到写入书面语大多要经过相当长的一段时间,“杜撰”一词当早于此时已出现。清人翟灏《通俗编》说“盛度在杜默前,则知杜撰之说,其来久矣”。宋人对此词不甚了了的猜测亦表明此词在进入书面语以前已在口语中使用了较长的一段时间。由于年代久远,人们仅仅按照“杜撰”一词的字面义往往不容易解释清楚其词义。其形成之初的理据虽然可能与“杜光庭”或“杜默”有关,但这已是人们试图解释其得义之由的联想。然而其形成之初毕竟存在着能为社会接受的理据性,这是其产生的必要条件。从结构上分析,“杜撰”一词如以“杜”为“杜默”或“杜光庭”,则此词为主谓结构;如以“杜”为“虚假”义,则可视为偏正结构。考宋时俗语以“杜”称“假”,故从词义而言,“杜撰”一词应为偏正结构,此词中的“杜”似与“杜光庭”或“杜默”没有必然的内在联系,而很可能仅仅是一个记音的借字。[②]

考《慧琳音义》卷三十九“媕嫸”条下云:“译经者于经卷末自音为颔剂,率尔肚撰造字,兼陈村叟之谈,未审媕嫸是何词句。”古人以为心之官为思,故慧琳所说的“肚撰”即“杜撰”,亦即凭空臆想。肚,《广韵》属上声姥韵,定母,徒古切。“杜”与“肚”音同。据慧琳释“媕嫸”所用“肚撰”一词可以推测“杜撰”一词早在唐代已出现,其最初的写法似为“肚撰”,后因“杜”与“肚”音同而写作“杜撰”,“杜”于是有了“虚假”和“凭

① 文莹:《湘山野录》,《笔记小说大观》本,台北:新兴书局1986年版,第46页。

② 据翟灏《通俗编》载,青藤山人《路史》又云:“杜本土音,桑土国土并音去声,故相沿舍土而直用杜。今人言专局一能,而不通大方者,谓之土气,即杜也。”土,《广韵》属上声姥韵,透母,他鲁切。“杜”与“土”音近,青藤山人似以“杜”为“土”的借字。

空”义。①

近年来出版的《辞源》修订版注重探讨词语的语源，其释“杜撰”一词引明代居顶（字圆极）的《续传灯录》为证。以历史主义为编写原则编纂的《汉语大词典》是迄今最具权威性的一部大型词典，编辑方针为“古今兼收，源流并重”，其第四卷释“杜撰”一词引王楙《野客丛书》为首见例证。显然，这两部大型汉语词典在“杜撰”一词的释义上皆可进一步穷本溯源，据《慧琳音义》补收“肚撰”一词及用例，从而揭示出“杜撰”一词词义演变的理据和内在脉络。②

五、思想文化研究

语言是一种与自然、物质和精神现象都发生着联系的交缘性社会现象。语音、词汇、语法三者中，词汇负载着文化信息，最能反映社会的面貌。在一定的社会历史阶段，产生了新的事物就必然随之而产生新的词语；反之，当一些旧的事物被历史发展淘汰时，相应的词语也就会随之而在语言中逐渐消失。词汇有渐变性，反映社会生活的词语有一部分随着旧事物和旧概念的消失而消失。词汇又有稳固性，事物和概念本身经历了变化，可是跟事物和概念有关的大部分词语却沿用下来。这些词语镌刻着历史上各个时期社会生活和社会思潮的烙印。从某种意义上说，语言是印证历史的特殊的活化石，是古今社会生活的一面镜子。近代汉语词汇系统的动态演变与社会的动态演变紧步跟随，社会发展促使新事物不断出现、旧事物逐渐消亡，反映在词汇系统上就是新词语不断产生、旧词语逐渐消亡。哪些词语应进入词汇系统，哪些应排除在外，不是无序的、任意的，而是受中华民族的文化所制约。在

---

① 据清人赵翼《陔余丛考》卷四十三载，其时“俗语相沿，凡文字之无所本者曰杜撰，工作之不经匠师者曰杜做。后世并以米之不从商贩来者曰杜米，笋之自家园出者曰杜园笋，则昔以杜为劣作，而今转以杜为佳品矣”。（石家庄：河北人民出版社 1990 年版，第 797 ~ 798 页）盖“杜”只是一个记音字，其本字当为“土”。“土”有“土生土长”义，引申而有“自己、自家”义，自家出产的物品称“土产”，自己的想法、观点亦即“土撰”，然称“土撰”既不达意，又欠雅，故又有“肚撰”取而代之。明代小说也有用例。如《鼓掌绝尘》第四回：“杜开先道：‘已杜撰多时，只候老伯到来，还求笔削。’”

② 参徐时仪：《慧琳音义研究》，上海：上海社会科学院出版社 1997 年版，第 157 页。江蓝生《语词探源的路径》（《中国语文》2010 年第 4 期）一文曾根据“臆测”一词推测“杜撰”的原本词形应为“肚撰”。崔山佳《从 <红楼梦> 甲戌本的“肚撰”说起》（《红楼梦学刊》2011 年第一辑）一文提到甲戌本《红楼梦》中也有“肚撰”的用例，好多红学家认为是“杜撰”的错别字，而“肚”在古代与“胸”等是可以引申出“主观（地）”、“毫无根据（地）”的意思。

一定程度上，词语本身塑造并规限了人或社会的思想世界。语言中每一个词都是客观现实的一部分的概括反映，只有联系使用这种语言的民族的社会文化历史来考察，才能对词和词义的发展变化有充分的认识。因此，如果从词汇学的角度，按思想、经济、政治、文化、教育、科学、艺术等方面对近代汉语各阶段的词汇发展情况进行研究，就可从一个侧面勾勒出当时社会的部分面貌。

如《朱子语类》所载词汇就涉及社会生活的方方面面。其中与哲学思想和宗教有关的词语有“天理”、“阴阳”、“参禅”、“浮屠”等，与经济有关的词语有“会子”、“交易”等，与饮食有关的词语有“包子”、“饼饵”、“饾饤”、“馒头”、“沙糖”、“蒸饼”等，与教育治学有关的词语有“正心”、“修身”、“提撕”、“浃洽”、“通贯”等，与科举考试有关的词语有“举业”、“揭榜”、“卷子”等，与音乐有关的词语有“毕篥”、“大吕”、“歌曲”、“黄钟”、“燕乐”、“焦杀”等，与动物有关的词语有“尺蠖”、“水牯”、“鸡子”、“猕猴”、“蜥蜴”等，与植物药材有关的词语有“菖蒲”、“卷杉”、“葫芦”、“水仙”、“腊梅”、“茄子”、“荔枝”、“生姜”、“茯苓”、“大黄”等，与衣着妆饰有关的词语有“黪巾”、“幞头”、“凉衫”、“绵袄”、“布衫”、“皮鞋”等，与日常生活用具有关的词语有“凉伞”、“鼓扇”、“花斛”、“环珓”、“轿子”、“镜子”、“帘幙”、“卓子”、“枕头”等，与身份职业有关的词语有“博士”、“教授”、“太常”、“铁匠”、“田夫”、“天子”、“婢子”、“差役”、“皂隶”、“厨子”等，与文化娱乐有关的词语有“博弈”、“爆杖”、“打球”、“谜子”、“戏剧”等，与生产劳动有关的词语有“刺绣”、“打禾”、“耕田”、“架屋”、“淘米”等，与日常生活有关的词语有“打酒”、“吃茶”、“唱喏”、“打扇”、“炊饭”、“啖酒”、“官司”、“词讼”等，与季节时令有关的词语有“春天”、“夏天”、“秋天”、“冬天”、“清明”、“立春”、“惊蛰”、“春分”等，与称谓有关的词语有“儿子”、“老大”、“老娘”、“女婿”、“妻子”、“姊妹”、“宗子”等，与颜色有关的词语有“闪青”、“青赤”、“鸦青”、“浅红”、“深紫”、“绯紫”、“碧绿”等。

又如古人席地而坐，家具中只有低矮的几案，没有专门供人坐的家具。宋人不再席地而坐，有了专门的坐具，① 几案也随之加高，于是语言中相应产生了“椅”和“桌”这两个词，最早写作“倚”和“卓”。杨亿《谈苑》中提到：“咸平景德中，主家造檀香倚卓。”黄朝英《靖康缃素杂记》说道：

---

① 《韩熙载夜宴图》中已出现交椅。

“今人用倚卓字，多从木旁。”“桌”为“卓”的分化特指字，[①]“棹”又为“桌”的增旁字，“卓、桌、棹”加词缀“子”构词，形成异形词。检中华书局版王星贤点校本《朱子语类》中“桌子”有12例，“棹子”3例，“卓子”2例。如：

如这桌子，则云若此桌子，非名桌子，是名桌子。(126.3026)
且如这个棹子，安顿得恰好时，便是仁。(95.2417)
如卓子有四角头，一齐用著工夫，更无空缺处。(62.1500)

朱熹在讲学时曾说到古人席地盘坐或跪坐，春秋时“管宁坐一木榻，积五十年未尝箕股，其榻上当膝处皆穿。今人有椅子，若对宾客时，合当垂足坐；若独居时，垂足坐难久，盘坐亦何害?”(91.2332)据朱熹所说，宋人坐在椅子上可垂足坐，也可盘坐，似与《韩熙载夜宴图》所画相似。

《朱子语类》中“椅”有23例，其中“椅子”有7例，还有“交椅”、“竹椅”等。如：

如这交椅是器，可坐便是交椅之理；人身是器，[②]语言动作便是人之理。(77.1970)

这道理，若见得到，只是合当如此。如竹椅相似：须着有四只脚，平平正正，方可坐；若少一只脚，决定是坐不得。(9.156)

考《梦粱录》卷十三“诸色杂卖”记述中也有桌、凳、交椅等。郝懿行《证俗文》云：“坐具，其椭长者或谓之凳。《字林》：凳，床属。或作橙。《正韵》丁邓切，音镫，几属。低者曰橙。《晋书·王献之传》：‘魏时陵云殿榜未题，而匠者误钉之，不可下，使韦仲将悬橙书之。比讫，须鬓尽白。’是魏晋以来名橙也。后有倚者，或谓之椅。《正韵》隐绮切，音倚。俗呼坐橙为椅子，是则近代以来始名椅子也。”[③]“桌、椅”的产生反映了宋代已普遍使用桌子和椅子，家具的结构已有了显著的变化。这种变化促进了手工业的发

① 裘锡圭《文字学概要》第十章《异体字、同形字、同义换读》：“桌子本因卓立于地而得名。”(北京：商务印书馆1988年版)

② 人身是器，徽州本作“如这人身是器”。

③ 郝懿行引《晋书·王献之传》“悬橙书之”中的“橙”指“梯子”，“橙”似为“隥”、“磴”的俗写。“梯”、“隥”、“磴”在指“阶梯”义上同义。如唐人卢仝《月蚀诗》：“上天不为臣立梯磴，臣血肉身，无由飞上天，扬天光。”

达，给人们的生活带来了方便。

再如《朱子语类》中有“天理”634例，“人欲”314例，考察“天理”与“人欲”对举的用例，大致可探朱熹所说“天理人欲”的内涵。如：

问：“饮食之间，孰为天理，孰为人欲？”曰：“饮食者，天理也；要求美味，人欲也。”（13.224）

此条为甘节记录癸丑（1193年）以后所闻。又如：

一言一语，一动一作，一坐一立，一饮一食，都有是非。是底便是天理，非底便是人欲。如孔子“失饪不食，不时不食，割不正不食，不多食”，无非天理。如口腹之人，不时也食，不正也食，失饪也食，便都是人欲，便都是逆天理。如只吃得许多物事，如不当吃，才去贪吃不住，都是逆天理。（38.1004）

此条为叶贺孙记录辛亥（1191年）以后所闻。再如：

盖人只有天理人欲。日间行住坐卧，无不有此二者，但须自当省察。譬如“坐如尸，立如斋”，此是天理当如此。若坐欲纵肆，立欲跛倚，此是人欲了。至如一语一默，一饮一食，尽是也。其去复礼，只争这些子。所以礼谓之“天理之节文”者，盖天下皆有当然之理。今复礼，便是天理。但此理无形无影，故作此礼文，画出一个天理与人看，教有规矩可以凭据，故谓之“天理之节文”。有君臣，便有事君底节文；有父子，便有事父底节文；夫妇长幼朋友，莫不皆然，其实皆天理也。天理人欲，其间甚微。于其发处，子细认取那个是天理，那个是人欲。知其为天理，便知其为人欲。既知其为人欲，则人欲便不行。譬如路然，一条上去，一条下去，一条上下之间。知上底是路，便行；下底差了，便不行。此其所操岂不甚约，言之岂不甚易！却是行之甚难。学者且恁地做将去，久久自然安泰。人既不随私意，则此理是本来自有底物，但为后来添得人欲一段。如“孩提之童，无不知爱其亲；及长，无不知敬其兄”，岂不是本来底。却是后来人欲肆时，孝敬之心便失了。然而岂真失了？于静处一思念道，我今日于父兄面上孝敬之心颇亏，则此本来底心便复了也。只于此处牢把定其功，积久便不可及。（42.1079）

此条为曾祖道记录丁巳年（1197年）所闻。据甘节、叶贺孙和曾祖道所录，大致可知朱熹认为“天理人欲”就在日用常行之间，“天理”为是，“人欲”为非。具体而言，人伦中合乎“礼”的为“天理”，不合乎“礼”的为“人欲”。“天理”与“人欲”相当于人所作所为的两个方面，对的是“天理”，错的是“人欲”。朱熹所说的“人欲”不能简单看成是“人的欲望”，特别是对“物质的欲望”，所谓“人之一心，天理存，则人欲亡；人欲胜，则天理灭”（13.224）、“学者须是革尽人欲，复尽天理，方始是学”（13.226）皆是着重于要求人们一切行为要符合伦理规范，注重自身修养。①

① 参杨燕：《〈朱子语类〉经学思想研究》，北京：东方出版社2010年版，第235～256页。

Jin DAI han yu CI HUI Xue

第一章 近代汉语词汇学研究的语料

第一节　近代汉语文献语料

研究语言，尤其是研究近代汉语，最主要的是资料的选择。语料如果不可靠，研究也就失去了基础。然而由于时代条件的限制，古人无法利用录音设备录下自己说的话，时至今日，我们不可能听到古人的言语，只能依据古人记录下来的一些书面文献来探索汉语的古今演变，这些书面文献虽是口语的记录，但已是经过加工的口语。日本学者太田辰夫在《中国语历史文法》一书的“跋”——《尽信书不如无书》中，将中国古典文献分为同时资料（出土文献）与后时资料（传世文献）两大类，指出中国古典文献大多为传世文献，这对我们进行汉语史的研究是不利的。[①] 蒋绍愚也认为“资料问题是任何语言研究都必须重视的，但近代汉语研究中这个问题尤其突出”。[②] 研究近代汉语可以利用唐五代至明清时期文言文献中掺和的一些口语，但主要还得利用这一时期的古白话文献，尤其是语录体、纪实性中的人物对白和行为描写，作为口头文学底本的文献，如讲学笔记、变文、话本、戏曲以及口头传诵的诗歌谣谚等。因为这些文献中的口语材料更好地记录了这一时期汉语的发展和演变。反映近代汉语演变发展的文献资料主要有两大类：一类是历代的字书、韵书等，这是前人研究的成果，又是后人继续研究的资料；[③] 一类就是唐五代至明清接近口语的古白话文献资料，这是当时实际语言的记录，也是后人了解当时语言的最可靠的依据。

研究语言演变主要依据口语或口语记录的价值在于这些语料能够全面真实地反映当时语言的实际面貌，因而近代汉语的语料不仅是唐五代至明清时期的文献，而且应大致具有如下条件：基本保持历史原貌，年代可考；语体

① 梁启超《中国近三百年学术史》：“无论做那门学问，总须以别伪求真为基本工作。因为所凭借的资料若属虚伪，则研究出来的结果当然也随而虚伪，研究的工作便算白费了。中国旧学，十有九是书本上学问，而中国伪书又极多，所以辨伪书为整理旧学里头很重要的一件事。”（北京：东方出版社 1996 年版，第 305 页）

② 蒋绍愚：《近代汉语研究概要》，北京：北京大学出版社 2005 年版，第 15 页。

③ 尤其是一些诠释俗语词的辞书，如明陈士元《俚言解》、周梦旸《常谈考误》，清顾张思《土风录》、孙锦标《通俗常言疏证》、唐训方《里语征实》、郝懿行《证俗文》等，朝鲜李退溪门人编《语录解》、郑瀁编《语录解》和南二星、宋浚吉编《语录解》等。如南二星、宋浚吉编《语录解》释“打乖”云：“打乖为怪异，又破乖戾与物和仝也，又为乖癖不同俗，又南人聪明性悟者亦谓乖。”又如释“方便”云：“多般计较得其好处谓之方便。”

含有较多的口语成分；内容具有广阔的社会文化生活覆盖面。[①] 也就是说，要从唐五代至明清时期的文献中选择研究近代汉语的语料，首先得全面地了解近代汉语各个时段的文献概貌，兼容并包不同的文体和内容，选择一些具有代表性的文献，建立每一部文献的专书语料库。所谓代表性主要看其是否使用或反映了这一时期的口语，因为有书面记载以来的整个汉语史都是口语和文言并存的历史，只有记载口语的文献才比较真实地反映了断代所用词语的面貌。值得指出的是，同一种文献中有时也会有差异，一些古白话文献中的陈述和评价部分可能有较强的文言色彩，而戏曲小说中大多夹有一些抒情描写的文言诗文。按口语的程度，文献大抵有三种不同的类型：一是白话为主，如《水浒传》、《金瓶梅》、《西游记》等小说，元代杂剧中的宾白部分，禅儒语录等；二是文白相间，如《三国演义》；三是文言为主，偶尔使用口语词或口语句子，如宋代孙光宪的《北梦琐言》、清代蒲松龄的《聊斋志异》等。常见的代表性文献有唐五代的敦煌变文，曲子词，禅宗语录，李白、杜甫、白居易、寒山、王梵志等唐诗；有宋元的儒家语录，话本小说，白话碑文，戏曲杂剧，直讲与直译，《老乞大》和《朴通事》一类的会话书等。[②]

一、敦煌吐鲁番文献

敦煌吐鲁番文献的发现在很大程度上改变了整个中国学术文化研究的面貌。陈寅恪在为《敦煌劫余录》作序时说："敦煌学者，今日世界学术之新潮流也。"[③] 所谓敦煌学，陈寅恪主要指的是对敦煌藏经洞出土文书的研究。随着考古工作的发展以及敦煌汉简、吐鲁番文书、西域文书的大量出土等，敦煌学已经扩大成为一门以敦煌和吐鲁番出土文物文献为研究对象的综合性的科学。从语言研究的角度来说，敦煌吐鲁番写卷中的变文、曲子词、王梵志

---

① 汪维辉《周氏冥通记词汇研究》："判定一种语料的价值高低，不外乎这么几条标准：一是反映口语的程度；二是文本的可靠度，包括时代和作者是否明确，所依据的版本是否接近原貌；三是反映社会生活的深广度；四是文本是否具有一定的篇幅。一般来说，上述四方面的正面值越高，语料的价值也就越大。"（《汉语词汇史新探》，上海：上海人民出版社 2007 年版，第 98 页）

② 参刘坚：《近代汉语读本》（修订本），上海：上海教育出版社 2005 年版；蒋绍愚：《近代汉语研究概要》第二章《近代汉语研究的资料》，北京：北京大学出版社 2005 年版；刘坚、蒋绍愚编：《近代汉语语法资料汇编》（唐五代卷、宋代卷、元代明代卷），北京：商务印书馆 1990、1992、1995 年版。

③ 陈寅恪：《陈垣〈敦煌劫余录〉序》，《金明馆丛稿二编》，上海：上海古籍出版社 1980 年版，第 236 页。

诗、愿文、契约等社会经济文书所载东汉至唐时出现的大量新词新义、方俗口语词和外来词语可以说是近代汉语语料的渊薮，具有贴近当时生活的口语色彩，这些词语由各个不同的来源汇集而成，文白相间，客观上如实反映了中近古汉语词汇的发展和演变概貌。1957 年，由王重民、向达等六位学者编纂而成的《敦煌变文集》出版。两年之后，蒋礼鸿出版了《敦煌变文字义通释》，开创了敦煌语言文字研究的新领域。此书一共出了六版，字数由第一版的五万多字增加到第六版的四十多万字，成为近代汉语词语考释的经典之作。这一方面说明蒋先生做学问的孜孜以求，另一方面也说明敦煌语言文字研究确实是一个广阔的天地。[①]

敦煌文献品种繁多，内容丰富。据统计，国内外收藏的敦煌文献约 5 万余件，可谓“中国中古时代的百科全书”。[②] 1981 年至 1986 年黄永武据缩微胶卷编纂的《敦煌宝藏》[③] 出版后，四川人民出版社出版有《英藏敦煌文献》，上海古籍出版社出版有《俄罗斯科学院东方研究所圣彼得堡分所藏敦煌文献》、《上海博物馆藏敦煌吐鲁番文献》、《天津艺术博物馆藏敦煌文献》、《北京大学图书馆藏敦煌文献》和《法藏敦煌西域文献》等，江苏古籍出版社出版有《中国国家图书馆馆藏敦煌遗书》。中国敦煌吐鲁番学会编辑整理有《敦煌文献分类录校丛刊》，按文献性质分类编为《敦煌天文历法文献辑校》、《敦煌赋汇》、《敦煌社邑文书辑校》、《敦煌佛教经录辑校》、《敦煌表状笺启书仪辑校》、《敦煌禅籍录校》、《敦煌论语集解》、《敦煌医药文献辑校》、《敦煌契约文书辑校》、《敦煌变文辑校》，共十种。[④] 此外，唐耕耦、陈宏基有《敦煌社会经济文献真迹释录》，郝春文主编有《英藏敦煌社会历史文献释录》。近年浙江大学敦煌学研究中心正在进行《敦煌文献合集》的大型课题研究，按经（包括小学，即语言文字学）、史（包括社会经济文书）、子（包括禅宗语录、疑伪佛经、天文、历法、医卜星相等）、集（包括变文、愿文、忏悔文等成篇的文章），逐卷校录敦煌文献中非佛经内容的汉文卷子，其中张涌泉主编的《敦煌经部文献合集》[⑤] 已出版。从近代汉语词汇研究的语料角度

---

① 张涌泉：《从语言文字的角度看敦煌文献的价值》，《中国社会科学》2001 年第 2 期。

② 敦煌文献中的佛教、道教、摩尼教、景教文献和历史、地理、公私文书以及文学资料、科技史料等都可从词汇角度作深入研究。参杨秀清：《百科全书式的敦煌文献》，《图书与情报》2006 年第 3 期；夏生平：《近二十年来敦煌文献的收藏、整理与刊布》，《敦煌研究》2008 年第 5 期。

③ 台北：新文丰出版公司 1982—1986 年影印出版。

④ 南京：江苏古籍出版社 1998 年版；参《中国典籍与文化》1999 年第 2 期《敦煌文献分类录校丛刊》介绍。

⑤ 张涌泉：《敦煌经部文献合集》，北京：中华书局 2008 年版。

来说，已有的研究主要集中于如下几个大类。

1. 变文

敦煌变文是研究晚唐、五代语言的重要语料，也是汉语史研究的热点。吕叔湘把以敦煌变文为代表的敦煌俗文学作品看作是近代汉语跟古代汉语的分界线。① 黄征、张涌泉说：“如果从语言方面来说，变文采用的是接近当时口语的文字，保存着大量的口语资料，它对于推究古今语音演变之轨迹，考索宋元白话之沿溯，都有着重要的参考价值。”② 自1954年周绍良编《敦煌变文汇录》以来，又有王重民、向达、周一良、启功、王庆菽和曾毅公合编的《敦煌变文集》，蒋礼鸿《敦煌变文字义通释》，潘重规《敦煌变文集新书》，郭在贻、张涌泉、黄征《敦煌变文集校议》，项楚《敦煌变文选注》，黄征、张涌泉《敦煌变文校注》等专著和大量的校勘与研究论文。

2. 王梵志诗

王梵志是唐初的民间诗人，其诗作从唐宋以来一直受到僧俗人士的欢迎，明代以后失传。王梵志生值战祸频仍的时代，没有仕进的机会，不受功令的束缚，故其诗作语言趋近于当时口语真貌。如《有钱不造福》：“马即别人骑。”诗中“别人”即当时新出现的口语成分，隋以前尚未见到用例。从语言研究的角度看，这些诗的资料价值远在一些名家诗人之上，成为近代汉语研究的重要资料。张锡厚的《王梵志诗校辑》是王梵志诗的第一部全集，收集了敦煌二十八种写本和散见于唐宋诗话、笔记小说里的王梵志佚诗共三百三十六首。③ 此后有朱凤玉《王梵志诗研究》④，戴密微《王梵志诗》⑤，项楚《王梵志诗校注》。《王梵志诗校注》是迄今最好的校勘整理本，作者引用大量资料来说明王梵志诗中所表现的思想和所涉及的习俗、制度等，批判地吸收了张锡厚《王梵志诗校辑》、朱凤玉《王梵志诗研究》和法国戴密微《王梵志诗》校译本等的内容，重新校勘，广征博引，举了大量的例证，对王梵志诗中不少难以索解的词语做了详细注解，指出“这三百多首‘王梵志诗’，决不是一人所作，也不是一时所作，而是在数百年间，由许多无名白话诗人

---

① 吕叔湘：《近代汉语读本·序》（修订本），上海：上海教育出版社2005年版，第3页。

② 黄征、张涌泉：《敦煌变文校注·前言》，北京：中华书局1997年版，第6页。

③ 张锡厚：《王梵志诗校辑》，北京：中华书局1983年版。

④ 朱凤玉：《王梵志诗研究》（上、下册），台北：台湾学生书局1986、1987年版。上册为绪论篇和研究篇，探讨王梵志的生平及其诗的内容、诗集流传等问题；下册为校注篇。

⑤ ［法］戴密微：《王梵志诗与〈太公家教〉》，《高等中国研究所丛书》（第26卷），1982年巴黎法文原版，简称《王梵志诗》。

陆续写就的”。①

3. 敦煌曲

敦煌曲子词是汉语史研究的珍贵文献，这些词的写本出自民间，大半随便写在卷子后面或背面，也有写在卷子夹缝部位的，其句法、文意多具有民间爽直而富有感情的特色，运用了许多当时的口语，其中有不少同音通用字和写错了的字。搜集、整理曲子词的集大成著作有王重民编的《敦煌曲子词集》，任二北的《敦煌曲校录》和《敦煌歌辞总编》。《敦煌歌辞总编》共七卷，收录曲词一千多首。于文学、音乐等研究之外，其也着力于文字考订和词语阐释，有详细的校记和解说。此外，任二北还著有《敦煌曲初探》，蒋礼鸿撰有《敦煌曲子词集校议》，饶宗颐、戴密微编录有《敦煌曲》等。校勘研究方面有林玫仪《敦煌曲子词斠正初编》，张涌泉《〈敦煌歌辞总编〉误校二十例》、《〈敦煌歌辞总编〉校议》，项楚《〈敦煌歌辞总编〉匡补》和曾良《〈敦煌歌辞总编〉校读研究》② 等。

4. 愿文

愿文以祈愿为主要内容，其中有大量的词语或是变文等材料中没有的，或是可以和变文等文献中的疑难词语相佐证。如《捉季布变文》：“今遭国难来投仆，辄莫谈扬闻四邻。”例中“谈扬”一词，词义可参《儿郎伟》：“今载初修功德，社人说好谈量。”“谈扬”与“谈量”义近。黄征和吴伟从已公布的敦煌文献中校录了六百多个含有愿文的卷号，并从中选出二百七十一个卷号辑校成《敦煌愿文集》。③ 曾良《敦煌文献字义通释》对愿文中的一些词语做有考释。④ 敏春芳《敦煌愿文词汇研究》探讨了愿文的词汇特点、新词新义、词汇的双音化、词义的演变方式以及在辞书编纂方面的价值等。⑤

除上所述，考释敦煌吐鲁番文献词语的论著还有郭在贻的《郭在贻敦煌学论集》，项楚的《敦煌文学丛考》，黄征的《敦煌语言文字学研究》，陈秀兰的《敦煌变文词汇研究》，王启涛的《吐鲁番出土文书词语考释》和《吐鲁番出土文献词典》，陈明娥的《敦煌变文词汇计量研究》，张小艳的《敦煌书仪语言研究》，叶贵良的《敦煌道经写本与词汇研究》和《敦煌道经词语

---

① 项楚：《王梵志诗校注·前言》，上海：上海古籍出版社 1991 年版，第 4 页；2010 年上海古籍出版社又有增订本。

② 曾良：《〈敦煌歌辞总编〉校读研究》，高雄：台湾佛光山文教基金会 2003 年版。

③ 黄征、吴伟：《敦煌愿文集》，长沙：岳麓书社 1995 年版。

④ 曾良：《敦煌文献字义通释》，厦门：厦门大学出版社 2001 年版。

⑤ 敏春芳：《敦煌愿文词汇研究》，兰州大学博士学位论文，2006 年。

考释》等。①

二、禅儒语录

语录，古已有之。春秋时，孔子门人将孔子的言论汇编成语录，即《论语》。② 唐五代禅家僧侣录下了一些禅师传教时的讲话，其中有一部分保存了下来。③ 宋儒致力于振兴儒学，由不信汉唐注疏，进而大胆怀疑古代儒家经典，并且从当时的社会政治需要出发，或明或暗地吸收释道两家的心性义理之学，重新解释经书，提出新的见解，讲学之风兴盛，遂有讲学的语录。

1. 禅宗语录

禅宗注重顿悟，主张“不立文字，教外别传”，即不著文字，力图突破语言文字的局限，不执着于语言文字来理解佛法，但不立文字还是要立文字，不可言说毕竟又要言说，不可表达却还要表达。传教毕竟不能完全逃避言语文字，没有言语文字的中介，禅宗作为教派也不能存在和延续。初期的禅宗力主“内证禅”，其方法是自我“体认”和师生之间的相互“参究”。这段时期，只有少量的语录记载下来。随着禅宗的迅速发展，禅宗从“内证禅”走向“文字禅”，出现了许多记载禅宗公案的语录和传灯录。这些著作里既有粗朴的野语俗谈，也有极其典雅的诗句韵语，既有痴愚的疯话，也有机敏的戏言，构成了一个丰富多彩的语言世界。“禅家语言不尚浮华，唯要务实，直须似三家村里纳税汉及婴儿相似，始得相应。”④ 禅僧们一般不承认经典的权威，不作祖述注释，反对雕琢语言，提倡用白话说法，往往喜好临场生智，即兴发挥，用自己的语言来阐述思想，因而禅宗语录的语言是一种白话文体，主要记载了禅师接引人的言语和行事，含有很多俚俗鄙野的口语成分，淳朴清新，如“活泼泼”、“圆陀陀”、“一点浮云过太虚”等。钱大昕《十驾斋养新录》卷十八“语录”条云：“佛书初入中国曰经，曰律，曰论，无所谓语录也。达摩西来，自称教外别传，直指心印。数传以后，其徒日众，而语录兴

① 近年的博士学位论文有蒋宗福《敦煌禅宗文献研究》（四川大学2003年）、吴蕴慧《〈敦煌社会经济文献真跡释录〉研究》（苏州大学2006年）、杜朝晖《敦煌文献名物研究》（浙江大学2007年）、窦怀永《敦煌文献避讳研究》（浙江大学2007年）等。

② 《旧唐书·经籍志》杂史类有孔思尚《宋齐语录》10卷，虽以“语录”名书，但内容为笔记杂说。

③ 日本佚名《临济钞》注“语录”云：“语者，本《论语》之语也；录者，记也，记录语言三昧也。”柳田圣山主编：《禅学丛书》之十《临济录抄书集成》，第207页。

④ 《嘉泰普灯录》卷二十五。

焉。支离鄙俚之言奉为鸿宝，并佛所说之经典，亦束之高阁矣。甚者诃佛骂祖，略无忌惮。而世之言佛者，反尊尚之，以为胜于教律僧。甚矣，人之好怪也。释子之语录始于唐，儒家之语录，始于宋。儒其行而释其言，非所以垂教也，君子之出辞气必远鄙倍。语录行，而儒家有鄙倍之词矣。”鄙倍之词亦即俗语口语。禅宗著作，特别是唐宋禅僧语录，反映当时实际口语的程度较高，是研究近代汉语的重要文献。禅僧有南方人，也有北方人，他们的语录不免交杂有南北方言色彩，因而根据禅师的籍贯和活动区域可进行语言的比较研究。敦煌石窟中发现的俗文学作品所用语言多带有西北方言色彩，而禅宗以南宗禅为主，南宗禅活动区域大多在江西、湖南、浙江、福建、江苏、安徽、湖北、四川、广东一带，故禅宗语录往往反映了长江流域一带的方言，恰与敦煌俗文学作品形成互补。

禅宗语录始盛于唐代和北宋，据禅宗史籍记载，禅宗公案有一千七百多则，语录和灯录数百部。这些著作有单行的别集，也有后人汇编成总集的。较早的语录别集有唐释慧然编集的其老师义玄的传道语录《镇州临济慧照禅师语录》、唐裴休编集的希运禅师的传道语录《黄檗山断际禅师传法心要》和《黄檗山断际禅师宛陵录》等，现存禅宗语录别集有三百余种。比较著名的语录总集有宋赜藏主编的《古尊宿语录》、师明编《续古尊宿语要》等。晚唐五代至南宋初期禅宗的语录汇编，较详细地记载了怀让、马祖、百丈等禅师的言行。日本大正一切经刊行会编印的《大正新修大藏经》（卷四十七至五十禅宗部收有四十九部，卷五十一至五十二史传部收有九部，卷八十五古逸部收有十一部）和《续藏经》（诸宗部和史传部）收录禅宗语录及史书三百多部。

日本学者柳田圣山所撰《禅籍解题》是了解禅宗文献的一部工具书。此书对禅籍的内容、思想特征和版本等做有简明扼要的解说，概述了70年代初禅籍研究的成果。柳田圣山还主编有《禅学丛书》，所撰《语录的历史》详细考察了从达摩《二入四行论》到《坛经》等诸禅祖语录形成发展的历史。

现存较早的禅宗语录有敦煌写本——《坛经》，此书为禅宗六祖慧能的传道语录，由其弟子法海集记，语言质朴，显示了初期禅宗不立文字的特色。全名为《南宗顿教最上大乘摩诃般若波罗蜜经六祖慧能大师于韶州大梵寺施法坛经》，吕澂《中国佛学源流略讲》将其定为五代时写本。后代流行有法海本、宋初惠昕的改编本、宋契嵩的改编本和元代宗宝的改编本等不同的版本，流传较广的是元代至元年间（1335—1340年）释宗宝的改编本《六祖大师法宝坛经》。

南唐泉州招庆寺静、筠二禅师编集的《祖堂集》是现存最早的禅宗灯录，多收录雪峰义存一系禅师的语录，大略反映了禅宗南宗的历史，保存了许多珍贵的禅宗史料和唐五代时期的口语材料。此书成于南唐保大十年（952年），宋代已传入高丽（今韩国），收入高丽版的《大藏经》藏外补版中，而在国内却失传。据《海东新开印版记》载，此书原为一卷，高丽刻印时分为二十卷。20世纪初日本学者关野贞、小野玄妙等在朝鲜庆尚南道海印寺发现了高丽高宗三十二年（1245年）刻本，全书"建"字缺笔，这是避高丽太祖王建的讳。1972年，日本京都中文出版社据花园大学图书馆所藏海印寺住持幻镜和尚的手泽本影印，其《出版说明》说："此书用古式白话写成，语多方言，字多简体，珠玉联环，辞藻丰富，研究古代语法不可或缺。"1992年，日本花园大学禅文化研究所编辑的"禅学资料丛书"收入此书；1994年，又在"基本典籍丛刊"中影印收入其大字本，并辅以《祖堂集索引》。同年，上海古籍出版社编辑的"佛学名著丛刊"首次在国内将《祖堂集》影印出版。岳麓书社1996年出版有吴福祥和顾之川的点校本，中州古籍出版社2001年出版有张华的点校本，中华书局2008年出版有孙昌武、衣川贤次和西口芳男的点校本，商务印书馆2009年出版有张美兰的《祖堂集校注》。从语言学的角度来看，此书是系统了解早期白话的不可多得的重要资料。日本学者柳田圣山编有《祖堂集索引》三册（京都大学人文科学研究所发行），太田辰夫编有《祖堂集口语语汇索引》（京都朋友书店出版）。

北宋道原编的《景德传灯录》是继《祖堂集》之后的又一部重要的禅宗史料总集，分三十卷，大抵取材于《宝林传》、《祖堂集》诸书，辑录唐五代以来禅宗语录，记叙自七佛至法眼宗后嗣凡五十二世一千七百零一人的生平行状和机语作略。道原编集此书时对有关材料做了一些剪裁，将其与《祖堂集》进行比勘可以看到这一点，但是删改的并不多，仍不失为一部研究唐五代宋初口语的基本文献。现存两种宋版，一为北宋福州东禅寺本，禅文化研究所编的《基本典籍丛刊》本据此影印，并编有《景德传灯录索引》；一为铁琴铜剑楼藏南宋本，四部丛刊三编本据此影印。此外，尚有碛砂藏本等多种版本。庄司格一编有《景德传灯录固有名词索引》。

南宋僧人普济撰《五灯会元》成书于1252年，汇录宋代的《景德传灯录》、《天圣广灯录》、《建中靖国续灯录》、《联灯会要》和《嘉泰普灯录》五种灯录为一编，汇辑了佛教产生至唐宋时期各派名僧关于教义的记述和故事，是研究佛教禅宗的重要文献，也是研究近代汉语的重要文献资料。1984年中华书局出版了苏渊雷点校的《五灯会元》排印本三册，收入《中国佛教典籍选刊》。《中国佛教典籍选刊》还收入萧萐父点校的《古尊宿语录》和杨曾文编校的《神会和尚禅话录》等。

日本花园大学国际禅学研究所出版有《禅学丛书》和《基本典籍丛刊》，其中《虚堂录》、《五家正宗赞》、《碧岩录》、《景德传灯录》、《从容录》、《槐安国语》、《祖堂集》等编有索引。又于1995年出版了《电子达摩》，收入《临济录》、《宛陵录》、《六祖坛经》、《马祖语录》、《古尊宿语录》、《五灯会元》等七十多种禅宗语录。

入矢义高《禅宗语录的语言与文体》一文指出禅宗语录大致可分为两种：一种是尽可能忠实再现当时话头的、掺有大量口语的文体；另一种则是以文言文为基调，讲究修辞的简洁文体。① 于谷《禅宗语言和文献》一书论述了禅宗文献的概貌，介绍了一百余种重要的禅宗文献，设专节论述了禅宗文献的整理。② 袁宾《中国禅宗语录大观》选录并翻译了从南北朝到清代三百九十多名禅师的一千三百四十二条语录，书末附有中国禅宗重要典籍简介，介绍了《坛经》、《祖堂集》等禅宗著作。③ 此书后经修订，改名《禅语译注》重版。④ 袁宾、康健主编的《禅宗大词典》的附录收录有禅宗研究论文与著作目录。⑤

2. 宋儒语录

宋儒语录的语言可以说是文人口语的书面记录，既有宋代的方俗口语又有历代的文言雅语，既有直录的原话又有转述改写的通语。清人杨复吉在其所著《梦阑琐笔》中对宋儒阐扬理学而采用俚鄙之语深为不满，然唯浅显通俗的语言方能使神奥的道理一点即明，宋儒明于此理，故讲学时大量使用了当时人们口中常用的一些通俗习语。朱熹的弟子可学曾问“活泼泼地”是禅语否？朱熹指出这“不是禅语，是俗语”。⑥ 宋儒语录中使用的口语词语为我们研究近代汉语词汇提供了一份珍贵的语言实录。

《河南程氏遗书》由朱熹综合编定，共二十五卷。中华书局1981年出版的理学丛书中收有王孝鱼点校的《二程集》。此书除《遗书》外，还收录了《遗书》的补编《外书》十二卷和《粹言》二卷。其中宋代理学家程颢、程颐的弟子所记二程语录中出现的新词、新义、新用法大致如实反映了那个时期汉语的发展和演变。如《外书》卷十二：

---

① ［日］入矢义高：《禅宗语录的语言与文体》（1924），《俗语言研究》1993年创刊号。

② 于谷：《禅宗语言和文献》，南昌：江西人民出版社1995版。

③ 袁宾：《中国禅宗语录大观》，南昌：百花洲文艺出版社1991年版。

④ 袁宾：《禅语译注》，北京：语文出版社1999年版。

⑤ 袁宾、康健：《禅宗大词典》，武汉：崇文书局2010年版。

⑥ 王星贤点校：《朱子语类》卷一二六，北京：中华书局1986年版，第3025页。

侯世舆云："某年十五六时，明道先生与某谓《孟子》，至'勿正心，勿忘勿助长'处，云：'二哥以必有事焉而勿正为一句，亦得。'"

伯淳谓正叔曰："异日能尊师道，是二哥。若接引后学，随人才成就之，则不敢让。"

程颢字伯淳，世称明道先生；程颐字正叔，世称伊川先生。程颢是兄长，但例中却称其弟为"哥"，可见其时"哥"有"兄弟"义，兄也可称弟为"哥"。又如《遗书》卷一：

到底须是是者为真，不是者为假，便是道大小大分明。

例中"真"与"假"相对，反映了汉语语义场中由"真"与"伪"相对到"真"与"假"相对的演变。

朱熹在兴建白鹿洞书院与主持岳麓书院时，主持编辑的《伊洛渊源录》记载了二程的讲学语录。朱熹门人也记录了朱熹的讲学语录，南宋理宗景定四年（1263年），黎靖德根据李道传编的池州刊《朱子语录》、李性传编的饶州刊《朱子语续录》、蔡抗编的饶州刊《朱子语后录》和黄士毅编的眉州刊《朱子语类》、王佖编的徽州刊《朱子语续类》、吴坚编的建州刊《朱子语别录》，综合了一百多家所记朱熹语录，编辑成《朱子语类》，共一百四十卷，14 295条语录，大多为问答式，从中可见朱子侃侃而谈、循循善诱，门人弟子随听随记、问学讨论时的具体语境和神情语态。

如卷一〇："大凡人读书，且当虚心一意，将正文熟读，不可便立见解。看正文了，却着深思熟读，便如己说，如此方是。今来学者一般是专要作文字用，一般是要说得新奇，人说得不如我说得较好，此学者之大病。譬如听人说话一般，且从他说尽，不可剿断他说，便以己意见抄说。若如此，全不见得他说是非，只说得自家底，终不济事。"久之，又曰："须是将本文熟读，字字咀嚼教有味。若有理会不得处，深思之；又不得，然后却将注解看，方有意味。如人饥而后食，渴而后饮，方有味。不饥不渴而强饮食之，终无益也。"又曰："某所集注《论语》，至于训诂皆子细者，盖要人字字与某着意看，字字思索到，莫要只作等闲看过了。"又曰："读书，第一莫要先立个意去看他底；莫要才领略些大意，不耐烦，便休了。"

例中"大凡、虚心、一意、见解、正文、一般、文字、新奇、譬如、说话、剿断、意见、如此、自家底、济事、咀嚼、理会、注解、意味、子细、思索、等闲、领略、大意、耐烦"等复音词都是唐宋时的口语。

朱熹讲学用的是当时文人交际的口语和他自己的方言口语，他的门人弟子写入笔记时虽然会有所加工，加以书面化，但毕竟是边听边记或课后互相传记，不可能完全改为书面语，往往是直录朱熹的原话，同时也夹有门人弟子自己习用的方俗词语，且朱熹不同时期、不同场合的讲学内容来自不同地区不同门生的记录，同一内容的表述用词不尽相同，门人弟子所记又各有侧重，或详或略，有同有异，保存了大量活的口语。语言在演变发展中，一方面是口语成分渗透到书面语中，另一方面则是书面用语的成分被吸收到口语中来。文人的日常用语很自然会受书面语的影响，尤其是词汇方面。在社会上享有一定威望的文人，他们的口语也会被一般的人模仿，形成一种与当时口语不尽相同的文人口语。《朱子语类》所载虽是文人的口语，又与当时白话文学作品中所记录下来的口语不尽相同，具有讲学授课的语言特点，但也反映了“言语意义←→语言意义”的动态演变，既有书面的文言雅语，又有日常的方俗口语，文白相间，雅俗共存，新旧质素交融，叠置着从历史上各个时期传承下来的不同历史层次的词语和宋代产生的新词新义。如“大故”、“实惠”、“舞蹈”、“劳攘”、“累坠”、“劳动”、“精彩”、“古董”、“大纲”、“节目”、“说话”、“支吾”、“计划”、“交代”、“阶级”、“解释”、“发明”、“经理”、“成熟”、“大拍头”、“关捩子”、“活泼泼”、“擗初头”、“半间半界”、“闭眉合眼”、“藏头亢脑”、“勉勉循循”、“七郎八当”、“胡思乱量”、“八窗玲珑”、“鹘鹘突突”等词，有的至今仍在现代汉语中使用，有的意义已经发生了很大变化，有的则已经退出历史舞台，或者只在部分方言中有存留。

《朱子语类》今通行本为淳祐年间黎靖德所编的校订本，而日本九州大学所藏朝鲜古写徽州本是成书更早的黄士毅所编蜀类的增补重刻本，台北故宫博物院所藏宋刻《晦庵先生朱文公语录》则是现存最早的《池录》，现存各本也多有异文。从这些无声的词语改动中可“听”到编刻者所说的一些有“声”语言与宋代所说语言的不同，在某种程度上提供了前后相近的几个时间点上语言变或未变的珍贵线索，具有时间上的连续性，可据以考察宋至明清语言的演变。朝鲜柳希春（1513—1577 年）《语录字义》收录解释了《朱子语类》中的 80 多条俗语词，韩国汉城大学校的奎章阁藏有心斋白斗镛编纂、鹤巢尹昌铉增订的《注解语录总览》第一册中“语录解”部分辑录有退溪李晃和眉岩柳希春对《朱子语类》中俗语和口语的解释。[①] 1984 年日本学者盐

① 今还存有李退溪门人编《语录解》，郑瀁编《语录解》和南二星、宋浚吉编《语录解》等。

见邦彦编有《朱子语类口语语汇索引》。1986年中华书局出版的理学丛书中有王星贤以清光绪庚辰贺瑞麟校刻本为底本，参校明、清其他一些刻本的点校本。1996年岳麓书社出版有杨绳其和周娴君据四库全书文渊阁本的点校本。2002年上海古籍出版社和安徽教育出版社出版的《朱子全书》中所收《朱子语类》在明成化本的基础上参校了朝鲜古写徽州本。[①] 学界以往的研究多依据通行的黎靖德本或清人张伯行所辑八卷本《朱子语类辑略》，而宋刻本《池录》和朝鲜古写徽州本保留了大量未经黎靖德删改的文字材料，且更接近当时记录的原貌。《朱子语类》各本的异文和朱熹在不同时期、不同场合由来自不同地区不同的门生记录同一讲学内容的用词异同，客观上如实反映了当时语言的使用状况和古今汉语演变的脉络。

除禅儒语录外，道教典籍中也有不少语录体著述。这类著述记载高道仙人平时训释教导生徒的言行，语言通俗，多用口语、俗语。较重要的有《海白真人语录》、《北游语录》、《长春祖师语录》、《丹阳真人语录》、《虚静天师语录》和《吕祖东园语录》等。

三、诗词曲

历代诗词歌曲中也保存了许多当时的口语词语，这些词语是研究近代汉语的宝贵资料。

1. 诗

唐代以诗著称于世，现存唐诗约有五万首。蒋绍愚《唐诗语言研究》说："晚唐五代时出现的新词语，其中很多应在初唐到中唐就出现了。而初唐到中唐时缺乏像敦煌变文那样典型的集中反映口语词汇的作品，因此，唐诗就成为研究唐代口语词汇的一项重要材料。""从汉语史的角度来说，它们是当时新出现的词语，是很值得注意的。"[②] 唐诗中有一些白话诗。如王梵志的白话诗在唐代有相当的影响，尤其是寒山、拾得受他影响很深。敦煌写卷中保存有他的诗作。寒山和拾得都是僧人，其吟诗作偈亦多用白话。白居易的《新乐府》也颇接近于口语，多为当时老妪能解的大白话。

清康熙四十四年（1705年）彭定求等奉敕编集了《全唐诗》，共九百卷，收诗四万八千九百首，作者二千二百多人。此书是在明人胡震亨《唐音统签》

---

① 2010年又出版有修订版。

② 蒋绍愚：《唐诗语言研究》，郑州：中州古籍出版社1990年版。

和清初季振宜《唐诗》的基础上旁采残碑断碣稗史杂书所载，拾遗补阙而成，大致网罗了唐五代的诗作，保存了一些别集中失存的诗作，较为全面地反映了唐诗的繁荣景象和当时的语言使用状况，且不同版本的异文往往以“一作”出校注，为研究近代汉语的演变提供了依据。1960 年中华书局以康熙四十六年（1707 年）扬州诗局本为底本加以标点排印出版，后又出版了《全唐诗外编》和《全唐诗补编》，收录王重民据敦煌所出材料辑得的《补全唐诗》和《敦煌唐人诗集残卷》及陈尚君的《全唐诗续拾》等。

李调元于清乾隆四十年至四十三年（1775—1778 年）编成《全五代诗》，除司空图、吴融等外，凡唐人而入五代或五代而入宋者均加采录，为五代诗仅有的较好辑本。南开大学出版社 1995 年出版了薛瑞兆、郭明志新编的《全金诗》，收作者五百三十四人，诗一万二千零六十六首。宋人也常用俗语写诗，据宋人黄朝英《靖康缃素杂记》卷十七载，南人以饮酒为软饱，北人以昼寝为黑甜。苏轼有诗云：“三杯软饱后，一枕黑甜余。”“避谤诗寻医，畏病酒入务。”“风来震泽帆初饱，雨入松江水渐肥。”诗句中“寻医”、“入务”、“帆饱”、“水肥”皆俗语。1991 年北京大学出版社出版了傅璇琮和孙钦善等主编的《全宋诗》。

2. 词

词是盛唐开始出现，中晚唐以后进一步发展，两宋时盛行的一种新的诗歌体裁。

宋词在反映口语方面要胜于唐五代词，有一些俚俗词，如黄庭坚、晁元礼和曹组的一些词作，往往以口语入词；也有一些半雅半俗的词作，如辛弃疾的一些词作，但多数宋词只是偶尔出现白话词语。

上海古籍出版社 1986 年出版了《全唐五代词》，此书是张璋、黄畲在林大椿《唐五代词》和王重民《敦煌曲子词》等书的基础上广采有关文献、勘同比异、多方钩稽而成，共收唐五代词二千五百余首。中华书局 1998 年又出版有曾昭岷、曹济平等合编的《全唐五代词》，收词六百三十三首。中华书局 1959 年出版有唐圭璋的《全宋词》，收录词人逾千家，词近二万首。1965 年出版新版《全宋词》，增补词人二百四十余家，词一千四百余首。新版问世后，孔凡礼又从明钞本宋人《诗渊》等书中辑得宋词四百多首，编成《全宋词补辑》一书，由中华书局 1981 年出版。中华书局 1957 年还出版有唐圭璋的《全金元词》。

3. 散曲

散曲是一种雅俗共赏的文学作品，兴起于金而盛于元，分小令和套数两类。所用语言往往文白夹杂，也有一些全用白话的作品，如关汉卿的《不伏老》和《女校尉》、马致远的《借马》、睢景臣的《高祖还乡》等。隋树森编有《全元散曲》，收入自金代元好问迄元末明初汤式等人的散曲二百十三家，共计小令三千八百余首，套曲四百五十余套，较为全面地反映了元散曲创作概况。①

4. 民歌

历代流传下来的民歌散见于各种史料杂著中，语言接近口语，生活气息浓厚，是研究近代汉语的重要资料。

明代冯梦龙编的《山歌》是一部吴歌选集，收录反映男女爱情生活的民歌，分十卷。前九卷用较纯粹的苏州方言记录，最后一卷用蓝青官话记录。此书语言接近口语，生活气息浓厚，是研究明代吴语的重要资料。1962 年中华书局上海编辑所出版有点校本，1987 年上海古籍出版社出版的《明清民歌时调集》中亦有收录。冯梦龙还编有《挂枝儿》。清代则有颜某的《霓裳续谱》、华广生的《白雪遗音》和蒲松龄的《聊斋俚曲集》等。

四、戏剧

戏剧兴起于唐代，经宋金的积蓄发展，到元代蔚为大观。戏剧有诸宫调、南戏和杂剧等。戏剧中分唱段和对白，对白是纯口语的，唱词往往带有一些古白话成分。

相传北宋民间艺人孔三传创制了诸宫调。诸宫调是一种有说有唱而以唱为主的民间文学形式。说的部分用散文，唱的部分用宫调。现存金元诸宫调有《刘知远诸宫调》、《董解元西厢记》和《天宝遗事诸宫调》，作于 12 ~ 13 世纪，语言质朴，在一定程度上反映了金元时期北方口语的实际情况。

宋室南渡后，南方又流行有南戏。南戏起源于江浙一带，亦称“温州杂剧”或“永嘉杂剧”。早期南戏语言浅白俚俗，口语成分较多。现存较为完整的南戏作品《小孙屠》、《张协状元》、《宦门子弟错立身》，收在《永乐大典》中。中华书局 1979 年出版有钱南扬编《宋元戏文辑佚》和校注本《永乐大典戏文三种校注》等。②

杂剧是元代最重要的一种文学体裁，在我国文学遗产中占有重要的地位，其所用语言非常丰富。古典戏剧作家为了剧情和演出时语境的需要，大量运

① 隋树森：《全元散曲》，北京：中华书局 1964 年版，1981 年再版。

② 钱南扬《永乐大典戏文三种校注》：“《永乐大典戏文三种》未经明人妄改，也是研究宋元语言的第一手资料。”（北京：中华书局 1979 年版，第 3 页）

用了方言口语词。现在传世的诸杂剧有一百多种，收存于臧晋叔的《元曲选》、隋树森的《元曲选外编》、赵景深的《元杂剧钩沈》、王季思的校本《孤本元明杂剧》、徐沁君的《新校元刊杂剧三十种》和郑振铎主编的《古本戏曲丛刊》等书中。傅惜华《元人杂剧全目》对元人杂剧详加著录，指出了每个剧本的现存版本及其不同名称。刘复和李家瑞编有《中国俗曲总目稿》，收俗曲共六千零四十四种。

弹词多流行于南方，内容偏于才子佳人。有各种形式和名称，如木鱼书、评弹、道情、琴书等。明杨慎作有《廿一史弹词》。清代较有名的弹词有陶贞怀的《天雨花》、邱心如的《笔生花》、陈端生的《再生缘》等。胡士莹《弹词宝卷书目》收有二百种弹词。

鼓词多流行于北方，内容偏于金戈铁马。明末清初贾凫西作有《木皮鼓词》，蒲松龄亦作有《聊斋白话韵文》。

宝卷是流传于民间的俗文献，渊源于唐代佛教的俗讲，具有特殊的民俗文化背景。相传最早的宝卷是宋代普明禅师所作的《香山宝卷》，现存最早的宝卷是宋元之际的钞本《销释真空宝卷》和元末宣光三年（1372 年）蒙古脱脱氏抄写施舍的《目连救母出离地狱升天宝卷》。宝卷是至今尚未被充分发掘、整理、研究的一大宗民间文献。宝卷都用白话写，有讲有唱，在一定程度上反映了民间所用的语言。明人朱国祯《涌幢小品》卷三十二载录了一部分宝卷文献。山西人民出版社出版有张希舜等编《宝卷》。

戏曲是比诗词更接近口语的资料。臧晋叔《元曲选·序二》说："如六经语、子史语、二藏语、稗官野乘语，无所不供其采掇。"概括而言，戏曲语言大致有关于历史故事方面的，有关于典章制度方面的，有关于风俗习惯方面的，有关于戏剧习用语方面的，有关于少数民族语方面的，有关于乡谈土语、江湖行话、插科打诨、隐语俗谚歇后等方面的。这些词语或与雅诂旧义相违甚远，或于辞书求之不得，多为当时生活中"活泼泼"的用语，因而是探寻白话发展和有关语言现象渊源的重要语料。

五、散文

散文多用来记事、达意、说理，注重实用，往往多用白话，或多或少反映了当时民间活语言的面貌。大致有议论说理的散文和叙事的历史散文之别。

1. 史书

历代的史书保存了大量的口语资料，尤其是其中的一些人物对话、狱词、诉状和奏章、信件等，多为当时口语的实录。如《建炎以来系年要录》中王俊诬陷岳飞的诉状，清代档案内的刑科题本等。又如《元朝秘史》（原名《蒙古秘史》），用蒙古文撰写，著者不详，记载了铁木真（成吉思汗）的谱系、生平事迹和斡哥歹（窝阔台）统治时期的历史，保留了大量13世纪蒙古语的语言现象，明初洪武年间被译成汉文，多采用当时生动活泼的口语译成。①

宋辽、宋金对峙时期，双方外交往来十分频繁。宋使出使北方时对交涉始末都有详细的记录，如"某某上契丹事"、"某某行程录"等。接送陪伴辽、金使者的接伴史、送伴史、馆伴史也要把接送陪伴期间与使者的问答等情况记录下来，后来这些记录也叫语录。宋金双方屡次和谈，方式不外乎书面及口头。书面是致对方的国书，甚至是皇帝的亲笔，但双方都不太愿意把立场用文字写明，原因很简单，所谓谈判就是讨价还价。有些让步条件如果写在国书里，谈判时就不易更改。所以使者的任务之一是口头传达皇帝或朝廷的意思，以及为本朝的立场做口头上的辩护。如果赢了就希望能变成正式书面的协定，输了反正没有国书作证，以后还可以变通。至于朝廷这方面当然想知道口头谈判到底说了些什么话，使者回朝也愿意写详尽的报告，以便邀功，结果促使奉使录及接送陪伴语录只能就当时事实做准确的记录。这些语录的功用有二：一为谈判中发生了问题，可以把语录呈上朝廷，听候指示；二是作为使臣的备忘录，等到谈判结束之后，可以按照记录向皇帝或上司报告谈判经过。史书中有不少这方面的语录。如《续资治通鉴长编》卷二百六十五收有宋代沈括熙宁八年（1075年）乙卯出使辽国，与辽谈判辽求割宋河东黄嵬地的记录，所用词语多为当时的口语。又如《三朝北盟会编》中也保存了不少当时口语的实录，尤其是一些关键性的谈话，往往特别用白话来记载。

史书语料是一种复杂的混合体，因而史书语料的年代确定需要做具体分析，在把史书语料作为某个时代语料运用时要慎重对待，② 尽可能运用能确定年代的语料，再以史书语料作参证。

2. 公文法典

历代的法典采用公文语体，法律条文的内容和性质决定了这种文体不可

---

① ［英］韩礼德《汉语元朝秘史的语言》对《元朝秘史》的语言作有探讨。（北京：语言学会1959年版）

② 方一新《东汉魏晋南北朝史书词语笺释》"前言"部分把史书中的材料分为"原始资料"和"其他资料"两大类，"原始资料"包括三个方面：1. 奏疏，文书；2. 信札，家书；3. 诏令，手敕。"其他资料"则包括"人物对话"和"一般叙事语"。（合肥：黄山书社1998年版）

能像后来的八家派古文那样一味地仿古求雅，所以比较通俗，接近口语。如成书于贞观年间的《唐律》中就有一些白话资料，又如元代法令文书的总汇《元典章》中也有一些白话资料。《元典章》是元代法令文书的总汇集，全称《大元圣政国朝典章》。所载文书中有相当一部分是按照当时习惯直接以口语硬译蒙古语而形成的特殊文体，兼杂方言俗语。这些文书有明确的年代标记，尤其是一些民事、刑事诉讼案例，大体保留了当时俗语俗词的原貌，在研究元代白话词语和探索语言演变史方面很有价值。如《工部段疋条》："造作生活好歹体复，丝料尽实使用。"例中"生活"为当时俗词，表示"活计、工作"义。现存毛氏汲古阁藏元刻本，1976 年台北《善本丛书》据此影印。又有清光绪沈刻本等。1930 年陈垣以沈刻本为底本，与元刻本及陈氏所藏巴陵方氏藏旧钞本、艺风堂藏知圣道斋钞本、涵芬楼藏绣谷亭影钞元本、阙里孔释藏影钞元本详校，撰有《沈刻元典章校补》。2011 年中华书局和天津古籍出版社出版有《元典章》点校本。

3. 碑帖

历代碑志也载录有当时口语，其所载语料年代可靠，如元代白话碑等。冯承钧《元代白话碑》绪言指出，这些白话碑文的特点"不文"，"但就史料方面言，文饰亦可掩其真。人类思想发展为白话，已经矫饰一次，复由白话变为文言，又经矫饰一次，所存之真已寡矣。与其文无宁俚"。"故在史料中量度真之多寡，骚人墨客之文，实不及村妇里老之言。"[①] 这些"不文"的语料也较为真实地反映了近代汉语的发展演变。科学出版社 1955 年出版有蔡美彪的《元代白话碑集录》。

六、笔记

笔记，顾名思义，即不刻意为文而随兴之所至的笔录，与散文也有相似之处。北宋宋祁将所撰随笔杂录集为《笔记》三卷，后遂以笔记泛指同类著作。王锳《唐宋笔记语辞汇释》前言指出，所谓"笔记"或"笔记小说"是一个传统的概念，其内容和形式都相当驳杂，除了考据辨证之类的学术文字以及记载历史琐闻和掌故的稗官野史之外，还包含"残丛小语"式的故事传说和一定数量的具有现代意义的小说。[②] 笔记取材广泛，内容丰富。作为语言

---

① 冯承钧：《元代白话碑》，北京：商务印书馆 1930 年版。
② 王锳：《唐宋笔记语辞汇释》，北京：中华书局 1990 年版。

研究的材料看，具有这样几个特点：第一，大都出自当时的文人之手，用的基本上是文言。不过由于这种体裁形式活泼，不拘一格，信笔所之，娓娓而谈，所以比起正宗的八家派古文来，口语色彩要强。第二，涉及的范围和生活面广，举凡诸子百家、文学艺术、历史地理、天文历算、博物技艺、医药卫生、典章制度、金石考据、民情风俗、人物传记、宫廷琐闻、神话传说、现实政治等，几乎无所不谈，无所不包，因而词汇的容量相对较大。第三，其中的白话资料虽然大多只是片言只语，但往往也有成段成篇的白话资料，尤其是一些市井生活、供词、诉状、外交谈判方面的记录。如圆仁《入唐求法巡礼行记》多实录当时口语，宋王明清《挥麈录》中王俊诬陷岳飞的诉状基本上是当时的口语，元陶宗仪《南村辍耕录》所载王万里妖术害人的供状通篇为白话，明李诩《戒庵老人漫笔》所载朱元璋写给江阴卫指挥吴国兴的御札采用白话，沈榜《宛署杂记》所载"宣谕"和陆粲《庚巳编》所载直隶真定府晋州奏桑冲以男装女魇魅行奸事等基本上也都是当时的口语。笔记中一些故事传说里的人物对话，口语的程度也往往较高，提供了研究近代汉语发展的重要语料。

由于口语程度较高的白话文献较为缺乏，历代笔记有关古白话词语的记载尽管显得支离零散，但皆为当时人记当时语，也是近代汉语研究取材的重点之一。一些有关历史琐闻和考据辨证的笔记，或考证文献、研究俗语、记录方音，或辨析词语、修订《说文》、探求词源，对近代汉语的研究尤有价值。如楼钥《攻媿集》载："上梁文必言'儿郎伟'，旧不晓其义，或以为唯喏之'唯'，或以为奇伟之'伟'，皆所未安。在敕局时，见元丰中获盗推赏，刑部例皆节元案，不改俗语。有陈棘云，'我部领你懑厮逐去'；深州边吉云，'我随你懑去'。懑本音闷，俗音门，犹言辈也。独秦州李德一案云，'自家伟不如今夜去'云。余哑然笑曰：得之矣，所谓'儿郎伟'者，犹言'儿郎懑'，盖呼而告之，此关中方言也。"吕叔湘据此考定"伟"作"们"用。又如王楙《野客丛书》卷五考证"绿沉"一词指浓绿色，卷二十四解释由"狼"构成的九个复合词，分别解释了这些词的词义。再如欧阳修《归田录》卷二、刘昌诗《芦浦笔记》卷三、吴曾《能改斋漫录》卷五和张世南《游宦纪闻》卷二所载"打"的音义等，这些记载无疑都是研究近代汉语词汇的重要资料。

上海进步书局于20世纪20年代出版有《笔记小说大观》，1983年江苏广陵古籍刻印社据此影印，收录晋代至清代二百二十部笔记，分为三十五册。台湾新兴书局亦于1984年出版有《笔记小说大观》，收录自周代至清代一千八百六十二部笔记，分为三十二编。河北教育出版社1995年出版的周光培编的《历代笔记小说集成》则是继《笔记小说大观》之后又一部大型笔记小说丛书，收汉魏至明清笔记小说七百五十一种。中华书局曾先后出版有《唐宋史料笔记丛刊》四十种，《元明史料笔记丛刊》二十四种，《清代史料笔记丛刊》四十二种，1998 年又以《历代史料笔记丛刊》为总名一并出版。大象出版社 2003 年起出版《全宋笔记》，共十编，现已出版六编。

七、小说

在中国语言学史和中国文学史上，小说占据着十分重要的地位。据《汉书·艺文志》著录，早期小说既有偏于史实的“史官记事”，也有“迂诞依托”的神怪之作；不仅有阐发哲理的议论，也有风俗逸闻的记载。小说由魏晋南北朝的志怪和史传小说到唐代的传奇，再由宋金元的话本小说到明清的长篇小说，既有相承，又有革新，语言上也反映了文言到白话的演变。据罗烨《醉翁谈录·舌耕叙引·小说引子》说：“小说家流，出于机戒之官，遂分百官记录之司。由是有说者纵横四海，驰骋百家。以上古隐奥之文章，为今口分明之议论。或名演史，或谓合生，或称舌耕，或作挑闪，皆有所据，不敢谬言。言其上世之贤者可为师，排其近世之下愚者可为戒。言行非无根，听之有益。”《醉翁谈录》所举的有些小说又见于“说话”的目录，可能是宋元说话艺人的底本，可见文言小说与白话通俗小说同源异流的关联和演变。鲁迅《中国小说史略》说：“小说亦如诗，至唐代而一变，虽尚不离搜奇记逸，然叙述宛转，文辞华艳，与六朝之粗陈梗概者较，演进之迹甚明，而尤显者乃在是时则始有意为小说。”既有意为小说，故不仅其内容反映其时社会生活，而且其语言亦反映其时口语的情貌。宋元以来的话本小说继承变文的传统，散体和诗词交替，名称可以是“诗话”，又可以是“词话”，还可以是“平话”等。现存最早的话本是敦煌所出的《庐山远公话》、《叶净能诗》、《唐太宗入冥记》、《韩擒虎话本》等。这些话本虽然用浅近的文言写成，但已包含很多口语成分，尤其是在人物的对话方面。从魏晋南北朝时的志怪和轶事、唐宋的传奇和平话到明清的长篇章回小说，许多作品像一颗颗璀璨的明珠，闪烁着耀眼的光辉，在人们的口中盛传不衰。其中一些白话小说，如《三国演义》、《水浒传》、《西游记》、“三言”、“二拍”、《儒林外史》、《说岳全传》、《红楼梦》等，更可谓家喻户晓，妇孺皆知。这些小说中多浅俗委巷之语，保存了大量当时的口语资料，① 反映了古白话的概貌，是研究近代汉语

① 如明代《详刑公案》、《详情公案》、《廉明公案》、《明镜公案》和《诸司公案》等一些公案小说所载原告的状词、被告的辩词和主审官的判词多为当时的口语白话。

的重要文献。

宋刻话本现仅存《五代史平话》和《大唐三藏取经诗话》两种，1954 年古典文学出版社出版有排印本《新编五代史平话》。陕西人民出版社 1998 年出版有李时人编纂的《唐五代小说》，收录唐五代小说二千五百多篇。上海古籍出版社出版的《古本小说集成》收入自有小说到 1840 年鸦片战争为止的历代小说，共五百三十种。

八、市语方言

市语即市井小民的口头语言。关于市语的起源，至迟在唐代已见诸文字记载。元稹《估客乐》诗云："一解市头语，便无乡里情。"据唐人笔记《秦京杂记》载当时"长安市人语各不同，有葫芦语、锁子语、纽语、练语、三摺语，通名市语"。唐人笔记中又有所谓"查谈"，也作"查语"和"叉语"。《封氏闻见记》卷十云："近代流俗，呼丈夫妇人纵放不拘礼度者为'查'。又有百数十种语，自相通解，谓之'查谈'，大抵近猥僻。"段成式《酉阳杂俎》续集卷四"贬误"云："予别著郢涉，好为'查语'。"日僧空海《文镜秘府论》"论文章"亦云："调笑叉语，似谑似谶，滑稽皆为诗赘，偏入嘲咏，时或有之，岂足为文章乎？"据宋王谠《唐语林》卷五《补遗》载："宋昌藻，考功员外郎之问之子，天宝中，为滏阳尉。刺史房琯以其名父之子，常接遇。会中使至州，官使昌藻郊外接候。须臾却还云：'破额！'房公顾左右：'何名破额？'有参军亦名家子，敛笏对曰：'查名诋诃为额。'房怅然曰：'道额者已可笑，识额者更奇。'近代流俗，呼丈夫妇人纵放不拘礼度者为'查'，又有百数十种语，自相通解，谓之'查语'，大抵多近猥僻。"这些记载反映了唐代查谈、查语、叉语流行的情况。

宋元之际也有各色市语流行，并且出现了著录市语的专著。如宋代有汪云程《蹴鞠谱》所载《圆社锦语》，陈元靓编又经元人增订的民间日用大全《事林广记》续集卷八所载《绮谈市语》。明代有风月友《新刻江湖切要》中的《金陵六院市语》、《六院汇刻江湖方语》；田汝成《西湖游览志余》卷二十五《委巷丛谈》中的《梨园市语》、《四平市语》；明隆庆年间刊印的《墨娥小录》卷十四所录《中原市语》和《行院声嗽》等。其中《绮谈市语》和《行院声嗽》载有较多的市语材料，这些材料虽然大多只加训释而未举例证，训释也略嫌粗疏，但毕竟保存了较为系统完整的研究市语的材料，是研究近代汉语的重要参证。

市语作为反映社会历史某些侧面的文化语言现象，也保存在传世的文学作品以及现代口语中。一些戏曲、小说、笔记、杂著中也有对当时俗语的训释。如王君玉《续杂纂》“难理会”条下有“经纪人市语”。朱有燉《诚斋乐府·乔断鬼》中载有表背匠的一段“市语声嗽”，把“绢子”叫作“旗儿”，“纸”叫作“荒资”等。《古今小说》卷三十三《张古老种瓜娶文女》中一位卖药老人特地向顾客说明市语将甘草叫作“国老”。《水浒传》第六十九回：“娼妓之家，讳‘者、扯、丐、漏、走’五个字。”例中“者”是当时俗语，有“扭扭捏捏、搔首弄姿”义。《金陵六院市语》载：“谈笑则讪字为先，举动则者字为尚。”《客座赘语》卷一《辩讹》载：“者，分别事辞也，称此个为者个是也，今以称人之不老实者曰者。”“者”，又写作“摭”。《露书》卷九《风篇》下云：“摭音者，谓作态也。”明刊本《新锲燕台校正天下通行文林聚宝万卷星罗》卷三十一《青楼规范》云：“初摭是其体面。”原注：“摭者，勾栏中以妓人扭捏为直摭。玉容不摭，无以逞娇；红粉不展，无以卖俏。初会当摭，是其体面；久会尚摭，缺乏真情。”“者”的此义在元明小说戏曲中常用。如《百花亭》杂剧第一折：“不是俺心邪，我只是一半儿支吾一半儿者。”明张禄《词林摘艳》卷七陈大声《集贤宾》散套《秋怀》代人作：“我为他朋亲上将谎话丢，他为我母亲行将乔样儿者。”《南宫词纪》卷六孙百川《嘲者妓》：“意难投，行云易变，心事如钩。”《西游记》第二十三回：“者者谦谦。”又第六十四回：“佳客莫者，趁此良宵，不要子待要怎的？”

钱南扬《汉上宧文存》中有“市语汇钞”，辑录了十一种宋代以来诸行秘密语。[①] 此外，校订标点过的市语文献还有《新刻江湖切要》、《江湖走镖隐语行话谱》和《剃发须知》等。

汉语方言是通语的地域性变体，在语音、词汇、语法方面有自己的特点。汉语方言的形成和发展与社会的发展和变化息息相关，经历了漫长而复杂的发展过程。由于历代的战争和移民造成的人口迁徙，汉语方言的分布可谓五方杂处，错综复杂，俗谚有云：“五里不同俗，十里不同音。”据有关文献记载，先秦时北方话已初步确立了汉语共同语的基础方言的地位，吴方言、粤方言、湘方言也逐渐形成，魏晋南北朝时又先后形成了客家方言、闽方言、赣方言等。近代汉语方言与古代汉语方言的面貌已大不一样，如同近代汉语共同语有别于古代汉语共同语一样，每一种汉语方言都经历了复杂的发展过程，近代汉语各方言是千百年来多次人口迁徙冲击下互相取代、交融、渗透

① 钱南扬：《汉上宧文存》，上海：上海文艺出版社1980版。

而混合演化的结果。有时是多次移民陆续前来定居，有时是先来的再次迁出，又有后来者入住，有的还经历过多次战争的荡涤和自然灾害的浩劫。形成之后也是不断发生着变化。任何方言都会有最古老的成分，也都有新近的变异。方言俗语往往状人状物形神毕肖，言情叙事意趣横生，很多词语颇富幽默感和强烈的讽喻意味，可供我们更确切地阐明某些古白话词语的词义，有画龙点睛的传神之处。如《秋胡戏妻》第四折："若不是江村四月正农忙，扯住那吃敲才决无轻放。"《梧桐雨》第三折："每月江头烂如泥，把似唓不的少吃，则被你殃煞我，吃敲贼！"《戏曲词语汇释》释"吃敲才"、"吃敲贼"为"该打的家伙"，然而"敲"在北京、天津、河北、山东一带的方言中尚有"阉割"义，往往在盛怒之下有"挨敲的货"、"敲了你"等骂人的说法。阉割是古代仅次于死刑的最残酷刑罚之一，世人把被阉割过的人看作是不齿于人类的人，故人在恨极之时，骂"该打"尚不解其恨，而"阉割"则将其感情宣泄无遗。明清小说往往多用方言，如吴敬梓的《儒林外史》带有全椒方言的色彩，[①] 李绿园《歧路灯》使用了大量河南方言，诸如"擘画、扯捞、腌臜、兑搭、饭时"等至今还活在河南话中。[②]

方言的文献资料繁杂多样，记录了许多白话俗语词，大致有如下几类：

（1）散见于历代学者的笔记、杂著、戏曲论著和语言文字著述的方言材料。如宋代沈括《梦溪笔谈》、陆游《老学庵笔记》，元代陶宗仪《南村辍耕录》，明代李诩《戒庵老人漫笔》、沈德符《顾曲杂言》、方以智《通雅》卷四十九《谚原》，清代李汝珍《李氏音鉴》等都涉及方言词语。这些材料虽散，然贯通考察，亦能见其规律和系统。

（2）历代学者撰著的一些方言俗语专书。如宋代佚名的《释常谈》，龚颐正的《续常谈》，明代杨慎《俗言》、陈士元《俚言解》、岳元声《方言据》、李实《蜀语》，清代毛奇龄《越语肯綮录》、吴文英《吴下方言考》、翟灏《通俗编》、李调元《方言藻》、黄印斋《乡音字正》、顾张思《土风录》、钱大昕《恒言录》、史梦兰《燕说》、郑志鸿《常语录源》、易本烺《常语搜》、唐训方《里语征实》、罗翙云《客方言》、周干庭《山东土语研究》等。这类著述多以缀辑和训释词语为主，常比合典籍，探溯源流。日本学者长泽

① 遇笑容：《儒林外史词汇研究》，北京：北京大学出版社 2001 年版。
② 张生汉：《歧路灯词语汇释》，开封：河南大学出版社 1999 年版。

规矩也编有《明清俗语辞书集成》，收有二十二种俗语词文献。[1]

（3）方志材料。我国历代所修的各种方志中保存了许多方言俗语材料，这些材料往往记录常用词语。如山东《潍县志》方言部分占有两卷的篇幅，收词语近千条。上海书店出版社出版的《中国地方志集成》中各地方志都有一些方言的材料。江苏古籍出版社亦出版有《中国地方志集成》，中国书店有《稀见中国地方志汇刊》，台湾成文出版社有《中国方志丛书》。日本波多野太郎编有《中国方志所录方言汇编》九编，[2]《方言》杂志 1980 年第三期发表了这九编的总目录。按图索骥，可以在历代所修的各种地方志中找到一些近代汉语时期产生的方言俗语资料。

（4）方言作品。一些文学作品与口语关系密切，有些词曲中用了较多的方言俗语。如敦煌变文中的韵文，宋代的词，元代的杂剧、散曲，明清的俗曲、民歌及小说等都运用了较多的方言。如《金瓶梅》、《醒世姻缘传》及贾凫西《木皮鼓词》、蒲松龄《日用俗字》和《聊斋俚曲》多用山东方言；明代冯梦龙编辑的《山歌》、《挂枝儿》及清代小说《何典》、《海上花列传》多用吴语。这类作品中的方言成分为研究近代汉语提供了宝贵的材料。

九、其他

1. 文集

文人的别集中也有一些白话资料，收入文集的书信和公文性质的篇章里有时也有较多的白话成分。如文起八代之衰的韩愈是古文运动的倡导者和代表人物，虽然在《答李翊书》自称“愈之志在古道，又甚好其言辞”，“非三代两汉之书不敢观，非圣人之志不敢存”，但同时也要求创作上“惟陈言之务去”，在他的文集中也有一些活的语言记载。如“都”作副词“皆”用。《答崔立之书》中有“若都不可得”，《与崔群书》中有“又不知无乃都不省记”。又如用“太阳”代替“日”，《贺太阳不亏状》中有“太阳合亏”、“太阳不亏”等。《原道》中有恩爱、葬埋、祭祀、器皿、货财、天下、国家等四十来

---

① 日本汲古书院 1974 年影印出版，上海古籍出版社 1989 年重印。所收二十种辞书为明陈士元《俚言解》、陆嘘云《世事通考》、张存绅《雅俗稽言》、赵南星《目前集》、周梦暘《常谈考误》，清顾张思《土风录》、梁同书《直语补证》、易本烺《常语搜》、史梦兰《异号类编》、梁章钜《称谓录》、孙锦标《通俗常言疏证》、西厓《谈徵》、高静亭《正音撮要》、唐训方《里语征实》、蔡奭《官话汇解便览》、李鉴堂《俗语考原》、郑志鸿《常语寻源》、郝懿行《证俗文》、北洋陆军督练处《军语》，民国周起予《新名词训纂》。

② ［日］波多野太郎编：《中国方志所录方言汇编》，《横滨市立大学纪要》1963 年第 147 期。

个双音词。[①] 又如司马光文集中的《议谋杀已伤案问欲举而自首状》和《乞不贷故斗杀札子》等涉及当事人的供述部分，基本上也都是用白话记录，记载了当时的一些口语。

元代大臣给皇帝讲解汉文典籍，往往用当时口语逐词逐句翻译，他们的文集里有的还保存着讲解的记录。如许衡讲解《大学》中"如恶恶臭，如好好色"时说："如臭秽之物，人见便嫌，是真个嫌；好的颜色，人见便爱，是真个爱。"所用词语"的"、"便"、"真个"皆为当时口语。其讲解的记录有《直说大学要略》、《大学直解》、《中庸直解》等，都收录在《许文正公遗书》（亦作《鲁斋遗书》）中。贯云石也曾以当时口语逐字翻译《孝经》，有《孝经直解》传世。吴澄《吴文正公文集》中亦载有其给皇帝讲解史书的讲义。

明清文集中也有不少口语白话的记录。如刘基《诚意伯文集》卷首的《遇恩录》记录了朱元璋召见刘基儿子刘仲璟时谈话中引述的述状和证词，张居正《张太岳集》卷十一收有对班昭《女诫》作的直解，王世贞《弇山堂别集》中引有一些白话诏令。又如钱谦益《牧斋初学集》"太祖实录"中载有李善长的狱词等。

2. 会话书

会话书是给母语不是汉语的人学习汉语用的教科书，因而多以当时的共同语为标准，具有一定的典范性，是研究近代汉语的极好材料。如《原本老乞大》："就那里拿起一块大石头，投那人头上打了一下。""似这等布宽呵好，这几个布哏窄有。""窄呵偏争什么？也一般卖了。""恁怎说那等言语？宽呵，做出衣裳余剩，又容易卖；窄呵，做衣裳不勾。"又如《老乞大谚解》："咱急急的收拾了行李，备了马时，天亮了。""大哥因事到我那里，不弃嫌小人时，是必家里来。"

《老乞大》和《朴通事》是元末明初朝鲜人学习汉语的两部会话书，大致反映了宋元以来的北方话，也有少数元代传入汉语中的蒙古语成分。《老乞大》以旅行、商业交易方面的会话为主要内容；《朴通事》的内容包括名物制度、社会习尚、饮食起居、文化娱乐等方面，几乎涉及社会生活的各个领域。这两部书是我们今天研究当时口语的好材料。

清代一些专为英法日学生学汉语编的《语学举隅》、《西汉同文法》、《官

---

① 王锳《韩愈散文中的一些口语成分》一文研究了韩愈散文中的口语成分，指出"从他们的文章的口语成分中尤可窥察当时语言的滋生演变"，"他们文章所反映出来的口语特征，自然有较强的代表性，可以作为语言断代的重要参照系"。（载《近代汉语词汇语法散论》，北京：商务印书馆2004年版，第83页）

话指南》和《汉语入门》等读本也反映了当时的口语，尤其是威妥玛的《语言自迩集》① 作为汉语教学史上教学北京话口语的汉语课本，堪称 19 世纪中期北京话口语的精彩实录。

3. 注疏

历代为前代文献所作注疏往往或以通语释方言，或以今语释古语，不仅搜寻相关文献中的词语为训，而且常以当时口语来类比释义，反映了当时的语言面貌。如胡三省注《资治通鉴》：“了事，犹言晓事也。”“优，饶也。今人犹谓宽假为优饶。”“善思，犹今人言好思量也。”“自尔以来，犹今言自那时以来也。”这些注疏材料反映了古代词语与当时词语的对应关系，可以作为考察词义存亡演变的依据，为近代汉语词汇的研究提供了不可忽视的宝贵线索。

4. 医药、科技文献

医药和科技方面的文献重在说明问题，指导实践，故以明白易懂为宗旨，不求文采的华丽，与口语较为接近。如《本草纲目》、《雷公炮炙论》、《天工开物》等中都有一些反映当时口语的语言现象。这些医药和科技方面的文献还记载了当时疾病诊治和工农业生产方面的日常用语和专门用语，这部分内容尤其是研究近代汉语的宝贵语料。如宋应星的《天工开物》是我国科学技术史上的名著，共十八卷，内容包括粮食和各种经济作物的栽培种植，蚕和蜂的饲养，矿石和珠玉的采集以及纺织、染整、粮油加工、制糖、制盐、造纸、陶瓷、冶金、铸造、舟车和兵器制造等行业的专门技术，所用术语或来自民间，或由古语演化，基本上反映了古白话俗语词土生土长的工艺技术用语的轮廓和风貌。

5. 书信

钱锺书曾说：“六朝法帖，有煞费解处。此等大半为今日所谓便条字条，即时受者必到眼即了，后世读之却常苦思而尚未通。”② 私人书信往往多涉及一些家常话，不假藻饰，因而书信中有大量的口语词。如司马光《宁州帖》：“今汝才去，朝旨许令侍养，若本府奏称，本官已赴本任，缴回文字，则朝廷必以为厥叔强欲差它侍养，它自不愿，已到本任，直收杀不行。”例中“收杀”是当时口语，有“结束”义。又如郑燮《范县署中寄舍弟墨第四书》：“他自做他家事，我自做我家事。世道盛则一德遵王，风俗偷则不同为恶，亦板桥之家法也。哥哥字。”例中“他自做他家事，我自做我家事”、“哥哥”

① ［英］威妥玛著，张卫东译：《语言自迩集——19 世纪中期的北京话》，北京：北京大学出版社 2002 年版。

② 钱锺书：《管锥编》（第三册），北京：中华书局 1987 年版，第 1108 页。

都是白话口语。

6. 笑话

笑话书多含有白话的成分。明冯梦龙编有《笑府》，清游戏主人编有《笑林广记》。王利器编选的《历代笑话集》收有七十多种有关笑话的典籍。如冯梦龙《笑府》："一亲家新置一床，穷工极丽。自思好床不使亲家一见，枉自埋没，乃假装有病，偃卧床中，好使亲家来望。那边亲家做得新裤一条，亦欲卖弄，闻病欣然往探。既至，以一足架起，故将衣服撩开，使裤现出在外，方问曰：'亲翁所染何症而清减至此？'病者曰：'小弟的贱恙却象与亲翁的尊病一般。'"例中"亲家、假装、卖弄、一般"都是白话口语。

7. 写卷和刻本佛经

佛经的翻译始于东汉，至隋唐臻于极盛，大部分佛经的翻译是在东汉至唐这一段时间内，这是汉语发展史上的一个重要阶段。佛经的翻译和传播使一大批昔日难登书面语大雅之堂的口语进入书面语中。汉译佛经中不仅系统地保存了从东汉以来的口语材料，而且历代刊刻本改动的异文正好提供了近代汉语中许多词语的传承渊源和演变线索。据吕澂《新编汉文大藏经目录》所收今存译本统计，保留至今的汉译佛典约有一千四百八十部，五千七百余卷。这些汉译佛典最初传抄流行，北宋太祖开宝五年（972 年）刻成《开宝藏》，此后又有《契丹藏》、《金藏》、《碛砂藏》、《高丽藏》、《资福藏》、《普宁藏》、《嘉兴藏》、《永乐南藏》、《永乐北藏》、《龙藏》、《大正藏》等。1982 年至 1997 年，中华书局编纂出版了《中华大藏经》，共一百零六种，以《开宝藏》的复刻本为底本，又以八种不同时代的具有校勘价值的版本作校本。其缺失部分则以《高丽藏》补足，并按照《金藏》千字文编次的目录体系，将历代大藏经中有千字文编次的特有经论按照内容性质悉数补入。收录经籍一千九百三十九种，一万余卷，集历代刊刻大藏经之大成，大致反映了历代所刊大藏经的基本面貌。不同年代传抄刻印汉译佛典写卷和刻本的各本异文不仅是考溯近代汉语词语渊源的珍贵语料，而且更是研究近代汉语词语兴替的重要语料。

如南朝宋慧严等译《大般涅槃经》卷五："譬如女人唯有一子，从役远行，卒得凶问，闻之愁苦。后复闻活，便生欢喜。"（12/632c）① 经中"唯"，S. 5384、北 6316、北 6539 写卷作"正"，敦博 041 写卷作"止"。"唯"、

① 本书引用佛经据日本大正一切经刊行会编《大正新修大藏经》（1924 年刊行，新文丰出版公司 1996 年重印），括号内斜线前、后的数字分别为所引佛经在《大正藏》中的册数和页码，a、b、c 分别表示上、中、下栏。

“正”、“止”在文中都表“只”义，《大正藏》本改作“只”，校记中注明宫本作“正”，宋本作“唯”，元、明本作“止”。“正”表“只”义是中古常用的一个口语词。如《世说新语·自新》：“乃自吴寻二陆，平原不在，正见清河。”又如《齐民要术·种瓜》：“若无茇而种瓜者，地虽美好，正得长苗直引，无多盘歧，故瓜少子。”《大正藏》校记提到的宫本为宫内省图书寮藏《毗卢藏》本，宋本为《资福藏》本，元本为《普宁藏》本，明本为《嘉兴藏》本，各本所载《大般涅槃经》的异文揭示了前后相近的几个时间点上“正、唯、止、只”这一组表“只”义的同义词从中古到近代的兴替演变过程，揭示出表“只”义的“唯”在唐、宋可用承古的“唯”，又可用中古常用的口语词“正”，元明时渐为“止”替代，至1922年高楠顺次郎、渡边海旭等编纂《大正藏》时则已为“只”替代。

又如东汉昙果和康孟祥译《中本起经》卷上：“无上正觉，不可以生死意待也，何得对吾面称父字？”（4/148a）例中“称”，宋刻本改为“说”。“若是日耶，吾目得逮；谓是天人，其目復眴。”（4/150a）例中“目”，宋、元、明的刻本已改为“眼”。“汝观吾身，何如树下？”（4/148a）例中“吾”，宋、元、明的刻本已改为“我”。“比丘尼虽有百岁持大戒，当处新受大戒幼稚比丘僧下坐。”（4/159a）例中“幼稚”，宋、元、明的刻本已改为“幼小”。各本所载《中本起经》的异文揭示了东汉时的“称、目、吾、幼稚”发展至宋代已为“说、眼、我、幼小”替代。①

8. 域外汉籍文献

研究近代汉语词汇学不仅要关注国内的相关白话文献，而且也要充分利用域外所藏汉籍文献的白话语料。域外汉籍文献主要指域外所藏中国古籍（包括域外刻本）以及域外人士撰写的汉文典籍。域外所藏中国古籍，如日本九州大学藏朝鲜古写徽州本《朱子语类》和韩国汉城大学奎章阁藏陆人龙著《型世言》等，这些域外文献往往反映了早期版本的原貌。域外人士撰写的汉文典籍除一些汉语口语教科书外，史部和集部文献也记载有一些反映汉语口语的白话语料。其中《高丽史》和《朝鲜王朝实录》中保存不少明初皇帝口谕，②《燕行记事》和《燕行录》等保存有朝鲜使者所记的明清语言。③ 如

① 有关佛经文献语言研究的论著详见帅志嵩、谭代龙、龚波、郭浩瑜、黎路遐编：《佛经文献语言研究论著目录（1980—2006）》，《汉语史研究集刊》第四辑，成都：巴蜀书社2001年版。

② 参张全真《朝鲜文献中的明初白话圣旨语言研究》（日本松山大学《言语文化研究》第26辑，2005年26卷2号）和汪维辉《高丽史和李朝实录中的汉语研究资料》（《韩汉语言探索》，首尔：学古房2010年版）

③ 参丁锋：《燕行录全集所见朝鲜使者的明清语言记录》，《韩汉语言探索》，首尔：学古房2010年版。

《朝鲜王朝实录·太宗实录》："太祖皇帝开设东宁卫，好生安养你每。后来建文苦得你每没奈何，漫散出去。如今天下太平了，我只遵着太祖皇帝的法度安养你每，都回来东宁卫里来住，官仍旧做官，军仍旧做军，民仍旧做民。"又如洪大容《湛轩燕记·京城记略》："骂辱绝无丑语，如没良心、甚东西是寻常骂话。王八滓子、杂种、狗滓子等话乃贱汉嫚戏，最发怒者天火烧死也。"域外汉籍文献为研究近代汉语词汇提供了可作佐证的新语料，充分利用这些语料能进一步深入开拓近代汉语词汇学的研究。

第二节　近代汉语文献的整理与校勘

一、近代汉语文献存在的问题

近代汉语文献浩如烟海，其中多数未曾经过整理，不仅有夺文、衍文，而且充斥着各种各样的讹字、俗字和通假字以及书写符号，即使已经经过整理的那些文献也难免仍然存在一些文字校勘或句读标点等方面的错误。因而研究近代汉语词汇必须建立在严谨的校勘基础上，在使用有关文献时，应该校正错讹，辨识字体，理清句读。如果我们所据以立论的恰恰是版本本身有误的本子，那么所作的解说，也就不可靠了。如元刊《诸宫调风月紫云亭》一剧中："我每日撇嵌为生，俺娘向诸宫调里寻争竞。"例中"撇嵌"一词，朱居易《元剧俗语方言例释》释为"玩弄虚假"，陆澹安《戏曲词语汇释》释为"虚情假意欺骗人"。然而，从文意看，此系诸宫调女艺人韩楚兰自述。显然，其自认玩弄虚假似不近情理。据《墨娥小录》"行院声嗽"谓"说唱诸宫调"作"撒嵌"。韩楚兰自述其母女均系诸宫调艺人，为避免重复，因而用市语变换说法，而"撒嵌"与"撇嵌"则因形近致误。又如马致远《陈抟高卧》第三折滚绣球曲："本居林下绝名利，自不合刬下山来惹是非。""刬"为臧晋叔误改，元刊本原作"刚出山来惹是非"，用元好问《戚夫人诗》："无端恨煞商山老，刚出山来管是非"句。"刚"有"偏要、硬要"义。龙潜庵《宋元语言词典》和新版《辞源》误从臧本，训"刬"为"无端、平白的"。①

① 王学奇：《论如何探索元曲的词义》，《河北师范学院学报》1984年第4期。

近代汉语文献整理的第一步是标点。标点断句失误的原因有许多，不明词义而曲解白话俗语词是其中之一。如：

孙昌武等点校《祖堂集》卷一六《黄蘗和尚》："诸人亦须在意，急急努力。莫只拟取次容易事，持一片衣，口食过一生，明眼人笑你，久后总被俗汉弄将去在。"注云："'口食'上疑脱'一'字；《景德传灯录》、《传灯玉英集》、《五灯会元》作'片衣口食'。"[①] 例中"持一片衣，口食过一生"应标点为"持一片衣口食过一生"。"片衣口食"由意为"一片衣、一口食"的名量词组凝固而成，极言所得甚少。如《祖堂集》卷六《洞山和尚》："莫为人间小小名利，失于大事。假使起模尽样觅得片衣口食，总须作奴婢偿他定也。"又如《汾阳无德禅师语录》卷上："自己相度看，还得迴光返照力也未？莫只为片衣口食，爱甜嗜好，摩唇振嘴，道我解了。"明慧洪《临济宗旨》："所以大觉老人为一大事因缘出现于世，想计他从上来行脚，不为游山玩水，看州府奢华，片衣口食皆为圣心未通。"

《朱子语类》卷三四《饭疏食章》载朱熹云："圣人之心更无些，子渣滓。故我之心淘来淘去，也要知圣人之心。'"（34.883）例中"圣人之心更无些，子渣滓"，当标点为"圣人之心更无些子渣滓"，"些子"有"一点儿"义，唐时已成词。如李白《清平乐》词："花貌些子时光，抛入远泛潇湘。"《朱子语类》中多用。如卷二："先生至此，以手画轮子，曰：'谓如今日在这一处，明日自是又衮动着些子，又不在旧时处了。'"（2.15）又："日食是为月所掩，月食是与日争敌。月饶日些子，方好无食。"（2.21）卷三："问：'死者魂气既散，而立主以主之，亦须聚得些子气在这里否？'曰：'古人自始死，吊魂复魄，立重设主，便是常要接续他些子精神在这里。古者衅龟用牲血，便是觉见那龟久后不灵了，又用些子生气去接续他。《史记》上《龟策列传》，占春，将鸡子就上面开卦，便也是将生气去接他，便是衅龟之意。'"（3.50）卷一六："如人饥而食，只合当食，食才过些子，便是偏；渴而饮，饮才过些子，便是偏。"（16.351）又作"一些子"。如卷五："如一镜然，今日磨些，明日磨些，不觉自光。若一些子光，工夫又歇，仍旧一尘镜，已光处会昏，未光处不复光矣。"（5.93）卷六："譬如水，若一些子碍，便成两截，须是打并了障塞，便滔滔地去。"（6.117）

又卷四四："下学、上达虽是两件理，会得透彻斯合，只一件。"

---

① 《祖堂集》，北京：中华书局2007年版，第732页。检《景德传灯录》卷九《怀让禅师第三世上五十六人·前百丈怀海禅师法嗣》："还知么，急须努力莫容易事。持片衣口食空过一生，明眼人笑汝，久后总被俗汉算将去在。"

(44.1141）例中“理会”是词，有“理解、领会”义，“厮合”则有“相合”义，应标点为“下学、上达虽是两件，理会得透彻，厮合只一件”。

又卷七二：“曰：‘所谓近时恶浊之论此是也，不成议！论某尝说，此所谓平者，乃大不平也，不知怎生平得。’”（72.1818）例中“议论”是词，指对人或事物所发表的评论性意见或言论，应标点为“不成议论”。

又卷一〇〇：“康节学于李挺之，请曰：‘愿先生微开其端，毋竟其说。’又恐是李学于穆时说。此意极好。学者当然须是自理会出来，便好。”（100.2542）例中“学者当然”意谓“学者应该这样”，“当然”不是副词，应标点为“学者当然，须是自理会出来”①，王星贤误标，唐贤清据以认为“根据我们的考察，副词‘当然’南宋时期就已经出现了”②。

又卷一三一：“坚之来，在安亦只得发兵去迎敌当来。苻坚若不以大众来，只以轻兵时扰晋边，便坐见狼狈。”当标点为“坚之来，在安亦只得发兵去迎敌。当来苻坚若不以大众来，只以轻兵时扰晋边，便坐见狼狈。”（136.3242）“当来”是俗语，有“当初”义。如《朱子语类》卷六：“当来天地生我底意，我而今须要自体认得。”（6.115）卷六六：“《易》当来只是为占筮而作。”（66.1628）又如《新编五代史平话·唐史上》：“今河北之干戈甫定，朱温之凶焰犹存，大王遽即大位，殊非当来吊伐之本意，天下谁不解体乎？”

校勘方面的失误可分误校和漏校两类，这都与词义理解有密切关系。明了词义，才知是否有误，误在何处；才可判定本字为何，或辨别异文的孰是孰非。翻译和注释都必须以理解词义为前提。有些译注以今律古，望文生义，或该注而不加注释，都与不明词义有直接关系。

如中国古代文言小说选译丛书中的《元明小说选译》选译刘玉的《冷谦》：“有友人贫不能自存，求济于谦。谦曰：‘吾指汝一所，往焉，慎勿多取。’乃于壁间画一门，一鹤守之，令其人敲门，门忽自开。入其室，金宝充牣，盖朝廷内帑也。其人恣取以出，不觉遗其引。他日库失金，守库吏得引以闻，执其人讯之，词及谦。”③ 文中“引”字注译者注为：“捆东西的绳索。”译为：“他就尽量拿了许多，出来时不小心把绳子丢在里面了。过几天内库里发现丢了金宝，守库的官吏拾到绳子报告给皇帝，皇帝下令逮捕了这

① 张海媚：《副词“当然”始于宋代吗》，《汉语史研究集刊》第十三辑，成都：巴蜀书社2010年版。

② 唐贤清：《朱子语类副词研究》，长沙：湖南人民出版社2004年版，第143页。

③ 《元明小说选译》，上海：上海古籍出版社1990年版，第345页。

个人审问，供出是冷谦指使的。”考近代汉语中“引”可用作名词，意为代表钱款金额或准许购销货物的一种凭证。如陆游《老学庵笔记》卷六载：“胡子远之父，唐安人，家饶财，常委仆权钱，得钱引五千缗，皆伪也。”《宋史·食货志》下云：“产茶州军许其民赴场输息，量限斤数，给短引，于旁近郡县便鬻之。”《天工开物·佳兵》亦载：“凡消（硝），华夷皆生，中国则专产西北，若东南贩得不给官引，则以为私货而罪之。”“引”还可指路引，即通行的凭证。如《宣和遗事》前集载：“蔡京又更茶法，天下立茶场，拘榷茶货，令客人赴官请引。自于茶园买茶，赴官称验，纳息批引，限日贩卖。”明人唐玉在《翰府紫泥金书·托人给引》一文中云：“某欲他往，烦给一引，使奔四方关津处所得无留难。”明人小说中亦多次用到此词。如《水浒传》第六十一回：“身边取出假文引，教军士看了。”《西游记》第五十四回：“请投馆驿注名上簿，待下官执名奏驾，验引放行。”《警世通言·白娘子永镇雷峰塔》：“许宣吟诗已毕，央李员外衙门上下打点，使用了钱，见了大尹，给引还乡。”“引”在宋时已有“路引”义，《冷谦》一文中其人不听冷谦所嘱，恣意妄取，贪婪过度，以致丢失了他随身所带的通行路引。路引上必然记有他的姓名、籍贯等事项，官府按图索骥，自然不费吹灰之力，一下子就把他抓来了。因此文中此句似可译为：“那人就恣心所欲地拿了许多金宝出来，一不小心竟把他的通行路引丢失在内库里了。过了几天，内库里发现丢失了金宝，守库的官吏拾到那路引，把它交给皇帝。于是根据路引提供的线索马上把那人抓来审问，那人的供词牵连到冷谦。”

又如《近代汉语语法资料汇编·元明卷》所收许衡《直说大学要略》：“如桀王暴虐，纣王宠妲己，只理会快活，多征百姓每差发钱，积在那鹿台库里，粮积在那钜桥仓里，却不思量这般东西却是百姓每身上脂膏，教百姓每怨不好，天下诸侯都怨。”① 例中“差发”，元时指赋税徭役。如彭大雅《黑鞑事略》：“其赋敛谓之差发。”睢景臣《哨遍·高祖还乡》：“欠我的钱差发内旋拨还。”“多征百姓每差发钱，积在那鹿台库里”当标点为“多征百姓每差发，钱积在那鹿台库里”。

再如刘洁修《汉语成语源流大辞典》释“将心比心”称：“原或作‘将心觅心’，拿自己的思想去寻求别人的心意。”② 所释似不确，据其所引宋释惟白《建中靖国续灯录》卷二十《潭州云盖山智本禅师》：（僧）问：“将心

---

① 刘坚、蒋绍愚主编《近代汉语语法资料汇编·元明卷》所收许衡《直说大学要略》，江蓝生以台湾影印文渊阁四库全书本为底本校录。

② 刘洁修：《汉语成语源流大辞典》，北京：开明出版社 2009 年版，第 579 页。

觅心，如何觅得？”师云：“波斯学汉语。”例中“将心觅心”意谓人人自有清净本心，自具佛性，迷者却向外寻求清净心。此是禅师说法常用语，如《续传灯录》卷二十八：“上曰：‘观者是观想，妄想颠倒相持何时得了。’师对：‘以贼捉贼，将心觅心。’”又如《普庵录》卷二：“若闻见性成佛，便兴妄心，别求知解，岂不是骑牛觅牛，将心觅心，使佛觅佛，无有是处。”禅录中又作“将心求心”。如《黄檗山断际禅师传心法要》：“沙门果者，息虑而成，不从学得。汝如今将心求心，傍他家舍，只拟学取，有甚么得时！”又如《普庵录》卷二：“众生诸佛，唯一法性，更无二体，所以未了人将心求心，使佛觅佛，无有了期。”“将心比心”则意谓用自己的心比照别人的心。如《朱子语类》卷一六“曰：‘譬如交代官相似。前官之待我者既不善，吾毋以前官所以待我者待后官也。左右，如东邻西邻。以邻国为壑，是所恶于左而以交于右也。俗语所谓将心比心，如此，则各得其平矣。’”朱熹以此俗语指设身处地替别人着想，体贴别人。①

文献整理中往往对一些俗语词不做诠释，使人不得确诂，影响了文义的理解。探究这些词语没有注释的原因，大体有三：一是以常义或今义理解，看不出其特殊含义；二是似懂非懂，觉得不必作注；三是根本没有意识到是一个词，而且是一个具有特色的词语。如：

《五灯会元》卷十九《白云守端禅师》：“若祇悟得干萝卜头底，不唯瞎却学者眼，兼自己动，便先自犯锋伤手。”例中“兼自己动，便先自犯锋伤手”应标点为：“兼自己动便先自犯锋伤手”。“动便”是唐宋俗语词，义为“常常，动辄”。如唐李珣《菩萨蛮》：“楚天云外路，动便经年去。香断画屏深，旧欢何处寻。”《大慧普觉禅师赞佛祖》卷十二：“这担版汉，从来无所知。曾经一顿饱，忘却累年饥。动便触人讳，拍盲不识时。”《五灯会元》卷十九《白云守端禅师》：“上堂：‘贫居动便成违顺，落得清闲一味高。’”毛熙震《菩萨鬘》：“楚天云外路，动便经年去。”② 蜀妓《鹊桥仙》：“说盟说誓，说情说意，动便春愁满纸。多应念得脱空经，是那个先生教底。不茶不饭，不言不语，一味供他憔悴。相思已是不曾闲，又那得工夫咒你。”

《祖堂集》卷四《丹霞和尚》：“行者见师向前，便顾视老宿云：‘莫言侵早起。’”中州本校注：“侵早：疑为‘清早’。”例中“侵早”为唐代俗语。

---

① 其他文献也有用例。如明汤显祖《紫钗记》第三十八出：“太尉不将心比心，小子待将计就计。”清西周生《醒世姻缘传》第四十八回：“薛夫人说：‘亲家将心比心，我有甚么颜面坐着扰亲家？就是亲家宽洪大量不计较，我就没个羞耻么？’”《汉语大词典》释此词引现代例为证，偏晚。

② 赵崇祚：《花间集》卷十。

如王建《宫词》："新调白马怕鞭声，供奉骑来绕殿行。为报诸王侵早入，隔门催进打球名。"方干《采莲》："采莲女儿避残热，隔夜相期侵早发。""清早"始见于宋代。① 如王安石《苏州道中顺风》："北风一夕阻东舟，清早飞帆落虎丘。运数本来无得丧，人生万事不须谋。"《错斩崔宁》："却说那小娘子，清早出了邻舍人家，挨上路去，行不上一二里，早是脚疼走不动，坐在路旁。"元明又作"清早晨、清早辰"。如《原本老乞大》："每日清早晨起来，到学里，师傅行受了生文书。"《金瓶梅》第一百回："月娘分付：'你和小厮往厨房里拿饭去。你另拿瓯儿粥与他吃，怕清早辰不吃饭。'"

中华书局本《祖堂集》卷九《罗山和尚》："如今且有与摩汉摩？出手试弄一转，看作摩生精彩。""出手试弄一转，看作摩生精彩"当标点作"出手试弄一转看，作摩生精彩"。例中"看"为表尝试的助词。如白居易《松下琴赠客》："松寂风初定，琴清夜欲阑。偶因群动息，试拨一声看。"《敦煌变文集·庐山远公话》："我缘不会，与我仔细说看。"元徐畛《杀狗记》第三十一出《夫妇叩窑》："这里想是叔叔窑里，你去叫一声看。"

近代汉语文献的语料即使是年代和语言都比较可靠的，内部成分也很复杂。一般的做法是假定这些材料代表一种接近当时口语的共同语书面语言，但实际上内部至少包含以下几个不同层次的差异。

1. 方言差异

近代汉语文献往往受到作者方言的影响，或多或少含有一些方言词汇。如敦煌变文多反映西北地区口语，金代诸宫调反映燕京一带口语，元代戏剧多用北方口语，宋元南戏、"三言"、"二拍"用的多是浙江等地的江南口语，《金瓶梅》、《醒世姻缘传》带有山东方言色彩。因而，既要考察从方言来的通语词的来源，又要鉴别通语中来自不同方言的方言词。如《初刻拍案惊奇》卷三十九："宋时还有个小人也会不信师巫，弄他一场笑话。"又《今古奇观》卷三十七："闲来追思既往，正会枉杀了一个人，又冤陷了两个人，时常挂念，思欲做些功德，超度他们，一向不会对你说知。"两例中"会"是"为"的方言记音，凌濛初和冯梦龙都是吴语区人，吴语中"会"、"为"读音相同。又如《初刻拍案惊奇》卷二："只见一个娼妇，站在门首献笑，好生面染。仔细一想，却与姚滴珠一般无二。"又《二刻拍案惊奇》卷三十八："一日，有一个客人来嫖宿饮酒，见了莫大姐，目不停瞬，只管上下瞧觑。莫大姐也觉有些面染，两下疑惑。"二例中"面染"即"面善"，有"面熟"义。元明口语中常用。如关汉卿《望江亭》第三折："这个姐姐，我有些面

① 《汉语大词典》引《水浒传》为首见书证，偏晚。

善。"《今古奇观》卷六十五："老姥一见闻小姐举止形容，有些面善，只是改妆过了，一时想不出。""善"属禅母仙韵，"染"属日母咸韵，吴语中"善"、"染"音近。

2. 语体差异

近代汉语文献语料很少是纯口语的记录，多为口语和文言的混合体。从理论上讲必须对这些语料中的口语和文言成分进行严格的区分，否则研究的结论就会受到语料纯度的影响。如《朱子语类》是文人口语的书面记录，既有上古雅言旧词，也有当时的白话新词。朱熹讲学的内容时间跨度大，尤其是讲学时引经注之文与朱熹的解说用语形成对照，反映了古今异同的历时变化，具有文白并用交融的特点。如表"把固体食物放入嘴中经咀嚼咽下"这一词义有文言的"食"，"把液体或流质食物放入嘴中咽下"这一词义有文言的"饮"。[①] 如：

如人饥而后食，渴而后饮，方有味。(11.191)

又有白话的"喫"和"吃"，既可表"把固体食物放入嘴中经咀嚼咽下"，又可表"把液体或流质食物放入嘴中咽下"。[②] 如：

如喫果子相似：未识滋味时，喫也得，不消喫也得。(8.132)

譬如一盘珍馔，五人在坐，我爱吃，那四人亦都爱吃。(138.3291)

正如田客论主，而责其不请喫茶！(122.2959)

又曰："世人所谓鬼神，亦多是喫酒喫肉汉，见他戒行精洁，方寸无累底人，如何不生钦敬！"(126.3028)

先生因吃茶罢，曰："物之甘者，吃过必酸；苦者吃过却甘。茶本苦物，吃过却甘。"(138.3294)

今福州红糟，即古之所谓醴酒也，用匙挑吃。(138.3294)

同一人所录中既有"食"，又有"喫"。如：

譬如喫果子一般：先去其皮壳，然后食其肉，又更和那中间核子都咬破，

---

① 《朱子语类》中表"把液体或流质食物放入嘴中咽下"这一词义多用"饮"，计有300次。

② 《朱子语类》中用"喫"和"吃"表"把液体或流质食物放入嘴中咽下"这一词义计有47次。

始得。(18.415)

表动词“吃饭”义则既用上古的“饭”，也用汉时出现的“喫”；而表名词“吃的饭”既用“食”，也用“饭”。如：

子善谓：“夫子之乐，虽在饭疏食饮水之中，而忘其乐。”(31.796~797)

长孺起，先生留饭，置酒三行，燕语久之，饭罢辞去，退而记之。(118.2862)

如喫饭相似，只管吃，自解饱；若不去吃，只想个饱，也无益。(41.1058)

又如表“把衣服套在身体相应部位上”这一词义有“衣”和“服”。如：

如寒之欲衣，饥之欲食，则自是不能已。(16.328)

孟子曰：“服尧之服，诵尧之言，行尧之行，是尧而已矣；服桀之服，诵桀之言，行桀之行，是桀而已矣。”(27.683)

又有“著”。如：

恰似著衣，如此已暖了，更加一件，是之谓厚。(22.508)

还有“穿”。如：

又举徐处仁知北京日，早晨会僚属治事讫，复穿衣会坐谈厅上。(121.2946)①

① “穿”在先秦文献中为“打通、贯通”义。如《诗·召南·行露》：“谁谓雀无角，何以穿我屋？”由“打通、贯通”义引申而有“穿衣”义。考《慧琳音义》卷三十六释“擐服”引杜注《左传》云：“擐，贯穿衣也。”卷一释“擐铠”引《桂苑珠丛》云：“以身贯穿衣甲曰擐。”卷五释“擐带”引《考声》云：“擐，衣（去声）甲也。”卷三十九释“为掼”引《考声》云：“掼，穿。穿衣也。”又卷九十释梁慧皎《高僧传》第九卷“铁锁穿”云：“传文从身作穿。”慧琳所见传文从身作穿的“穿”作为“穿”的俗字透露出“穿”表“穿衣”义与《桂苑珠丛》所说“以身贯穿衣甲”有关。“穿”在唐时渐替代“衣”表“穿衣”义。如韩愈《酬司门卢四兄云夫院长望秋作》：“自知短浅无所补，从事久此穿朝衫。”又如《汉将王陵变》：“其夜，西楚霸王四更已来，身穿金钾，揭上头牟，返去衙床如坐，诏钟离末附近帐前。”《汉语大词典》释“穿”为“把衣、帽、鞋、袜等套在身体相应部位上”，引宋梅尧臣《观邵不疑学士所藏名书古画》诗为首见书证，偏晚。

同一人所录中则既有“衣”和“服”，又有“著”。如：

后山在馆中，差与南郊行礼。亲戚谓其妻曰：“登郊台，率以夜半时，寒不可禁，须多办绵衣。”而后山家止有一裘，其妻遂于邢家借得一裘以衣。后山云：“我只有一裘，已著，此何处得来？”妻以实告。后山不肯服，亟令送还，竟以中寒感疾而卒。（130.3122）

3. 题材差异

不同题材的作品在词汇使用方面也有明显的差别。有的词虽是通语词，但在不同题材的作品中使用频率不同。如疑问副词“还”和总括副词“总”，在禅宗文献中很常见，但在其他文献中要少得多。在口语中已经消失的词在不同题材的书面语料中的遗留情况也不相同。如副词“便”在现代叙述性文学作品中还有百分之二十的使用量，但在政论性作品中却难以见到。

4. 作者风格差异

即使是两位时代相同或相近的作者，在词汇使用上也会有求雅就俗等语言风格上的差异，这种差异对词汇演变研究也有干扰。有时两部作品语言上的差异并不一定代表语言演变上的差异，而可能仅仅是作者风格的差异。如《河南程氏遗书》和《朱子语类》两部书同是宋代作品，而且题材和体裁接近，但二者在常用词使用上有很明显的差别。“二程”和朱熹就生年说相差不过百年，二者在常用词使用上的差异有语言演变的因素，而作者风格上的差异也许是更主要的因素。

5. 书写形式差异

近代汉语文献语料往往还具有一个突出的形式特点，即所记口语俗语词的书写形式往往随意多变。①

如关汉卿《钱大尹智宠谢天香》第三折：“到早起，过洗面水；到晚来又索铺床叠被；我伏事的都入罗帏。”②《警世通言》卷二十：“实不瞒恭人，在都下早晚无人使唤，胡乱讨来相伴。今日带来伏事恭人。”例中“伏事”即“服侍、照料”义，又作“服事、服侍、伏侍、扶侍”等。如《初刻拍案惊

① 蒋礼鸿《敦煌变文字义通释》序目指出：“由于变文里头假借字和本字杂出，简体俗体字和正字并列，声音的转变，以及和现代汉语的差异，单独看一个词就不容易知道它的意义，得花一些归纳整理的工夫，才能把这些口语的词义弄清楚。例如‘忽然’、‘忽尔’、‘忽而’、‘忽如’、‘忽期’、‘忽’作‘倘或’讲，‘诸’、‘之’作‘其他’解，都是要从不止一个例子来看它们的联系会通之处才能得出结论来的。”

② 臧懋循编：《元曲选》，杭州：浙江古籍出版社1998年影印本，第82页。

奇》卷二十："兰孙道：'妾蒙相公、夫人收养，愿为奴婢，早晚服事。如此厚待，如何敢当？'"《红楼梦》第十九回："自我从小儿来了，跟着老太太，先服侍了史大姑娘几年，如今又服侍了你几年。"《二刻拍案惊奇》卷十一："朱氏着人替他收拾起一间好卧房，就着青箱与他同住，随房伏侍。"司马光《家范》："（刘）平扶侍其母奔走逃难。"《老乞大》："若这般谨慎行呵，便是在下人扶侍官长的道理。"据《广韵》，伏、服，房六切，奉母屋韵；扶，防无切，奉母虞韵；事，侧吏切，庄母之韵；侍，时吏切，禅母之韵。伏事、服事、服侍、伏侍和扶侍声同韵近，义亦相近，于是在常被互相借用的情况下都有了"照料、侍候"之义。不过，服事、伏事和服侍、伏侍、扶侍之间在意义表达上又有细微差别，前者含"侍奉"之意，后者却指"伺候"，两者比较，后者的地位显得比前者更低下，态度也要更谦卑。

又如《朱子语类》卷七三："这两卦各自是一个物，不相秋采。"（73.1851）此例出自王星贤点校本，例中"秋采"是个口语词，有"理睬、搭理"义。徽州本同，四库全书本作"揪采"，宋刻本《池录》卷二八作"秋採"。"秋采"、"秋採"和"揪采"皆是"瞅睬"口语俗写的记音。考《字汇补》云："睬，俗言偢睬，填词家多用此字。"检文献中"秋"又作"偢"、"揪"、"瞅"、"瞅"等。如董解元《西厢记诸宫调》卷三："是他家佯不偢人。"采又作"採"、"倸"和"睬"。如董解元《西厢记诸宫调》卷四："白日浑闲伇难熬，独自兀谁倸。""秋（偢、揪、瞅、瞅）"、"采（採、倸、睬）"是后出记音字，用来记口语中的"看"和"答理"义，《说文》未收，宋金时组成近义并列合成词。如张镃《眼儿媚·初秋》："起来没个人偢采，枕上越思量，眼儿业重，假饶略睡，又且何妨？"①董解元《西厢记诸宫调》卷一："骋无赖，傍人劝他又谁偢倸！"②《新编五代史平话·汉史上》："那两个舅舅李洪信、李洪义全不瞅采着知远。"王百谷《题情》："吞声宁耐，欲说谁偢采？"③因"看"和"答理"义与眼有关，后多写作"瞅睬"。如元无名氏《争报恩》第二折："我这里声冤叫屈谁瞅睬？原来你小处官司利害，衙门从古向南开。"张国宾《合汗衫》第三折："哎哟，正值着这冬寒天色，破瓦窑中又无些米柴。眼见的冻死尸骸，料没个人瞅睬。"关汉卿《蝴蝶梦》第四折："你便叫杀他怎得他瞅睬，空教我闷转加，愁无奈，只落得哭哭

---

① 《全宋词》卷二八一，《南湖集》卷十。

② 洪升《长生殿·酒楼》："撑着这醒眼儿谁偢倸？问醉乡深可容得我？"又《金瓶梅词话》第三十八回："那没时运的人儿，丢在这冷屋里，随我自生儿由活的，又来揪采我怎的？"

③ 张楚叔、张旭初编：《吴骚合编》卷一，《四部丛刊》二集影印本。

啼啼，怨怨哀哀。”又有因押韵而换序作“睬瞅”、“采揪”。如关汉卿《救风尘》第二折：“况家乡隔郑州，有谁人相睬瞅?”杨慎《洞天玄记》第一折：“那厮每不肯休，决将咱不采揪，自是他不识些香臭。”

二、文献资料的鉴别与使用

考定文献资料的年代大致有三种方法：一为文献学的方法，二为文学的方法，三为语言学的方法。蒋绍愚《近代汉语研究概况》一书指出：文献学的方法是从目录、版本、作者生平、后代流传情况等方面来考证；文学的方法是从文学作品使用的叙述描写、情节安排等手法方面来考证；语言学的方法则可以根据作品中某些词语（特别是反映社会情况、典章制度的词语）来考定其时代，也可以根据作品中语音、语法、词汇的特点来考定其时代。关于语言资料的鉴别，强调“例不十，法不立”的原则，强调不同版本的仔细勘比。鉴定一部作品的写作年代，除了文献记载外，从语言学的角度做深入的考察，应该成为鉴定的重要依据。

我国古籍历经数千年的抄刻流传，难免鲁鱼亥豕。因而在从事研究之前，要对所依据的古籍进行鉴别，确定真伪及写刻年代，以保证研究的科学性和准确性。近代汉语文献语料的选择和鉴别与版本密切相关，“一般是越古越好”，“应该根据善本的影印”，① 一方面要以成书年代为标准，另一方面还要考虑到后代版本演变的因素。

第一，精选语料，考订所选语料的成书年代，进行辨别真伪和校正字句的整理工作。如正史的撰著一般都要晚于史书所记载的年代，判定史书资料的年代既不能根据其所记载的年代，也不能根据其作者写作的年代，而应该从语言研究的角度出发将其分为原始资料和其他资料两大类。原始资料指正史中原文引录的当朝文献和注释，如诏令、奏疏、书札、文章等。原始资料之外的部分则都属于其他资料，其中记言部分往往颇多口语成分。有的作品，如“三言”中的一些话本，至今无法很确切地断定其年代。有些作品成书年代虽然较早，但往往在流传中经过后人的改动，如元杂剧、《老乞大》、《朴通事》等。太田辰夫《中国语历史文法·跋》中指出《董西厢》“即使产生于金代，现在的本子也不会是保持原样”，因而“不能把《董西厢》看作是金

① ［日］太田辰夫著，蒋绍愚、徐昌华译：《中国语历史文法·跋》，北京：北京大学出版社1987年初版，2003年修订版，第375页。

代的作品”。有些作品刊刻年代虽然较晚，但却保存了以前的资料，如《清平山堂话本》中的宋元话本，《水浒传》中的宋代语言，《牧斋初学集》中载录的明初李善长的狱词等。

研究近代汉语词汇最要注意的是避免“时代的错误”，即错误地把后一时期的语言现象当作前一时期的语言现象，从而得出错误的结论。产生这种错误的原因，往往是由于没有选择好的版本，而使用了时代较晚的已经过后人改动的本子。如《坛经》有中唐的敦煌本、宋初的惠昕本、北宋的契嵩本、元代的宗宝本和明藏本等不同版本，其间差异颇大，后出的本子对前面的本子有改，有删，有增。现存最古的敦煌写本《坛经》已非原来面貌，大约已是五代写本，后出的本子与敦煌写本相较而言，改动当然也就更多了。岑仲勉《隋唐史》据明藏本《六祖坛经·机缘第七》说唐代有“恁么”、“甚么”、“什么”等，然而《坛经》的敦煌本、覆宋本却没有这些词。因而，太田辰夫《中国语历史文法·跋》说：“中国的资料几乎大部分是后时资料，它们尤其成为语言研究的障碍。”

太田辰夫所说的同时资料，“指的是某种资料的内容和它的外形（即文字）是同一时期产生的。甲骨、金石、木简等，还有作者的手稿是这一类。法帖只要不是伪造的，也可看作这一类。但是即使不是严格地考虑，粗略地说，例如宋人著作的宋刊本，也可看作这一类”。后时资料“基本上是指资料的外形的产生比内容的产生晚的那些东西，即经过转写转刊的资料，但根据对同时资料的不严格的规定，后时资料的内容和外形间有没有朝代的不同就变得很重要。比如唐人集子的宋刊本就是后时资料”。[①] 后时资料很有可能经过后人的改动，有的甚至经过多次改订。

如江蓝生以台湾影印文渊阁四库全书本为底本校录的许衡《直说大学要略》：“孔子却来鲁国教三千徒弟。于内有个徒弟唤做曾子，那个记述孔子的言语，做成《大学》，的确是根脚起处。”[②] 例中“的确”，正德本、嘉靖本和万历本皆作“阿的”。“阿的”为方俗词，犹“兀的”即“这、这个”，四库全书本似改俗为雅。

又如成化本《朱子语类》卷五：“存养主一，使之不失去，乃善。”例中“失去”，宋刻本《池录》卷三〇和朝鲜古写徽州本《朱子语类》作“走作”。

① ［日］太田辰夫著，蒋绍愚、徐昌华译：《中国语历史文法·跋》，北京：北京大学出版社1987年初版，2003年修订版，第375页。

② 刘坚、蒋绍愚主编：《近代汉语语法资料汇编》（元明卷），北京：商务印书馆1995年版，第11页。

"走作"是宋代口语,《朱子语类》中共79例。据宋刻本《池录》、徽州本和成化本可知,"走作"一词明清时已不习用,因而改作"失去","失去"是"走作"的通语义。

传世的文献典籍在传抄刊刻过程中或多或少会产生讹误,研究近代汉语词汇要识别所选语料中后人窜改的部分或传抄刻印中的讹误之处。

如成化本《朱子语类》卷四五:"时举说文字,见得也定,然终是过高而伤巧。此亦不是些小病痛,须要勇猛精进,以脱此科白,始得。"例中"科白",徽州本作"科臼"。"科臼"即"窠臼","白"为"臼"的形近误字。

又如中华书局本《朱子语类》卷八三:"《春秋》是当时实事,孔子书在册子上。后世诸儒学未至,而各以己意猜传,正横渠所谓'非理明义精而治之,故其说多凿',是也。"(83.2176)例中"猜传",成化本作"猜狰",徽州本作"猜抟"。盖成化本因"抟"之"扌"而讹作"犭",中华书局本又因成化本而讹作"亻"。又检中华书局本《朱子语类》卷六七:"若是屈曲之说,却是圣人做一个谜与后人猜搏,决不是如此!"(67.1679)例中"猜搏"似亦为"猜抟(摶)",搏、抟(摶)形近而误。如中华书局本《朱子语类》卷一三九:"某人如搏谜子,更不可晓。"(139.3314)例中"搏",徽州本作"抟"。又检中华书局本《朱子语类》卷一〇五:"伯恭《大事记》忒藏头亢脑,如搏谜相以。"(105.2636)① 例中"搏谜"似为"抟谜",即"猜谜","猜抟"则为"揣测、估量"义。"抟"又作"团"。如中华书局本《朱子语类》卷九〇:"便是项羽也有商量,高祖也知他必不杀,故放得心下。项羽也是团量了高祖,故不敢杀。"(90.2302)例中"团量",徽州本作"抟量",亦为"揣测、估量"义。

再如《辞源》修订本释"账"说:"登记出入款数的簿册。古作'帐'。《汉书·武帝纪》元封五年'因朝诸侯王列侯,受郡国计'。唐颜师古注:'计,若今之诸州记帐也。'后人因避免与'帏帐'之义相混,另造'账'字以代之,如账单、账簿等。《旧五代史·周世宗纪二》显德二年诏:'每年造僧账二本,其一本奏闻,一本申祠部。逐年四月十五日后,勒诸县取索管界寺院僧尼数目申州,州司攒账,至五月终以前文账到京。'"据《辞源》所说,汉语中表示"登记出入款数的簿册"义的词在唐代写作'帐',后人因避免与"帏帐"之义相混,另造'账'字以代之,"账"字出现的最早年代当不晚于薛居正编著《旧五代史》的宋代。《汉语大词典》第十卷释"账"

① "以",徽州本作"似"(105.1483)。《易·明夷》:"内难而能正其志,箕子以之。"陆德明《释文》:"以之,郑、荀、向作'似之'。"高亨注:"按'以'借为'似'。"

的第一个义项说："银钱货物出入的记载。亦指记账的书册。《旧五代史·周书·世宗纪二》：'每年造僧账二本，其一本奏闻，一本申祠部。'《醒世恒言·张孝基陈留认舅》：'将昔日岳父所授财产，并历年收积米谷布帛银钱，分毫不敢妄用，一一开载账上。'鲁迅《呐喊·孔乙己》：'这些字应该记着。将来做掌柜的时候，写账要用。'"据《汉语大词典》所说，表示"银钱货物出入的记载和记账的书册"词义的"账"字出现的最早年代亦当不晚于薛居正编著《旧五代史》的宋代，明代和现代沿用。检中华书局1976年出版的标点本《旧五代史·周书·世宗纪二》载显德二年五月甲戌诏曰："每年造僧账二本，其一本奏闻，一本申祠部。逐年四月十五日后，勒诸县取索管界寺院僧尼数目申州，州司攒账，至五月终以前文帐到京。"上引文中既用了"账"字，也用了"帐"字，似乎薛居正编著《旧五代史》的宋代，"账"和"帐"两字并用。据中华书局1976年出版的标点本《旧五代史》出版说明称，薛居正等撰《旧五代史》原书已佚，现行本是清乾隆四十年时的辑本，乾隆中开四库馆时，未能找到原本。馆臣邵晋涵等就《永乐大典》中辑录排纂，再用《册府元龟》、《资治通鉴考异》等书引用的《旧五代史》材料作补充，大致恢复了原来面貌的十分之七八。今辑本《旧五代史》作为《四库全书》之一，于乾隆四十年（1775年）编成缮写进呈。1921年南昌熊氏曾影印出版，中华书局本以此为底本，以乾隆四十九年（1784年）缮写的武英殿刊本、1925年嘉业堂刊本及其他钞本等参校，还参校了残宋本《册府元龟》影印底样、旧钞本《五代会要》、《永乐大典》残卷等，成为一个比较完备的本子。然考《四库全书》所收《旧五代史》，上引文中皆作"帐"，并未用"账"字。光绪戊子季春上海图书集成印书局校印的乾隆四年校刊本、光绪壬辰年武林竹简斋石印本和吴兴刘氏嘉业堂依四明卢抱经楼旧钞本校刊本《旧五代史》亦同。因此，《辞源》和《汉语大词典》所引《旧五代史》实际上来自中华书局本，而中华书局本所用底本中并无"账"字，上引《旧五代史》中的"账"字很可能是后人抄写时的改字，没有版本上的依据，故难以据此将"账"字出现的最早年代定在薛居正编著《旧五代史》的宋代。《汉语大词典》所引书证中除了《旧五代史》外，还引用了冯梦龙的《醒世恒言》。《醒世恒言》的最早刻本为明叶敬池刊本，现藏日本内阁文库，书前有天启丁卯（1627年）陇西可一居士序。台湾世界书局1958年出版了李田意所摄日本内阁文库藏叶敬池原本，上海古籍出版社1987年据以影印。考上文《汉语大词典》释"账"所引《醒世恒言·张孝基陈留认舅》中的"账"，叶敬池原本中作"帐"。《汉语大词典》收录的"账目"、"账簿"等词中也举有明代《醒世恒言》的用例作为书证。如"账簿"下所引《醒世恒言·张孝基陈留认舅》为："房中桌上更无别物，单单一个算盘，几本账簿。""账目"下所引为："孝基将钥匙开了那只箱儿，箱内取出十来本文簿，递与过迁道：'请收了这几本账目。'"例中所引"账"字，叶敬池原本中亦皆作"帐"。由此可证，《汉语大词典》所引《醒世恒言》中的"账"已是后人传抄所改，难以作为"账"字在明代亦有使用之据。据我们查考慧琳《一切经音义》、希麟《续一切经音义》、行均《龙龛手镜》和《字汇》等唐宋和明代有关字书，这些字书中皆未收录"账"字。明代张自烈编著的《正字通·巾部》尚称："帐，今俗会计事物之数曰帐。"刘复和李家瑞编的《宋元以来俗字谱》收集了宋元明清十二种民间刻本中所用的六千二百四十个俗字，其中也未见收录有"账"字。直到清代，翟灏在其所撰《通俗编·货财》中才提到"帐"字："今市井或造账字用之，诸字书中皆未见。"王鸣盛《蛾术编·说字》亦称："今俗有账字，谓一切计数之簿也。"由于"账"是当时所造的俗字，故钦定的《康熙字典》亦未予收录。因此，我们可以推断，"账"字出现的最早年代不会早于明代。因而，在研究近代汉语词语时，应尽量利用同时资料，而以后时资料为旁证，在使用后时资料时必须进行认真的选择和鉴别。

第二，对比。即不仅注意探索其历史发展的脉络和趋向，而且要注意考察材料所反映的共时差异。近代汉语文献十分庞杂，研究近代汉语，除了选择有代表性的文献，还得善于运用这些材料，充分发挥这些文献的功效。如在汉语的诸方言中，语言发展变化的情况和速度不可能完全一致。因而，在研究近代汉语时，除了注意时间造成的差异以外，还要考虑地域造成的差异，注意方言与方言之间、方言与通语之间的互相影响。同时，时间和地域的差异往往又是叠加在一起的。吕叔湘在《汉语语法论文集》序中说："在语言发展的过程中起作用的不但有时间的因素，也还有地域的因素，应该先就每一种材料作一番分析，然后才能进行综合。"① 他在《近代汉语指代词·序》中把宋元时期的白话分成平话系白话和金元系白话，结合社会的变迁来认识语言的地域变化，指出"平话系白话大致可信其依据汴京与临安之口语，金元系白话则初始限于燕京一带而渐次南伸"。"北宋的时候，中原的方言还是属于南方；现在的北方系官话的前身只是燕京一带的一个小区域的方言。到了金、元两代入据中原，人民大量迁徙，北方系官话才通行到大河南北，而南方系官话更向南引退。"② 汉语有许多种方言，而且这些方言之间往往有较大的差异。在近代汉语的诸方言中，语言发展变化的情况和速度不可能完全一

① 吕叔湘：《汉语语法论文集》，北京：科学出版社1955年版。
② 江蓝生：《近代汉语指代词》，上海：学林出版社1985年版。

致，北方方言在历史上多次受到其他民族语言的影响，较南方方言变化快。因而，在研究近代汉语词汇时，除了注意时间造成的差异以外，还要考虑地域造成的差异，注意方言与方言之间、方言与通语之间的互相影响。同时，时间和地域的差异往往又是叠加在一起的。

如《朱子语类》由一百多个来自长江以南不同地区的门生记录汇编而成，[①] 朱熹讲学用的是当时文人交际的口语和他自己的方言口语，来自不同地区的门生所记有同有异。如卷一〇〇载李方子录："康节其初想只是看得'太极生两仪，两仪生四象'。心只管在那上面转，久之理透，想得一举眼便成四片。其法，四之外又有四焉。凡物才过到二之半时，便烦恼了，盖已渐趋于衰也。"（100.2546）例中"烦恼"有"挂虑、操心"义，检辅广所录相似内容的一条为："康节以四起数，叠叠推去，自《易》以后，无人做得一物如此整齐，包括得尽。想他每见一物，便成四片了，但才到二分以上便怕，乾卦方终，便知有个姤卦来。"（100.2546）李方子所录"便烦恼了"与辅广所录"便怕"词义相当。李方子是福建邵武人，辅广是庆源人，居嘉兴。吴语"怕"有"担忧"义，辅广似觉得此例中"烦恼"词义不明确而改用自己的方言记录。

又如卷八三载郭友仁录："要之，圣人只是直笔据见在而书，岂有许多忉怛！"（83.2155）郭友仁是山阳人寓临安。例中"忉怛"本指心情忧伤悲痛，宋代南方口语中又有"啰嗦、唠叨"义。又卷一一七载朱熹训陈淳："向见众人说得玄妙，程先生说得絮。"（117.2827）此条似是叶贺孙所录，下有黎靖德编写时所加小字注"黄作'忉怛'"，指出黄义刚所录作"忉怛"。"絮"，检宋刻本《池录》卷二七黄义刚所录正作"忉怛"。叶贺孙是括苍人居永嘉，后居建宁府建阳县。黄义刚是临川人。"絮"与"忉怛"义近，可能皆是宋代南方一带的方言口语词。《朱子语类》所载也或多或少为我们研究近代汉语中方言与方言之间以及方言与通语之间的关系提供了线索。

第三，贯通。即综合运用各类材料，联系语音、词汇和语法三要素以及社会文化等各方面的因素进行整体的分析。近代汉语时期正是中国历史上汉族和周围民族频繁接触交往甚至融合的时期，所以周围非汉族的语言也必然

---

① 《朱子语类大全》卷首《朱子语录姓氏》载九十七人，实际上可能有一百多人。如据朝鲜古写徽州本《朱子语类》卷首"今增多三十八家"所载有"卢淳"，又有"庚、辛，此系二家，无姓名。"检《朱子语类》卷二五《林放问礼之本章》载有"辛适正问：'"林放问礼之本"，何故只以丧礼答之？'""辛"可能是"辛适正"。又如检《朱子语类》卷一二二《吕伯恭》载有"李德之问：'《系辞精义》编得如何？'"又卷一三七《战国汉唐诸子》载有："李德之言：'东坡晚年却不衰。'"李德之，名长民，袁州人。《朱子语录姓氏》中亦无。

会对汉语发生影响。研究这一时期的汉语词汇还必须考虑到各种民族语言的相互影响。

如“歹”是近代汉语中新产生并沿用至今的一个口语词，李思纯《说歹》一文认为：“汉语谓不良为‘恶’为‘劣’为‘坏’，无所谓‘歹’，现代汉语中，谓恶人为歹人，恶事为歹事，善恶为好歹，已为习见的成语，这在南宋末期以前，是没有的。”他认为北宋时“还没有以歹来代替恶劣的意义”。徐复《歹字形声义及其制作年代》一文认为：“歹字制作之年代，至迟不出公元1260年，早当在成吉思汗后王时，此可断言者也。”刘坚亦认为“好歹”肯定不会出现于宋代。然就笔者管见所及的文献资料，唐末五代时“歹”已被用来表达“恶劣、坏”的意思。如《敦煌变文集·父母恩重经讲经文》：“释迦尊，留教敕，看取经文须审的；若是长行五逆歹人，这身万计应难觅。”蒋冀骋《近代汉语词汇研究》指出此文文末有天成二年某某题记，当是后唐明宗时所抄，但认为“‘歹’出于蒙古语，此‘歹’字可疑。今考原卷，此字实作‘吱’，应是‘之’字音误。‘歹’字进入汉语，应是蒙古入主中原以后的事情”。[①] 蒋冀骋认为此例中的“歹”是误字，然而变文中尚有其他用例。如《维摩诘经讲经文》：“凡事皆依居士裁，俱持宝盖意徘徊。临辞室内愁眉结，频被堦前日影催。啼树晚莺同助哭，语簷秋燕共添哀，分襟顷刻又惆怅，待礼牟尼对宝台。且希居士好调和，不得因循纵病歹，蓦被命终难脱免，息然身教大娄罗。煎汤幸有黄金铫，熬药宁见白玉锅。善恶多般须摄治，莫交迴迴见蹉跎。”[②] 核考原卷，文中“歹”字字迹清晰不误，可证敦煌变文中确已出现“歹”字。《汉语大词典》释“歹”有“不健康”义，引此例为证。《唐五代语言词典》释“歹”为“恶、坏”义，亦引此例为证。蒋冀骋《“歹”见于敦煌文献吗》一文则认为此例中“这个字绝不是‘歹’字，而应是‘多’字。从理校的角度来说，这一段是诗歌，诗歌是要押韵的，若做‘歹’，则失押韵之旨。此诗较长，中间几次换韵，或八句一换，或四句一换，此诗的全部韵脚字是：‘裁、徊、催、哀、台（换韵），和、多、罗、锅、跎（换韵），深、林、金、心、侵（换韵），情、生、倾、明、行（换韵），仪、歧、差（换韵），朦、空、中（换韵），喧、天、编（换韵），逢、丛、融、风、中（换韵），哉、台、开、迴、来。’若是‘歹’字，‘歹’为

① 蒋冀骋：《近代汉语词汇研究》，长沙：湖南教育出版社1991年版，第30页。

② 黄征、张涌泉《敦煌变文校注》卷五此文注：“纵，原录误作‘抝’，兹据原卷正。又‘多’字原录误作‘歹’，蒋礼鸿校作‘多’，确，原卷本作‘多’字，兹据正。‘多’为韵脚字。‘歹’字宋元之交始见应用，北宋以前固未闻也。”（北京：中华书局1997年版，第805页）

上声，则上不能与‘哀、台’韵，下不能与‘罗、锅’韵，也破坏了此诗八句换韵和四句换韵的韵例。从意义而言，‘纵病多’就是使病多，于义无碍，无烦做‘纵病歹’”。[①] 实际上早在20世纪80年代初，龙晦已指出从叶韵来看，“歹”有可能是“多”字，形近而讹，否则就不能与“和”、“罗”、“锅”、“跎”相叶，但是“不得因循纵病多”不好讲，原意是希望维摩居士好好调和，不要因循，使病恶化，‘多’字释为“恶化”，是难于找到根据的，而“歹”字释为“恶”是于义为长的。因此也有这样一种可能，这两句“且希居士好调和，不得因循纵病歹”与前面的八句合成一个小段，后六句合成一个小段，如果这样分，“歹”字入了蟹摄而与“裁”、“徊”、“催”、“哀”、“台”相叶，正与《中原雅音》的“多乃切”相合。变文的叶音有时是极不讲究的，因此有可能竟然平上也可相叶。《唐五代西北方音与敦煌文献研究》一文指出“不管与前八句叶，读‘多乃切’，或者与后六句合成八句读‘多’也好，反正‘歹’的声母是端母，不是疑母，这是彻头彻尾与传统韵书决裂了的，且与今音比较一致，因此对这段文字的解释是，它应该是‘歹’字的音源，也许民间正从‘五葛切’分化出来，读音尚不能完全一致，配合上两引的《父母恩重经讲经文》与《维摩诘经讲经文》，可见唐代‘歹’字已从原来‘五葛切，残骨也’，而转到‘多乃切’，或读如‘多’，且具备有‘恶化’的意义”。[②] 郑张尚芳也认为“歹”字唐五代即有，原属歌韵，音如“多”。《玉篇》有一歌部字“䫀，丑貌”，丁可切。论古音正是［tai］，好丑也即好歹，“歹”的字形也似“多”的别体“歺”省变，大概即是此字来的。[③]

南宋时，“歹”字亦写作“觧”，彭大雅和徐霆所撰《黑鞑事略》云鞑人“言及饥寒艰苦者谓之觧”。原注云：“觧者，不好之谓。”又云：“见其物则欲，谓之撒花，予之则曰捺杀因，鞑语好也；不予则曰冒乌，鞑语不好也。”冒乌，亦作卯温、卯兀等，是蒙语 magu 的音译，意为“坏、不好的”，汉语辞书多释作“歹”。如《华夷译语·通用门》歹作“卯温”，《卢龙塞略》卷十九《译部·译上·通用门》亦云“歹曰卯温”。《元朝秘史》中卯温、卯危等也都作歹。汉语中的歹字用来释蒙语中表示“坏、不好”义的卯温、卯兀、冒乌等，这事实颇值得注意，故方龄贵《元明戏曲中的蒙古语》认为“倘说

① 蒋冀骋：《“歹”见于敦煌文献吗》，《古汉语研究》2003年第4期。

② 龙晦：《唐五代西北方音与敦煌文献研究》，《西南师范学院学报》1983年第3期。

③ 郑张尚芳：《汉语方言异常音读的分层及滞古层次分析》，《第三届国际汉学会议论文集》，台北：中央研究院民族学研究所2002年版。

‘歹’是蒙古语，那么元明字书（包括《元朝秘史》）中何以用蒙语（‘歹’）训蒙语（‘卯兀’及其他类似写法），殊不可解”。

据姜亮夫《昭通方言疏证·释词·释诂三》释“殆、歹、解”条云：“考解字见《玉篇·角部》，音多改切而无义，《切韵》以来亦不收此字，然音与歹同，故宋以后人乃以为歹字，实形义两无所知。《玉篇》多采魏晋以来俗字，则解或当在魏晋以来字书之中，惜无由审知矣。然此必俗字，故不见于先秦两汉人书中。至于歹字虽已多见于元以来小说之中，民俗流传，至今不绝，然以汉字结构规律绳之，则一无可说，一无是处，颇似西夏国书或蒙古字……解为魏晋以来俗字，歹为南宋以后俗伪字，然两字之音皆以表‘多改’一音，因不得谓歹字形音皆出自蒙古或西夏明矣。”“考多改切之音，在《切韵》系统之咍海韵，细读此诸韵收字多丑恶不好之义，如愒，贪也，毩，軩不平也，䫋，得也，佁，痴也……而无形之人谓之毒，行为奸恨谓之毒，皆在此音，剧数之不能终其物，则以歹音表诈巧作奸之人事，正同族语之有内在同一规律者也。则此言之本为汉语所具，应无可疑。”① 敦煌变文中的讲经文是唐代寺院和民间流行的一种俗讲的底本，保存了大量当时当地的口语资料。现存讲经文一类的文献大都是写本，年代约自四世纪末至十世纪末，有的卷末署有年号，多数署五代的年号，亦有少数署北宋初年的年号。据《俄藏敦煌文献》Φ032B 敦煌王曹某与济北郡夫人泛氏捐经题记载有“维大宋咸平五年壬寅岁七月十五日记”，又 Φ032C 敦煌王曹宗寿与济北郡夫人泛氏捐经题记载有“维大宋咸平五年壬寅岁五月十五日记”。此二题记所载咸平五年（1002 年）是目前所知藏经洞出土文书中最晚的年号，此前的纪年在敦煌写本中大体上持续不断，此后有年代的写本则迄今尚未发现，② 故根据藏经洞的封闭年代和洞中所藏写本卷末的最晚纪年，大致可以认为这些讲经文是晚唐五代的作品。因此我们可以说“歹”字远在宋咸平五年（1002 年）以前已出现在当时的口语中。

“歹”字虽然在唐末五代的文献典籍中用来表示“恶劣、不好”的意思，然而这个词在宋代的确很少使用，以至直到宋末使用这个词时尚需注明其义。如文天祥《指南录》卷三《上江难》诗序：“至七里江，忽有巡者，喝云是何船，哨答以河鲀船，巡者大呼云歹船。”文天祥特为注明云：“歹船者，北以是名反侧奸细之称。”“歹”字在汉语中的使用与当时我国北方汉族与蒙、藏等少数民族的交往群处有关。汉代与西域交往频繁，一些西域词汇进入汉

① 姜亮夫：《昭通方言疏证》，上海：上海古籍出版社 1988 年版。
② 《俄藏敦煌文献》（第一册），上海：上海古籍出版社 1992 年版，第 321～322 页。

语词汇。南北朝时期，经过五胡十六国的战乱，中国的主要部分一度处在北方少数民族的统治下，这些地方的口语把汉语与北方少数民族语交融在一起，形成了一种当时在各民族间用来交际的“汉儿言语”。据《颜氏家训·音辞篇》云：“易服而与之谈，南方士庶数言可辨；隔垣而听其语，北方朝野终日难分。”由此可推知在北方，作为统治者的北方民族使用的是当地的“汉儿言语”，因此士大夫也与平民百姓一样说话用“汉儿言语”，不似南方士庶之间有文白之分。唐代与吐蕃、回纥等交往颇多，语言上也互有影响。宋代是与辽、金、元并峙的时代，汉语受到外来民族语言的影响当然更为显著。随着蒙古族的入主中原，北方各民族统治者文化既低，又无文字，在执政方面确实感到许多困难，于是他们不能不制作他们本族的文字。据《元史·释老传》载：“世祖中统元年，命制新字仅千余，其母凡四十有一，其相关纽而成字者，则有韵关之法，其以二合三合四合而成字者，则有韵语之法，而大要以谐声为宗。字成，颁行天下。又于州县各设蒙古字学教授以教习之，故当时颇有知其义者。”辽、金、元这三个北方民族统治掌握了中国的政权，他们的语言不免会在汉语中留卜痕迹，“歹”字的形音义的形成与这些北方民族语言有着密切的关联。徐复已指出“‘歹’字形出于藏文，而语根由于蒙古”，盖“歹”字源出于北方少数民族语，最初是作为唐末五代的“汉儿言语”而在北方汉语口语中使用的。

唐代寺院和民间流行的俗讲以说唱的形式向听众讲唱佛经故事、民间传说或历史故事，采用听众易懂的口语，作为俗讲底本的变文则记录了这些口语。“歹”字在当时还仅是一个用来表示“恶劣、不好”义的记音符号，据《字汇》云：“歹，多改切，好之反也。”《字学订讹》云：“歺，俗误作歹。歺，牙葛切，残骨也，与歹不同。”《俗书正误》云：“歺音遏，曷韵。”又云：“歺，朵海切，戴上声，贿韵。”徐复已考定“歺”字形体出于藏文第三组第一字“歺”，音如德矮切，指出“今体作‘歹’者，又笔势之变也”。据《敦煌宝藏》所录S4571号卷子《维摩诘经讲经文》，“歺”已写作“歹”。考《说文》云：“歺，剡骨之残也”。《钜宋广韵》云：“凡从歺者今亦歹。”又云：“恶，不善也。”盖“歺”在宋代已作“歹”，“歺”亦与“歹”字形相近，而“恶”与“歺”义同，都有“恶劣、不好”义。[①]《广韵》“恶”为乌各切，入声，铎韵；“歺”为五割切，入声，曷韵。“恶”、“歺”两字音

① 北宋时王圣美撰《字解》二十卷，倡右文说，其指出“戋”有“小”义时也说到“歹而小者曰残”。见沈括著，胡道静校证：《梦溪笔谈校证》卷十四，上海：上海出版公司1956年版，第492页。

近，故“歹”借“歺”的字形来表达与“歺”同音的“恶”的“恶劣、不好”义，“歹”的字音则未变。因此，“歹”字在宋代已一字兼“歺”、“歹”两个词，字形虽同而音义有别。

宋代讲说历史故事的艺人似亦使用“歹”这个词，今尚存的《景宋残本五代史评话》中有用例，如：

黄巢听得恁地说，不觉泪眼汪汪道：“叔叔好交您知，咱也是曹州人氏，只因赴选长安，流落外里，而今盘缠阙乏，无因得回乡故，撞着朱家三个弟弟，邀小人今夜做些歹生活。且借盛庄歇泊少时，求些饭吃，待晚便去。”（《梁史平话》）

（张归娘）跪谢黄巢道：“妾丈夫朱三，是大齐皇帝的弟弟，大齐皇帝便是妾的伯伯。皇帝新得天下，未有休兵之期，岂宜行这无道歹的勾当？”（《梁史平话》）

石郎若有歹心，必结契丹为援。（《唐史平话》）

朝廷料有歹意，唐主日夕以为忧。（《唐史平话》）

清（王清）谓其众曰：“上将握兵坐观咱每胜败。咱困急已甚，更无一人救援，想有歹心。咱每但当以死报国耳。”（《晋史平话》）

考《梦粱录》卷二十《小说讲经史》云：“讲史书者，谓讲说《通鉴》、汉唐历代书史文传，兴废争战之事，有戴书生、周进士、张小娘子、邱机山、徐宣教；又有王六大夫，元系御前供话，为幕士请给讲，诸史俱通，于咸淳年间，敷演《复华篇》及中兴名将传，听者纷纷，盖讲得字真不俗，记问渊源甚广耳。”现存的《五代史平话》残本是当时讲说历史故事的艺人留下的底本，虽然这个底本很可能已经过元人的增益修订，然而按照常理，口语中一个词的出现到进入书面语大多要经过一段较长的时间，因此，我们至少可以认为早在元代以前，“歹”这个词已在汉语口语中使用。即“汉儿言语”中表示“恶劣、不好”义的“歹”源出于北方方言或少数民族语，唐末五代时在北方汉语口语中使用，宋代传入南方，渐由口语进入书面语，至元代则被普遍使用，成为汉语中沿用至今的常用词。①

张清常《漫谈汉语中的蒙语借词》也指出“车站”的“站”借自蒙语。汉语不仅从蒙语中借词，而且有些词是从汉语中借到蒙语中去，又从蒙语中

① 参徐时仪：《说“歹”》，香港《中国语文通讯》2004年总71期。

借到汉语中来。如元代文献中常见的“台基”、“兀真”，就是汉语中“太子”、“夫人”借到蒙语中去，发生了音变，然后又作为音译词从蒙语中借到汉语中来。因而从理论上说，要弄清楚近代汉语词语的面貌及其发展变化的情况，还必须对近代汉语的诸方言以及近代汉语时期周围非汉语的状况有比较清楚的了解。

第四，计量。任何事物的存在都表现为质的规定性和量的规定性的统一，量变引起质变。对量的观察，可以取得对质的了解。统计相关文献资料语言现象的量，往往能揭示出某些语言规律，做出相应的推论。研究近代汉语词汇可以运用统计语言学的方法对词汇的出现频率进行定量分析和穷尽性研究，考察不同语言发展阶段的用词特点，找出一些词和词义演变的断代性标志，为鉴定某些难以判明作者或成书年代的白话文献提供依据。专书作者的写作都有自己独特的文体风格，虽然在写作时某个场合用这个或那个字（词），句子长些或短些，这都带有偶然性，但在这偶然性背后，却隐藏着某些规律。当一个人写下的文字较少时，这些规律表现得不会太明显，但当某人写下大量文字时，他的文体风格和用词习惯就必然会有所显示，可以用数字和函数表现出来。由于各人的文体风格不同，相应的数字与函数也就不同，这就提供了分析判断的可靠依据。近代汉语词汇的静态描写要求全面、穷尽、科学。数量统计是区别统一与个别、质变与量变、主流与支流的重要依据之一。只有充分运用现代信息技术，把定性分析和定量分析结合起来，才能使语言研究建立在科学的基础之上。

第五，理辨。即从理论上辨析古白话文献中所反映的一些语言现象，加以归纳。如根据《朱子语类》中表达知晓概念的“晓、解、悟、省、领、识、知、会、通、达、悉、谙、见、瞭、了、觉、委、转”等词考探知晓概念词语类聚，根据《朱子语类》中表达愚昧和痴狂概念的“愚、蠢、昏、暗、昧、鲁、钝、顽、村、痴、蚩、骙、呆、颠、狂、风、失心、丧心、心恙”等词考探愚昧和痴狂概念词语类聚，[①] 进而从理论上辨析《朱子语类》的词义系统。

---

① 参徐时仪：《〈朱子语类〉知晓概念词语类聚考探》，《上海师范大学学报》2012 年第 5 期；《〈朱子语类〉愚昧和痴狂概念词语类聚考探》，《陕西师范大学学报》2013 年第 5 期。

Jin DAI han yu CI HUI Xue

第二章 词与词汇

词是句中最小的有意义的能够独立运用的语言单位，即指一定的语音形式跟一定意义相结合，且可以独立运用的最小的语言单位。每个词都有一定的语音形式、语义内容和语法特点。词是语音、语义和语法三要素的聚合体，具有指物功能和组合功能。词的指物功能主要是通过词义来体现的。客观事物和现象经人们主观化的抽象概括，形成了词义，并用一定的语音形式固定下来，就产生了词。词的组合功能就是组词成句的语法功能。

词汇是一种语言里所有的词和固定短语（其性质作用大致相当于词，包括熟语和专用短语）的总和。词汇是一个集合概念，任何时候都不是指单个的词，而是指词或固定短语的集合体。词汇是语言的建筑材料，语音是建筑材料的形式，语义是建筑材料的内容，语法是建筑材料的组合规则。词汇是语音、语义和语法三要素构成的语言实体，所有的语句都是由各种各样的词经过一定的方式排列组合而成的。近代汉语词汇是近代汉语里所有的词和固定短语的总和。

第一节 语素、词与字

一、语素与词

（一）成词语素与非成词语素

语素是声音和意义的最小结合体，也是最小的有意义的语言单位和组词的基本结构单位。① 语素最基本的作用是构词，所以又叫词素。就其组合能力来讲，它是最小的语法单位；就其表意功能来说，它又是最小的语义载体。②

① 语素是 morpheme 的几个译名之一，曾译作词素。吕叔湘《汉语语法分析问题》："最小的语法单位是语素，语素可以定义为'最小的语音语义结合体'。"（北京：商务印书馆 1979 年版，第 15 页）《现代汉语词典》释为"语言中最小的有意义的单位"。董秀芳《汉语的词库与词法》："由于汉语语素的意义相对比较明确，语素的音形也是边界明确的，所以这个定义在绝大多数情况下都是适用的，但也不是所有的汉语语素都能符合这条标准。由于历时的变化，也有一些语素变成了词内无义的成分，如'但是'、'可是'等词中的'是'，虽然无意义，但却广泛出现在一些连词或副词中。"（北京：北京大学出版社 2004 年版，第 21 页）

② 确定语素通常采用同形替代法，即用已知语素替代未知成分。如"蝴蝶"和"粉蝶"这两个词，要确定它们到底有几个语素，就看能不能用别的有意义的语言单位来替换其中的一个成分，如果替换以后仍然有意义，那么被替换的单位就是一个语素，否则就不是语素。

语素根据成词能力可分为成词语素和非成词语素，也可分为自由语素和黏着语素。黏着语素又可分为半自由语素和不自由语素。自由语素既能独立成词，又能同其他语素组合成词。黏着语素不能独立成词，其中半自由语素能同其他语素自由组合，且位置灵活，不自由语素能同其他语素组合但位置固定。

（二）实词与虚词

词由语素构成，可分为实词与虚词两大类。实词主要用来表示词汇意义，可以单独充当句法成分；虚词主要用来表示语法意义。汉语是一种虚词比较发达的语言，虚词是组词成句的重要组成部分。虚词一般都没有实在的意义，在句子中的语法作用可以说是语言声气作用的长期积淀，往往要结合句子的意义来理解，主要表示各种关系和语气。汉语属孤立型或分析型语言，汉语的词多由表意的成分连接而成，语法关系由词序和虚词来表达，而不是通过词干本身的变化或各种词缀来表达。汉语的虚词是一个准开放的语法词汇系统，一方面是汉语词汇系统的一个组成部分，另一方面又是用来表示语法意义的属于汉语语法系统的下位子系统。在汉语语法系统中，虚词系统与句法系统有着双向的信息能量交流；在汉语词汇系统中，虚词系统与实词系统又有着单向的能量输送关系，实词系统为虚词系统提供词源。汉语各个历史时期的虚词绝大多数都是从实词虚化来的。汉语词汇学研究包括实词和虚词，研究虚词注重从词汇学着眼。

语素和词的主要区别在于语素不能独立运用。词和语素虽然都是有意义的语言单位，但词是造句的单位，① 而语素是构词的单位。

（三）单音词与复音词

汉语是单音节为基本单位的语言，汉语在语音上的感知单位是单音节，在语法上最小的单位语素也是单音节的。② 一个语素可以是一个、两个或多个音节，语素根据音节数可以分为单音节语素、双音节语素和多音节语素。双音节语素一般是联绵词③、叠音词或译音词，三音节以上的多音节语素绝大多数是译音词。

汉语的词具有固定的语音形式，根据构成词的音节的多少，可以把词分为单音节词、双音节词与多音节词，即单音词与复音词。汉语词汇是以单音

① 一个词不论其音节多少，结构如何，是由单一的音节、语素构成的单音词、单纯词，还是由两个或两个以上的音节、语素构成的多音词、合成词，都是作为一种现成的单一性的单位而用于造句的。

② 钱乃荣：《现代汉语》第七章，北京：高等教育出版社 1990 年版。

③ 联绵词是由只代表音节的两个汉字组成的表示一个整体意义的双音词，又称“连绵词”或“联绵字”、“连绵字”。虽然某些联绵词与单音词、重言词甚至合成词有着某种渊源关系，但其总的变化规律仍然还是朝着“双音节、单语素”的方向发展。

节语素为基础建构起来的，单音节语素构成的单音词是汉语词汇的源头和构造汉语词汇大厦的基石。单音词（字）是中国人观念中的一个“中心主题”,[①] 无论在语音系统中还是在词汇系统中抑或是语法系统中，单音词皆具有特殊的枢纽性地位。此外，所有的语言单位都是在这个“中心主题”基础上形成的，复音词是由单音词语素化搭配形成或由词组词汇化形成。单音词是复音词产生的基础。

（四）单纯词与合成词

词根据构成的语素的数量，可分为单纯词与合成词两大类。由一个语素构成的词是单纯词，单纯词就是单素词；两个或两个以上语素构成的词是合成词，合成词就是多素词（主要是双素词）。一个语素如果又是一个词，则无论是单音节还是双音节或多音节，都只是一个单纯词。单纯词由一个语素构成，但可以是单音节或多音节。

近代汉语的单音节词都是单纯词。双音节或多音节的单纯词有叠音词、联绵词、象声词和译音词等。

1．叠音词

双音节叠音词是重复同一个音节所构造的词，由两个相同的音节重叠而成，由音得义，不能分解开来表意，多为形容词。如：兀兀——形容静止的样子，腾腾——意思是自在无为，任其自然。

2. 联绵词

联绵词指两个音节连缀成义、不能分解的词，多为形容词。若两个音节声母相同，称为双声联绵词，如：尴尬，意思是不正当，形迹可疑；踌躇，意思是犹豫不定；伶俐，意思为机灵，利落。若两个音节韵部相同则称为叠韵联绵词。如：郎当，意思为破败；伶仃，意思为孤独。若声母和韵部都相同则称为双声兼叠韵的联绵词，如：展转。有一些指称具体事物的名词往往也具有双声、叠韵关系，也有一些则既非双声也非叠韵，如：妯娌。

3. 象声词

双音节象声词多为叠音形式（AA），如：呀呀、哇哇、喃喃。也有非叠音形式，多为双声或叠韵词，如：呢喃、叮当。还有非双声也非叠韵形式（AB），如：咕咚、扑簌。三音节象声词常见的有两种形式：扑簌簌（ABB）、可磕擦（ABC）；四音节象声词常见的也有两种形式：劈丢扑搭（ABCD）、比比剥剥（AABB）。

① 赵元任：《汉语词的概念及其结构和节奏》，《赵元任语言学论文选》，北京：清华大学出版社1992年版，第248页。

4. 译音词

对外族语的译音词有双音或多音，如阿者，蒙语译音词，意思为夫人、母亲；大辣酥，蒙语译音词，意思为黄酒；木乃伊，阿拉伯语译音词，指古代埃及人用特殊的防腐药品和埋葬方法保存下来的干燥的尸体。

联绵词和合成词虽都是复音词，但联绵词是只有一个语素构成的单纯词。联绵词是汉语发展史上一种特殊的词汇现象，由音得义，一般只是记音的单纯词，其中有些词由于词义的演变或者人们在使用中有意寻找意义与其词义相关的字来记录此词等原因，造成字形随着相应词义产生分化。如“俾倪”最初为一个记音词，有“偏小、不正、斜视”义，后字形随着所表词义的不同渐分化为睥睨、陴隦、埤堄、辟睨、辟倪、埤垸、隦垸等，其中作“俾倪”偏指于人的窥视动作，作“睥睨”注重于眼睛的斜视动作，作“埤垸”特指城上矮墙。又如“阿那”也是一个记音词，有“柔弱盛美”义，后字形随着所表词义的不同渐分化为袲榱、檷榱、褭榱、妸娑、婀娜等，其中草木茂盛貌作“檷榱”，轻盈柔美貌作“婀娜”。

苏宝荣《论语素的大小与层级、融合与变异》一文指出，联绵词不仅指两个音节连缀成义而不能分割的词，如“崔嵬”、“澎湃”、“嵯峨”、“觳觫”等，还应包括两个原始语素在长期组合中凝结成一个新语素，并且语义发生重大转化的双音词，如“狐疑”、“膏腴”、“含胡”、“什么”等，认为“语素”本身也有一个大小与层级的问题。如果复音词的语素义能够直接体现词义，语素义与词义具有“表层”的联系，应视为合成词；如果语素义不能够直接体现词义，构词的语素已经融合成一个整体，语素义与词义仅仅有“深层（或语源）”上的联系，如那些字面意义隐没的所谓“联绵词（字）”，应视为单纯词。① 我们认为还有一些联绵词在长期的运用中其中一个音节甚至两个音节具有了一定的语义，演变为一个语素，也成为一个词。如“肮脏”的“脏”，“骄傲”的“骄”和“傲”。姜亮夫《楚辞通故》说到可分释的叠韵联绵词时曾举“骄傲”一词云：“骄者，本马高六尺之名，用为骄傲，即高傲，当为乔字之借。乔本训高而曲，高而曲则高非正直，故引申为倨简、为奢、为慢。《礼记·乐记》‘敖辟乔志’，《坊记》‘富斯乔’，《书大传》‘御貌于乔忿’皆是。经典多以骄为之。”“傲者，《说文》‘倨也’，《书·尧典》‘象傲’，传‘傲慢不友益稷无若丹朱傲’等，《书经》凡用四傲字，皆训慢，则三古旧训如是矣。声转为桀傲，或作杰傲，皆后世衍益之词。”② 骄，又作

① 苏宝荣：《论语素的大小与层级、融合与变异》，《中国语文》2007 年第 3 期。
② 姜亮夫：《楚辞通故》，昆明：云南人民出版社 1999 年版，第 628 页。

乔、憍。傲，又作敖、慠。《离骚》："保厥美以骄傲兮。"王逸注："倨简曰骄，侮慢曰傲。傲，一作敖。言宓妃用志高远，保守美德，骄傲侮慢。"①

合成词有词根与词根合成、词根与词缀合成两种。词根是一个词的根本组成部分，也是词义的最中心的体现者，具有实义，因此是词的主干部分。一个词至少有一个词根才能构成，可分为成词语素词根和非成词语素词根。成词语素词根是已有词造新词的生长点，也是新词产生的根源。词缀是指只能黏附在词根上构成新词的语素，没有实义，本身不能单独构成词，也不是每个词所必有的。黏附在词根前面的词缀称为前缀，黏附在词根后面的词缀称为后缀，插入词根中间的词缀称为中缀。前缀、中缀、后缀都是黏附在词根之上的附加成分，所以它们又称为前加成分、中加成分和后加成分。

合成词是单纯词发展到一定阶段以后产生的，也就是单纯词的组合形成凝固意义后产生的，可分为重叠词、派生词和复合词三种类型。复合词是指词根与词根组合而成的词，由成词语素与成词语素组成的，如手脚、好看；由成词语素与非成词语素组成的，如洗澡、美丽；由非成词语素与非成词语素组成的，如参观、畏惧。重叠词是指同一词根重叠而成的词，如好好、拳拳。派生词是指由词根和词缀组合而成的词，又称附加词，可以分为前缀 + 词根、词根 + 后缀和词根 + 中缀 + 词根三类。汉语缺乏形态变化，词缀附加法在构词上不占重要地位，应用最广的构词法是词根复合法，即由两个词根组成复合词，主要有联合式、偏正式、述宾式、主谓式、述补式等类型。

大多数复音词是由单音词依一定的构词规律结合而成的合成词。合成词中词根与词根合成的词也就是单音词与单音词的组合，而词缀一般也是由有意义的实词语素经过虚化形成，原先也是单音词，如"老"、"子"、"头"、"儿"等。

二、字与词

（一）文字与汉字

词和语素的书写形式为文字，文字是记录语言的符号，也是词和语素的书面语形式。有了人类就有了语言，有语言也就有了词汇，然后才有文字。文字的产生要晚于语言，文字的诞生标志着人类的历史由传说时代进入了信史时代。文字有三个基本要素，即形、音、义，然不同的文字体系，这三者

① 《后汉书·崔骃传》："传曰：'生而富者骄，生而贵者傲。'生富贵而能不骄傲者，未之有也。"

的结合方式是各不相同的。表音文字采取的是概念—语音—字形的联系线路，表意文字采取的是概念—自然物象—字形的联系线路。

汉字是记录汉语的符号，从本身的构造上看，汉字是由表意、表音的偏旁（形旁和声旁）和既不表意也不表音的记号组成的文字体系。汉字最初基本上是表意的，几乎每一个字都表示一个意思。根据汉字的结构可考探字义与字形之间的关系，还可考探远古先人造字时的认知思维和当时的社会文化状况，揭示出许多古代的文化现象，得到丰富的深层文化信息。如甲骨文和金文中“妻”的字形表现为用手抓抢女子的造意，结合《易经·屯卦》爻辞六二所载“乘马班如，匪寇婚媾”，可见其时还处于掠夺婚阶段，反映了古代由族内婚发展到族外婚时出现的婚姻状况，其特征是男子未经女子本人及其亲属同意，将女子劫归为妻。《礼记·曾子问》中所说“婚礼不贺”、“嫁女之家三夜不息（熄）烛，思相离也；取（娶）妇之家三日不举乐，思嗣亲也”，也是与抢劫婚有关的一种古俗。又据《说文》载：“妻，妇与夫齐者也。从女，从屮，从又。又，持事，妻职也。”许慎的释义依据是“妻”字的篆文，由“妻”字形体的演变可略窥人类从蒙昧时代经过野蛮时代到文明时代的发展过程。

（二）汉字与词

汉语的“字”不同于“词”，又与“词”有相通之处。汉语的词是形音义三者的结合体，词义是核心，词形是标志，词音是外壳，音为义设，形为义存。词所表示的意义是说话的人和听话的人所共同了解的词所反映的事物、现象或关系。词义是客观事物或现象在人们意识中的概括的反映，也是由应用这种语言的集体在使用过程中约定俗成的。词的语音是语言的物质外壳，词义必须借声音才能表达。作为词的形体的文字，就其本质而言，仅仅是记录和传达语言的书写符号。作为词形标志的汉字也只是词的书写符号。在约定俗成表示某个词义之前，字与意义之间并没有必然的联系，但是由于汉字特有的表意特性，当其以自己的形体表示某个词义时，形与义之间就会有一定的联系，字在一定程度上也就具有了表义的语言功能。因而，汉字不仅仅是书写的符号，在某种程度上也是体现词义的物质外壳。诚如索绪尔曾指出：“语言和文字是两种不同的符号系统，后者唯一的存在理由是在于表现前者。”然而，“对汉人来说，表意字和口说的词都是观念的符号，在他们看来，文字就是第二语言。在谈话中，如果有两个口说的词发音相同，他们有时就求助于书写的词来说明他们的思想”。[①] 帕默尔亦认为汉字的“视觉符号直接表示概念，而不是通过口头的词再去表示概念”。“汉字是中国通用的唯一交际工具”，“它是中国文化的脊梁”。[②]

任何文字体系都包含着两方面的特性：一是从属性，二是独立性。一方面，作为记录语言的符号，它有从属的辅助的一面，没有语言，就无所谓文字；另一方面，作为一个符号体系，它必然有自己的系统性，即记录方式的独特属性。汉字作为记录和传达语言的书写符号可以分为两个层次，即从属于汉语作为词或语素的符号的字和自己独有的记录词或语素所使用的符号。[③] 从前一个层次上看，因为每种语言中的词或语素都是音义的结合体，所以世界上所有的文字都是既表音又表意的，汉语的“字”也就相当于“文字”。从后一个层次即记录词或语素所使用的符号看，拼音文字用的是字母及其组合，汉字用的是偏旁和部首。字母或字母组合表示的是音素或音位，偏旁部首主要表示意义。汉字是形音义的结合体，形义的最初结合是字本义，音义的最初结合是词本义。汉字的特点是一方面其在某种程度上标示词的读音，另一方面又在某种程度上标示词的意义，而这二者义是密切地结合在一起的。因而从语音的角度分析，汉字是一种音节文字；从语义的角度分析，汉字是一种语素文字，代表的是汉语里的语素。[④] 词作为形音义的统一体，词义在其中起着决定性的作用。

汉语中一个语素往往是一个音节，书面上是一个汉字，有时候还是一个词，但一个语素也可以是多音节，书面上也就是多个汉字，如联绵词、叠音词或译音词。占汉语是单音节词占优势，一个音节、一个字就是一个表达完整概念的造句单位，词和语素是一体的，尤其古汉语的单音单纯词，一个字既是一个词也是一个语素。随着复音词不断增加，一个词就不止一个语素，尤其是发展到近代汉语后，合成词占了优势，原来在古汉语中成词的一些单音单纯词在合成词中成为词素，即原来在古汉语中成词的词素在合成词中成为非成词的词素。这是汉语由单音词为主向双音词为主发展造成的，也体现了语言决定文字和语言第一性的原则。因此，一个汉字有时既是一个语素，

① ［瑞士］费尔迪南·德·索绪尔著，高名凯译：《普通语言学教程》，北京：商务印书馆 1980 年版，第 47、51 页。

② ［英］帕默尔著，李荣译：《语言学概论》，北京：商务印书馆 1983 年版，第 99 页。

③ 文字和语言的结合有不同的模式，有些文字从语言音义的符号层入手来记录语言，有些则从语言的形式语音层入手来记录。汉字体系是从音义结合的符号层入手来记录语言的，因此汉字体系的字和语言中词或语素相对应而具有了词或语素的意义。

④ 参裘锡圭：《文字学概要》，北京：商务印书馆 1996 年版，第 10 ~ 21 页。

又是一个词，如“人、好”；有时只是一个语素，如“悟、暑”；有时只是记录一个音节，如“葡、萄”。同一个字有时又可表示两个语素或两个词，如同形词“花”既可表示“花朵”，又可表示“耗费”；不同的字可表示不同的语素，如“汉、汗、撼”；不同的字也可表示同一个的语素，如异形词“热衷”又作“热中”，“衷、中”表示的是同一个语素。一个字可能记录一个单音节词，也可能记录复音节词中的一个构成成分，还可能记录复音节词中没有独立意义的一个音节。一个字也可能记录了两个以上的词。大致而言，汉语词汇的基本构件是单音节语素，表现在书写形式上一般是一字一义，即每一个字代表一个成词的或不成词的语素，而凡是不代表语素的字就只能是双音节单纯词或多音节单纯词（如音译外来词）中的一个音节。汉语的单音节语素十分活跃，构词能力很强。汉语的词大都是其语素意义的不同方式的合成，所以汉字之间的组合能力较强，会随着新事物的出现或表达的特殊需要而不断地生成新词语。

汉语造词与造字的方法有相似之处。许慎《说文·叙》说：“依类象形，故谓之文；其后形声相益，即谓之字。”许慎描述了最初的文字符号——“文”是用象形的方法产生的，在这个基础上，才进而有形与形的组合以及形与声的组合。许慎的看法基本上符合汉字的发展过程。就汉字而言，汉字字多文少，以独体字组成合体字，具有以文组字而生字熟旁的特点。就汉语词汇而言，汉语字少词多，汉字60 000多个，词则难以尽数，且随着社会的发展，新的概念层出不穷，表达这些新概念的新词新语不断涌现，正像后来产生的汉字都是由独体字组合成字一样，后来产生的新词绝大多数也是由单音词组合成词。以单音词组成复音词，具有以字组词而生词熟字的特点。据《现代汉语频率词典》统计表明：“有的汉字具有全面的构词能力，既可单用，又可处在词内各个不同位置上，它们的生成能力强，出现字次多。”这类汉字“约占统计总量的二分之一强”。[①] 也就是说现代汉语中复音词的实词素中有一半同时也是单音词。汉字的组合具有意合的特征，也就是说汉语的单音节词多是意合产生的，汉语的复合词同样也具有很强的意合特征，复合词的意义总是反射出语素所含的某些意义，复合词组成中的意合性和汉字的表意性相辅相成。

汉字的会意字是复合词的雏形，会意字和复合词的词义皆由其组成部分结合而得，只不过会意字是单个词的层面，复合词则涉及词组词汇化的句法

① 参见《现代汉语频率词典》编纂说明，北京：北京语言学院出版社1986年版。

层面。汉语复合词的构造与会意字内部的复合程序相似，构成汉语复合词的词素大多可像分析汉字一样，由形及义，由剖析其内部构成部件和关系来分析其意义构成。其形成过程具有一种理据性，词义总是由语素义按一定逻辑关系结合而成。

从现代语言学的观点来看，字不等于词，词是语言的材料，是语言的构成要素，与思维直接联系；字是记录语言的符号，不是语言的构成要素，与思维没有直接联系。文字可以记录、代表语言，是语言的辅助工具，而它本身不是语言。然而，中国传统小学研究中字与词的界限是模糊不清的，这实际上表明了汉语的字与词之间确有难分难舍的关联，自有其特殊之处。汉语的词不仅仅是通过字而得到记录，而且汉语单音词的词义本身就是借汉字的外形才得到显现。词义通过字形的分布与组合来显示，字形以整体之形或局部之差来显示词义的存在状况和发展轨迹。汉语的字与词之间有着一种互为因果和互为促动的关系。

汉字是在记录汉语的基础上不断适应汉语的特点而形成的迄今最古老而又富有生命力的符号系统。单音成义是汉语这一单音节语的显著特征，汉字一字一词组成单音词和一字一词素组成复音词适应了汉语的这一特点，反映了汉语字与词相适应的内部规律。汉字的存在形式（方块形）与汉语基本词的存在形式（音节）高度一致，意合的特点贯穿着汉语字与词的系统。在单音词占主要地位的古代，汉字与单音词相对应，以组合造字的方式繁衍新字来记录新词表达新义；在复合词占优势的现代，汉字与词素相对应，以组合词素的方式繁衍音节来记录新词表达新义。[①] 形声组字成词和单音字组合成词是汉字适应汉语词汇发展过程中的两大转折点。形声二合之形是一种完善的表词形式，成为单音词构型的主流，而单音节词作为语素组成合成词，进一步适应了汉语词汇不断增长的要求，成为复音化构型的主流。[②]

汉语词汇在古今演变中由形声组字成为单音字的词，又由单音字的词组合成复音词，这就造成了词和语素有时有交叉的情况，即一个语素可能也是一个词。如“人”是一个词，在“人民”、“民人”中又是一个语素；“民”在近代汉语中是一个词，在“人民”、“民人”中也是一个语素，而在现代汉

---

① 董秀芳《汉语的词库与词法》认为“汉语中占主导地位的词法规则是复合规则”，“汉语中的复合方式包括词根复合和词复合两种”，“实际上词复合才是更为典型的复合”。（北京：北京大学出版社 2004 年版，第 41 页）

② 参徐时仪：《汉语的字和词》（香港《中国语文通讯》2000 年总 54 期）和《略论汉语字与词的互动》（《上海师范大学学报》2009 年第 5 期）。

语中则是一个非成词语素，不能独立运用。又如“企”在“企图”中是一个非成词语素，在古汉语中是一个词，表“踮脚站立尽量前望”义。自由语素本身就是词，半自由语素和不自由语素则都不能独立成词。现代汉语中那些不能成词的语素在近代汉语和古代汉语中大多曾经是独立运用的词，只是在现代汉语中由原来的造句功能转化为构词功能。因此词和语素的交叉主要是古代有的成词语素在近代或现代成为非成词语素，形成古代是词而近代或现代是语素的区别。如“视”在古代汉语中可单独成词，其词义可以解释作“看”、“察看、考察”、“看待、对待”、“探望”、“效法”、“比照”等，在近代和现代汉语中，“视”以非成词语素身份参与造词构词，组成“视力”、“重视”、“视察”、“忽视”、“珍视”等合成词，“视”由词转变成了语素。又如“理”的词义本为“治玉”，后引申出“整理、使整齐”，“管理、办理”，“对别人的言语行动表示态度；表示意见”，“物质组织的条纹、纹理”，“道理、事理”等多个义项。近代和现代汉语中“治玉”的本义已经消失，引申义中“整理、使整齐”，“对别人的言语行动表示态度；表示意见”，“道理、事理”三个意义仍是单音词“理”的词义，其余则成为“理”参与所构复合词中的语素义。“理”在近代汉语中既是一个常用词，同时也是一个常用的成词词素。

由于汉字的记音表意性，汉语中有些词出自同一语源，在历时的发展演变中可能是由两个记音字（一字代表一个不成词的音节）构成一词，也可能是由两个词（一字代表一个成词的音节）构成一词或一个词组，表达同一个词义。如烂漫，或作“烂熳”、“澜漫”、“烂缦”，都有“自如地放开”义。从表意看，最初可能形容水势大，写作“澜漫”。“澜”为大的波浪，“漫”形容“水盛大无际”，其词义或由“波浪盛大自如无遮挡地放开”的词组义凝固成词（一字代表一个成词的音节），后又可用“烂漫”、“烂熳”、“烂缦”等记音表达；而从记音上看，最初也可能就是由两个记音字（一字代表一个不成词的音节）构成一词，形容水势大。

又如“马虎”与“邪忤”、“野狐”、“麻胡”、“妈虎”等语源上相关，所指多为抽象而难以名状的怪物，后引申有“模糊”义，而复合词“模糊”又与“马虎”等语义上可能同源。[①]

（三）古今字与假借字、通假字

汉字在记载词语的演变发展中形成了古今字和假借字、通假字。

① 参徐时仪：《“马虎”探源》，《语文研究》2005 年第 3 期。

古今字是由于古汉语中多义词的某个义项在词义系统发展过程中，逐渐从原词的引申义列中分化独立而形成新词或上古同音借用形成的同形词在汉语发展中分化出新词，在书面上为这些新词另造新字的现象。古今字是一个历史概念，古今无定时，周为古则汉为今，汉为古则晋为今。古已有之，今又造字，随时异用者谓之古今字。

由于词义的引申或文字的假借，某些汉字的意义或用法发生分化，需要另加偏旁在字形上加以区别，后来加偏旁的那个字就是区别字，原来的那个字称作本原字。区别字所表示的意义类型既有本义，也有引申义和假借义。

假借字与通假字都是借用音同音近的字来表形义完全不相合的某一词词义，区别在于假借字所表某一词的词义本无其字，通假字是某一词本有其字而借用音同音近的字来代替本字。

（四）同形词、同形字与异体字、异形词

同形词是书写形式相同而意义不同的一组词，也就是同形字。同形词不能既同音又同义同构，否则就是多义词而不是同形词。

同形同音异义指一字记多个同音的词素。一为记同形同音词义相关的词素，如乖：乖戾、乖巧；会：会合、理会；津：津液、津渡等；一为记同形同音词义无关的词素，如白：白色、白话；等：等级、等待；疾：疾病、疾速等。

同形异音异义指一字记多个非同音词素。一为记同形异音词义相关的词素，如背：脊背、背负；藏：隐藏、宝藏；难：困难、患难等；一为记同形异音词义无关的词素，如便：便宜、方便；差：偏差、差使；拾：收拾、拾级等。

同形字与异体字在所表示的词的关系上正相反，异体字是异字同词，同形字是同字异词。同形字的产生大致有两方面的原因：第一，不同地域不同时代分别造字产生的字形混同，或为了表示一个新的词，在创制一个新字的时候与旧有的另一个词在字形上混同；第二，汉字发展的总趋势是由繁趋简（包括字数的减少和每一个字笔画的减少），这种趋简的发展造成了字形的变化和混同，如隶变之后有些原来不同的字形合为一个。

同形字和假借字的区别在于同形字是在文字演变的过程中出现的，从某种意义上讲，新出现的同形字相当于一个新创的字，而假借字是借已有的记载某个词义的字来表另一个词的词义。一个是造字的问题，一个是字的借用问题，二者性质不同。假借是有选择有条件的，借字与借以表示的词要音同或音近，而同形字只是一种无意的偶合。

异体字指不同形体记读音、意义相同的词，即一个词不同写法的一组字。

又称又体、或体，《说文解字》中称为重文。主要有以下六种类型：

（1）为语言中同一个词而造、在使用中功能没有分化的一组字。如泪—淚、覩—睹、徧—遍等。这类异体字数量最多。

（2）造意不同，但在实际使用中用法相同、功能重合的一组字，如罪—辠、飒—帆等。这类异体字与一般假借字的根本区别在于其本义都没有文献用例，可能是字书的编者根据字形的造意推出来的。

（3）产生时代不同，后在某一共时平面构成异体字关系。如“椀、埦、盌、碗”产生于不同的时代，语源上反映了盛饮食或液体的圆口器皿由土质到木质再发展到陶制品的演变，今用“碗”，“椀、埦、盌”为异体字。

（4）同一古文字形体由于传承演变、隶定楷化的方式不同，而在楷书平面上出现了两个或两个以上不同的形体，这些楷书字形之间构成了异体字关系。如宜—宐、德—德等。

（5）笔画上的差异形成的异写字，对构形模式、结构分布和构意不产生任何影响。

（6）传抄、书写过程中字形发生讹变后积非成是的俗讹字。这类俗讹字是异体字中特殊的一类，一般的讹字不是异体字。

狭义的异体字指在任何情况下都可以互相代替的一组字，广义的异体字也指原本表示的不是一个词，由于借用或混用而在某个共时平面词义相同的一组字。如《敦煌变文集·父母恩重经讲经文》：“莫遣耶孃怨恨生。”例中“孃”称母亲。近代汉语中渐用“娘”取代“孃”来称母亲。如王实甫《西厢记》第二本第一折：“俺娘也好没意思!”《水浒传》第四十二回：“这个也去取爷，那个也去望娘，偏铁牛是土掘坑里钻出来的。”“娘”称年轻女子，后引申有“母亲”义，本与“孃”不是同一个词。

异形词指书面语中在一个词位上有若干个变体的现象，即共时并存并用的同音同一词义而有一组不同书写形式的词。同音指声母、韵母和声调完全相同，同义指理性意义、色彩意义和语法意义完全相同。在异形词不同写法的使用上不是对不对而是好不好的问题，从使用的角度看，可分出正体和异体。[①] 同一词在今传黎靖德编《朱子语类》中写法不同的如：踔、罩、逴、趠、绰，伏、覆，衮、滚，挨傍、挨旁，把做、把作，般涉、搬涉，标致、

① 异形词的整理与规范是学界关注的热点，各家对异形词定义与分类见仁见智，说法不一。广义的界定指同一词不论书写形式有多少个，在实际语言中都只是一个词，只是形成原因不同造成的形体上的不同写法，包括同源的本字与分化字、后起字、俗字、记音字、版本传承等历时形成的异形词，假借、理据不同、口语、方言或久误成习等共时形成的异形词。

标置，蔽锢、蔽固，胞胎、包胎，柄欛、柄靶，称停、秤停，粗卤、粗鲁，衬帖、衬贴，卒乍、猝乍，雕悴、雕瘁，睹当、赌当，覩视、睹视、赌视，抖搜、抖擞，抵死、底死，烦碎、繁碎，衮同、滚同，汩董、骨董，隔陌、隔蓦，唤做、唤作，回互、回护，尖斜、尖邪，跨子、胯子，联缠、连缠，灵利、伶俐，狼当、郎当，阑截、拦截，侂侗、侂统、笼统、陇侗，摩轧、摩戛，粘滞、黏滞，扭捻、扭捏，跷敧、跷蹊，团量、抟量，提省、提醒，帖帖、贴贴，一衮、一滚，应副、应付，渣滓、查滓，支捂、支吾、枝梧，妆定、装定、桩定，藏头伉脑、藏头亢脑，做头抵、做头底，匹似闲、疋似闲、匹自闲，瞠眉努眼、撑眉努眼，颠扑不破、巅扑不破，衮来衮去、滚来滚去，含含胡胡、含含糊糊，隈隈衰衰、萎萎衰衰，循涂守辙、循涂守彻，一刀两段、一刀两断，一斑半点、一班半点等。

异形词往往本不相同，只是历时演变造成词义混同，后来在某一共时平面形成同音同义。从历时层面上看，近代汉语的异形词有源自上古汉语的，也有源自中古汉语的，而大多是在近代汉语共时层面形成的。从书写形式上看，近代汉语的异形词有因古今字、异体字、正俗字和通假字形成的。如“子”有“幼小”和“细密”义，引申有“谨慎”义。“子”、“细”同义并列构成复合词表“细心、谨慎”义。“仔”、“子”同源，“仔”也有“幼小”义，后或因“子”的义项过多借“仔”而作“仔细”。“仔细”常用义为“认真、细致、细心”，“子细”和“仔细”宋时并用，今沿用“仔细”。又如《俚言解》卷二：“今士大夫亦有称箸为快子者。”“快子”后从竹作“筷子”。如《儒林外史》第二十二回：“走堂的拿了一双筷子。”从语音形式上看，近代汉语的异形词有因古今音变、方言音转、记音词和外来词形成的。如“恐嚇”有“以要挟的话或手段威胁人”义，又作“恐赫”、“恐喝”、“恐愒”等。又如“浮屠”可指“佛”、“塔”等，又作“佛图”、“浮陀”、“佛驮”等。有一些异形词的形成往往兼有多种原因。如《缀白裘》五集卷三所收《一文钱》：“孟古儿，觑着你儿多儿轻重。”例中“孟古儿”指银子，又作“蒙古儿”、“猛哥儿”、“猛骨”等。如《精忠记》第十出：“叫把都每快取蒙古儿过来，谢书生。”《苏武牧羊记》第六出：“（丑把锭放付靴内，付）什么狂风吹片瓦吓！（取看）原来是猛哥儿。”《醒世姻缘传》第六十五回：“那猛骨，你拿到那边去了?”考《元朝秘史》第一三三节：蒙琨，旁译“银”，第二三八节：蒙古，旁译“银”，《蒙古杂字》：银作“猛孤”，又作“蒙古”、

"猛古"。孟古、蒙古、猛骨、猛哥等皆为蒙古语 münggü 的对音，指银钱。①

（五）同音词

同音词是语音形式完全相同的一组词。同音词有同形同音的，也有异形同音的。异形同音中同根异素词的词义有近似之处，如权力、权利，学力、学历，启示、启事。还有一些只是书写形式不同的异形词，如工夫、功夫，按语、案语，词典、辞典。同音词与多义词的区别在于：多义词的几个义项之间，语义上有派生关系；而同音词的意义之间没有什么派生关系。同形同音词与异体词的区别在于：异体词是同一个词（字）有几种不同的书写形式，意义没有什么不同；同音词的意义则有所不同。

（六）同部首词

同部首词多为双字词，近代汉语中有些联绵词和外来词在形成过程中往往由异部首类化为同部首词。有些复合词在形成过程中也往往有由异部首类化为同部首词的现象。如周张、惆怅，餢飳、醍醐，颇梨、波黎、玻璃，胡须、鬍鬚，蕉萃、燋焠、憔悴，间界、监界、尴尬，浑仑、混沦、浑沦。

同部首词中有相当数量的同素词。如沉湎、沉浸、沉滞、沉潜等。

第二节 词与词组

一、复音词与词组

词以词义被起用，客观上是思维的需要，主观上还是因为词的内容正是思维所凭借的思想材料——从实践获得的反映客观存在的表象或概念。词是表象或概念的语音物化。单音词为有形有音有义能表意成句的最小一级语言单位，② 在这一级语言单位层面上，因同音或异形等原因，形音义的关联往往是不确定的，而确定形音义稳定单一的关联地位是在词与词搭配成为复音词

① 方龄贵：《古典戏曲外来语考释词典》，上海：汉语大词典出版社、昆明：云南大学出版社2001年版，第209～210页。

② 参徐时仪：《汉语的字和词》，香港《中国语文通讯》2000年总54期。王洪君《〈信息处理用现代汉语分词词表〉的内部构造和汉语的结构特点》一文的补记表述为"汉语汉字的特点是'单字有义有形有声调，双字定义定形定节奏'，单字和双字三字词是汉语重要的两级单位"。（《基于汉字的现代汉语词法研究》，北京：商务印书馆2011年版，第203页）

或词组这一层面，即构成比单音词大一级的语言单位时形成的。词与词搭配而成的双音、三音、四音节复音词或词组成为构成句子的基本单位。

词与词的语法组合构成词组，又称为短语。词组是能够独立运用但不是最小的比词高一级的语言单位。① 词有一定的约定俗成性和数量的有限性，不能完全用语素加规则类推构成；短语则可以用词加规则类推构成，即可由词法生成而具有数量的无限性。

词与词组的界限不是泾渭分明的，② 从词组到词是一个彼此间难以截然分割的连续统，其间存在着很多中间状态。汉语的一个基本特点是表达上具有灵活性和能动性。汉语词语单位的大小和性质往往无一定之规，有常有变，可常可变，可以随上下文的声气、逻辑环境而自由运用，语素粒子的随意碰撞可以组成丰富的词汇，词组块的随意堆叠、包孕，可以形成千变万化的句子格局。汉语的这种特点主要表现在词语的弹性上。所谓弹性，是指词语分合伸缩的不固定性。这种分合伸缩既是出于语言节奏、修辞的协调性要求，也是汉语由单音节占优势转向双音化发展趋势的一种表现。人们说话时经常随意地把两个意义相近或相关的单音词联起来使用，久而久之，这两个单音词组成的自由词组往往凝固成为结构固定的复合词。在汉语研究中，词和词组的划分是一直在探讨的问题，尤其是对一些离合词的划分更是多年来一直困扰学界的问题。

从原型理论上看，词与词组（亦称为短语）既有形式结构上的相似性又有深层结构的差异性特征。书面语中的词往往在口语中必须换成短语使用，词和短语之间并没有一个绝对清晰的分界线，而是共同构成一个以“原型”的词与词组为两端、更多与“原型”的词和词组具有各种不同程度相似性特征的成员居于二者之间的、成员之间既相互区别又彼此关联的连续统。

词和词组的区别可以从意义、语音形式和语法功能三个方面着手。从意义上看，词的意义比较凝固，往往不是语素义的简单相加；词组的意义却往往可以从构造成分和意义关系上加以解释。从语音形式上看，词的语音结构具有整体性，内部不允许有停顿；而词组则可以有内部的语音停顿。从语法

① 识别词与短语的方法可采用扩展法，但这种方法不适用于某些动宾式的合成词。

② 胡明扬《词典学概论》认为：“词和词组的界限是不明确的。一般的处理办法是凭语感来划分，结合得比较紧的，多数人倾向于认为是词；结合得比较不紧的，多数人倾向于认为不是词而是词组。但是语感也因人而异。”“不过，根据多数人的语感，总会显示出一种倾向性，这恐怕也就是目前划分词和非词的唯一可行的依据。”“国内外的语文词典的词目都不仅收录词，也收录非词，如词素、（固定）词组等等。”（北京：中国人民大学出版社 1982 年版，第 93 ~ 93 页）

功能上看，词由于意义是凝固性和专指性的，所以不具有扩展性；[①] 词组的意义是分析性的，因此，词组的结构可以扩展。[②] 吕叔湘《汉语里“词”的问题概述》指出：“如果我们企图用一个并且只有一个手段来划分所有的词，显然是不可能。”[③] 因此我们可以采用一种综合和分层筛选的方法，不是一刀切，而是使用多种标准进行多次筛选，当然每一次筛选都只限于使用一种标准。主要以语义为划分标准，辅以能否独用以及定型性和复呈性等一些标准。[④] 一定历史时期、一定文本语料范围内的词频统计可以辅助判断新词语的定型性和复呈性。

近代汉语中的复合词是由各个不同时代积淀而成，因而在区分词和词组时不能仅仅从共时的角度分析，而且要从历时的角度考察；不能仅仅从形式上区分，而且要从语义上分析。从词义和语素义的层面上看，一般认为两个语素要组合成词，在语义上一定有所整合和改造。语义整合和改造的常见形式是：①部分语义弱化或脱落；②发生了引喻引申或转喻引申；③由转类（即不改变外部形式而由一类词变为另一类词）而引起的语义的转变。[⑤]

从韵律的角度看，汉语复合词的“形式标记”就是汉语韵律系统中的“音步”模式，汉语复合词的构词法就是汉语的韵律词构词法。双音节单位是汉语的“标准韵律词”，复合词是在韵律词的基础上实现的。[⑥] 汉语中所有的双音节复合单位（合一个音步）都可看作是一个韵律词，包括词和一些词组，也包括一些亦词亦语的中间状态语言单位。汉语中存在两个层级的语言单位：单音词（成词的词素，词形为一字，音为一音节）、使用单位的韵律词和双音词（成词或不成词的双词素，词形为两个字，音为两个音节）。

从人的词汇知识构成角度看，一个人掌握了一种语言中一定数量的词汇

---

① 某些合成词在使用中往往可以拆开，在中间插进别的成分，变成了词组。这种结合在一起时是词、插入别的成分时是词组的合成词称为“离合词”。这些词与动宾结构词组的区别在于动宾结构的词组一般都是由两个成词语素构成。离合词多为较俗的口语词。

② 语法学界区分词和词组一般以如下形式为标准：①该组合能否单用，其构成成分能否单用；②构成成分能否被同形替代；③能否拆开；④能否扩展。词汇学界一般从意义角度来区分词和词组，认为如果结构意义等于成分意义的总和，那么该结构是词组；如果结构意义已经发生了意义的变化，不等于成分意义的总和，那么该结构是词。

③ 吕叔湘：《汉语里“词”的问题概述》，《吕叔湘文集》第二卷，北京：商务印书馆2004年版。

④ 刘叔新《汉语描写词汇学》认为，语言系统中的词，一般必须具有定型性，即“它有稳定的语音形式和意义”，“‘稳定’具有重要的社会客观性而排斥个人的主观性”。“定型性必同时带来复呈性，或者说，与复呈性互为因果。‘复呈’是普遍地、大量地在言辞中呈现，是自然涌现或几乎无意识地用到言辞中的，不是有意识地搬借。”（北京：商务印书馆1995年版，第29～31页）

⑤ 董秀芳：《词汇化：汉语双音词的衍生和发展》，成都：四川民族出版社2002年版，第40页。

⑥ 冯胜利：《汉语的韵律、词法与句法》，北京：北京大学出版社1997年版，第1～25页。

和构词知识，也就具备了一定的词汇能力。一个人所具有的词汇知识既包括对一定数量个体词的知识，也包括对词的构成的一般知识。前者是存储在语言使用者的头脑中的词库，即一种语言中一个个具体词汇单位的总体；后者是用以生成语言中可以接受或可能出现的词的结构规则，即词法。① 董秀芳认为词库（lexicon）和词法（morphology）二者之间是一种互动的关系，词法可以看作借以产生可以被语言使用者接受的词的规则系统。② 一般来说，存储在人脑词库中的复音词的意义基本上是一个不可分割的整体，即作为结构成分的语素义具有泛化性或整体词义具有特异性，不是构成成分的简单相加；而根据词法模式生成的复音词的意义仍是可以分割的，即作为结构成分的语素义不具有泛化性或整体词义不具有特异性，往往是由结构成分的语素义叠加而成。由词法模式构成的复音词是词库不断丰富的源头，而进入词库的复音词则是词法构词的结果。③

根据原型理论，汉语复合词结构的研究不只是对某一个或几个词进行孤立的结构形式的分析，而更是在家族相似性背景下，以某些"原型"的结构特征为线索将不同类型的复合词甚至词组系联在一起进行系统性研究。

二、复音词与双音化

近代汉语复音词的发展是不断吸收口语的结果，汉语词汇发展演变的历史也是汉语由单音词向双音词发展演变的历史。汉语词汇从以单音词为主过渡到以双音词为主，这是汉语发展的必然趋势。如《左传·隐公元年》："蔓难图也。"孔颖达疏："喻段之势稍大，难可图谋也。"例中单音词"图"演变为双音词"图谋"。又《隐公三年》："夫宠而不骄，骄而能降，降而不憾……鲜矣。"孔颖达疏："恃君宠爱未有不骄，亦既骄矜必不能自降其心，强降其心未有不恨，亦既怨恨，必不能自重其身……"例中单音词"宠"、"骄"和"憾"演变为双音词"宠爱"、"骄矜"和"怨恨"。

双音化的过程伴随着词汇化和语素化，一方面是一个由大于词的单位词汇化为词，而另一方面也是构成双音词中的原单音词由词语素化为语素。双音化有两种类型：一种是由短语凝固成词，另一种是两个构词成分按照一定

---

① 存储在词库中的词作为备用单位是有限的和书面语中已有的，而以词法规则构成的短语或句子作为口语使用单位是无限的和随机的。

② 董秀芳：《汉语的词库与词法》，北京：北京大学出版社2004年版。

③ 如《汉语大词典》收释的有些复音词，较早的义项多为词法构词义或尚未凝固成词的词组义。

的词法模式直接合并成词。二者中原可独立成词的构词成分经双音化皆成为语素。近代汉语词汇在发展过程中，其双音节化的趋向日益鲜明和突出，很多单音节的词或多音节的短语在交际过程中都取得了新的双音节形式。如“安——安装、安顿”，“度——测度、料度、量度、忖度、臆度、揣度”，“究——考究、体究、研究、寻究、推究”。又如据陈明娥《敦煌变文词汇计量研究》一书考察，敦煌变文中有 1 879 个双音新词，其中约有 62.05% 在唐宋至明清一直使用，而沿用至现代汉语的有“搬运、匆忙、赤诚、到处”等565 个，约占 30.07%。[①]《朱子语类》则是用半口语的语言写成的文献，既有上古汉语的成分，也有当时的口语成分，书中使用了大量的双音节词，体现了上古汉语向近代汉语发展过程中双音节词渐占主导地位的趋势。如：尖新、闹热、计挂、差错、把捉、强勉、松爽、挑拨、严紧、上手、入头等。这些词语有的因袭前代而沿用，有的则是当时产生的新词或新义，其中还有一些词语是由词组凝固而成。如“害事”有“不利、碍事”的意思。卷一一六：“吾友看文字忒快了，却不沉潜，见得他子细意思。莫要一领他大意，便去转抟摸，此最害事！”又卷一三六：“《开宝通礼》当时做不曾成，后来太祖足成了。而今一边征伐，一边制礼作乐，自无害事，自是有人来与他做。”又如“做大”有“摆架子、自己尊自己”的意思。卷九六：“（韩愈）资才甚高，然那时更无人制服他，便做大了，谓世无孔子，不当在弟子之列。”再如“退听”由“退而听从”的意思引申而有“收敛”的意思。卷一二：“心在，群妄自然退听。”又卷七二：“只恐居其位不久。若久，少间此等小人自然退听，不容他出来也。”同时，随着人们思维的日益精密、词汇所承载的信息量日益增大，新出现的词汇成分也表现了向多音节语音形式发展的趋向，如出现了“大小大、了不得、巴不得”等三音节词语。

双音化开始于上古，从魏晋南北朝时期开始，双音词数量不断增加，形式也渐趋丰富，双音词的优势进一步扩大，汉语词汇系统的面貌发生了巨大变化。近代汉语中双音词基本发展成熟，逐渐取代了单音词在汉语词汇上的主体地位。这一时期，“双字格”成为普遍运用的造词法，在汉语韵律的制约下，不断形成大批双音节词。一些原有的单音节词的使用频率逐渐低于后产生的与之同义的双音节词。如“渐”和“渐渐”，《敦煌变文》为42/14，《朱子语类》为105/221，《金瓶梅》为16/46；“果”和“果然”，《敦煌变文》为12/8，《朱子语类》为236/16，《金瓶梅》为20/103；“真”和“真个”，

① 陈明娥：《敦煌变文词汇计量研究》，南昌：百花洲文艺出版社 2006 年版，第 71 页。

《敦煌变文》为27/0，《朱子语类》为233/161，《金瓶梅》为41/103。[①] 这也与汉语在口语运用中讲究韵律和谐相适应。

词是语言表达概念的最基本的运用单位，一个民族文化的发展总是会在语言中反映出来的。随着社会的发展和新事物的涌现，就会有相应的词语来表现。新词或者另造，或者在旧词的基础上派生而成。新事物新思想是层出不穷的，并且每一新事物新思想都需要一个相应的词来记录。由于一种语言中的音节有限，单音词不可能无限增加，因此人们便考虑到要提高固有词的利用率问题，就产生了一词多义现象，但是让一个词无限制地表达很多意义不仅办不到，也不便交际。我们的祖先也曾在汉字上大做文章，想利用汉字的表意文字的特点，通过大量造字从字形上分化一词多义和区别同音词，如竟境、莫暮等，但这个办法不能解决口头语言的问题。于是人们想到了增加音节的方法，产生了多音词，但无限制地增加音节又有很多不便，因为语言在使用中要求词有简便性。表意的明确性要求词的音节由简趋繁，而用词的经济性又要求词的音节避繁就简，这两种倾向互相制约，使汉语的词形成了双音化的发展规律。兹古斯塔《词典学概论》说："一般来说，照惯例单个成分可能具有的多义性由于排除了不适用于有关复合词的那些意思而简化了。这就是复合词中排除歧义的作用。"[②] 汉语词汇的复音化，主要由语言的社会交际功能决定，复音词的两个语素相互作用而使词义趋于单一化、鲜明化和丰富化。具有多义性的单音词作为语素组成复合词，由词组中词与词的组合变为复合词中语素与语素的复合，可以说是近代汉语生成词的主要方式，也是近代汉语词汇本质上的一个变化。

复合词在以单音词为词素组成的词组基础上构成，这与汉语的形声字以文组字构成单音词相似。复合词的结构对应相应结构的词组，如主谓、状中、述宾、定中等，隐含了句法结构，表层结构显露词义，深层结构隐含句义。

汉语的复合词大多是由相应的临时组合的词组逐渐凝固而成词。王力《汉语语法纲要》中明确提到"词组凝固化"和"有些复音词是由仂语（即词组）演变而来的"，[③] 指出："汉语新词的产生，其重要手段之一，本来就靠仂语的凝固化"。[④]

拙文《论词组结构功能的虚化》指出："汉语复音词往往是由两个单音词

① 杨荣祥：《近代汉语副词研究》，北京：商务印书馆2005年版，第39页。
② ［捷］兹古斯塔著，林书武等译：《词典学概论》，北京：商务印书馆1983年版，第180页。
③ 王力：《汉语语法纲要》，上海：上海教育出版社1982年版。
④ 王力：《汉语史稿》，北京：中华书局1958年版。

的临时组合而逐渐固定下来的，其最初尚是一个词组，搭配灵活，单音词与单音词之间可以自由搭配，其各自所表示的词义在由其组合成的词组中有所虚化。随着两个单音词之间的搭配关系逐渐固定，这两个单音词也就由临时组合的词组凝固成一个词，由其组合成词组的词组义在其各自原来表示的具体义基础上进一步抽象虚化，从而形成了由其所组成的复音词的词义。”① 认为两个单音词临时组合的词组凝固成一个词“可看作是由词组虚化为词的一种词汇语法化过程”。② 如“藏书”和“遗产”由表“收藏的书”和“遗留下的财产”义的偏正词组结构功能的虚化凝固成词，“爱人”和“爱生”由表“爱的人”和“喜爱的学生”义的偏正词组结构功能的虚化凝固成词，“瓦解”和“响应”由表“像瓦一样碎解”和“像回声一样应合”义的偏正词组结构功能的虚化凝固成词，“加油”由表示“添加燃料或动力”义的动宾词组结构功能的虚化凝固成词而有“加劲”义，“开心”由“开启心智”和“开露心意”义的动宾词组结构功能的虚化凝固成词而有“欣悦的情绪”义，“关心”由“关涉于心”的动宾词组结构功能的虚化凝固成词而有表示“（把人或事物）常放在心上的重视爱护”义等。③

近些年来词汇化（lexicalization）和语法化（grammaticalization）的研究已成为学术界关注的热点和焦点，词汇化和语法化是语言历时发展中既相互独立又相互关联的相辅相成的两个研究领域。按照一般认为的定义，语法化是指具有实在意义的词逐渐演变为意义虚灵的语法成分或由一个语法成分变为一个虚化程度更高的语法成分，词汇化则是指非词汇性的句子成分变为词汇成分。④ 汉语在由古至今的发展过程中，很多双音词都经历了一个从非词的分立的句法层面的单位到凝固的单一的词汇单位的词汇化过程，即由词组演变为词。词组好比混合物，不同的物质仅仅混合在一起；由词组演变而成的复合词则好比化合物，不同的元素经过化学作用，已经结合为一种新的物质。从词组义到词义的语义演变包括了一个隐喻（metaphor）抽象化的过程，即语

---

① 徐时仪：《论词组结构功能的虚化》，《复旦学报》1998 年第 5 期。

② 董秀芳《词汇化：汉语双音词的衍生和发展》从短语、句法结构、跨层结构等的词汇化对汉语词汇化作了比较全面、系统的研究，指出“词汇化就是‘从句法层面的自由组合到固定的词汇单位的演变过程’”。她认为“值得提到的是徐时仪（1998）指出词组演变为词实际上是词汇语法化的过程，并对动宾词组的结构功能虚化作了分析”。（成都：四川民族出版社 2002 年版，第 35、329 页）

③ 参徐时仪：《“开心”考》（日本《中国语学研究开篇》2007 年第 26 卷）和《“开心”成词考》（《词汇学理论与应用（四）》，北京：商务印书馆 2008 年版）。

④ 参徐时仪：《“一味”的词汇化与语法化考探》（《语言教学与研究》2006 年第 6 期）和《“民主”的成词及其词义内涵考》（《上海师范大学学报》2007 年第 4 期）。

义由长度认知域延伸到品格、特性等其他更为抽象的认知域。这种变化符合人们从个别到一般、从具体到抽象的认知模式。在词组凝固成词的过程中，其原有词义的理据随着其结构功能的虚化而模糊化，彼此间在意义上具有更多的相似和相关性，结果导致其原有形式的句法范畴发生改变，由一个非词形式变为词。

词组结构功能的虚化反映了汉语词汇由单音节向双音节发展的趋势，双音节词的产生和发展是汉语史中关系到汉语词汇系统面貌的根本性变化。① 最初的双音词大多是从非词的句法结构演变来的。当句法结构有所变化时，其词义必然也会有变化；反之，当其词义有所变化时，也会引起句法结构的变化。就语义而言，由单音词合成的双音词体现了一个由词组义逐渐凝固成词的变化过程。词组是双音词最主要的来源。据认知心理学的研究表明，当构成一个句法单位或者虽不构成一个句法单位但在线性顺序上邻接的两个词由于某种原因经常在一起出现时，语言使用者就有可能将其视作一个整体而不再对其作内部结构的分析，② 这样就使得二者之间原有的语法距离缩短或消失，最终导致原来的语法结构功能的虚化，进而由相邻接的两个词凝固为一个双音词。

汉语中三音词的成词也是如此。如“了不得”和“不得了”都是在否定词组“不得”词汇化后再词汇化而成词，在表示程度深上两词同义，“了不得”则还可表示“不同寻常、极其突出”义。“了不得”的成词大致反映了由“V不得O”语法结构功能的虚化而经重新分析演变为“V不得”的词汇语法化过程，③ 现代汉语中的“舍不得”、“恨不得”、“怪不得”、“巴不得”等词与“了不得”相似，也都经历了由否定某种客观事实的词组义演变为表达某种主观意识情态义的词组结构功能虚化过程，进而凝固成词。

句法结构的词组词汇化为词，词法和句法的构造相似，其根本原因在于语言的生成机制，即表达同一语义的不同层级的语言单位来自于语言底层的相同的语义框架，从语义框架构成不同层级的语言单位遵循相似的原则。语义框架决定了不同表达层次的相似性，因而同一语义可用词、短语和句等不同的形式来表达。

---

① 双音节词在现代汉语词汇系统中居于主导地位。汉语中虽然也存在一些超过双音节的复合词，但数量不多，而且也是在双音复合词的基础上构成的，因而双音节词是现代汉语词汇的基本形态。

② ［瑞士］索绪尔《普通语言学教程》：“当一个复合的概念用一串极其惯用的带有意义的单位表达的时候，人们的心理就会像抄小路一样对它不作分析，直接把概念整个附到那组符号上面，使它变成一个单纯的单位。”（北京：商务印书馆1980年版，第241页）

③ 参徐时仪：《“了不得”与“不得了”的成词与词汇化考探》，《江苏大学学报》2009年第1期。

复合词的语义结构本质上是一种认知场景，可归结为一定的认知框架。在人对外界的心理认知中存在着诸多场景（scene），场景是由事件（event）相互联系构成的一个网络系统。这种知识结构的网络系统可看作由一个个认知框架相互交叠组成的结构体系。框架（frame）是与认知场景相联系的一个概念，篇章、句子、短语和复合词的生成，均源自人的记忆中各种各样不同结构的认知框架。

同一语义框架形成不同表述的原因是由于在特定的语境中，人们只能从一个特定的透视域去考虑一个场景；更确切地说，即使整个场景都在考虑之中，我们也只集中注意那个场景的某一特定的部分。语义框架之所以能形成不同的表述，还因为从语义框架压模成各级语言单位时，所依据的压模规则会有所不同。如框架成分在句子和短语中可以实现为词，而在复合词中一般只能实现为词素。框架是不同层次的语言单位生成的共同认知基础，同一框架可适应不同的需要，依据不同的规则，压模成句子、短语和复合词等不同的语言单位。①

词和词的组合搭配的变化又导致语法意义的相应的改变。如“很阳光”、“很少年”。一个语法框架必然要对进入该框架的词汇单位进行选择。符合要求的词汇成分进入框架会不断巩固强化该框架的典型意义，而不符合要求的词汇成分进入框架则会改变语法框架的意义。词和词的组合搭配的变化推动整个句法结构系统的变化和发展，词汇和语法是一种互动关系，语言系统是在这两者互动的变化中不断丰富和发展的。

因而一个句法结构的意义一旦形成，便会构成一个比较典型而稳定的意义框架，但这种意义框架又是随着进入这个框架的词汇单位的变化而有相应的调整。②

近代汉语中的许多复合词在先秦本是词组，这些由单音词凝固而成的复合词一般都经历两个构词词素独立并存同时又紧相结合的历时演变过程。这一过程可以说是一种词汇化现象。由于英语中词汇化（lexicalization）一词有时用以指与语法化相反的一种变化，即由语法成分变为词汇成分的变化，如up由介词用法演变出动词用法，而词组逐渐凝固或变得紧凑而形成复合词的词汇化与此不同，为避免理解上的歧义，且虚词本是一种语法成分，由词组演变成复音虚词的变化过程又可看作是语法化，因而我们认为可将由词组逐渐凝固而形成复合词或复音虚词的词汇化称作词组结构功能的虚化，即词组

① 朱彦：《汉语复合词语义构词法研究》，北京：北京大学出版社2004年版，第270页。
② 古代汉语不讲语法而重意合正取决于语义框架的意合。

原所承载的句法特征和自身的独立性不断虚化而凝固成词。双音词的衍生和发展既涉及词汇也涉及语法，词组结构功能的虚化不仅可解释句法来源的复合词，而且也可解释词法来源的复合词，即在汉语词汇双音化的驱动作用和同义并列构词法的类推作用下，运用同义联想把两个意义相近或相同的单音词并连成词组而形成复合词。

三、固定短语

词表达的是一个概念的意义，人们交际都是由词和词组合成句子才能表达完整的语义，而语的意义表达具有叙述性和完整性，人们往往用简洁而凝练的语就达到了交际的目的。固定短语的结构形式大于词，表意容量多于词，而在习用性、现成性和定型性上同于词，在造句功能上和词基本相当。固定短语是词化了的单位，结构形式虽与词组类似，但具有结构的定型性、语义的融合性、功能的整体性和风格色彩的民族性。一般包括成语、惯用语、歇后语、谚语、格言等。

成语、惯用语、歇后语、谚语、格言等是语言词汇中长期以来形成的形式简洁而意思精辟的语句，具有相对固定的形式和凝固的意义，通常表示一个哲理或反映某种社会现象，多为经验的结晶，含有深刻的寓意。成语中有很大一部分是从古代相承沿用下来的，语体风格庄重典雅，也有一部分是人们生活中常用的现成的话。成语大都出自书面，几乎都是约定俗成的四音节结构，属于文语性质，习语俗谚则是流传民间的平民日常口语，结构形式松散，属于口语性质。从原型理论上看，成语和习语俗谚既有形式结构上的相似性，又有深层语义的相融性特征，尤其是有些源自人们生活中现成话语的成语和习语俗谚之间往往没有一个绝对清晰的分界线，而是共同构成一个以现成话语为“原型”，形成一组与“原型”的现成话语具有各种不同程度相似性特征的词语。成语与习语俗谚都是语言词汇整体中的一部分，具有言简意赅和生动形象的特点。

成语是词汇中一部分具有固定的结构形式和完整意义的定型词组。成语的意义一般是一个统一的整体，而不是其成分意义的简单组合。成语与一般词组的区别在于“现成性”和“定型性”，其成分一般不能任意改换、增减、拆散或颠倒。

成语有很大一部分是从古代相承沿用下来的，在用词方面往往代表了一个故事或者典故。成语又是一种现成的话，跟习用语、谚语相近，但是也略有区别。成语大都出自书面，属于文语性质，并且在语言形式上，是约定俗成的四字结构，字面一般不能随意更换；成语在语言表达中有生动简洁、形象鲜明的作用。

惯用语是一种具有固定结构形式和习用意义的固定词组，带有比较灵活的结构和强烈的修辞色彩，多以动宾结构或偏正结构三音节为主，如“敲竹杠、大小大、犯手脚、露头面、杂骨董”等。

惯用语、歇后语多具有口语色彩，通俗易懂。

谚语是流传于民间的现成的通俗语句，具有相对固定的形式和凝固的意义，通常表示一个哲理或反映某种社会现象，多为经验的结晶，含有深刻的寓意。源自书面语的具有古雅色彩，源自口语的则直白通俗。

隐语是用通语的语音形式表达只有一小部分人理解的意义内容。如宋代商人称“一”为“丁不勾”，“二”为“示不小”；明代商人称“一”为“忆多娇”，“二”为“耳边风”；明末清初杂货铺的秘密数码中“一”为“平头”，“二”为“空工”。清末民初，各个行业对数字各有不同的称法，曲彦斌《中国民间秘密语》中有详细的罗列。

第三节　基本词汇与一般词汇

词汇具有全民性、民族性、时代性和开放性。词汇的全民性是指一种语言中的绝大多数词语被使用这种语言的大多数的人长期稳定地传承的状况。词汇的民族性是指一种语言中的绝大多数词语蕴含着使用这种语言的民族文化传统，词义系统中占主导地位的同质成分包容同化了异质成分。词汇的时代性是指一种语言新旧相承不会截然断层而又有不同时代的特征。词汇的开放性是指一种语言的词汇系统几乎是随时处于动态的演变中的，这种随时的动态变化有一个渐变的过程，正是一个个共时的渐变的运动形式连缀在一起，才形成了语言的发展史。概括地说，汉语词汇动态形式的历时表现可分为新要素的产生、旧要素的消亡和复生、异质成分的吸纳、词语的替换和词义的演变、造词法和构词法的发展等几个方面。

从不同角度对近代汉语词汇的构成进行分类可得出不同的类别，所有的词语可以从不同角度进行归类。如从音节的数量可分为单音节词、双音节词和多音节词；从包含语素的数量可分为单纯词和合成词；从词的使用频率可分为常用词和非常用词；从词的使用范围可分为通用词和专用词；从词出现时间先后的角度进行分类，有古语词和新词；从词在不同的交际领域运用的角度进行分类，有口语词汇和书面语词汇；从词运用区域的角度进行分类，有通语词和方言词；从词是否借用的角度进行分类，有本族语词汇和外来词汇等。

从词在近代汉语词汇系统中的地位和作用的角度进行分类，可分为基本词汇和一般词汇。

一、基本词汇

基本词汇是近代汉语词汇系统中的核心部分，集中地体现了近代汉语词汇的特性和内部发展规律，同时也是构成近代汉语词汇系统的基础。基本词汇所包含的词是基本词，这些词从数量上看，虽只占整个词汇系统的一小部分，但大多历史悠久，且通过基本词构成的词在数量上占整个词汇中的绝大多数；从所指来看，往往都是表示人们日常生活中最必需的事物和概念；从实际运用来看，使用频率高，意义也很明确。如表示自然界事物和现象的天、地、山、水、风、雨等，表示人体各个组成部分的头、脸、手、心等，表示处所方位的东、南、西、北、前、后、左、右等，表示动作行为的吃、走、说、笑、打等，表示性质状态的大、小、多、少、轻、重、美等，表示指称的这、那、我、什么等，还有表示时间、数量、程度、范围、关联和语气等方面的，其中有实词，也有虚词。基本词的总汇即基本词汇。基本词汇发展演变缓慢，具有较强的稳固性。近代汉语基本词绝大部分是从古代汉语基本词中传承下来的。古代汉语基本词汇发展到近代汉语阶段大致有三种情况：①有的基本词沿用为近代汉语基本词。②有的基本词发展到近代汉语阶段成为语素。③有的基本词在汉语的发展过程中或由于代表的事物不存在了，或由于人们的观点改变了，或由于语言的新旧质变等种种原因而转为一般词汇或中途消亡。

基本词汇作为语言基础的构成要素，是一个历时的概念，在语言发展的历史中处于不断积蓄的状态。现有的基本词汇是在词汇发展的过程中不断积累而来的。一般词汇的情况有所不同，常处于频繁的变动之中。

基本词汇与常用词的异同在于具有全民的通用性，即是不同领域、不同地区、不同语体、不同风格的词汇共核。

基本词汇的核心部分是根词，根词是基本词汇里基本的或根本的词，构成新词的能力很强。根词是近代汉语基本词汇里独立存在的部分，也是其他基本词所依存的核心部分，既是构词的重要语素，又是独立的词。

根词是表达词的词汇意义的主要部分，可以作词根。词根是一个词的根本组成部分，因而不是所有的词根都是根词。根词是词，词根是语素。根词是基本词汇的核心部分，词根是合成词中的核心部分。近代汉语的根词存于从古代汉语词汇中传承发展下来的基本词汇中，而与古代汉语基本词汇的根词有相续的发展关系。基本词一般可以作为词根，但是可以作为词根的不一定就是基本词。因此有的词根是基本词，可不一定是根词，有的词根既是基本词又是根词。

近代汉语中虽然双音节词（主要是合成词）已占优势，但基本词汇中仍以单音节词（单纯词）为主。从古代汉语词汇中传承下来的基本词仍是近代汉语词汇中的基本词，以古语词作词素的词一般也是近代汉语词汇的基本词。如“鞠躬、拂晓、目的”是完全使用古语词作词素构成的基本词，“将养、灌溉”是兼用古语词和后出新词作词素构成的基本词，“推敲”则是使用古今汉语词中皆为成词词素所构成的基本词。

就文白而言，文言中的词作为词素组成新的复合词的能产性要大于白话中的词。如“观”为“看”代替，组成复合词有“观赏、观光、观点、观众、观念、观望、观摩、观测、观察、观礼、参观”等。又如“拿”与“取”在“用手取物”上同义，白话中“取”为“拿”替代后，构成了“取代、取舍、取笑、夺取、提取、攻取、获取、换取、汲取、捞取、猎取、摄取、索取、攫取、牟取、榨取”等双音词。再如文言用“弃”表示“抛弃”，白话说“丢”和“扔”。以“弃”为词根组成的复合词有弃置、弃掷、弃逐、弃坠、弃子、弃妇、弃约、弃物、弃嫌、弃世、弃地、弃儿、弃权、弃信、弃舍、弃捐、遗弃、放弃、嫌弃、舍弃、背弃、捐弃、毁弃、废弃、厌弃、休弃、唾弃、委弃、杜弃、抛弃、离弃等，而以“丢”和“扔”为词根组成的复合词表“抛弃”义的除丢弃、扔弃外，只有丢却、丢人、丢脸、抛扔等。值得指出的是当缺乏表达某种新事物或新概念的词时，人们往往用文言中的词作为词素来创制新词；这也是所有的语言创造新词的普遍方式，如英语创造新词不采用现代英语的自由单词，而采用希腊、拉丁词根来创造新词；又如日语往往用古汉语中的词作为词素来创造新词。

二、一般词汇

基本词汇以外的词的总汇为一般词汇。近代汉语一般词汇是基本词汇发展的源泉，近代汉语中新的基本词主要是由一般词汇转化而来。一般词汇在反映社会的发展上非常敏感，几乎在不断的变化之中。一般词汇从数量上来说是相当庞大的，内容也丰富多样，凡基本词所没有涉及的各种概念范畴都包含在一般词汇中。一般词汇通常包括新词、古语词、方言词、外来词和俗语词等。

新词指近代汉语中新产生的词语，表达社会发展中的新生事物和概念。乔姆斯基曾指出："正常的语言使用就是一个无限的创新的过程，语言的最根本的特征就是它的创造性使用能力。"① 新词一方面反映了社会生活各个方面的变化发展，体现出语言的生命力和活力；另一方面丰富了词汇系统，增强了语言的表现力。新词语有的可以是整个词形是新的，有的可以是旧词新义，有的还可以是旧义新用。新词产生的途径大致为新事物新观念产生新造词、已有事物产生新词、词义演变产生新词、词组凝固成词或简缩成词、吸收其他语言或方言的词。每一个时代都有这个时代新产生的词，新词是相对已有的词而言，如"寻、觅"相对"索"而言是新词，相对"找"而言则是已有的词。新词本身具有的新颖性特点决定了其时刻处于变动不居的状态之中，不停地孳生新的成员以替代新意衰减或逐渐老旧的成分，因而新词是一个处于相对平衡中的概念系统，不稳定性是新词的一个重要特征。

古语词指的是在近代汉语中使用的来源于先秦两汉著作中的文言词。有的表示前代出现而近代已消失的事物，如"诸侯、客卿、井田"等；有的表示的事物或概念在近代汉语已为别的词替代，如"吾、尔、亦"等。

方言是就民族共同语而言的地域性的变体，方言词指近代汉语中不同地域使用的方言词语，与全民使用的通语或标准语相对。某一受地理阻隔的区域，由于本身的自然和社会人文环境的影响以及与邻接方言或其他语言接触，发生了有别于通语的变化。这种变化有的发生在某一方言中，有的发生在数个相邻方言中。在方言中，词汇是自成系统的，但是这种自成系统的方言又跟全民的通语系统密切相关，尤其在主体上存在着重合关系，且方言词和通语词在历史上是会互相转化的。哪一种方言成为通语或共同语的基础方言，不同时代不同时期各有选择。如果不考虑语音的差异（即把方言间有系统对应关系的语音差异看成一致关系），仅从词汇的角度来看，方言中的词汇成分，尤其主干的词汇成分，大多跟通语一致。因此，通常研究方言词只指那些跟通语不同的词汇成分。如通语中的"篱笆"、"仍旧"，方言为"篱落"、

① 褚孝泉：《语言哲学》，上海：生活·读书·新知三联书店1991年版，第201页。

“兀自”。

俗语词就雅俗相对而言，指近代汉语中相对于“正”或“雅”而言的白话词语，与口语词和方言词互有交叉。从词汇研究的角度来看，“俗”用于语言表达方面可以有两种理解，一方面是从地域的角度理解为“土俗、方俗”，这一意义的“俗语”或“俗语词”实际上就是方言或方言词。另一方面是从社会阶层差异的角度把“俗”理解为“通俗、世俗、常俗、凡俗”和“低俗、粗俗、庸俗”，这一意义的俗语词则指平时一般场合使用的词语，或在不讲礼节场合及不宜在严肃场合使用的词语。反之，适用于比较正式的场合，包括官方的、正式的、公共的、上层社会的、体现社会文明和道德典范的用语都是雅的。如上层社会的“令尊、令堂、令郎、令爱、贱内、拙荆、奴家、贱妾、在下、足下、府上、寒舍、伉俪、置喙、转瞬、间或、竟日”等。“俗”在汉语中被定位于不登大雅之堂，或者处在社会下层、限于一方不值得大众效仿或不宜于全民推广的，含有“普通的、低下的”之义，这可以从由“俗”组成的常用词看出，比如庸俗、鄙俗、低俗、俚俗等，“俗语词”中的“俗”也含有这样的意义。从这个角度来看，相对于通语、书面语和文言的方言、口语、白话都应该归入“俗”的范围。如下层社会的“老公、老婆、婆娘、堂客（妻子）、插嘴、难般、一眨眼、一天到夜”等，其中“婆娘、堂客、难般、一天到夜”带有方言色彩。又如陆游《老学庵笔记》卷一：“予在南郑，见西邮俚俗谓父曰老子，虽年十七八，有子亦称老子。”“老子”是父亲的俗称，本是宋代陕西南郑的方言词。从总体上看，俗语是在全民（全社会）典范度和通行度两个方面有明显局限的用语，即缺乏典范度、适用于比较随便场合的用语；雅言是在文化政治和地理位置方面居于中心地位、具有作为全民用语典范、适于正式和严肃场合的用语；通语则是介于雅言和俗语间具有中性色彩的全民通行语或标准语，如“妻子、儿子、夫妻、转眼、偶尔、整天”等。①

外来词指近代汉语中从外族语言中吸收进入汉语中的词语。“一种语言对另一种语言最简单的影响是词的‘借贷’。只要有文化借贷，就可能把有关的

① 词语的分类如同现实事物的分类一样，往往互有交叉，彼此之间并没有一条泾渭分明、非此即彼的界线。根据的标准不同，归类的结果也就不同。如根据词语的雅俗来归类，可将书面语、古语词等归为雅语，而将口语词、方言词归为俗语。一种词汇成分往往会表现出不同的色彩和特点，因而可能会在这种或那种词义色彩或词义特征上与相邻近的词汇成分出现交叉，但任何一种词汇成分自有其基本的特点，这种基本的特点正是这种词汇成分得以成立的根本条件。方言词、俗语词和口语词三者互有交叉，为行文方便，本书合在一起论述。

词也借过来。"① 词汇是文化的载体和思维概念的表现形式，外来词的产生是语言间相互接触和相互影响的产物。在汉外语言接触中，外来概念、意义不断地被借用到汉语中来，为汉语词汇系统带来了新鲜的血液，填补了汉语词义的某些空缺。外来词的意义内容是适应汉语交际需要而借用的，与外族语言原词的意义并不完全一致。广义的外来词包括表示外来事物和观念的词语，狭义的外来词指音译词。外来词的词义在汉语的演变发展中一般不再受外族语言原词词义的影响。

实际上新词、古语词、方言词、外来词和俗语词在语言的使用过程中也都互有交叉，如新词中有外来词和俗语词，外来词和俗语词中也有新词，古语词中有外来词，外来词中也有古语词。新词、古语词、方言词、外来词和俗语词的划分不可能一刀切，每次划分只能择用一个标准。

基本词汇和一般词汇在词汇系统中是两个性质、地位不同的范畴，但这两类词汇中的词语又不是可截然切开的。基本词汇与一般词汇的区分是相对于一定的历史时期来说的，不同历史时期二者的面貌有所不同。由于词汇系统是一个动态发展的系统，基本词汇和一般词汇也相应地处于互相渗透、互相转化的动态变化中，随着社会的发展，基本词汇和一般词汇的词义都在进行相应的调整、演变和更新。活跃的一般词汇能及时满足语义表达的最新需求，为词义系统不断补充新的元素，同时也冲击着基本词汇中的语义构成。因而基本词可能转变成一般词，一般词也可能转化为基本词。近代汉语基本词汇和一般词汇二者中的个别成分是可以相互转化的，二者处在一种相互依存、不断转化的关系中，促进整个近代汉语词汇系统的丰富和发展。俞理明在《词汇历史研究中的宏观认识》一文中指出：通常我们把词汇划分为基本词汇和一般词汇两个部分。不过在实际的研究中，这种分法似乎没有太多的指导意义，就我们所看到的情况而言，至少在汉语研究领域，论者除了任意地举出若干个词作为基本词汇或一般词汇的样本之外，没有人以基本词汇或一般词汇为特定对象，展开描写性的研究，甚至对于如何区分基本词汇成分和一般词汇成分都没有一个很明确的标准，讨论往往依据个人的语感而定，带有很大的主观性和随意性。他认为综合共时和历时两个方面来观察，从使用范围来看，不同的词汇成分存在着时间和空间两方面的差异，即词汇成分在稳定性和普遍性方面的差异，因而可以把词汇分为四个部分：基本层、常用层、局域层、边缘层。

① ［美］爱德华·萨丕尔著，陆卓元译：《语言论——言语研究导论》，北京：商务印书馆 1985 年版，第 174 页。

词汇基本层和常用层是词汇中全民通用的部分，适用于各种人群和场合，能够满足一般交际的需求，构成词汇的主体部分。从共时的角度来看，二者其实并没有区别。一些常用层的词汇成分在语用中可能比基本层的词汇成分更加活跃，它们的区别在于不同的历史背景。基本层的词汇成分是经过长期使用稳定下来的，而常用层的词汇成分在稳定性方面有所欠缺。与此相对，词汇的局域层和边缘层是词汇的外围部分。其中局域层是词汇中最具特色的部分，如口语词、方言词、行业词、雅言词或特殊文体用词等，主要使用于某些特定的人群或特定的场合。边缘层，即那些已经退出词汇或尚未进入词汇的偶发成分，也不是全民通行的。在历史的发展中，词汇的这些层面间是有交流的。基本层的词汇成分如果失去了稳定性或常用性就会进入局域层、边缘层；常用层的词汇成分随着长期的使用如果具有了稳定性也会进入基本层，反之如果不具有常用性会进入局域层、边缘层；局域层、边缘层随着长期的使用如果具有了稳定性和常用性也会进入基本层、常用层。汉语中，有许多词语曾经使用一时，后来就不再使用了，但这些词语并没有彻底消失，它们可能留在一些人的记忆中，或者保存在文献之中。这些退出交际的词语，有可能随着我们对某些过去事件的追述或者对文献的查证引用，重新出现在交际中。由于它们的客观存在并且有“死灰复燃”的可能，因此有必要在词汇的边缘部分为它们保留一个位置。此外，在语言应用中也常常有一些个人的创新成分或通过语言接触的外来成分进入本族语交际。这些刚刚出现在交际中的新成分具有偶发性。在没有被交际群体接受之前，它们都只能算是候补的词汇成分。它们可能在此后交际中被群体接受，成为社团词汇成分甚至通行于全民范围。如果没有被人接受，就作为一种不成功的尝试而夭折。这类词汇成分也可能保留在文献或记忆中，应该在词汇的边缘层占据位置。①

由于词汇的变化主要反映在各个层面词语的交流中，新兴成分总是出现在局域性和边缘性词汇的外围，具体体现在新词新义的出现和旧词旧义的消亡，所以近代汉语词汇研究的重点主要在于各个层面中词语彼此关系的变化，如基本层和常用层中常用词的演变，以及使用场合特殊或变化相对剧烈的局域层和边缘层中词语的演变。

---

① 俞理明：《词汇历史研究中的宏观认识》，《江苏大学学报》（社会科学版）2008 年第 3 期。

第三章 近代汉语词汇的传承与发展

Jin DAI han yu CI HUI Xue

第一节　近代汉语词汇的来源

近代汉语词汇处于文白此消彼长的过渡阶段，既有白话的成分，又有大量的文言成分，即既有一些自古传承下来一直使用的基本词和以文言中的词作为词素组成的复合词，又有不少新创的词和词义，还吸收了一些方俗口语词和外来词等。

一、承古

近代汉语是从古代汉语发展而来，许多词语是从先秦以来各个不同的时代积淀下来而以各种形式保留在近代汉语中。词汇是语言中变化最为活跃的要素，但就整体而言，词汇的发展是以传承作为前提和基础的，尤其是基本词汇的古今传承更是保持语言连续性的需要。由于语言的渐变性和继承性，古代词语有很大一部分仍在近代汉语中沿用，大多属于基本词汇。如据郭作飞《〈张协状元〉词汇研究》一书统计，《张协状元》中所使用的 4 563 个词中，上古汉语就已产生并普遍使用的有“爱、安、保、从容、独立”等 2 239 个，中古汉语就已产生并普遍使用的有“通宵、围绕、想必、思忆”等 1 071 个。①

近代汉语中承古的词除“人、手、马、岁”等基本词汇和“诸侯、稽首”等一些所指为古代事物或现象的词外，多为雅言词。这些雅言词不仅在文言风格的语体中使用，且还多作为构词语素组成复合词使用。近代汉语中的常用词也不是突然出现的，其中有一些词也是承古代口语词而来，如“恁地”、“怎生”。这些词的雏形在古代书面语记载的对话等场合中已出现，可见其是由口语逐渐取代古代书面语而成为古白话书面语。

新义一般也是在承古的词义基础上发展而来。近代汉语词汇除由于新事物或新认识的需要以既有词为基础而造的新词或从其他民族语借入的外来词外，绝大多数是在承古累积中逐渐质变而成。有一些单音新词是原有词义的引申，如“弯”指弯曲的形状。《京本通俗小说·志诚张主管》：“唬得张胜

① 郭作飞：《〈张协状元〉词汇研究》，成都：巴蜀书社 2008 年版，第 186 页。

便走，渐次间行到巷口，待要转弯归去。”“弯”又可写作“湾”，指水流弯曲的地方。据《说文》云：“弯，持弓贯矢也。”李白《塞下曲》：“弯弓辞汉月，插羽破天骄。”“弯”由持弓贯矢的动作引申而有“曲”义。如《维摩诘经问疾品变文》：“而又眉弯春柳。”岑参《凉州馆中与诸判官夜集》：“弯弯月出挂城头。”“弯”所指曲折的形状与弯弓的曲度相仿而有一定规则，由动词演变为名词，又演变成形容词，后又替代了“曲”，可指任何曲折之形，而“曲”则成为词根，只出现在复合词中，不再单用。

又如“回”，本义是“旋转、回绕”，后引申为“卖、买”。元姚守中《粉蝶儿·牛诉冤》：“好材儿卖与了鞋匠，破皮儿回与农夫。”《初刻拍案惊奇》卷八：“两人一同上酒楼来，陈大郎便向酒保打了一角酒，回了一腿羊肉，又摆上些鸡鱼肉菜之类。”

再如“麨”指干粮，又有“鬻干”义，后又写作“炒”。“炒”是“煼”的换旁字，唐以前文献中已见用例，有“把东西放在锅里翻拨使熬干或熟”义。如《齐民要术·造神麴并酒》：“炒麦黄，莫令焦。”近代汉语中产生有“喧闹”义。如《朱子语类》卷一二一：“既无家事炒，又无应接人客，正好提撕思量道理。”元郑光祖《老君堂》第三折：“百万天兵喊声炒，自古无今番战讨。”《初刻拍案惊奇》卷二十：“那家庭间每每被这等人炒得十清九浊。”此义后又作“吵”，引申又有“争吵”义。如《儒林外史》第十八回：“三公子只给他两个钱一个，就同那馒头店里吵起来。”

从词句的来源上看，汉语往往利用原有的词去表现一些新事物，从而使这些词增加了新的意义，反映了新事物的出现。如“烟”，古指物质燃烧所产生的气状物。陶潜《归园田居》：“暧暧远人村，依依墟里烟。”明代中叶，烟草由吕宋传入中国南方，“烟”于是就有了指烟草和烟草制成品的新意义。俞正燮《癸巳存稿》卷十一：“崇祯末，嘉兴遍处栽种，三尺童子莫不食烟。”

有些词则是由比喻用法凝固而成。如“絮”，本义是粗丝绵，又指棉絮，因其柔软牵连成团，又用以比喻说话重复，唠叨。《朱子语类》卷六九：“此爻何曾有这义，都是硬入这意，所以说得絮了。”元赵显宏《秋》：“雪压的丹枫似染，促织儿絮的人看厌。”又引申为“厌烦”。《红楼梦》第三十四回：“只拿那糖腌的玫瑰卤子和了吃，吃了半碗，又嫌吃絮了，不香甜。”又如“醋”，本义是调味用的酸味液体，后又用来比喻男女关系上产生嫉妒心情。《初刻拍案惊奇》卷三十二：“只怕你要吃醋拈酸。”《红楼梦》第二十一回：“他醋你使得，你醋他使不得。”再如“黄”，本义是黄色，叶子枯萎则颜色变黄，后又用以比喻事情失败或落空。《红楼梦》第八十回：“薛蟠听了这话，又怕闹黄了宝蟾之事，忙又赶来骂香菱。”

有些词是由实词虚化而来。如“和”在古代的常见义是“和谐”与“应和”义，由“应和”义引申有“连带”义。如元稹《贬江陵途中寄乐天》：“紫芽嫩茗和枝采。”杜荀鹤《山中寡妇》：“时挑野菜和根煮。”《水浒传》第十七回：“要去梁山泊叫千百个人来，打此二龙山，和你这近村坊，都洗荡了!”又由“连带”义虚化为介词。如《敦煌变文集·地狱变文》：“老去和头全换却。”《朱子语类》卷三〇：“若专守虚静，此乃释老之谬学，将来和怒也无了，此成甚道理?”又卷七四：“周子、康节说太极，和阴阳滚说。”董解元《西厢记诸宫调》卷五：“当时闻语，和俺也恓惶。”近代汉语中进而虚化为连词。如岳飞《满江红》：“三十功名尘与土，八千里路云和月。”

近代汉语中有些复音词也是承古而来。如“合计”，古义指“合在一起计算，统计”，后产生“合谋，共同商量”的意义。《警世通言》卷二十四：“分明是皮氏串通王婆，和赵监生合计毒死男子。”又如“客气”，古义为“言不由衷”、“虚夸浮泛”、“一时的意气”等意思，后产生“谦让、讲礼仪”义。李渔《玉搔头·媲美》：“你二人都不消客气，寡人决不为旧人情好，薄待新人；也决不为新人义重，冷落旧人。”再如“生活”最初的意义是“生存”。如《孟子·尽心》：“民非水火不生活。”引申为“生计、过活、境遇”等义。如《南史·梁临川王宏传》：“武帝检视宏库，有钱三亿余万，谓曰：‘阿六，汝生活大可。’”也可由指物质生活而指精神生活。如宋刘克庄《跋表弟方遇诗》：“今通夕参语，乃是一段冷淡生活。”唐宋时由生计引申又转化为表“工作”的新义，即活计、活儿。如《京本通俗小说·碾玉观音》：“日逐也有生活得做。”又如《元典章·工部段疋条》：“造作生活好歹体复，丝料尽实使用。”

传承意味着继承旧词义，发展意味着旧词义发生改变或产生新词义。新旧义间的内在联系是词义传承发展的理据。

二、新造

一个意义采用一个新的毫无意义关联的语音形式，意味着一个新词的产生；而一个意义用一个固有的有意义关联的音义结合体表示，就意味着一个新义的产生。

每个时代都会有成批的新词语出现，形成一道新词语的风景线，反映了新的事物对象和社会现象。

语言，尤其是词汇，总是处于不断吐故纳新的动态变化之中，反映旧概念的词语不断被反映新概念的词语所替代，体现新时代出现的新事物的新词语又不断地涌现出来。词汇数量的增加、词义的更新演化、词语用法的变迁等无时无刻不在进行之中。新词给一个时代的词汇增添了生机和活力，新义则丰富了一个时代原有词汇的内涵与表现力。

词是语言中最活跃的因素，语言的发展变化往往首先反映在词汇的发展变化上。词汇发展的主要方式是创造新词，而新词的创造又是在已有的语言材料和构词方法基础上进行的。每一个时代都有一批新词产生，同时也有一批旧词消亡。语言本身具有一种自我调节的功能，在约定俗成过程中具有筛选的机制，不被认同的语言成分会逐渐消失。词汇在发展过程中最明显的表现就是新造词的不断出现，新造词的“新”是一个动态的相对的时间概念，每一个时代都会产生大量的新词新义，这是词汇发展的总趋势。[①] 一般说来，随着时代的发展变化，新词新义会源源不断地进入到民族语言的词汇系统之中。社会变动得越快，新词新义产生得越多，新旧更替率也越高，新词新义的新鲜感消释得也越快。新词新语表现出来的基本特点就是给人耳目一新的新颖性，要么用一个新形式，要么有一个新意义，要么是一种新用法，要么从局部使用走向全民通行，等等。这既是新词新语生命力之所在，也是决定新词新语命运的关键因素。换言之，一批较早进入词汇系统的新词新义会逐渐丧失其新颖性，变得不再流行，成为一般词汇；有的则弃置不用，逐渐消亡；其中只有极少一部分被经常使用，成为一个民族语言的基本词汇。

词汇系统在不断地变化着，每个词都有从无到有的过程，从这个意义上来说，每个词都曾经是新词，而近代汉语的新词就是在近代汉语的发展过程中新出现的原来词汇系统中没有的词语。[②] 新事物的产生导致新概念的生成，大部分新词是随着新事物的诞生而产生的。新词是一种语言现象，又是一种

---

① 董志翘《入唐求法巡礼行记词汇研究》：“词汇的发展包括两大方面：一是作为信息的载体，随着社会政治经济文化的发展，词汇负荷量增加，势必产生许多新词；二是作为词的核心——词义的发展，即‘一个形式向一种新意义的伸展’。每一个时代都会产生大量的新词、新义，这是词汇发展的总趋势。”（北京：中国社会科学出版社 2000 年版，第 90 ~ 91 页）新词并非都是流行词，新词很可能稍纵即逝或仅为少数人使用，流行词也有可能是原有的旧词重新流行而成为时髦。

② 张永言《词汇学简论》：“词汇学上说的‘新词’（neologism）指的是为了适应文化发展和社会生活变化的需要而新造的那些词。”“新词一般是利用语言里已有的构词材料按照既定的构词规则产生出来的。这类新词适合于现有的构词手段和构词方法的体系，不违背语言里已经固定下来的模式，所以出现之后就可能通行开来。”“有一些词就它们的外部形式来看可以说是语言里固有的，但是它们已经获得了新的意义内容。而新义和旧义之间又没有明显的联系，这样的词也应当算是新词。”（武汉：华中工学院出版社 1982 年版，第 87 页）

社会现象和心理现象。它从多个层面折射出了一个时代的社会发展。新词产生的原因是多方面的，如追求新鲜感、求雅、求简观念的变化，而根本的原因在于社会的变革和发展，新生事物和概念的层出不穷。[①] 唐宋以后社会经济发展迅速，农副业、手工业、商业和贸易都有较大发展，学术发达，俗文学兴盛，与此相适应，汉语词汇也出现了许多变化和创新，出现的新词、新义比以往任何时候都多，呈现出不同于上古汉语的新面貌。如打点、东西、没巴鼻、合下、著便、后手、白干、白快、白直、别白、抟摸、吃紧、出脱、犯手、放顿、勾当、乖角、合当、落索、扑落、投合、尾梢、温吞、下落、业次、头项、因依、应副等。这些词都不见于前代，其中有一些词仍沿用至今。新词新语的大量产生极大地丰富了近代汉语词库，满足了当时社会人们表情达意的语用需求，拓展了汉语词汇的衍生方式和语用来源。主要表现为反映生产、生活和技艺的新词大为增多，有关于典章制度的，有关于风俗习惯的，有关于文化生活的，有关于饮食衣着的，有关于科技的，有关于动作和情貌的等。如有关科举的有状元、榜眼、探花、乡试、会试等；有关作坊、市场、商行、店铺的词语有木作、裁缝作、米市、鱼行、馄饨店、针铺、药铺等；有关食品的有三鲜面、蜜糕、烧饼、月饼、麻糖等；有关农作物品种中稻米的有早稻、黄米、箭子米等几十种；有关蚕桑业的有桑儿、蚕屋；有关风俗习惯的有射柳、牵巾、撒帐、暖房、点汤等；有关自然科学和应用技术方面的有日球、月球、地球、比例、测算、测量、几何、推论、平面、体积等。新产生的词里双音词占明显优势，三音词和四音词也有所增加。

（一）单音新词

近代汉语单音新词中有一些是用新的词来表达新的概念。

1. 新词采用旧有的书写形式

新词承传原有词的书写形式来表达新内容，新词和原有词只是书写形式相同而意义上没有关系。

如“吵”，本指鸟鸣，[②] 近代汉语中用以表“争辩、喧闹”义。如《张协状元》：“你也忒吵。”冯梦龙《挂枝儿·惧内》：“略犯他些规矩也，动不动有几夜吵。”

又如“风”指自然界中空气的流动，近代汉语中用以形容人的言行十分轻狂。如《金瓶梅词话》第二回：“西门庆笑道：‘你看这风婆子，只是扯着风脸取笑。’”《二刻拍案惊奇》卷八：“沈将仕越肉麻了，风将起来。”此义

① 人类的自我表达心理和创造心理也是造成语言不断变化和新词产生的一个动因。
② 《玉篇》卷五：“吵，弥沼切，雉鸣。”

后作“疯”。①

新词新义的判断没有一个绝对的标准，因为一个新词或一个新的义位的产生，往往先是活跃在口语中，然后再被记录下来，而目前我们只能根据文献进行考查，且随着研究的深入，调查文献的面不断开拓，有些新词、新义的出现年代也会不断被改变。② 张永言《词汇学简论》：“当一个词的新义和旧义还保持一定的联系，处于同一个词的意义结构之中的时候，这是词汇的质的发展而非量的增长；如果一个词的新旧意义的联系已经断绝，或者说意义结构已经解体，结果就是新词的产生，即词汇的量的增长，同时包含着质的发展。”③ 有一些近代汉语词语是借旧词的形式来表达新的内容，有一些则是后造的字与已有的字形偶合。这些新词跟词义的引申不同，新词和原有的词之间没有意义上的联系。如“瞧”字见于嵇康《难自然好学论》：“睹文籍则目瞧，修揖让则变伛。”指眼睛生病的意思。元代用来表达“看，偷看”。关汉卿《新水令》：“怕别人瞧见咱。”又如“梢”，上古指树尖或树枝的末端，近代汉语可指赌博的本钱。《水浒传》第一百零四回：“前日范全哥哥把与我买柴薪的一锭银在此，将来做个梢儿，与那厮掷几掷，赢几贯钱回去，买果儿吃。”再如“稍”本义指禾末，近代汉语中也可指赌博的本钱。《二刻拍案惊奇》卷八：“弄得诸姬皆赤手无稍可掷。”

2. 新词采用新的书写形式

新词用原有词中没有的形或音表达新义，或取代原有的词。

如“焐”，指用热的东西接触凉的东西使变暖。元李文蔚《燕青博鱼》第三折：“你便来杀了我，到那寒冬腊月里害脚冷，谁与你焐脚。”又如“划”，《广韵》户花切，读 huá，指以桨拨水使船前进。《五灯会元》卷四十九：“却向干地上划船，高山头起浪。”④

有一些是用新的词来代替原有的词。如“乳”指由乳腺分泌出来的白色液体，宋元后“乳”渐为“奶”替代。宋王贶《全生指迷方》卷四：“皂角散，治乳妇吹奶。”又如“斫”指用刀斧等砍或削，五代至明渐为“砍”替

---

① 《正字通》：“风，今俗狂疾曰风。别作疯。”

② 董志翘：《入唐求法巡礼行记词汇研究》，北京：中国社会科学出版社 2000 年版，第 91 页。张永言《从“闻”的词义说到汉语词源学的方法问题》指出：“某个词或词义最先见于某一文献并不意味着它在语言里就产生在这个文献的撰著年代；找出最早用例的目的只在于确定一个词或词义产生的时代下限，即是说它在语言里的出现不晚于某个时代。”（《语文学论集》，北京：语文出版社 1999 年版，第 17 页）

③ 张永言：《词汇学简论》，武汉：华中工学院出版社 1982 年版，第 56 页。

④ 划，《广韵》古卧切，读 guò。《广雅·释器》：“划，镰也。”

代。《祖堂集》卷八《曹山和尚》："师云：'刀斧砍不入。'"明冯惟敏《僧尼共犯》第二折："钝刀磨得快，双手砍西瓜。"

3. 新词多义

多义化是汉语词汇增强表达力的重要手段之一，这在近代汉语中成为一个显著的趋势，许多新产生的词不久就变成了多义词。如"丢"表"抛投、抛弃"义最初多见于口语。如元康进之《李逵负荆》第一折："把烦恼都也波丢，都丢在脑背后。"明刘侗、于奕正《帝京景物略·城东内外》："七月七日之午，丢巧针，妇女曝盎水日中，顷之，水膜生面，绣针投之则浮。"由"抛投，抛弃"义引申又有：①搁置，放下。冯梦龙《挂枝儿·心口相问》："待想又不该想，待丢时又怎好丢。"②遗留。《儒林外史》第十七回："我一生长是个无用的人，一块土也不曾丢给你们。"③遗失。《红楼梦》第一百十九回："我的儿，你叔叔丢了，还禁的再丢了你么?"④施展，使出。《西游记》第三回："那戟有七千二百斤重。悟空见了，跑近前接在手中，丢几个架子，撒几个解数。"⑤敲，打。元无名氏《黄花峪》第四折："我看这莽拳头，向这厮嘴唇上丢。"⑥指性交。元关汉卿《蝴蝶梦》第三折："哥哥，你丢我时，放仔细些，我肚子上有个疖子呢。"也指性高潮时的一种生理现象。《肉蒲团》卷三第十二回："只见香云手足冰冷，一连丢了三次。"⑦丧失体面，出丑。《红楼梦》第六十八回："如今告我，我昨日急了，纵然我出去见官，也丢的是你贾家的脸，少不得偷把太太的五百两银子去打点。"⑧点，堆。冯梦龙《挂枝儿·耐心》："这一丢儿的相思也，何日得罢手?"

又如"掉"有"摆动、摇摆"义，引申而有"振动、转动、调换、摆弄"等义。近代汉语中又产生有：①旋转。《朱子语类》卷一："天地之形，如人以两盌相合，贮水于内，以手常常掉开，则水在内不出。稍住手，则水漏矣。"②抛，丢。金董解元《西厢记诸宫调》卷一："不曾旧相识，不曾共说话。何须更买卜，已见十分掉不下。"《初刻拍案惊奇》卷二十九："（幼谦）尽着平生才学，做了文赋，出场来就父亲说道：'掉母亲家里不下，算计要回家。'"③落，落下。《朱子语类》卷一〇六："后来申去，又如掉在水中一般!"元纪君祥《赵氏孤儿》第三折："是那一个实丕丕将着麤棍敲，打的来痛杀杀精皮掉。"④遗漏，失落。《朱子语类》卷七一："《彖辞》中'刚柔分'以下，都掉了'颐中有物'，只说'利用狱'。"《红楼梦》第二十六回："小红见贾芸手里拿块绢子，倒象是自己以前掉的。"⑤用在某些动词后面表示动作的完成。如《朱子语类》卷二九："盖他狂也是做得个狂底人成，不是做得一上，又放掉了。"《老残游记》第十五回："衣裳我都已穿在身上，并没有烧掉。"

（二）复音新词

近代汉语复音新词产生方式主要有同义连文产生新词、语义场中聚合成员相互替换增加新词、构词能力较强的语素形成新词。同义连文是最能产的造词方式，构词语素的大量出现也为新词产生注入了活力。近代汉语新词产生的途径大致可以分为新造、仿造、转化、吸收等。

新造是利用已有词语作为语素组成符合汉语习惯的新词语。如“安帖、巴鼻、别白、平白、人客、合下、鼓捣”等。

仿造是在已有词语基础上更换个别语素形成一个与原来的词语相关的新词，体现词语孳乳的能产性，在构造形式上通常表现出一种类化倾向，大多采用类比构词。言语修辞活动在词汇结构中的沉淀和固化是促成类推造词、仿拟造词、旧词“复活”“新用”的主要因素。在语言交际活动中，出于某种修辞目的的言语方式往往会转化为一定的言语模式，这种言语模式一旦在交际中获得其他成员的认可并被多次模仿和引用，修辞活动的思维模式就会因此而凝聚到语言的词汇层面之中，这样就促使了大量仿造词语、旧词新义、旧义新用的出现。

仿拟造词的衍生方式，即以现有词汇的某个词语模式为创构基础，进行类推、更换部分语素而成族群化地孳生新词新语，形成类义词族。这种构词方式中“大多数新产生的词语，都有一个现成的框架背景，这一框架背景就像是造词的模子（简称‘词语模’）一样，能批量生产新词语，并使其所生产的新词语形成词语族”。[①] 如“收杀、收束、杀泊、杀定、杀断，烦恼、恼怒、恼乱、苦恼，匹似闲、匹如闲”等。又如“嘴”本指鸟类的嘴，口指人类的嘴，近代汉语中“嘴”演变可指人类的嘴，形成“拌嘴、吵嘴、顶嘴、斗嘴、多嘴、回嘴、快嘴、贫嘴、说嘴、偷嘴、嘴碎、嘴硬、嘴脸、嘴吃”等。往往由一个新词语的出现而带动产生一个词族、词群或一批词语，从而使新词语的产生呈现类型化、批量化衍生的态势。

转化可以是词义的引申和虚化，也可以是词组逐渐词汇化为词，如“意思、理会、走作、事体、体统、计较”等。

吸收就是从方言词语和外来词语中吸收新词语，这部分词语与方言词和外来词有交叉，如“困睡、晓得、好歹、驿站”等。近代汉语在发展过程中本着符合汉语语音或语法结构的实际，从不同民族和地区的语言或方言中吸收新的词汇成分，尤其是明末清初时西学东渐，大量的新事物、新思潮涌入

---

① 李宇明：《词语模》，载邢福义：《汉语语法特点面面观》，北京：北京语言文化大学出版社1999年版。

人们的生活中，大量外来词被不同形式地改造以后进入近代汉语词汇系统，成为近代汉语的词汇成分。

汉语词汇复音化趋势及韵律机制的作用促使人们在创制新词语时大多采取双音节形式。近代汉语大部分新词语在音节形式上都有一种主动向汉语复音化归化的趋向，通常以双音节词为主。

单音词复音化是汉语词汇发展的一般规律，而语言本身的经济原则又要求对组成词义系统的成员进行精简，为求简捷。一方面促使一批缺乏新意或不再常用的新词语被替换出局乃至消亡，另一方面也促使一批多音节词缩略（或再次缩略）而成为新词语，一些复音词则简化为单音形式，从而使单音词产生新的意义。这些新词源于复音词的简化。如“左”，上古有“辅佐、左边、向左”等义。复音词“左右”则有“帮助、袒护、支配、两旁、身边、近臣”等义，后又产生“反正、横竖”义。如元无名氏《争报恩》楔子：“左右这里无有外人，眘两个慢慢吃。”这个意义后又简化为“左”。《红楼梦》第五十四回：“这些书就是一套子，左不过是些佳人才子，最没趣儿。”

三、多义化

多义性是语言里大多数词所具有的属性，词的多义性是词义丰富多彩的体现。一个词各个意义之间的复杂关系体现了词义演变的一般规律和特殊规律。

近代汉语多义产生主要有如下原因：

（1）词义引申。词义引申是在词的本来意义基础上产生出一个新的意义。“在正常情况下，它只能转化为邻近的或与原意有关的概念，而不能任意变换。……旧意义和新意义之间的关系是可以说明的。”①

如“淘气”有“怄气”义。元郑光祖《倩女离魂》第三折：“不是我闲淘气，便死呵，死而无怨。”《醒世恒言·蔡瑞虹忍辱报仇》：“那婆娘怒气冲天，要与老公厮闹；却又算计，没有许多闲工夫淘气。”又有“顽皮”义。如《梨园按试乐府新声》卷下《骂玉郎过感皇恩采茶歌》：“无情杜宇闲淘气，头直上耳根底，声声聒得人心碎。”《红楼梦》第二回：“（贾宝玉）如今长了十来岁，虽然淘气异常，但聪明乖觉，百个不及他一个。”

又如“顽皮”有“爱玩闹”义。“顽”从“元”从“页”，本义指木疙

① 王力：《汉语史稿》，北京：中华书局2002年版，第643页。

瘩头。《说文·页部》："顽，棞头也。"段玉裁注："凡物浑沦未破者皆得曰棞，凡物之头浑全者皆曰棞头。"棞为囫囵的合音，棞木即木之中心尚未判分的整个儿的一段木头。《说文》："棞，梡木未析也。"又"梡，棞木薪也"。木疙瘩头坚硬难以劈开，故囫囵的木头称为"顽"。"皮"本义指兽皮，兽皮有韧性。"顽"、"皮"并列组成复合词指坚韧厚硬的表皮，由皮的坚韧厚硬而形容人的性情刁顽无赖，进而引申有"爱玩闹"义。如《西游记》第七十二回："他二人都放马看担，惟行者是个顽皮，他且跳树攀枝，摘叶寻果。"《儿女英雄传》第二十一回："这褚大娘子本就有些顽皮，不免要要笑他。"

（2）词义沾染引起词义发展变化。每当一个新词或新义进入词汇系统，就必然会与词汇中已有的相关词或词义相互影响，最终导致词义的发展变化。词义沾染也叫词义渗透，或称相因生义。

（3）词性转化产生新义。词性转化指通过语法功能手段产生新义，即一个词的词性转化导致词义发生改变。

近代汉语单音词在多义化的基础上增加了大量新词义，复音词的多义化倾向则更显著，一些常用的复音词大部分多义化了。多义词是由单义词发展演变形成的，新旧词义间存在着历史的继承性和关联性，而在同一共时平面上，各词义间也有着在内容和功能分布等方面的同一性或对立性的内在联系。如"干净"这个词出现在宋代，表示"干脆"的意思。沈端节《菩萨蛮》："酒醒初破梦，梦破愁无那，干净不如休，休时只恁愁。"元明以后又产生有：①清洁，洁净。岳伯川《铁拐李》第一折："着他洗的脖子干净，绝早州衙使剑来。"②相貌整齐清秀。《初刻拍案惊奇》卷十六："却见是一个中年婆娘，人物也到生得干净。"③清静。石子章《竹坞听琴》楔子："你着我如今嫁那个人去，不如出家倒也干净。"④纯粹。《醒世恒言》卷三十五："老奴托赖二位官人洪福，除了本钱盘费，干净趁得四五十两。"⑤一点不剩。《金瓶梅》第四十二回："希大独自一个，吃的里外干净。"⑥完全。《西游记》第二十回："老官人，你若以貌取人，干净差了。"⑦敢情。《金瓶梅》第四十三回："迟了一回，反乱起来，说不见了一锭金子。干净就是他学三寸货，说不见了，由他慢慢儿寻罢。"

又如"圈套"，指某种固定的做法或模式。《朱子语类》卷一二〇："某不是要教人步步相循，都来入这圈套，只是要教人分别是非，教明白是底还他是，不是底还他不是。"又引申指引诱人上当或受害的计谋。《水浒传》第三十回："叵耐张都监那厮，安排这般圈套害我。"

再如"丢人"本是词组，谓被人抛弃。如《明清民歌时调集·挂枝儿·缠丢》："想当初缠我因何意，缠上时丢了我又去缠别的，顿忘了在先时缠我的恩义，缠我又丢我，丢我又缠谁，你这等样的丢人也，只怕缠上的又丢了你。”又《霓裳续谱》卷一《西调》：“花心未采，来来往往，采去了花心，飘然儿不回，就是这等丢人。”也指丢失了人。如《七侠五义》第六十五回：“北侠道：‘你丢了人了，你还不晓得吗?’和尚笑道：‘我出家人吃斋念佛、恪守清规，如何会丢人？别是你们三位有了什么故典了罢?’”由“被人抛弃”引申有“不自在、不舒畅的失落”义。如《儿女英雄传》第三六回：“看了他三个这番闺房昵昵，儿女喁喁，不禁令人要笑不知愁的那个‘闺中少妇’，当春日凝妆上那座翠楼的时候，忽然看见陌头一片杨柳春色，就后悔不该叫他夫婿远去觅封侯起来，那一悔，真真悔得丢人儿，没味儿!”[①] 被人抛弃是不光彩的，有损体面，引申又有“丢脸”义，后渐凝固成词。如《歧路灯》第六十回：“谭绍闻道：‘闲话少说。咱是中表弟兄，就如亲手足一般。我有一宗丢人的事，一时心迷，输了虎兵丁八百两银子，表兄你替我生个法儿。’”《七侠五义》第七十八回：“玉堂暗道：‘幸亏我实说了，不然这才丢人呢。’”

近代汉语中复音词产生的新义有多有少，这些新义的生命力有强有弱，在现代汉语里可分为以下五种情况：

（1）古义和新义并存。如“褒贬”，古义是“赞美和讽刺”，新义可偏用“贬”义，有“批评、指摘”的意思。《西游记》第七十四回：“你这老公公不高兴，有些儿好褒贬人。”现代两义并存。

（2）新义保存，古义消亡。如“官司”，古指百官或官府，新义产生“诉讼”义。元无名氏《鸳鸯被》第一折：“可不连累我，倒替你吃官司。”现代只用“诉讼”义。

（3）古义保存，新义消亡。如“波浪”，古今都可指江河湖海起伏不平的水面，近代汉语中用作“庞”的切脚语，指“脸庞”，引申而指“容貌”，又产生有“风流、俊俏”义。马致远《青衫泪》第二折：“小子金银又多，又波浪，你不陪我，却陪的那样人。”其“风流、俊俏”义现代已消失。这些词都带有时代的特色，由于其所反映的客观事物已经消失，或者为相应的词所替代，因而往往在发展过程中消失了。

（4）古义和新义都不存在。有的形义俱亡，如“即世”，古代指“去世、死去”，近代汉语产生“今世、在世”义，又有“世故”义，现代已不用这个词。有的现代形式上存在，但意义不同。如“承受”，上古到近代汉语都有

---

① 《汉语大词典》释“丢人”为“丢脸”义，引此例为证，欠妥。

"接受"的意思，近代汉语还产生有"继承"义，现代汉语由此引申指"承担、经受"，与原义不完全相同。又如"开除"在近代汉语中可指"解脱、免除"。李行道《灰阑记》第三折："则我这身上罪何日开除，腹中冤向谁诉与？"又可指"除掉、杀死"。纪君祥《赵氏孤儿》第四折："再休想咱容恕，我将他轻轻掷下，慢慢开除。"现代汉语中则作为一种处罚，指将集体的成员从集体中除名，含有贬义。

（5）近代汉语中产生两个或多个词义，其中一部分保留，一部分消失。如"创见"在汉代指"第一次出现"，近代汉语中可指"初见、少见"，也可指"独到的见解"。现代保存"独到的见解"义。又如"出色"一词在近代汉语中指"超出一般、有特色"。马致远《青衫泪》第二折："都道江西人，不是风流客。小子独风流，江西最出色。"又指"出力、卖力"。《水浒传》第三十三回："你这军士们，不知冤各有头，债各有主。刘高差你来，休要替他出色。""出色"的"出力、卖力"义在现代汉语中已不用。

四、方俗口语词

传统训诂学以解经作注为主要任务，所以往往对僻字僻义花很大力气，而"语言文字本无雅俗之分，古之俚语即后之雅言"①。方俗口语词是汉语新词的重要来源之一，从某种意义上说，汉语常用词在历史上的新旧更替，就是方俗口语词跟通语词之间此消彼长的结果。通语与方言既有分化与承传，又有糅合与交汇。从历史发展的过程来看，有些方俗口语词是对被更替的历史通语主导词的承传，如"晒"是"暴"的承传。有些则是逐渐崛起的新兴通语主导词，而被替换的旧词也可能仍存用于方言中，如"客人"和"人客"，实质上也可说是新词与旧词叠置的并用。汉语词语的兴替不仅是历时的演变，也是地域的共时演变，既是通语同义词竞争的结果，又是不同方言角逐的产物。方俗口语词的演变研究跟研究其他语言现象一样，也可以分为两个层次：一是描写，二是解释。历代有哪些方俗词语？这些词语中有哪些词大约在什么时候成了后来的雅言？其由俗而雅的演变有何内在的规律？这些都需要在描写的基础上进行解释，即在穷尽性数据收集的基础上对方俗词语进行定量分析，在纵向和横向的综合比较中，对方俗词语的产生、替代和演变进行多向性全方位的考察，从而不仅揭示出其演变的规律，而且探明其演

① 王力：《新训诂学》，《龙虫并雕斋文集》，北京：中华书局1980年版。

变规律形成的缘由。

近代汉语的新词中有许多来自方言俗语和行话。如董解元《西厢记诸宫调》卷三："九百孩儿，休把人厮啈。"例中"九百"为其时方俗语。《萍州可谈》卷三："俗谓神气不足者为九百。"陈师道《后山诗话》："世以痴为九百，谓其精神不足也。"又如《儒林外史》第四回："想起我前日这一番是非，那里是甚么光棍！就是他的佃户，商议定了，做鬼做神来弄送我。"例中"弄送"有"捉弄、算计"义，今吴方言仍有使用。再如《警世通言》卷三十："忽一日，有两个朋友来望，却是金枝玉叶，凤子龙孙，是宗室赵八节使之子，兄弟二人，大的讳应之，小的讳茂之，都是使钱的勤儿。"[①] 例中"勤儿"一词是其时行话，即"嫖客"。《墨娥小录》云："子弟，勤儿。"徐渭《南词叙录》云："勤儿，言其勤于悦色，不惮烦也。亦曰刷子，言其乱也。"

晚唐以来流行的通俗文学往往迎合市民的口味，口语化程度很高。有些方言俗语和行话往往可以写成不同的书面形式，当时不难听懂，后人却很难看懂。又如"张致"有"模样、形状"义。如明刘效祖《良辰乐事·沉醉东风》："心肠内狼做作，嘴脸上乔张致。""乔张致"意谓假模假样，也作"乔模样"。如元石君宝《秋胡戏妻》第四折："非是我假乖张做出这乔模样。""张致"也作"张智"、"张志"。如明阮大铖《燕子笺》第四十二出："今日好日好时，怎么这样一个张智！"永乐大典戏文《小孙屠》第八出："这般闲争甚巴臂？旁人听，是何张志？"[②] 又有作"做张做致"和"做张做智"。如《金瓶梅》第一回："梳一个缠髻儿，着一件扣身衫子，做张做致，乔模乔样。"《初刻拍案惊奇》卷三十四："尼姑做张做智，算了一回。"还有作"做张做势"。如《初刻拍案惊奇》卷三十九："那无知男女，妄称神鬼，假说阴阳，一些影响没有的，也一般会哄动乡民，做张做势的，从古来就有了。"又如"脚叉"，指蹊跷，奇怪可疑。《水浒传》第六十二回："我店里有两个人，好生脚叉，不知是也不是。"

有些词产生后仅在近代汉语中使用，现在已不用。如"犯手脚"是宋时口语，有"费事、人为地用心思"义。如《朱子语类》卷二七："圣人是不犯手脚底忠恕，学者是著工夫底忠恕，不可谓圣人非忠恕也。"意谓自然而然地忠恕。又作"犯手"。如《朱子语类》卷六七："他那句语都是悬空说在这

① 冯梦龙：《警世通言》（第九版），北京：人民文学出版社 1994 年版。该书误注例中"勤儿"为："勤儿，犹言主儿，能手，惯家。"

② 后引申有"张扬、夸大"义。如《歧路灯》第二十六回："绍闻道：'没啥意思，是来人说的太张致。'"

里，都不犯手。”（67. 1696）意谓费心机，人为地矫饰。还可作“犯手势”。如《朱子语类》卷三六：“其意大抵谓善不可以有心为，虽夷清惠和，犹为偏倚，未得谓之精义。故谓‘绝四’之外，下头有一不犯手势自然底道理，方真是义。”（36. 956）意谓“人为地费心思”义。

又如《朱子语类》卷一二八：“且如仁宗时，淮南盗贼发，赵仲约知高邮军，反以金帛牛酒使人买觅他去。富郑公欲诛其人，范文正公谓他既无钱，又无兵，却教他将甚去杀贼？得他和解得去，不残破州郡，亦自好。”（128. 3082）此条为陈文蔚所录，例中“买觅”有“收买、贿赂”义。考清颜元《朱子语类评·训门人类》评曰：“大盗，宋人以岁币事；小盗，亦以金帛、牛酒款，文正公却夸好。此等识见，宋人皆教人以之自期待，辱两宋可也，辱千古矣。”例中“以金帛、牛酒款”之“款”指“殷勤招待”，与“买觅他去”义同。检《池录》中载沈僩所录此事为：“又如仁宗朝京西群盗横行，破州屠县，无如之何。淮南盗王伦破高邮，郡守晁仲约以郡无兵财，遂开门犒之使去。”① 例中“开门犒之”下成化本注曰：“卓录作：敛金帛赂之。”② 此应是黎靖德重编《语类》时将沈僩与黄卓语录合编，并注出二者异文。“犒”有“犒劳、慰劳”义，“赂”有“赠送财物以收买”义，“买觅他去”与“犒之使去”、“赂之使去”义同，“犒”、“赂”是书面通语词，陈文蔚所记“买觅”则似为朱熹当时所说口语。又如《朱子语类》卷一三〇：“京之奸恶又过于惇。方惇之再入相也，京谒之于道，袖出一轴以献惇，如学校法、‘赡养院’之类，凡可以要结士誉买觅人情者，具在。”（130. 3127）此条为李儒用所录，例中“买觅”亦为“笼络收买”义。“买”的本义为以钱换物，引申有“博取”义。如《管子·重令》：“便辟伐矜之人，将以此买誉成名。”又引申指以金钱或物质收买他人。“觅”的本义为“寻求、索求”。《玉篇·见部》：“觅，索也。”《广韵·锡韵》：“觅，求也。”“买”、“觅”复合成词，指收买、贿赂他人以求取利益。其他文献也有用例。如《旧五代史》卷三十二《庄宗纪六》：“侍中郭崇韬奏：应三铨注授官员等，内有自无出身入仕，买觅鬼名告勅。”又如《元典章》：“土人每遇闰岁，纠合闲愚，潜伏草莽，采取生人，非理屠戮。彩画邪鬼，买觅师巫祭赛，名曰采生。”再如明唐顺之《武编前集》卷一：“买觅间谍，招募奸细。”例中“买觅”皆有“收买”义。

有一些词则在现代方言中还有保留。如“促掐”，也作“促恰、促狭、捉

① （宋）李道传：《晦庵先生朱文公语录》卷三十八，宋嘉定乙亥池州刊本，第 97 页。

② 《朱子语类》，台北：正中书局 1982 年影印成化本，第 4264 页。

狭”，意指刁钻刻薄，好捉弄人。元无名氏《生金阁》第三折：“我打你个促掐的弟子孩儿。”《西游记》第三十二回：“你罢软的老和尚，捉掐的弼马温，面弱的沙和尚！”《二刻拍案惊奇》第三十九回：“谁人使捉掐，把我的头发剪去了。”今上海话读作“促刻”。

五、外来词

汉语发展史的每一个历史时期都在不同程度上吸收了一些外来词。外来词可分为外国语和兄弟民族语。外国语种主要是梵、英、法、日语等，兄弟民族语主要是契丹、女真、蒙古和满语等。

宋金时，汉语中借入了一些契丹语和女真语的词汇。如“西瓜”是女真语“xeko”的音译。《新五代史》卷七十三《四夷》附录第二载胡峤居契丹七年：“始食西瓜，云契丹破回纥得此种，以牛粪覆棚而种，大如中国冬瓜而味甘。”明杨慎《升庵集》卷八十《西瓜》：“余尝疑《本草》瓜类中不载西瓜，后读《五代》合阳令胡峤陷敌记，云峤于回纥得瓜种以牛粪，结实大如斗，味甘，名曰西瓜。是西瓜至五代始入中国也。”

元代，汉蒙民族接触密切，不少蒙语词渗入汉语。蒙语借词大都见于元人杂剧和元代史书。这些词语既反映了以大都为中心的元代北方人民的口语，也反映了汉语和北方各民族语言尤其是和蒙语融合的事实。如“答剌孙”，也作“打剌苏”、“大辣酥”，蒙语“darasun”的音译，即酒。关汉卿《哭存孝》第一折：“撒因答剌孙，见了抢着吃。”这些借词在汉语中大多有相应的词存在，随着社会环境的改变而渐失去存在的价值，现在已不用，但也有少数借词融入汉语中，至今仍然通用。如“站”，也叫“站赤”，蒙语“ǰamči（或yamchi）”的音译，原意为路，后指驿站、车站。还有一些词则有循环借用的现象。张清常《漫谈汉语中的蒙古借词》一文指出“博士”原是汉语里的词，蒙语借去读为“pakci”，意为“老师、师父”。汉语又从蒙语中借回来，写作“把势”或“把式”，指擅长某种手艺或技能的人。① 有些词从字面义看不出其是借词，从词音上分析则可发现其为借词。如《元曲释词》把“赛卢医”释为赛过或胜过卢医，“赛”在蒙古语中也写作“赛银”、“撒因”等，即“好”的意思。卢医因为医术高超，人称“好卢医”。其本自姓卢，无所谓赛过或不如。

① 张清常：《漫谈汉语中的蒙语借词》，《中国语文》1978 年第 3 期。

明清时从欧美传入一些外来词。如“淡巴菰”，又作“淡巴姑”、“淡巴苽”，即烟草。王士禛《香祖笔记》卷七：“吕宋国所产烟草，本名淡巴菰，又名金丝熏。”清代又吸收了一些满语词，如“阿哥”是皇子的通称，“额娘”是母亲的音译，“格格”是“小姐”的音译。

外国语借词主要见于明清翻译著作。随着西方近代自然科学和社会科学的输入，带来了许多新的事物和概念。汉语采取音译和意译两种方法来翻译这些事物和概念。前者是根据原词的发音直接进行翻译；后者是用汉语原有的词素按汉语构词规律创造新词，或利用汉语旧词赋予新的意义以进行翻译。这些词语主要有三个方面的来源：一为借用日译词或日语借词；一为印欧语借词；一为自造新词或旧词新用。借自日语的一些外来词往往源出于汉语，如“革命”、“卫生”等。

有些外来词还成为语素，具有了能产性。如“魔”借自梵语的略音“mara”，曾音译为“摩”、“磨”。佛经中的魔与人们想象中力大无比而又变幻莫测的鬼神相似，故梁武帝把这个音译词改为从鬼作“魔”，表示“迷惑人或害人性命的鬼怪”之义，后以“魔”为语素组合造出“魔鬼”、“魔障”、“魔孽”、“魔掌”、“魔力”、“妖魔鬼怪”等词。又如“毯”是个西域借词，[①]后以“毯”为语素组合造出“毛毯”、“棉毯”、“地毯”、“毡毯”等词。

六、成语与习语俗谚

近代汉语中产生了一批成语和习语俗谚，仅据刘洁修《汉语成语考释词典》所收释产生于近代汉语的成语就有 3 000 多条，而实际上还更多。[②] 如《朱子语类》卷二九：“若今人恁地畏首畏尾，瞻前顾后，粘手惹脚，如何做得事成！”又卷一〇：“读书，须是知贯通处，东边西边，都触着这关捩子，

① 黄金贵《古代文化词义集类辨考》说：“至今未见唐以前用‘毯’字的材料。”（上海：上海教育出版社 1995 年版，第 644 页）《汉语大词典》释此词引首见书证为唐无名氏《补江总白猿传》：“嘉树列植，间以名花；其下绿芜，丰软如毯。”《辞源》和《汉语大字典》亦同。实际上南北朝时“毯”字已出现。如香港新见吐鲁番出土契券《高昌张鄯善奴夏葡萄园券》：“建平五年（404 年）正月十一日，道人佛敬以毯贰拾张，□张鄯善奴蒲陶一年。……悔者倍罚毯肆拾张，入不悔者。”建平为南燕慕容德的年号。

② 张铁文《成语的数量及产生年代》（《语文建设》1999 年第 5 期）一文据刘洁修《汉语成语考释词典》统计，该词典所收可确定产生年代的成语有 6 593 条，其中产生于先秦的有 640 条，产生于唐代的有 711 条，产生于五代的有 75 条，产生于宋代的有 1 251 条，产生于明代的有 854 条，产生于清代的有 1 494 条。

方得。只认下着头去做，莫要思前算后，自有至处。……既是已前不曾做得，今便用下工夫去补填。莫要瞻前顾后，思量东西，少间担阁一生，不知年岁之老!”例中“畏首畏尾”、“瞻前顾后”、“粘手惹脚”、“思前算后”和“思量东西”词义相近，“畏首畏尾”表“疑虑重重”；“瞻前顾后”表空间上的“向前看向后看”；“思前算后”表从时间上思考盘算以前的事和以后的事；“思量东西”表心理上想这想那；“粘手惹脚”表畏缩犹豫，描述了徘徊彷徨患得患失的状貌。“畏首畏尾”和“瞻前顾后”承古沿用，“粘手惹脚”、“思前算后”和“思量东西”是近代汉语中新产生的。又如卷一八：“汉文粗枝大叶，今《书序》细腻，只似六朝时文字。”例中“粗枝大叶”也是近代汉语中新产生的，形容简略概括，后用以形容粗疏、不精细。如元石君宝《诸宫调风月紫云庭》：“我看不的你这般粗枝大叶，听不的你那里野调山声。”再如卷一二：“他本自光明广大，自家只著些子力去提省照管他，便了。”又卷七三：“圣人所说底话，光明正大，须是先理会个光明正大底纲领条目。”又卷一一四：“公只管恁地，下梢不好。见道理不分明，将渐入于幽暗，含含胡胡，不能到得正大光明之地。”例中“光明广大”、“光明正大”和“正大光明”都是近代汉语中新产生的，指胸怀坦白。这些成语和习语俗谚涉及社会文化的方方面面。有的寓有深刻的哲理，如“不探虎穴，安得虎子；升里转，斗里量；飏了甜桃树，沿山摘醋梨”；有的凝聚着生活的经验，如“逢人只说三分话；瓜田不纳履，李下不整冠；夜饭减一口，活得九十九”；有的体现了某种社会现象，如“桑树著刀，榖树汁出；张三有钱不会使，李四会使又无钱”；有的反映了人情世态，如“逢场作戏；贪生畏死、贪生惜死”；有的体现了一种精神境界，如“周子窗前草不除去”等，既生动形象，又通俗易晓，在某种程度上也体现了典雅的精英文化与通俗的平民文化相融合的价值取向。其中有源自历代书面语的，如“畏首畏尾”、“瞻前顾后”、“捕风捉影”、“系风捕景”、“系风捕影”、“观凤一羽，则知五色之备”、“见豕负涂，载鬼一车”、“龙头蛇尾”和“主人倍食于宾”等；还有源自平时口语的，如“粗枝大叶”、“粘手惹脚”、“是非分明”、“矮子看戏”、“抱不哭孩儿”、“逢场作戏”、“冷灰里豆爆”、“三十年做老娘，不解倒绷了孩儿”和“自牛背上拖将来”等；还有承古沿用而由口语语辞定型为书面语文辞的，如“瓜田不纳履，李下不整冠”后作“瓜田李下”，“冷灰里豆爆”后作“冷灰豆爆”，“太山之压鸡卵”后作“太山压卵”，“依本画葫芦”后作“依模画样”。语言的发展经历了从口语语辞到书面语文辞的不断转化的过程，这种转化表现为从实用性到文艺性的转变，人们日常口语中现成的话转化为成语体现了通俗的平民文化与典雅的精英文化相融合的价值取向。

从口语语辞定型为书面语文辞，并不意味着文辞对语辞的取代，口语语辞成为书面语文辞并不阻碍口语语辞的继续发展和完善，而是构成既相互区别又彼此关联的一个连续统，体现了语言发展的两种途径，即不仅体现了语言的继承性一面，而且也体现了语言发展演变的一面，从中既可见口语语辞到书面语文辞的发展，也可见书面语文辞在口语语辞中的演变，还可见由言语意义到语言意义和由语言意义到言语意义的转化。

有些成语和习语俗谚词义的凝固也经历了由篇章或句到短语再由短语到词的词汇化过程。如“瓜田不纳履，李下不整冠”后作“瓜田李下”，“冷灰里豆爆”后作“冷灰豆爆”，“太山之压鸡卵”后作“太山压卵”，“依本画葫芦”后作“依模画样”等，“瓜田李下”、“冷灰豆爆”、“太山压卵”和“依模画样”等的语义已抽象泛化，不是各个构成成分的意义之和，而是表达一个相对完整的意义或概念。

近代汉语承古的成语中有一些也有发展变化。如“四通八达”有作“七通八达”。例如《五灯会元》：“任你七通八达，于佛法中侥无见处，唤作乾慧之徒。”《朱子语类》卷一一：“圣人七通八达，事事说到极致处。”又如《礼记·曲礼上》：“博闻强识而让。”“博闻强识”又作“博闻强记”。例如《朱子语类》卷九五：“敬子解‘不求诸心而求诸迹，以博闻强记巧文丽词为工’，以为‘人不知性，故怠于为希圣之学，而乐于为希名慕利之学’。”再如《汉书·文三王传》：“今立自知贼杀中郎曹将，冬月迫促，贪生畏死，即诈僵仆阳（佯）病，徼幸得逾于须臾。”“贪生畏死”又作“贪生怕死”。例如元孟汉卿《魔合罗》第三折：“只见鼻墙外有个受刑妇人，在那里声冤叫屈，知道的是他贪生怕死，不知道的则道俺衙门中错断了公事。”

有一些在现代汉语中固定下来。如韩愈《符读书城南》：“飞黄腾踏去，不能顾蟾蜍。”现代汉语作“飞黄腾达”。又如“反唇相稽”、“前赴后继”，现代汉语作“反唇相讥”、“前仆后继”。

有一些语义有变化。如欧阳修《醉翁亭记》：“野芳发而幽香，佳木秀而繁阴，风霜高洁，水落而石出者，山间之四时也。”例中“水落而石出”本谓水位下降后石头显露出来，后用以比喻事物真相完全显露。如《红楼梦》第六十一回：“如今这事，八下里水落石出了。”又如《晋书·谢安传》载：“谢安少有重名，隐居会稽东山，年逾四十复出为桓温司马，累迁中书令、司徒等要职，晋室赖以转危为安。”后以“东山再起”指退隐复仕或失势后重新得势。如《儿女英雄传》第三十九回：“或者圣恩高厚，想起来，还有东山再起之日，也未可知。”再如“每下愈况”出自《庄子·知北游》，原比喻越是从低微的事物上推求，越能看清“道”的真实情况。后用以指情况越来越差，又作“每况愈下”。

大致而言，近代汉语词语的来源和范围既有时代演变的因素，也有地域差异的因素。近代汉语中产生的词有的生命力旺盛，也有的昙花一现。从词汇的基本层和常用层的角度来看，大量新词新义形成与发展的进程有一个由不稳定逐步走向稳定的过程，有一些从局域层进入常用层和基本层取代旧词旧义而沿用下来，有一些则只在边缘层和局域层流通不久就匆匆退出了交际。

第二节　近代汉语词汇的结构

词的结构是由语素的性质、作用和它们的组织方式表现出来的一种词的构成形式。从结构角度分析词语，称为构词法；从来源角度分析词语，称为造词法。构词法是从静态角度分析共时的词的结构，造词法是从动态角度考察历时的词的衍生方式。造词法关涉新词的创造，构词法注重于词的内部结构剖析。造词法主要侧重于造词材料的性质特点（如是音义结合的材料，还是有音无义的材料），以及组成成分的意义与词义的关系（如是组成整体以后才能表意，单个成分没有意义还是单个词素也能提示词义，组合起来以后直接表意义，或者辗转表意等）。构词法研究的是词语产生所必须遵循的结构法则，任何一种造词方法创造的词语，只要有词形，存在于一定的系统之中，就会具有一定的结构形式，其结构就必须遵循一定的结构法则。所以造词法与构词法间的关系是双向的相互影响、相互制约的关系，词语的结构类型会受一定造词方法影响，反之，不管采取什么方法造词，在组合造词材料时也要受结构法则的制约。

当社会的发展需要对新事物进行表述时，词汇的发展是以新词、新义的产生为主要手段的。造词法是在一定语言基础上创造新词的方法。用音义任意结合法和摹声法创制单音单纯词是最早的造词法，即象声造词。随后是音变造词①，利用声调、声母的屈折来构词，后来广泛采用的是增加音节的方

① 音近衍生：音信、音讯，深更半夜、三更半夜；音变孳生：齷齪、肮脏，望子、幌子，角落、旮旯；歧音造词：角色、脚色；分合造词：孔、窟窿，两个、俩；谐音造词：炸弹、诈弹。

法，利用词根加词根和附加词缀的方法来构词，向双音化和多音化发展。[①] 大致而言，近代汉语新词的产生有利用语音手段来造词的拟声法，利用语义的引申、比喻、借代、联想等语义造词法，利用语法手段造词的词类转换法和词组词汇化方法，以及由词组缩合成为一个新词的缩合法。[②] 近代汉语双音节合成词的造词法主要以语义造词法和语法造词法为主。[③]

一、双音复合词

在词的构成方面，汉语早期多为单音节词，即使在双音节词中也是单纯词居多。在语素的组合方式上，汉语造词与造字的方法有相似之处。汉字的组合具有意合的特征，也就是说汉语的单音节词多是意合产生的，汉语的复合词同样也具有很强的意合特征，复合词的意义总是反射出语素所含的某些意义，复合词组成中的意合性和汉字的表意性相辅相成，体现了我们中华民族对字、词重视视觉的要求。意合是汉语的重要特点。即使是外来词，在初期是以音为接纳媒介的音译词，在后来的语言演变发展中也都会尽量转变为半音半意词或意译词。我们可以说，汉字的会意字是复合词的雏形，汉语复合词的构造与会意字内部的复合程序相似，构成汉语复合词的词素大多可像分析汉字一样，由形及义，由剖析其内部构成部件和关系来分析其意义构成。“复合词构词法研究的关键问题是语义。”[④] 从构成复合词的两个语素的意义关系来说，有同义、近义、反义、对义和相关义等；从构成复合词的两个语素的语法结构来说，有联合式、偏正式、动宾式、补充式和主谓式等。汉语

---

① 葛本仪《现代汉语词汇学》认为造词就是给事物命名，这个过程需要已有的语言材料、认识以及思维活动的共同参与。造词法就是“为事物命名创造新词的方法”，有音义结合法、摹声法、音变法、说明法、比拟法、引申法、双音法以及简缩法。(济南：山东人民出版社 2001 年版)

② 缩合法是一种特殊的构词方法，即由词组缩合成为一个新词，语义与原词组相同，可看成是缩略的词组。

③ 逆序法：排挤、挤排，代替、替代，喜欢、欢喜；仿拟类推法：导演、导播，智商、情商，冠军、亚军、季军；词组合成法，这类词不是由词组缩略而成，而是截取不同的复合词成分代表两种或两种以上事物对象的特点，重组成新词反映新的事物，如“封建”由“封土、建国”合成，“骄矜”由“骄傲、矜夸”合成；截语法，如“识荆”截至李白《与韩荆州书》：“生不用封万户侯，但愿一识韩荆州。”避讳法有两种，一为避凶趋吉，一为避俗趋雅。

④ 朱彦《汉语复合词语义构词法研究》：“词有其形式结构层，也有其语义结构层。以往的构词法研究侧重于词素在形式结构上的组合规律，而语义构词法系统的研究目的在于找出复合词的语义组合规律，解释复合词的语义描述与形式表达之间的关系，沟通复合词的形式层和语义层。”(北京：北京大学出版社 1984 年版，第 22～29 页)

复合词的形成过程往往具有一种理据性，词义总是由语素义按一定逻辑关系结合而成，早期多为联合式和偏正式，动宾较少，补充式和主谓式更少。发展至近代汉语，大多数新词都是利用既有的构词材料和构词方法来构词，构词方式已十分丰富，不仅有了补充式、主谓式等，而且在各种方式中又区分出了不同的类型。[①] 常见的有如下几类：

1. 联合式

也称并列式。由两个意思相同、相近、相类、相对或相反的实词素以并列平行扩展的方式构成的词称为联合式合成词。

（1）同义扩展，即两个意义相同或相近的语素联合来构成新词，形成同义语素并列。如：道路、把捉、挑逗、和哄、怕惧、成办（意思为成功）。又如《书·皋陶谟》："兢兢业业，一日二日万几，无旷庶官，天工人其代之。"传："言人代天理官，不可以天官私非其才。"例中"代"有"代替"义。《宋书》卷七考证："王景文为尚书右仆射，替师伯之任也。"例中"替"也有"代替"义。"代"、"替"同义联合构成新词"替代"和"代替"。如王梵志《用钱索新妇》："我老妻亦老，替代不得住。"《祖堂集》卷一九《香严和尚》："今生不了，阿谁替代？"《五代史平话·晋史平话》卷下："开运三年四月，王令温代替冯晖守灵州，不存抚羌胡，羌胡怨叛。"《大明会典》卷一百六十二《刑部四·律例三·职制》："及各衙门办事官吏承差，不许倩人代替。"[②]

（2）类义扩展，即两个意义相类的语素联合成新词。如"村"、"坊"皆人们聚居的地方，只是位置不同。《旧唐书》卷四十八《食货志》："在邑居者为坊，在田野者为村。""村"、"坊"并列联合指村落、村庄，泛指人民居住的地方。如《伍子胥变文》："村坊搜括，谁敢隐藏。"[③]

（3）反义扩展，即反义或相对语素并列。如：早晚、好歹、左右、大小、长短、动静、东西、是非、人我、呼吸。反义语素并列，其中一个语素义淡

---

① 董志翘《入唐求法巡礼行记词汇研究》指出："从理论上讲，每种句法结构都有成词的可能，但由于每种句法结构所造出的词的数量不同，这就说明它们成词的难易程度上存在着差异，因而在能产性上有着高低之分。在复合词的五类主要结构方式中，联合式和偏正式是最能产的，造出的复合词当占汉语复合词的主体。而与动词相关的三种结构方式——主谓式、动宾式、动补式的能产性却较低，造出的复合词相应数量较少，这一现象贯穿于汉语词汇发展的整个过程。"（北京：中国社会科学出版社 2000 年版，第 186～187 页。）

② 《汉语大词典》释"代替"此义引曹禺《北京人》为首见书证，偏晚。

③ 黄征、张涌泉校注：《敦煌变文校注》卷一，北京：中华书局 1997 年版，第 3 页。

化乃至于无。如：缓急、离合①、失赚②、得失、死活。③ 又如汉焦赣《易林·坤之大壮》："乾溪骊山，秦楚结冤。"例中"冤"有"仇人"义。《左传·襄公四年》："咨亲为询。"杜预注："问亲戚之义。"例中"亲"有"亲人"义。"冤"、"亲"并列联合指代所有的人。如顾况《从江西至彭蠡入浙西淮南界道中寄齐相公》："本师留度门，平等冤亲同。"P. 3409《行路难》其第五："欲得学道，须舍冤亲。"

2. 偏正式

构词成分之间偏正具有修饰、限制关系。如：家生、蒸饼、细人（意思为奸细），"细"字有修饰"人"的意味；善为（意思为保重、留心，对临行者的叮嘱词，"善"字有修饰"为"的意味）。

3. 动宾式

构词成分之间为谓宾结构关系。如：点心、点汤、学舌、发市、打紧、记挂④、走话⑤、净手⑥。

4. 主谓式

构词成分之间为主谓关系。如：毛病、恶发、猴急、眼熟、口滑⑦、头高⑧。

5. 补充式

也称述补式，构词成分之间具有补充或陪衬关系。如：解脱、捍合、参透、瞧破、拉拢、折杀、省可⑨、说开⑩。

6. 附加式

即加词缀构成，分为"前缀＋词根"和"词根后缀"两种。如：老婆，指妻子，"老"为前缀；打化，指化缘、乞化，"打"是前缀。猛可，即猛，"可"为后缀；坐地，即坐，"地"为后缀；兴头，指兴趣、兴致，"头"为

---

① 《全元散曲·水仙子·喻镜》："不明白抛闪人寂寞，想前生注定我，恰团圆又早离合。"

② 董解元《西厢记诸宫调》卷二："高呼僧行有谁随俺，但请无虑，管不有分毫失赚。"

③ 参蒋冀骋：《近代汉语词汇研究》，长沙：湖南教育出版社1991年版。

④ 《初刻拍案惊奇》卷三十一："且说唐赛儿等到天晚，不见王元椿回来，心里记挂。自说道：'丈夫好不了事！这早晚还不回来，想必发市迟，只叫我记挂。'"

⑤ 《红楼梦》第七十四回："如今惟有趁着赌钱的因由革了许多的人这空儿，把周瑞媳妇旺儿媳妇等四五个贴近不能走话的人安插在园里，以查赌为由。"

⑥ 意思为大小便。

⑦ 意思为说话收不住，没分寸。

⑧ 意思为欲望大，要价高。

⑨ 董解元《西厢记诸宫调》卷三："我孩儿安心，省可烦恼。"

⑩ 意思为说明白，"开"补充说明"说"的目的或结果。

后缀；衲僧家，即衲僧（僧人），“家”为后缀。

7. 重叠式

如：草草、悄悄、忙忙、吵吵、往往、各剌剌、气忿忿。

8. 缩略式

由词组紧缩而成。如：点化[①]、委差[②]。又如王梵志诗《立身存笃信》：“在处人携接，谙知无负心。”钱起《夜泊鹦鹉洲》：“小楼深巷敲方响，水国人家在处同。”白居易《西行》：“常闻俗间语，有钱在处乐。”“在处”，即处处，到处。东晋僧伽提婆译《增一阿含经》卷十三《地主品》：“在在处处，靡不恭敬者。”“在处”似“在在处处”之省。[③]

此外，还有运用修辞或化典的方法来构词。如 S. 1441《凤归云·闺怨》：“征夫数载，萍寄他邦。”由浮萍寄水比喻人暂时居住于某地。《旧唐书》卷一百二十六《李揆传》：“萍寄诸州，凡十五六年。”又如 S. 0778 王梵志诗《普劝诸贵等》：“普劝诸贵等，火急造桥樑。”慧能《坛经》卷一：“若悟大意，付汝衣法，为第六代祖，火急速去，不得迟滞。”“火急”原为主谓结构，有“火猛烈”义，后成为状中结构修饰主动词，有“快速”义。

据李仕春《从复音词数据看近代汉语构词法的发展》一文运用抽样统计的方法，对唐传奇、《朱子语类》、元杂剧、《水浒传》、《红楼梦》等有代表性的文献近百万字的语料进行统计，得出：从单音词和复音词的百分比看，在数量上，近代汉语中复音词所占词汇总数比中古时期略有提高，从最低的唐传奇占词汇总数的 65.04% 到最高的《水浒传》79.32%，复音词数量的百分比增长了 14.28 个百分点。近代汉语复音词的义项也在不断丰富，具有两个甚至两个以上义项的复音词逐渐多了起来。从平均百分比看，近代汉语复音词数量虽已经占了明显的优势，使用频率也不断提高，但仍不如单音词使用频繁。近代汉语时期复合词占词汇总数的 99%，比中古时期的 95.8% 升高了 3.2 个百分点，表明复合词在近代汉语时期的能产性持续升高。与中古汉语相比，近代汉语各类复合词的发展趋势如下：

1. 联合式复合词的发展趋势

在各类构词法中，中古汉语最突出的特点是联合式构词法最能产，而近

---

① 《水浒传》第九十七回：“公孙胜专为真人法旨，要点化你同归正道，所以将兵马围困，不上山来擒捉。”

② 《水浒传》第四十四回：“山前设置三座大关，专令杜迁总行守把。但有一应委差，不许调遣。早晚不得擅离。”

③ 参董志翘、蔡镜浩：《中古虚词语法例释》，长春：吉林教育出版社 1994 年版，第 618 ~619 页。

代汉语中联合式复合词的能产性出现了明显下降的趋势。从语法构成看，近代汉语中联合式构词法仍然是“动词词素 + 动词词素 = 动词”最多，其次是“名词词素 + 名词词素 = 名词”和“形容词词素 + 形容词词素 = 形容词”。汉语同义复合词的产生与训诂学上“同义为训”的做法有关，即以同义词来作训释词，指明被训释词与训释词之间的同义关系。① 近代汉语中的同义复合词往往是同义连文产生的。所谓同义连文就是指两个或两个以上意义相同或相近的词语并列在一起，从而构成一个新词。这个新词是由表达相同（或基本相同）概念的同义单音词作为语素合成的双音词，通常不经过一个由词组逐渐凝固成词的阶段。

2. 偏正式复合词的发展趋势

偏正式构词法一直都是最能产的构词方式。与中古汉语相比，近代汉语偏正式复合词出现明显上升的趋势。

3. 动宾式的发展趋势

唐五代时动宾式合成词基本上已经发展得比较完备，《祖堂集》中有近一半的动宾式合成词为新出现的形式，动宾式构词法已经成为一个具有一定能产的构词方式。与中古汉语相比，近代汉语中动宾式复合词的能产性有所下降。

4. 补充式的发展趋势

补充式复合词在近代汉语时期和中古汉语时期的平均百分比都是1.9%，两个时期的能产性相同。

5. 主谓式的发展趋势

从历时发展的角度来看，主谓式合成词出现得比较晚，近代汉语中主谓式合成词有了较大的发展。如：声张、理会（宋），面熟（元），头晕、发指（明），价值、神往、耳鸣、心悸、气短、月亮（清）。主谓式合成词在能产性方面也有了较大提高，如以“眼”为主语成分，就形成了一批主谓式合成词：眼见、眼快、眼闪（宋），眼错（元），眼花、眼浅、眼跳、眼慢、眼热、眼熟（明），数量相当可观。这些主谓式合成词大多出现在口语性较强的文体中，如杂剧、通俗小说等。这一方面是因为主谓式合成词的主要功能是作谓词性成分对事物进行陈述和说明，而非用作修饰语对事物的情状进行描绘和夸张；同时也从另一方面说明，双音词在口语中的发展速度要比书面语快。

---

① 张世禄：《“同义为训”与“同义并行复合词”的产生》，《张世禄语言学论文集》，上海：学林出版社1984年版，第544～554页。

6. 附加式的发展趋势

伴随着近代汉语词汇的发展，词汇的结构形式也在发生改变。新产生的词大多虽还是复合式的，但附加式已变得盛行起来了。近代汉语时期除了继承中古时期产生的词缀外，又产生了一批新兴的词缀，因此附加式复合词的能产性要比中古时期高，现代汉语附加式构词法的词缀绝大多数在近代汉语时都已经产生，构成了一系列的派生词。如《朱子语类》卷一二一："这个是转水车相似，只拨转机关子，他自是转，连那上面磨子筛箩一齐都转，自不费力。"（121.2929）又卷一四："如《中庸》之书，劈初头便说'天命之谓性'。"（14.255）例中"机关子"、"劈初头"又作"机关"、"劈初"。如卷九四："而今看他说这物事，这机关一下拨转后，卒乍拦他不住。"（94.2387）卷四九："且看隋炀帝劈初如何？下梢又如何？"（49.1212）

7. 重叠式的发展趋势

近代汉语时期重叠式与中古汉语时期重叠式相比也有所提高，不但数量多起来，而且重叠后的语法功能也日益丰富和完善，副词、数词和量词的重叠有较大发展。

近代汉语与中古汉语相比，联合式、偏正式、附加式、重叠式构词法变化最大，动宾式、补充式基本没有变化。

据李仕春统计，近代汉语中复音名词所占的平均百分比是58.9%，比中古汉语的55.9%多3个百分点；复音动词所占的平均百分比是29.3%，比中古汉语的26.0%多3.3个百分点；复音形容词所占的平均百分比是8.5%，比中古汉语的16.8%少8.3个百分点。

在近代汉语中，复音名词、复音动词和复音形容词之间的比例是58.9∶29.3∶8.5。这证明了复音词词类的发展规律：先是名词占绝对优势，后来是动词逐渐接近名词，形容词继续发展。

大致而言，近代汉语构词法有以下特点：从复音词发展趋势看，复音词在数量上稍有增长，但在使用频率、义项的丰富程度上都有大幅度的提高，构词方式已经完备。在复合词构词法中，近代汉语中偏正式构词法最为能产，联合式次之。《荀子·正名篇》指出："单足以喻则单，单不足以喻则兼。""子"原来可指"小孩"（《诗经》：乃生男子，乃生女子），又指"儿子"（《韩非子》：五子不为多），也可指"女儿"（《论语》：孔子以其兄之子妻之），还可指"先生"（子曰，子不语）。这种多义词离开语境就意义难明，后来的许多双音词如"夫子、公子、男子、赤子、童子、王子、孺子、庶子、孙子、妻子、小子、孝子"等，用一个单音节词来限定另一个单音节词，意义就明白多了。偏正式既便于分类（古人、国人、乡人、匠人、野人、贤人），也可以分解（人生、人伦、人情、人心）。并列式不但可以同义并列（安乐、奔走、长久、劳苦、富贵、骨肉、尺寸），也可以反义对比（离散、轻重、上下、旦暮、是非、日夜、聚敛），都是最“足以喻”的“兼”。因而“词义合成”一旦成熟，首先大量发展的便是偏正式和并列式的结构。近代汉语在创造复合新词方面，并列式和偏正式结构仍占多数。如敦煌变文中的双音节新词并列结构共有 1 178 个，占新词总数的 62. 69%；偏正结构共有 348 个，占新词总数的 18. 52%；动宾结构共有 23 个，占新词总数的 1. 22%；主谓结构共有 12 个，占新词总数的 0. 64%。① 并列式和偏正式结构占多数是因为并列结构由两个单音词作为语素组成，这两个语素语义相近，在此基础上较易替代原有单音词的词义而表达上更为明晰，或发展出虽相似却更为丰富的新词义，而偏正结构中任何一个语素都可用其特有的语义去修饰与其有关系的另一个语素，造词灵活，语义丰富，更能及时反映社会的发展变化，因此成为汉语合成词的主流。

无论主谓结构、动宾结构还是并列结构，它们都是各自范畴中的非典型成员，比典型成员容易发生变化，且各结构类型彼此间并没有一个截然划分的界线，而是构成一个相互联系与过渡的连续统，有些复合词处于边缘状态，并不明确地归属某一种结构类型。一个双音结构要想成为词，就必须减弱其独立性、消磨掉它所承载的句法特征。非典型成员的特性在最大程度上满足了这一要求。词类发展趋势方面，单音动词的能产性大于单音名词，单音形容词的能产性稍有变化；复音名词最能产。和中古汉语相比，复音名词的能产性略有下降，复音动词的能产性稍有升高，复音形容词的能产性下降了 50% 左右。复合词的结构既是词汇的，又是语法的，同时还是语义的；② 既要注重形式，需要分析外在的构成格式和成分间的语法结构关系，又不能割离内容，需要考察构词成分之间的深层语义关系以及整个复合词在句中使用时与前后成分之间可能形成的语义结构关系。总之，近代汉语构词法面貌在很多方面有别于上古、中古汉语构词法，而和现代汉语构词法的发展趋势十分

① 陈明娥：《敦煌变文双音新词全面透视》，《敦煌研究》2001 年第 3 期。

② 苏宝荣《汉语复合词结构义对构词语素意义的影响》：“对多数复合词来说，在认识其构词语素自身的意义之后，通过揭示其语法和语义的组合关系，大体可以了解复合词的词义。”也有一部分“复合词的词义，不仅显示出其所含的语素义，还显示出其特定的结构义，复合词的词义大于或偏离所含语素义的总和”。“复合词词义与其构词语素意义的互动关系，体现了汉语语义结构与语法结构的双重制约。”（《语文研究》2013 年第 1 期）

接近，充分利用词根加词根的复合法代替了原来的形态构词法。[①]

汉语的词法和句法构造也有相似之处。[②] 复合词的结构与句法结构间是一种交叉关系。[③] “复合词是语素和句法结构（主要是短语）之间的一个界面（interface），是一个重要的中间层。一方面，复合词由汉语语素复合而成；另一方面，复合词又可以从短语简缩、词化而来。复合词是语素→词→短语（句子）这一层层组构链上的一个环节，是构词法和造句法的交织点。”“词内的语义问题主要有两个层面，一是词素和词素间的语义关系，一是词素和词义间的语义关系。”[④] 从外部形式看，复合词的结构是凝固的，当中不能插入别的成分，不能有停顿。从组成成分的性质看，句法结构的组成成分是词，词具有词法性，因此词的组合既凭意义，也靠语法形式。

二、多音复合词

多音复合词主要有三音词和四音词。

1. 三音节词

三音节词萌芽于上古，宋元以后使用渐多。[⑤] 三音节合成词中的合成词素的产生也是词汇发展的一种必然结果。合成词素和单纯词素的主要不同在于：单纯词素是与其所造成的单纯词同时产生的，因此许多单纯词素都是成词词素，且构词能力较强；合成词素则是由合成词发展演变而来。大部分成为合成词素的合成词都是人们使用频率相当高的词，一般都具有极强的凝固性，

① 李仕春：《从复音词数据看近代汉语构词法的发展》，《宁夏大学学报》2011 年第 1 期；《从复音词数据看中古汉语构词法的发展》，《宁夏大学学报》2007 年第 3 期。

② 张世禄：《张世禄语言学论文集》，上海：学林出版社 1984 年版；赵元任著，吕叔湘译：《汉语口语语法》，北京：商务印书馆 1979 年版。

③ 赵元任《汉语口语语法》曾用主谓、并列、主从、动宾、动补等句法关系的概念来分析复合词的构成，将复合词分为 6 类：①主谓复合词：心疼。②并列复合词：利害、尺寸。③主从复合词：心理、笑话、三百、难说；地位复合词：桌上；动 + 名复合词：别针、夹钳、扶手；形 + 名复合词：香蕉、臭虫、好人、大使；助名词复合词：一天、这块。④动词宾语复合词：存款、董事、点心。⑤动词补足语复合词：杀了；动 + 方向补足语：进来；动 + 可能补足语：认得、记得。⑥单词性复合词：瓜子儿、围脖儿。（吕叔湘译，北京：商务印书馆 1979 年版）吕叔湘、朱德熙《语法修辞讲话》指出：“双音词的构成跟短语相似。”（北京：中国青年出版社 1958 年版）

④ 朱彦：《汉语复合词语义构词法研究》，北京：北京大学出版社 1984 年版，第 29 ~ 30 页。

⑤ 向熹《简明汉语史》：“中古开始产生，元以后有了巨大的发展。”（北京：高等教育出版社 1998 年版，第 639 页）周荐《汉语词汇结构论》指出：“与双字组合一样，三字组合也是现代汉语词汇中的一类重要单位。”“三字组合在现代汉语词汇系统中占有重要的一席之地。”（上海：上海辞书出版社 2004 年版，第 163 页）

且合成词形成之初又是由单纯词素或单纯词素与合成词素组合而成，所以合成词素都不可能是成词词素，当合成词演变成词素后，总是以非成词词素的身份再和其他词素一起造成新词，而以整体形式充当新词的一个部分。

近代汉语词汇中三音节词有附加式、主谓式、重叠式、动宾式等各种结构，大多生动形象，具有口语色彩。① 如《隋唐演义》第十二回："响马得财漏网，瘟太守面糊盆，不知苦辣，倒着落在我身上，要捕风弄月，教我那里去追寻？"例中"面糊盆"类似如今上海人所说"捣糨糊"，喻指糊涂不明事理。又第二十五回："柴嗣昌看了，叹一口气道：'如今人薄武官，还是武官爽快。这些文官臭吝，体面虽好，却也刁钻，把一个免解，就做了一件大分上，大意要这干捕盗身上赔赃，说给与执照，待拿着贼时追给。'单雄信道：'这小子也是果子话。'"例中"果子话"意谓敷衍客气的客套话。

2. 四音节词

四音节词是汉语的特殊形式，由四个字组成，源于汉语二字和二字或一字和三字为一音步的组词成句的组合规则，也可称作四字格词。从外延上看，可包括成语、俗语及惯用语在内的四字熟语，还包括一些四音节的固定格式和自由短语。

早在先秦，《诗经》即以四字成句，迄至唐宋，又文白并用而盛于雅言俗语中。雅言如"刻舟求剑、守正不阿、爱屋及乌"等，俗语如"嬉皮笑脸、吊儿郎当、希里化拉"等。就内容而言，如寺观园林之题名，迎神祈福之祝颂，婚庆寿辰之礼帖，梨园勾栏之唱词，僧尼乞儿之叫化等，触目皆是，且范围广博。言人事则曰兄弟姊妹、姑嫂妯娌、酒色财气、福禄寿喜，言衣饰则绫罗绸缎、衣裤鞋袜、簪珥钗环，言饮食则柴米油盐、锅碗瓢盆、油盐酱醋、酸甜苦辣、酒肉菜肴，言居处则亭台楼阁、桌椅板凳、门窗板壁，言文事则琴棋书画、诗词歌赋、真草篆隶，言疾病则望闻问切、跌打损伤、风湿寒热，言闲情则花草虫鸟、风花雪月、菊竹兰梅等。就形式而言，有"一/二/三/四"式，如"清奇古怪"；有"一/二/三四"式，如"绸缎布匹"；有"一二/三/四"式，如"胭脂花粉"；有"一二/三四"式，如"冰天雪地、奇谈怪论"；有"一/二三四"式，如"淡巴剌渣、黑咕隆咚"等。从词性分析，又有名动/名动式，如"车载斗量"；有动名/动名式，如"披荆斩棘"；有形名/形名式，如"长年累月"；有名形/名形式，如"人强马壮"；有形

① 杨爱娇《近代汉语三音词研究》指出："三音词是具有一定的语音形式和语义内容，具有独立的称谓功能和造句功能，在结构上具有完整性和定型性的一种现成的或给定的三音节的语言单位。"（武汉：武汉大学出版社2005年版）

名/动名式，如“成竹在胸”；有名动/形名式，如“胸有成竹”等；还有嵌入式，如“出尔反尔、不郎不秀、三心二意、一生一世、千奇百怪”等。凡此皆语义相类相关，结构与语法的主谓宾大致相谐，发音与声韵的等呼阴阳清浊相合，各相交切，朗朗上口，长短得宜，言之顺口，闻之悦耳，状声摹态，绘影图形，变化万端，不下数十百式，既有庄肃精整，又有含蓄幽默，而无不庄谐允恰，生动形象，有一唱三叹之妙。

近代汉语词汇中也有大量四音节形式的词语。如《朱子语类》中有半沉半浮、半青半黄、半死半活、半微半显、百沸大衮、闭眉合眼、粗枝大叶、重重叠叠、处事待物、从容不迫、粗粗细细、秤斤注两、东看西看、颠颠倒倒、低眉合眼、堕坑落堑、东倒西擂、颠前错后、浮浮沉沉、放脚放手、防夫走卒、发颠发狂、胡撞乱撞、诃佛骂祖、胡叫胡喊、横出竖立、火忙火急、净净洁洁、截头截尾、空生空死、烂泥酱熟、落脚下手、磨棱合缝、面前背后、平平正正、平心明目、千毛百窍、恰恰好好、起风作浪、日日时时、四平着地、头头处处、涂眉画眼、舞手弄脚、循常蹈故、掩头藏幸、指东摘西、掩目捕雀等。

这些词语有源于前代的，也有首见于《朱子语类》的。如从古代的寓言或历史故事中凝固或化用而来的有“自相矛盾、卧薪尝胆、七纵八擒”等；传承前代文献中诗文语句的有“壁立千仞、博闻强记、拨乱反正、处心积虑、大同小异、道听途说、寡廉鲜耻、汗流浃背、患得患失、机不可失、八窗玲珑、迟疑不决、风花雪月、欢欣鼓舞、惊天动地、脍炙人口、沽名钓誉、光明磊落、再接再厉”等；取自宗教典故的有“惟我独尊、空中楼阁、立地成佛、天花乱坠、千方百计、守口如瓶、逢场作戏、灰头土面、隔靴爬痒、横三竖四、抖擞精神、千差万别”等；来自人们的口语俗语的有“不知不觉、不相上下、出头露面、打成一片、低心下意、颠来倒去、丁一确二、胡思乱想、将心比心、明明白白、念念不忘、似是而非、一举两得、一个半个、有头有尾、拖泥带水”等。这些四字词语有新产生的，如“千了百当、没巴没鼻、粗枝大叶”等；有沿用的，如“指鹿为马、并行不悖、良辰美景”等；也有部分改造形成新旧合璧的，如“起风作浪、沉船破釜、处事待物、处事接物”等。

三、同素异序词

同素异序词指两个相同语素按相反次序构造的词。同素异序词可构成大量同义并列复合词，也可构成意义和结构不同的复合词。其中词义完全相同或基本相同的如长久、久长，相互、互相等。这类词多为并列结构，词素序列的不同没有改变词素间的结构关系，可互相替代而不影响词义的表达。词义相近的如托付、付托，语词、词语等。这类词的词义有一定关联，又有一定差别。同素异序词有些产生于上古，沿用至今；有些是一种形式见于上古或中古，另一种形式见于近代汉语，后长期并存；也有些同时出现于近代汉语，或长期并存，或其中一个逐渐消失。语素序的改变也是引起词义或词性变化的变词手段。由于一个语素往往含有几个相互有联系的意义而形成多义语素，这些语素分布在不同的词中便会产生不同的意义。这类词的词义或词性受词序影响而有或多或少的不同。如“得了、了得”，“了得”还有“不平常”义。还有一些语素的形、音相同而意义不同，看似同素，实则异素。如风采、采风，地下、下地，人工、工人。这类词实际上仅是语素在形式上偶合而已。

同素异序词以复音词为主，其中联合式同素异序词较多，其次是偏正式，其他结构类型相对较少。同素异序词反映了汉语词汇复音化过程中语素结合的灵活性和构词的功能，解决了语言发展中词义的丰富性、多样性与表达的单一性、明确性之间的矛盾，增强了语言的表现力。

四、框式组合模式

框式组合模式指由一些口语常用句式形成的凝固或半凝固的短语，如口语惯用的搭配语、缩略语、插入语等；或由一个半固定半待嵌的结构作为词语模式，如三音节和四音节的框式待嵌组合等，使用者可照此类推嵌入相应的词语，生成同一格式的许多语块。这些词语模式是具有新造词语功能的各式各样待嵌的组合框架，通常由多个词构成，兼具词汇与语法特征。其中不变的词语为常项，待嵌入的词语为变项。常项为主，变项为辅。常项通常是一些具有较强搭配能力的词或词组，可以选择相关的搭配对象构成类似格式的语块，用以表示相同的意思或不同的意思。变项则是那些供常项选择的、呈互补关系的搭配对象。① 这些凝固或半凝固的词语不是静态的语言单位，而是人们在遣词造句表达思想过程中的产物，属于动态的言语单位。这些动态

① 类似袁宾《近代汉语概论》说到的模式词语，具有一定的字数，有不变的字，有固定的组合模式，有固定的意义类型，具有能产性，可以造出同样结构的新词语。（上海：上海教育出版社 1993 年版，第 108 页）

的言语单位虽属于词组层面的语块，还不是真正意义上的固定短语，但在口语交际中使用频率较高，具有一定的结构和语义，且因常态结合上搭配的惯性而产生一定的黏聚力，带有一定的选择性，形成类格式化的组合倾向，常被当作一个词汇单位使用，[①] 有一些最终凝固成词。[②] 下据《朱子语类》略举数例以见一斑。

1. 搭配模式

搭配模式是口语惯用的框式待嵌句式。如：

（1）为好。

问："上蔡说：'敬者，常惺惺法也。'此说极精切。"曰："不如程子整齐严肃之说为好。"（17.372）

按：例中"不如……为好"是口语常用句式，"为"和"好"搭配在一起作句子谓语的动宾短语，表"认可"义，意谓这样更好。现代汉语沿用，表达自己的选择。如："这件事还是交给他去办为好。"[③] "不如……为好"也作"不如……好"。如《景德传灯录》卷二十七："不如子细体取古人意好。"又卷二十八："若更不会，不如且依古语好。"这一句式似源于"不如……是"。如：

要之，不如好善而恶不仁者是。（26.665）

文献中也有作"不如……的好"。如《九命奇冤》第三十回："我回去同他们商量，又不知往哪里追寻的好。"[④]

（2）始得。

二者须有个思量倒断始得。（12.218）
识得行程，须便行始得。（13.250）
"格物"两字，只是指个路头，须是自去格那物始得。（14.255）

① 认知心理学认为人类对信息的获取、储存和提取体现凸显性和完整性。作为集形式、意义和功能于一体的语块一旦被输入大脑，将会整个地被储存，并与特定的语境联系起来。当我们在表达信息的时候，一旦遇到相关语境，我们很自然会提取到相应的语块，大大增加语言输出的流利性。

② 参徐时仪：《论词组结构功能的虚化》，《复旦学报》1998 年第 5 期。

③ 参李宗江：《汉语新虚词》，上海：上海教育出版社 2011 年版，第 85、480 页。

④ 参江蓝生：《"VP 的好"句式的两个来源》，《中国语文》2005 年第 5 期。

“在明明德”，须是自家见得这物事光明灿烂，常在目前，始得。如今都不曾见得。须是勇猛著起精神，拔出心肝与它看，始得！(14.261)

拈着底，须是逐一旋旋做将去始得。常说田子方说文侯听乐处，亦有病。不成只去明官，不去明音，亦须略去理会始得。(15.300)

须知那个先，那个后，始得，亦所以助其存主也。(34.869)

如此只就上面说，又须自家肚里实理会得，始得。(41.1062)

凡事初看尚未定，再察则已审矣，便用决断始得。(57.1351)

如今人也须先立个志趣，始得。(121.2943)

按："始"有"才"义。如《左传·昭公二十八年》："昔贾大夫恶，娶妻而美，三年不言不笑。御以如皋，射雉获之，其妻始笑而言。""得"有"行、可以"义。如唐李肇《唐国史补》卷上："公从容谓曰：'奴见官人不下马，打也得，不打也得；官人打了，去也得，不去也得。'"诸例中"始得"意谓才行。

2. 缩略模式

缩略模式指由较长的短语缩短省略而成的词语结构。如：

(1) 便是了、便了。

有人说，只且据眼前这近处行，便是了，这便成苟简卑下。(18.413)

若把始、中、终三个字括了时便是了，更读个甚么！(20.455)

譬如前面有一个关，才跳得过这一个关，便是了。(27.684)

此章须从头节节看来看去，首尾贯通，见得活方是，不可只略猎涉说得去便是了。(52.1260)

先生曰："荷显道与诸生远来，某平日说底便是了，要特地说，又似无可说。"(119.2869)

还当自家要做甚么人？是要做圣贤？是只要苟简做个人？天教自家做人，还只教恁地便是了？(121.2943)

按：例中"便是了"是口语中的常用句，意谓就行，就可以。往往省作"便了"，表示认可、肯定的语气。如：

学者常用提省此心，使如日之升，则群邪自息。他本自光明广大，自家只著些子力去提省照管他，便了。(12.201)

若不用躬行，只是说得便了，则七十子之从孔子，只用两日说便尽，何

用许多年随着孔子不去。(13.222)

圣人下得言语恁地镇重，恁地重三叠四，不若今人只说一下便了，此圣人所以为圣人。(17.380)

释氏说斫树木，今日斫，明日斫，到树倒时，只一斫便了。(18.392)

若说我只认晓得这是一堆火便了，这便不得，他里面玲珑好处无由见。(18.410)

今却恁地跷说时，缘是智者过于明，他只去穷高极远后，只要见得便了，都不理会行。(63.1523)

大抵此等隔涉遥远，又无证据，只说得个大纲如此便了，不必说杀了。(78.2002)

诸例中“便了”处于句末的位置，语意虚化，渐凝固成助词。[①]

(2) 在里。

要做好事底心是实，要做不好事底心是虚。被那虚底在里夹杂，便将实底一齐打坏了。(13.236)

向见吴公济为此学，时方授徒，终日在里默坐。(113.2741)

天下之物，至微至细者，亦皆有心，只是有无知觉处尔。且如一草一木，向阳处便生，向阴处便憔悴，他有个好恶在里。(4.60)

问气质之性。曰：“才说性时，便有些气质在里。”(4.66)

要之，仁未能尽得道体，道则平铺地散在里，仁固未能尽得。然仁却是足以该道之体。(6.122)

盖圣贤说出，道理都在里，必学乎此，而后可以有得。(9.153)

所谓正命者，盖天之始初命我，如事君忠，事父孝，便有许多条贯在里。(42.1082)

问：“克伐怨欲不行。”曰：“不行，只是遏在胸中不行耳，毕竟是有这物在里。才说无，便是合下埽去，不容它在里。”(44.1116)

岂有虑君子太多，须留几个小人在里？人之治身亦然，岂有虑善太多，须留些恶在里！(142.2659)

按：例中“在里”即“在里面”。如：

① 《汉语大词典》释“便了”的助词义引元无名氏《陈州粜米》为首见书证，偏晚。

问：“诚意是如何？”曰：“心只是有一带路，更不着得两个物事。如今人要做好事，都自无力。其所以无力是如何？只为他有个为恶底意思在里面牵系。”又曰：“要做好事底心是实，要做不好事底心是虚。被那虚底在里面夹杂，便将实底一齐打坏了。”贺孙。(16.326)

此例为叶贺孙所录，例中“在里面夹杂”，徽州本和成化本皆作“在里夹杂”。又如：

盖圣贤说出，道理都在里，必学乎此，而后可以有得。(9.153)

此例为叶夔孙所录，例中“在里”，徽州本和成化本皆作“在里面”。检中华本《朱子语类》中共有“在里面”138例。如：

如禀得气清明者，这道理只在里面；禀得昏浊者，这道理也只在里面，只被昏浊遮蔽了。(4.78)

且如万物收藏，何尝休了，都有生意在里面。(6.113)

曰：“敬非别是一事，常唤醒此心便是。人每日只鹘鹘突突过了，心都不曾收拾得在里面。”(6.114)

古人作乐，击一声钟，众音遂作，又击一声钟，众音又齐作，金所以发众音，末则以玉振之，所以收合众音在里面。(59.1368)

诸例中“在里面”与“在里”语意相同。“在里”也即“在这里面”。如：

人之于义理，若见得后，又有涵养底工夫，日日在这里面，便意思自好，理义也容易得见，正如雨蒸郁得成后底意思。(9.150)

盖圣人见得天道、人事，都是这道理，蓍龟之灵都包得尽；于是作为卜筮，使人因卜筮知得道理都在这里面。(75.1927)

又作“在这里”。如：

曰：“大意只管怕人晓不得，故重叠说在里，大抵多一般，如云‘阳在下也’，又云‘下也’。”(65.1607)

此例为叶贺孙所录，例中“在里”，徽州本作“在这里”。又如：

且如看大学“在明明德”一句，须常常提醒在这里。(11.178)

然亦须是见道理极分晓，磊磊落落在这里，无遁惰病痛来。(35.928)

诸例中“在这里”与“在里”语意相同。《朱子语类》中“在这里”是口语白话，记录成书面语即“在此”。如：

吾儒唤醒此心，欲他照管许多道理；佛氏则空唤醒在此，无所作为，其异处在此。(17.373)

譬如讨一条钱索在此，都无钱可穿。(117.2822)

《朱子语类》中“在此”和“在这里”并用，反映了讲学笔记以书面语记录口语既有加工又有直录原话的特点。如：

你不晓得底，我说在这里，教你晓得；你不会做底，我做下样子在此，与你做。(13.231)

此条是黄卓所录，沈僩所录同。“在里”又作“在里许”。如：

《周礼》一书好看，广大精密，周家法度在里，但未敢令学者看。(86.2204)

此条为方子所录，例中“在里”徽州本作“在里许”。又如：

详味“无违”一语，一齐都包在里。(23.561)

此条为周明作所录，例中“在里”徽州本作“在里许了”。“里许”即“里面”，“许”是助词。“里许”似为方俗词。据宋罗大经《鹤林玉露》卷十五：“杨诚斋云：‘诗固有以俗为雅，然亦须经前辈镕化，乃可因承。如李之“耐可”、杜之“遮莫”、唐人“里许”、“若个”之类是也。’”又据章炳麟《新方言·释词》：“今松江、太仓言处言许，音皆如化。谓内曰里许，音如里化。”检中华本《朱子语类》中共有“在里许”11例。如：

先通《大学》，立定纲领，其他经皆杂说在里许。(14.252)

例中“在里许”与“在里”语意相同。“在里”又作“在里头”。如：

曰：“上交要恭逊，才恭逊，便不知不觉有个谄底意思在里；‘下交不渎’，亦是如此。”(76.1948)

此条为沈僩所录，例中“在里”徽州本作“在里头”。

“在里”、“在里许”、“在里头”、“在里面”、“在这里面”和“在这里”为口语中相近语义的相近表达，由此可见口语表意的灵活随意性。“在里”似为“在里许”、“在里头”、“在里面”、“在这里面”和“在这里”的省略说法。检《朱子语类》“在里”共65例，[①]除3例用于动词前作状语外，其他皆用于句末，可省作“在”。如：

因曾亲见人如此，遂晓得这“骄吝”两字，只是相匹配得在，故相靠得在。《池录》作：“相比配，相靠在这里。”(35.938)

此条为黄义刚所录，其中注文“《池录》作：相比配，相靠在这里”，徽州本无，今存《池录》卷二七同，[②]似为黎靖德所注。“在这里”亦可省作“在”。如：

今于日用间空闲时，收得此心在这里截然，这便是“喜怒哀乐未发之中”，便是浑然天理。事物之来，随其是非，便自见得分晓：是底，便是天理；非底，便是逆天理。常常恁地收拾得这心在，便如执权衡以度物。(12.202)

此条为叶贺孙所录，例中“这心在”是“此心在这里”在口语中的省略，语意相同。“在这里”的语义较实，“在”则较虚。

“在”在连动句中往往为次要动词，与所带宾语构成一个偏正词组，经常依附在中心动词的前面或后面，如上例中“收得此心在这里截然”。“在”在

---

① 据杨艳《〈朱子语类〉版本与语言问题考论》（上海师范大学博士学位论文，2011年）一文统计。

② 李道传：《晦庵先生朱文公语录》卷二，宋嘉定乙亥池州刊本，第21页。

句中的这种语法位置被固定下来后，其词义就逐渐抽象化，语法功能也逐渐虚化，而变成了谓语动词的修饰补充成分。语法位置、结构关系的改变会引起词义的转变，[①] 由于“在”在句中经常作为修饰补充成分依附在中心动词的前面或后面，导致其词义由“存在”义进一步抽象虚化为语气助词，表示行为动作的持续或情况的存在。如杜甫《江畔独步寻花》诗之二：“诗酒尚堪驱使在，未须料理白头人。”

“在”虚化的前提是在连动句中处于次要动词的语法位置，结构关系的改变导致其处于句末充当修饰补充成分，整个句子也由连动式转化为动补式，随着“在”词义的虚化，其对宾语的支配作用逐渐弱化，宾语往往省略或脱落，词义也虚化为语气助词。[②]

3. 插入模式

插入语是一个句子中的插入成分，与句子其他成分没有结构关系。一般是对一句话作一些附加的说明，有时表达说话者的态度和看法，有时起强调的作用，有时是为了引起对方的注意等。如“据某看来”、“某看来”、“看来”等。

《朱子语类》中“看来”395 例，共有 389 例的主体是说话者，[③] 其中没有主语的零形式有 347 例，包括两种情况。一种是依据某种前提推论，往往前有指示副词“如此”、“恁地”等。如：

天包地，其气无不通。恁地看来，浑只是天了。(1.6)

如此看来，则取象处如何拘得！(67.1655)

又曰：“曾子是事实上做出，子贡是就识上见得。看来曾子从实处做，一直透上去；子贡虽是知得，较似滞在知识上。”(27.676)

这也未曾如此，且收敛此心专一，渐渐自会熟，熟了自有此意。看来百

---

① 参徐时仪：《语气词“不成”的虚化机制考论》，《华东师范大学学报》2000 年第 3 期。

② 吕叔湘《释〈景灯传灯录〉中在、著二助词》曾指出宋儒语录中常以“在”为语助，其举《朱子语类》例为“先生须更被大任用在”（《汉语语法论文集》（增订本），北京：商务印书馆 1984 年版，第 58～72 页）。检吕先生所举此例如下：

问：“先生须更被大任用在。”曰：“某何人，安得有此！然亦做不得，出来便败。……事既多违，魏公久废，晚年出来，便做不得。欲为家计，年老等不得了，只是逐急去，所以无成。某今日亦等不得了，规模素不立，才出便败。”(140.2655)

此条为廖德明所录，据朱熹和门人的问答，“在”语意虽有虚化，但尚有“存在”义，似还未虚化为语气助词。

③ 参李宗江：《“想来”、“看来”、“说来”的虚化和主观化》，《汉语史学报》（第七辑），上海：上海教育出版社 2008 年版。

事只在熟。(104.2617)

诸例中“看来”表示根据某种前提推断，语义较客观。

另一种是做出判断，对某一问题提出自己的看法。如：

看来“如好好色，如恶恶臭”一段，便是连那“毋自欺”也说。(16.339)

看来只当作成效说，涵养庄敬得如此。(35.920)

李清臣文比东坡较实。李舜举永乐败死，墓志说得不分不明，看来是不敢说。(139.3315)

不知古人充耳以瑱，或用玉，或用象，不知是塞于耳中，为复是塞在耳外？看来恐只是以线穿垂在当耳处。(81.2110)

问：“《周礼》所载诸公之国方五百里，诸侯之国方四百里云云者，是否？”曰：“看来怕是如此。”(59.1420)

诸例中“看来”是经过观察提出自己的看法，语义带有主观揣测性。这一种“看来”源于“某看来”、“据某看来”等前带有主语的形式。如：

问：“据贺孙看来，仲由、冉求气质不同，恐冉求未必可保，仲由终是不屈。”(40.1024)

问：“‘樊迟问仁、知’一章，焘看来，不惟治天下国家如此。而今学者若在一家一乡而处置得合义时，如此。”(42.1095)

其中前有代词作主语的28例。如：

某看来，《诗》三百篇，其说好底，也要教人“思无邪”；说不好底，也要教人“思无邪”。(23.540)

某看来，小学却未当得敬。(7.126)

某看来，大要工夫只在唤醒上。(12.200)

某看来，才着心去理会道理，少间于那边便自没紧要。(13.245~246)

某尝谓死后千百年须有人知此意。自看来，直是尽得圣人之心！(81.2116)

代词用于介词后的14例。如：

据某看来，亦舍不得这个苍苍底。(5.82)

据某看来，季友之罪与庆父也不争多。(83.2156)

蔡季通因浙中主张《史记》，常说道邵康节所推世数，自古以降，去后是不解会甚好，只得就后世做规模。以某看来则不然。(108.2687)

如《河豚诗》，当时诸公说道恁地好，据某看来，只似个上门骂人底诗；只似脱了衣裳，上人门骂人父一般，初无深远底意思。(139.3334)

又有“据某理会来”。如：

人道《春秋》难晓，据某理会来，无难晓处。(83.2144)

“据某看来”、“以某看来”又有作“据某观之”、“以某观之”、“据某所见”。如：

《离骚》有九天之说，注家妄解，云有九天。据某观之，只是九重。(2.23)

以某观之，今之作文者，但口不敢说耳，其意直是谓圣贤说有未至，他要说出圣贤一头地。(20.457)

据某所见，巧言即所谓花言巧语。(20.479)

也可省作“据某”。如：

据某，恐自二程外，惟和靖之说为简当。(19.442)

“某看来”、“据某看来”等省略为“看来”，形式的省略和语义由据某种前提推断到由自己主观推测的虚化，促成“看来”渐由词组凝固成表示推断的副词，[1] 口语中也可用作表达己见的插入语。如：

又曰：“成汤工夫全是在‘敬’字上。看来，大段是一个修饬底人，故当

---

① 李宗江《“想来”、“看来”、“说来”的虚化和主观化》认为副词“看来”就是由认知主体为第一人称零形式主语时的认知动词变来的，指出：“主观化的句式或成分较多用于口语化的句子里，特别是对话中，因为这时候最需要体现也最容易表现说话人的立场、态度和情绪。因而主观化应该是首先在口语化的句子中发生的。”(《汉语史学报》第七辑，上海：上海教育出版社2008年版)

时人说他做工夫处亦说得大段地著。如禹‘克勤于邦，克俭于家’之类，却是大纲说。到汤，便说‘检身若不及’。”(17.387)

或云：“看来，渊明终只是晋宋间人物。”曰：“不然。晋宋间人物，虽曰尚清高，然个个要官职，这边一面清谈，那边一面招权纳货。渊明却真个是能不要，此其所以高于晋宋人也。”(34.874)

4. 三音节式

三音节式由三个字组成，也可称作三字格式。如《朱子语类》中有“V一V重复式”、“V~V得”和“X不得否定式”等。

(1) V一V。

挨一挨。

而今都只是悠悠，碍定这一路，略略拂过，今日走来挨一挨，又退去；明日亦是如此。(121.2921)

操一操。

操亦不是着力把持，只是操一操，便在这里。(62.1503)

穿一穿。

而今人元无一文钱，却也要学他去穿，这下穿一穿，又穿不著，那下穿一穿，又穿不著，似恁为学，成得个甚么边事！(27.683)

按：诸例中“一”是常项，V是变项。类似的用例还有“动一动”、“接一接”、“看一看”、“隔一隔”、“审一审”等。

(2) V~V得。

见说人做官做得如何，见说好底，自是快活；见说不好底，自是使人意思不好。(59.1391)

圣人说数说得疏，到康节，说得密了。(67.1649)

不要将一个大底言语都来罩了，其间自有轻重不去照管，说大底说得太大，说小底又说得都无巴鼻。(117.2821)

庄周曾做秀才，书都读来，所以他说话都说得也是。(125.2988)

后来见荆公用兵用得狼狈，更不复言兵。(130.3100)

按：诸例中“做官做得”、“说数说得”、“说大底说得”、“说小底又说得”、“说话都说得”和“用兵用得”是口语中重复一个动词表示强调的用法。①

(3) X不得。

“得”的否定式是“不得”，表示对某一客观现实性的否定，有“不能”义，“X不得”表客观的不能X，语义上则有主观上认为“不能X”义。“不得”是常项，X是变项。如：

意古之历书，亦必有一定之法，而今亡矣。三代而下，造历者纷纷莫有定议，愈精愈密而愈多差，由不得古人一定之法也。(2.25)

例中“由不得”意谓不能由。

又云：“也怪不得州郡，欲添兵，诚无粮食给之，其势多招不得。”(108.2681)

例中“怪不得”意谓不能怪，“招不得”意谓不能招。

今来欲教吏部与二三郎官尽识得天下官之贤否，定是了不得这事!(109.2692)

例中“了不得”意谓不能了结，无法对付。

又云：“学者初来，须是先与他讲说。不然，是行个甚么？忠是甚物事？信是甚物事？到得为忠为信时，自是说不得。”(34.894)

如舜三十便征庸了，想见舜于小事，也煞有不会处。虽是如此，也如此说不得。(36.959)

---

① 李讷、石毓智《汉语动词拷贝结构的演化过程》(《国外语言学》1997年第3期)认为：“动词拷贝结构(verb copying)的产生和发展是最近两三百年的事，根据我们的考察，直到《红楼梦》时代才开始。”

例中“说不得”意谓不能说。

大意只是要刚而能柔，自人君以至士庶，皆须如此。若说为天下先，便只是人主方用得，以下便使不得，恐不如此。(68.1697)

桧看毕，即谓和仲曰：“都使不得。”和仲曰：“某闻之先人，皆是可用之语。丞相如何说使不得?”曰：“《论语》、《孟子》许多说话，那曾是尽使得?只是也要后人知得有许多说话。”(131.3154)

辛幼安亦是个人才，岂有使不得之理！(132.3179)

例中“使不得”意谓不能使。

到游艺，犹言学文，虽事未甚要紧，然亦少不得。(34.869)

有中必有庸，有庸必有中，两个少不得。(62.1484)

曰：“两事皆少不得‘惟精惟一’底工夫。不睹不闻时固当持守，然不可不察；慎独时固当致察，然不可不持守。”(62.1502)

曰：“既有个国家，则百工所为皆少不得，都要用。若百工聚，则事事皆有，岂不足以足财用乎?”(64.1562)

例中“少不得”意谓不能少。

“X不得”中“X”是一个行为，“不得”是“X”的结果。“X”与“不得”之间有因果相关性，由客观的陈述“X不得”而有主观上认为“不能X”，由具体动作的否定引申至否定整体行为，产生主观上认为“超过限度”的语义。如：

故诸《诰》等篇，当时下民晓得，而今士人不晓得。如“尚书”、“尚衣”、“尚食”，“尚”乃守主之意，而秦语作平音，与“常”字同。诸命等篇，今士人以为易晓，而当时下民却晓不得。(79.2061)

例中“晓得”、“不晓得”和“晓不得”并举，“不晓得”为客观上对“晓得”的否定，而“晓不得”则为主观上认为“超过限度”的否定。

又如：

廖子晦得书来云：“有本原，有学问。”某初不晓得，后来看得他们都是把本原处是别有一块物来模样。(113.2742)

例中“不晓得”，徽州本作“晓不得”。“不晓得”与“晓不得”都有“不能知晓”义，而“不晓得”是客观的陈述，“晓不得”则是主观上认为超出能力的限度。“不”与“晓得”间一般不插入其他成分，而“晓”与“不得”间可插入其他成分。如：

盖康节此意不曾说与程子，程子亦不曾问之，故一向只随他所见去。但他说“圣人始画八卦”，不知圣人画八卦时，先画甚卦？此处便晓他不得。(67.1651)

不知圣人于《否》、《泰》只管说“包”字如何，须是象上如何取其义。今晓他不得，只得说坚固。(70.1763～1764)

又曰：“圣人分明是见有这象，方就上面说出来。今只是晓他底不得，未说得也未要紧，不可说道他无此象。”(70.1764)

“其初难知”，至“非其中爻不备”，若解，也硬解了，但都晓他意不得。这下面却说一个“噫”字，都不成文章，不知是如何。后面说“二与四同功”，“三与五同功”，却说得好。但“不利远者”，也晓不得。(76.1957)

再如：

曰：“自清净至惨酷，中间大有曲折，却如此说不得。”(39.1022)

先生云：“今天下事只碍个失人情，便都使不得。”(111.2714)

他既逃其父母，虽说得如何道理，也使不得。(1126.3008)

方其乍见孺子入井时，也著脚手不得。纵有许多私意，要誉乡党之类，也未暇思量到。但更迟霎时，则了不得也。(53.1281)

诸例中“X不得”皆有主观上认为“超过限度”的语义。由客观上的“X不得”到主观上的“不能X”是一种既不同于演绎推理也不同于归纳推理的推导方式，而是一种回溯推理：

前提：如果“不可能X”，那么一定“X不得”。

事实：说的是“X不得”。

推论：要表达的意思很可能是“不可能X”。

动补式“X不得”由主观上认为“不可能X”而渐凝固成词。如：

转运使每岁行文字下来约束，只教桩留在本州，不得侵支颗粒。那里有？年年侵使了，每监司使公吏下来检视，州郡又厚赂遗之，使去。全无颗粒，

怪不得。(108. 2682)

某尝说，怪不得今日士大夫，是他心里无可作做，无可思量，“饱食终日，无所用心”，自然是只随利欲走。(132. 3184)

例中“怪不得”既意谓不能怪，又意谓不足为怪，后引申有“明白了原因，对发生的某种事情就不觉得奇怪”义。如曹禺《日出》第二幕：“陈白露：怪不得常听人说爱情是要有代价的。”又如《红楼梦》第一〇一回：“凤姐刚举步走了不远……不觉头发森然直竖起来，由不得回头一看。”例中“由不得”有“不禁、不由自主”义。再如《桃花扇》卷一：“这是宜兴陈定生，声名赫赫，是个了不得的公子，他怎肯向我借戏?”例中“了不得”有“不同寻常，极其突出”义。①

5. 四音节式

四音节式通常由“模标”和“模槽”两部分构成，“模标”是常项，指词语模中不变的词语；“模槽”是变项，指词语模中待嵌入相应的词语的空位。② 常项和变项构成“模标”和“模槽”“一主多从”的主从关系，即“一主”（常项）可以在“多从”（变项）中选择相应的词语嵌入框式组合。如由“胡X乱Y”这一词语模形成的四字语有胡言乱语、胡思乱想、胡诌乱道、胡诌乱说、胡诌乱扯、胡思乱量、胡猜乱想、胡行乱为、胡言乱道、胡拉乱扯、胡作乱为、胡说乱道、胡七乱八等，其中“胡乱”是“模标”的常项，“XY”是待嵌入“模槽”的变项。又如横X竖X、左X右X、X首X尾、千X万X、东X西X、三X四X等这些四音节中“模标”的常项是“横竖”、“左右”、“首尾”、“千万”、“东西”、“三四”，“XX”是“模槽”的变项。再如X前Y后、一X半Y、三X五Y、四X八Y、七X八Y、一X一Y、没X没Y、半X半Y、大X大Y、说X说Y等这些四音节中“模标”的常项是“前后”、“一半”、“三五”、“四八”、“七八”、“一一”、“没没”、“半半”、“大大”、“说说”，“XY”是“模槽”的变项。由“千……万……”、“一……一……”、“一……半……”等这类待嵌四字格模式可仿拟类推造出许多新词。从生成机制上说，这类待嵌模式词群是在类推基础上仿造的，构成创造新词语的一个个模型。这些模型又是开放性的。每一个词群都有一个共同的模标，而每一个模标都有一个明确的表义模式或范围。

近代汉语的构词法还保存着一些古代的句法规则。如数词直接修饰名词

---

① 参徐时仪：《“了不得”与“不得了”的成词与词汇化考探》，《江苏大学学报》2009年第1期。
② 何自然：《语用三论：关联论·顺应论·模因论》，上海：上海教育出版社2007年版。

的规则在近代汉语的句法层面已消失，但在词汇层面中的复合词和固定语中仍有使用。如《朱子语类》中的一时间、一总脑、三朝五日、四肢八脉、四肢百骸、千书万书、千枝百派、一身一家、一事一路、一字半字、一言半句等词。

五、倒反模式

倒反模式词语相当于通常所说的“说反话”，即运用与本意本身相反的词语来表达此意，表面上的意思是词语所具有的，而里面一层意思则是说话者的真正意思，这个意思是由特定的语言环境所赋予的，带有强烈的感情色彩。如《西厢记》第一本第二折：“借与我半间客舍僧房，与我那可憎才居止处门儿相向。”例中“可憎”意谓可爱。又如《金瓶梅词话》第五十二回：“伯爵道：‘哥，你还哄我哩。杭州刘学官送了你好少儿著，你独吃也不好。’”例中“好少”意谓好多。

这类倒反模式词语往往带有否定词“不、没、无”，用来起强调作用。如《二刻拍案惊奇》卷十四：“可怜吴宣教一个好前程，惹着了这一些魔头，不自尊重，被人弄得不尴不尬，没个收场如此。”例中“不尴不尬”意谓尴尬。又如《金瓶梅词话》第四十二回：“少顷，韩玉钏儿，董娇儿两个慢条斯礼上楼来，望上不当不正磕下头去。”例中“不当不正”意谓端正。

六、偏义模式

偏义模式包括偏义复词和偏义词组两类，多由两个同义或反义语素合成。偏义模式词语中，词义偏在其中一个语素，表实义，另一个语素虽语义虚化起陪衬作用，但仍具有补足整个词义的功能。如《董西厢》卷七：“休教觅生觅死，自推自颠，有些儿好弱，你根柢不舍!”例中“觅生觅死”偏义于“觅死”，“好弱”偏义于“不好”。又如《金瓶梅》第二十回：“金莲悄问他房中怎的动静。”例中“动静”偏义于“动”。

在古白话文献中，古代汉语中的“缓急”、“异同”等一些较为常见的偏义复词还在继续使用，现代汉语中的“兄弟”、“干净”等一些常见的偏义复词也已经出现。

偏义复词往往出现在一些固定格式的习用语和词组中，如“偌大小”、“这早晚”、“嫌好道歉”等。

有些偏义复词可以颠倒词序，如“兄弟”，亦可作“弟兄”。《元曲选·杀狗劝夫》第一折：“你休听他每说话，兄弟怎敢骂哥哥来?”《官场现形记》第四十九回：“他是军门的好弟兄，军门死了，他索性连门也不上了!”两例皆指弟弟。又如“长短”，亦可作“短长”。苏轼《上皇帝书》：“上有监司伺其过失，下有吏民持其长短，未及按问，而差替之命已下矣。”《明史·黄宗载传》：“巨奸宿猾，多谪戍铜鼓、五开间，阴持官吏短长。”

有些偏义复词的偏义往往具有摆动性，有时偏义于前字，有时偏义于后字。如“弟兄”可指“弟”，前已举例，也可指“兄”。如《三国志平话》卷上张飞对刘备说：“弟兄放心，我独自去破董卓，诛吕布。”又如《二刻拍案惊奇》卷九：“毕竟历过多少间阻，无限风波，然后到手，方为希罕。”例中“多少”偏义于“多”。《金瓶梅》第二十六回：“你才打杭州来家多少时儿，又交你往东京去，忒辛苦了。”例中“多少”偏义于“少”。

偏义词语里的所谓无义词素，虽无实在的词汇意义，可是具有结构和修辞上的作用，如使单音词变成双音合成词，或使双音词语变成四音固定词组。词语增加音节，有时可以使文句的节奏更加和谐。有些偏义词语还有强调语气或表达某种感情色彩的意味，如“不偏不正”实际上是强调一点儿也不偏、丝毫不偏。古白话中不少偏义词语出现的频率较高，意义较显豁和稳定，它们基本上是当时口语在书面语中的反映，具有一定的口语基础。

偏义复词是汉语中比较特殊的词汇现象，既是一个词汇问题，又是一个修辞问题。1932年黎锦熙撰《国语中复合词的歧义和偏义》一文从词汇学研究的角度探讨偏义现象，继后刘盼遂著《中国文法复词中偏义例续举》一文又就偏义复词的用例有所补充。

汉语的偏义现象大致由两个意义相近、相关、相对或相反的词构成并列词组，其最初使用时多为修辞上的连类而及，如姊妹、睡觉、衣裳、窗户、步伐等。这一类词在具体运用中根据语境的需要而偏指某个词义，在凝固成词的过程中，两个单音词各自所含词义虚化的程度不一，渐渐由并列词组凝固为一个词。如果凝合成词后其中一个单音词词义完全虚化，失去了其原有的词义，仅仅作为另一个单音词的陪衬，这就形成了偏义复词。如《诗经·豳风·鸱鸮》：“迨天之未阴雨，彻彼桑土，绸缪牖户。”例中“牖户”本是个并列词组，牖指窗，户指门，后凝固成词。如韩愈《和虞部卢四赤藤杖歌》：“空堂昼眠倚牖户，飞电著壁搜蛟螭。”诗中“牖户”即偏指窗。“牖”与“窗”同义，南朝时则有“窗户”一词。如梁何逊《嘲刘谘议孝绰》诗：“窗户映朝光。”“窗户”中“户”的词义已虚化，凝固为偏义复词。

又如“睡觉”本是“睡”和“觉”两个单音词组成的词组，直至晚唐五代仍表“睡醒”的意思，尚未凝固成词。如《祖堂集》卷一〇说鼓山和尚“至年十五，偶因抱疾，梦神人与药，睡觉顿愈”。由于“觉”在语境上总是后发生，“睡”处于强势位置，“觉”在语言的具体使用过程中产生组合关系中的同化现象，其词义也渐由实变虚，由表“醒悟”义的动词虚化为表示“睡一觉”的动量词，如唐白居易《何处堪避暑》诗：“日高饥始食，食尽饱还游。游罢睡一觉，觉来茶一瓯。”诗中前一个“觉”已虚化为动量词，后一个“觉”仍为表“睡醒”义的动词。至宋代，“睡觉”这一词组中“觉”的词义已完全消失，虚化为构成表示“睡眠”义的并列复音词的一种语法功能上的补足构词成分，从而凝固成一个偏义复音词。如《齐东野语·崔福》：“会夜大雪，方与婴儿同榻，儿寒夜啼，不得睡觉。”《老乞大新释》：“主人家点灯来，我好收拾睡觉。”又“你看这个时候却又将晚了。这里到夏店，还有十里来地。若到不去，就路北那人家，寻个睡觉处罢。”《西游记》第五回：“我等且紧紧防守，饱食一顿，安心睡觉，养养精神。”①

王力在《汉语语法纲要》一书中称偏义复词为“并合语”，说“并合语是由于吞并作用而成的，本来是两个词构成一个仂语，后来因为其中一个词的意义占了优势，另一个词的意义渐被侵蚀，结果是只剩躯壳，毫无意义可言了。”俞敏在《化石语素》一文中说：“有些语素到底是什么始终弄不清楚。有些语素倒弄得清楚，可是它不起作用。后一种简直像生物范畴里的化石一样。”他举了国家、凤凰、好歹、富裕、冒失、舒服、方便等十二个词，也涉及偏义复词中词义的虚化和失落问题。② 其实，偏义复词是汉语词义发展演变的客观存在，偏义复词并不否定其中的一个语素的实在性，而恰恰相反，正是由于其所含语素的实在性，才导致了其所表词义的偏颇。偏义复词中两个语素相关相偶，彼此不可或缺。值得注意的是，偏义复词中一个语素义的虚化失落或变得无足轻重以致可以忽略，这并不意味着其所含这一语素义原承载信息功能的丧失，只不过是其在词汇表义系统的内部调整中，词与词的分工有了改变，成为语法功能上的补足构词成分，因而偏义复词的失落原义的语素在词中仍有标志区别的作用。如上举表示“睡眠”义的“睡觉”，其“最初并未以一个复合词的形式出现，而是采取‘睡（眠）一觉’或‘一觉睡（眠）’的形式。其中‘觉’字用来表示睡的段落，起量词的作用，同时也仍然或多或少地保存些睡醒的意思”。“睡觉”虚化为偏义复词后，“觉”原承载的语素义所具有的信息功能并未完全丧失，而且正是其原来所含的语

① 《汉语大词典》释“睡觉”一词的首见书证为茅盾的《子夜》，偏晚。
② 俞敏：《化石语素》，《中国语文》1984年第1期。

义导致了“睡觉”一词内部结构的变化，因而“睡觉”在现代汉语中被看作是动宾结构，“觉”变成了名词。

又如“面孔”和“面目”这两个词的词义皆偏重于“面”，词的整体意义主要来自第一个语素。“面孔”的“孔”原指脸上的七窍，“面目”的“目”指七窍中最富特征的眼睛，“孔”和“目”在这两个词中处于次要地位，可忽略。然“面孔”指脸，“面目”指脸的形状，这两个词的区别与“孔”和“目”的本义虽然未必相关，却因这两个语素的标志作用而使这两个词的区别得以体现。再如“走路”的“路”类似语义学上说的“零项”（nullargument），似乎没有区别语义的作用，然“走”在现代汉语中既可表示“行走”义，又可表示“离开”义。复音词“走路”表示在地上行走，“路”虽然看似并未传递什么新的信息，但“走”的“行走”义和“离开”义却借此得以区别。当要区别“走”的这两个词义时，表示“离开”义往往单用“走”，表示“行走”义则用“走路”。

俞敏所举的词实际上也是如此。如“国家”，古代天子把国视为自己的家，大家公有的国在他心目中只是他的家天下，而一个大家庭实际上在某种程度上也就是一个国家的缩影。因而，“国家”一词中的“家”原承载的信息功能在词汇表义系统的内部调整中虽然有所虚化，但仍有一定的补足功能。“舒服”一词由两个单音节形容词复合而成，“舒”有“伸展、舒缓”义，“服”有“顺应、适宜”义。如《楚辞·九章·橘颂》：“后皇嘉树，橘徕服兮。”元王实甫《西厢记》第四本第三折：“到京师服水土，趁路程节饮食。”“舒”和“服”两词并列组成“舒服”而有“舒适”义，“服”原有的词义确实虚化得不为人追究，但仍起作用。“冒失”也是如此，俞敏说“‘失’平常当弄丢了讲，在这里完全讲不通”。其实“失”是个多义词，尚有“变易错乱”义。“冒”有“贸然冲犯”义，“冒失”就是贸然冲犯而造成变易错乱，“冒失”一词中“失”的存在是有其理据所在的。至于“方便”一词，佛教谓以灵活方式因人施教，使领悟佛法真义，引申而有“随机乘便、便宜行事”义，又引申有“便利”和“容易”义。在其表示“便利”和“容易”义时，词义虽然偏向“便”，“方”的词义虚化，但其表“方式”的语素义仍起着补足整个词义的功能。

吕叔湘在《现代汉语单双音节问题初探》一文中谈到汉语的双音化倾向时说“两字并列是汉语造词广泛应用的格式”，其中有一种情形是“以一个字为主体，连上一个意义相近或有关的字作陪衬。例如‘眼睛，肩膀，窗户，书籍，报纸，灯火，云彩，雾气，国家，事情，位置，占有，据有，拥有，缝制，印制，调制（以上主体字在前）；干净，热闹，老实，结实，容易，仔细，打扫，打扮，打赌，打搅，打捞，发抖，发觉（以上主体字在后）’等等，双音化的用意尤其明显”。[①] 吕叔湘的论述揭示了汉语词汇双音化趋势中的偏义现象，他举的例子中有的已由并列词组凝固成偏义复词，如窗户、书籍、国家、干净、热闹等；有的虽已凝固成词，但其中的某个语素义尚未完全虚化，如眼睛、雾气等；有的其中的某个语素则属附加语素，如打扫、打扮、打赌、打搅、打捞、发抖、发觉等。

偏义复词的词义已不是两个单音词意义的简单相加，也不是两个单音词组合而成的词组义，而是以其中一个单音词的原来意义作为复音词的词义，另一个单音词原有的词汇意义则虚化为一种构词成分的语法意义，实际上也就是两个单音词组合而成的词组虚化为一个复音词，即由一个单音词的词汇意义与另一个单音词作为构词成分的语法意义组合成一个偏义复词。

汉语中的偏义现象在由古至今的历史演变中，有的渐渐凝固成为偏义复词，如“国家、窗户、人物”等；有的至今仍在演变之中，尚未完全凝固成词，如“缓急、休祲、陟降”等；有的则是修辞上连类而及的临时组合，如“禹稷、风雨、伯男”等。一般来说，偏义现象中借以显示一种委婉曲折的表达效果，把坏的或否定的事物与好的或肯定的事物连起来一起表达的词组，出现的频率较高，在语言的具体运用中有不少用例后来凝固成偏义复词，而只是用以调整音节结构的词组搭配，使用频率较低，大多是一次性的临时组合。

关于偏义复词的发展趋势，徐朝华《古代汉语中的偏义复词》一文说：“从发展趋势看，偏义复词在先秦时数量不多，两汉以后才逐渐多起来，到了唐宋以后，常见的只有少数表示固定的特殊意义的和一部分表示委婉语气的偏义复词，数量已不如以前多，到了现代汉语，偏义复词又不如古代汉语多。”[②] 他认为偏义复词“既不符合语言的经济原则，又容易影响人们的交际，因此，这种偏义复词数量不多，而且主要是出现在上古汉语中，中古以后就逐渐少见了”。我们认为一般来说，偏义复词在表义上都不如相应的单音词来得明确，往往需要借助语境做一番分析才能确定。然而，偏义复词里的无义语素，虽无实在的词汇意义，却具有结构和修辞上的作用，有时还有强调语气或表达某种感情色彩的功能，甚至有时语境上也需要这种模糊性。可以说，正是偏义复词在表义上的某种模糊性使其具有一定的生命力，因而，除了“禹稷”、“风雨”、“伯男”等修辞上连类而及形成的临时组合这类偏义

① 吕叔湘：《现代汉语单双音节问题初探》，《汉语语法论文集》，北京：商务印书馆 1982 年版。
② 徐朝华：《古代汉语中的偏义复词》，《天津师院学报》1982 年第 4 期。

现象外，古代汉语中较为常见的偏义复词大多沿用下来，如“国家”、“妻子”、“人物”等。近代汉语中的偏义复词不仅在数量上有所增加，而且词语形式上比较丰富，意义表达上较为醒豁稳定。如既有“干净”、“好歹”、“忘记”、“月亮”等双音节偏义复词，又有“不偏不正”（《儿女英雄传》第三十一回：“那件东西恰好不偏不正合在他肚子上。”）、“嫌好道恶”（《儒林外史》第五十二回：“小弟生性喜欢养几匹马，他就嫌好道恶，说作踢了他的院子。”）、“寻死觅活”（《红楼梦》第一百十七回：“侄儿听见要寻死觅活了好几次。”）等四音节偏义词组，且都富有生动的口语性。因此，从发展趋势看，古白话和现代汉语中主要是减少了像“禹稷”、“风雨”、“伯男”等这类意义不明确的临时组合而成的偏义现象，而偏义复词则仍是日常所用词语的一个重要组成部分。

第三节　近代汉语常用词的兴替

一、常用词的基本特点

任何一种语言构成一个历史时期的词汇系统的主要成分毕竟是那个时期中使用得较多的常用词。常用词不是仅以词频统计为依据而确定的，[①] 而是指语言中一些与人类自身以及生产生活关系密切的词，即词义内容反映人们日常言语交际所必需或为人们所共同关注的事物、概念，为人们所熟知、习用，具有历时态的稳定性与共时态的灵活性，在一定时期内保持较高词频的词。

语言中的常用词语及基本的语法规则都是在漫长的社会发展中逐步积累起来的。社会生活本身、物质生产和精神文明的发展，以及思维的发展，促使了语言的产生和发展，而常用词则反映了语言发展的基本面貌，起着保证语言的连续性和为创造新词提供基础的重要作用。就数量而言，它在整个词汇库中所占的比重虽不太大，但是它具有常用性和稳定性两个显著的特点。常用性决定了常用词的出现频率高，使用范围广。从这个意义上说，常用词的变化对整个词汇系统而言就是一种根本性的深层次变化；就整个语言系统而言，常用词的变化也就意味着语言的某种本质上的改变，具有同音韵系统、

① 词频统计也是确定常用词的重要依据。只有具备一定程度的出现频率，才有可能成为常用词的成员。

语法结构的改变同等重要的意义。

常用词汇与现实生活的关系最为密切，有着强烈的稳固性，构成了一种语言的词汇的核心。在词义内容方面，常用词往往反映着人们日常表达所需的基本事物、现象、观念，满足人们的日常表达需求。这些词的内涵意义不因时代的不同而改变，而语音和文字形式上则随着时代的不同而不断趋时趋新。从范围而言，这些词为：①虚词。包括介词、连词、助词、语气词和副词。②代词。③量词。④名词（尤其是方位词、时间词、处所词，人体器官词，亲属称谓词，动植物名称，房屋建筑，日常生活器具，生产工具，交通工具等）。⑤动词（尤其是能愿、趋向、使令、心理活动、人体器官的动作、文化活动、战争活动、农业生产、经济活动、言语活动等）。⑥形容词（尤其是性质形容词）。⑦叹词。⑧数词（如“有、又、单、零”等占位数词，“许、所、余、上下、左右、来、强、把、多”等附在数词后面表示约数的词）。⑨词缀。[①] 从来源上看，常用词可以是汉语共同语中传承而来的固有词；也可以是来自地域方言的方言词或来自社会方言的社会方言词；还可以是经过汉化后成为汉语常用语言成分的外来词。也就是说，固有词、方言词、社会方言词、外来词等一般词汇的成员都有可能成为常用词。

常用词词义的意义范畴与基本词汇有类似之处，主要集中在自然界事物的名称、人身体各部位的名称、心理情感活动、基本动作行为、状态的表述、亲属称谓等方面。常用词有历时和共时的区分。由于时代变迁，人们的日常表达需求在不同时期可能会发生变化，上述意义范畴中的一些词也随之演变，因此常用词在不同的共时平面会呈现出不尽相同的风貌。

共时常用词是指在语言发展的某一个共时阶段为人们日常表达所需、保持较高词频的词。历时常用词则是指在语言发展的历史中为人们日常表达所需、跨越不同共时平面仍具有较高词频的词。汉语历时常用词的范畴可以界定为：在历时层面上具备常用词性质的语言成分。这些成分历经传承，一直活跃在人们的言语活动中，如“天、地、人、心、走、爱、红、老、一、伯父、亲家、婚姻、先生、大家”等。同时，历经传承不是重复，历时常用词的词义大多有着丰富的发展变化，尤其是一些有过历时更替关系的常用词的发展变化很有规律，反映了词义发展演变的概貌。

二、基本常用词的兴替

常用词是词汇的核心，这些词的发展变化往往可以决定词汇发展的趋势。

---

① 李宗江：《汉语常用词演变研究》，上海：汉语大词典出版社 1999 年版。

如“饭”在先秦有名词和动词两种用法，《礼记·曲礼上》：“毋固获，毋扬饭，饭黍毋以箸。”例中前一个“饭”指吃的食物，后一个“饭”指吃的动作。“食”也可作名词，指吃的食物，《论语·述而》：“饭疏食，饮水，曲肱而枕之，乐亦在其中矣。”又可作动词，表示吃的动作。《诗经·魏风·硕鼠》：“无食我黍。”先秦时“把食物放在口里咀嚼咽下”义主要用“食”表达，汉时出现了“吃”。贾谊《新书·耳痹》：“越王之穷，至乎吃山草。”卢文弨注：“吃当与龁同。”“吃”原作“喫”。《说文新附》：“喫，食也。”①南北朝用例渐多。如《世说新语·任诞》：“友闻白羊肉美，一生未曾得喫。”《齐民要术·养羊》：“十五日后，方喫草，乃放之。”唐代，“吃（喫）”渐演变为口语里的常用词。“喫饭”一词唐代也已出现。如《巡行记》：“七日，至天井关张家喫饭后至泽州开元寺主院内宿。”② 就地域而言，“吃”对“食”的替换主要在北方，具有不平衡性，如今闽语、粤语、客家话和一部分南部吴语仍说“食”。

又如上古用“饮”表示“喝”的概念，食、饮两分。唐代可用“吃”来兼表“喝”。如杜甫《送李校书》：“临歧意颇切，对酒不能喫。”③ 南北朝时出现了“呷”。《洛阳伽蓝记·城东景宁寺》：“呷啜鳟羹，唼嗍蟹黄。”“呷”，呼甲切，入声。宋元以后，北方话入声消失，音变为“喝”。如关汉卿《关大刀单刀会》第二折：“林泉下酒生爽口，御宴上堂食惹手，留的残生喝下酒。”《原本老乞大》：“俺不打火，喝风那甚么?”④ 据吕传峰《常用词“喝、饮”历时替换考》一文考察，元至清中叶在“把液体或流食咽下去”这一义位上“喝”用例甚少，清中叶至清末民初“喝”、“饮”二者在使用数量上经历了“喝”弱“饮”强、“喝”“饮”持平及“喝”强“饮”弱的过程。随着

① 从口与从齿的词义相近，“龁”与“吃（喫）”音同又都有“咬啮”义。平山久雄《动词“吃（喫）”的来源》指出“喫”字从“契”声，“喫”应该本初代表相当于中古屑韵开口溪母。（《吕叔湘先生百年诞辰纪念文集》，北京：商务印书馆2010年版，第269页）

② 唐耕耦、陆宏基：《敦煌社会经济文献真迹释录》（第一辑），北京：书目文献出版社1986年版，第83页。《汉语大词典》首例引清袁枚例，偏晚。

③ 元代“吃”、“喝”渐又两分，今吴语仍用“吃”来兼表“喝”。

④ “喝”可能源于“欱”。《说文·欠部》：“欱，歠也。”也有可能是蒙古语表“饮”的口语记音。参梁冬青《“喝”表示“饮用”义的始见年代及其书证》（《汕头大学学报》2007年第3期）和拙文《略论语言接触与文白转型》（《上海市社会科学界第六届学术年会文集》，上海：上海人民出版社2008年版）。“喝”替代了“饮”的“吃液体食物”义，而“饮马”的“使……吸食”义和“饮恨”、“饮誉”中表“忍受”和“享受”的“接受”义仍由“饮”表示。据张诒三《词语搭配变化研究》一书研究，自先秦至魏晋南北朝时期饮食类动词中，“饮”的主要意义是“吸食……”，主要对象所指是液体的名词，后向“接受……”方向引申；“食”的主要意义是“进食……”，后向“享受、得到……”方向引申。

“喝”的使用数量迅速增加，搭配对象不断丰富，“喝”的语法功能在这一时期迅速发展，日趋完善，且产生了大量固定或特有组合。“饮”则在这一时期除使用频率逐渐下降外，用法功能也日渐萎缩，主要用于与“酒”搭配，与“水、茶、汤”等其他对象搭配的用例逐渐减少乃至最后消失，且多以语素或惯用组合的形式出现。①

再如上古用“遏”、“邀”表示“拦截”的概念，西汉兴起的“遮”至南北朝时取代了“遏”、“邀”，至唐五代，“拦”又与“遮”展开竞争，并在宋代和“截”一起取代了“遮”，元明时新兴的“挡”与“拦”、“截”抗衡而形成鼎立之势。②

常用词的兴替大多发生在近代汉语时期，尤其以宋元时期居多，而且较多的发生在北方话中。如据解海江、章黎平《汉语词汇比较研究》一书考察，在“吃”语义场中，唐代“吃”就在口语中取代了“食”在语义场中的主导地位，至少在晚唐五代，“吃”语义场完成了“食”和“吃”的词位更替。“腿”自宋代开始有“整条腿”的意义，③宋元时在“脚”完成了对“足”的替换的同时，“腿”完成了在“整条腿”义位上的专门化及对“脚”在“整条腿”义位上的更替。“脚”在魏晋南北朝时期已出现对“足”的替换趋势，宋元时“脚”就取代了“足”而成了该语义场中的主导词位。“走”由兼表与普通话“走”、“跑”相对应的义位，到专指普通话“走”及与普通话“跑”相对应的义位，“跑”代替“走”成为主导词位，都发生在宋元时的北方方言中。④“站”在“站立”义上代替“立”在“站立”语义场中的主导地位发生在宋元时代。“穿”宋元时在“穿戴”义位上取代“著”成为主导

① 吕传峰：《常用词“喝、饮”历时替换考》，《语文学刊》（高教版）2005年第9期。

② 详参颜洽茂、王浩垒：《“拦截”概念场主导词的历时更替》，《浙江大学学报》2012年第5期。

③ 指称人体小腿的“腿”至迟在隋代以前已出现。如《肘后备急方》卷三《治风毒脚弱痹满上气方》：“《简要济众》治脚气连腿肿满久不差方。”又卷四《治卒患腰胁痛诸方》：“或当风卧湿，为冷所中，不速治，流入腿膝，为偏枯冷痹缓弱。”又如隋巢元方《诸病源候论·虚劳膝冷候》附《养生方导引法》：“卧展两胫，足十指相柱，伸两手身旁，鼻内气七息。除两胫冷、腿骨中痛。”《肘后备急方》后经陶弘景增补，今传本又颇经增损，其用例也可能是后人所补。《诸病源候论》所附《养生方导引法》可能早于隋代。详参真大成：《关于常用词“腿”的若干问题》，《语言研究》2012年第3期。

④ “走”在唐代已有“行走”义。如《汉将王陵变》：“陵有老母，八十有五，走待人扶，食须人喂。”“跑”本指“足刨地”，明代产生“奔跑”义。据李翊《俗呼小录》载：“趋于谓之跑。”此义当为其时俗语。如《西游记》第三十一回：“众猴撒开手，那呆子跳得起来，两边乱张。行者道：‘你张什么？’八戒道：‘看看那条路儿空阔，好跑。’”蒋绍愚《从“走”到“跑”的历史更替》指出，从“走”到“跑”的“词汇替换在明代开始出现，到《红楼梦》完成，中间也经过了一百多年”。（《汉语词汇语法史论文续集》，北京：商务印书馆2012年版，第150页）

词位，这种变化发生在北方话中。“锅”代替“镬”成为炊具语义场中的主导词位也发生在近代汉语的北方话中。“睡”在晚唐五代的北方话中代替“眠”成为睡觉语义场中的主导词位。①

又如“用脊背驮”义先后用“负”和“背”表示。“背”始见于中晚唐并经过宋代进一步发展达到成熟。至迟到元末，“背”已在口语中全面替换“负”成为“背负语义场”的核心词。② “胖”在上古主要表示安适、舒坦，金末元初产生“肥胖”义。由于语言表达的日渐精细化，明代前期“胖”与“肥”的使用逐步分化，在北方方言中“胖”最终取代“肥”，后成为现代汉语中形容人肥胖的主要词语。③ “错误”义先秦两汉时期主要由“过”来表达，魏晋南北朝主要由“误”表达，唐代中期以后，“错”发展成熟，取代“误”的主导地位，沿用至今。④ “寻找”义先秦主要用“求”、“索”和“搜”，大约从两汉之交起开始用“寻”，东汉开始用“觅”，到南北朝时期，“寻”和“觅”在口语中大概已经取代了“求”和“索”。⑤ 元代又出现“爪”。如李文蔚《燕青博鱼》第一折：“调动我这莽拳头，拓动我这长捎靶，我向那前街后巷便去爪寻他。”又写作“抓”，见于元杂剧和明清小说。如《喻世明言》卷四十：“李万道：‘且不要埋怨，和你去问他老婆，或者晓得他的路数，再来抓寻便了。’”后来定型为“找”。考明沈榜《宛署杂记·民风二·方言》载：“寻取曰找。”“找”最终取代了“求”、“索”、“搜”、“寻”和“觅”，表“寻找”义。现代汉语中“找”为通语，“寻”、“觅”在方言中仍有使用。

再如汪维辉《汉语“说类词”的历时演变与共时分布》一文考察了言说动词语义场中“用言语表达意思”的“说类词”，指出现代汉语方言的“说类词”主要有三个：北方方言的“说”，南方方言的“话”和中部方言的“讲”。作为“说类词”，它们的确立都是近代汉语阶段的事：“话”约形成于唐代；“说”约定型于唐宋之际；“讲”在历史文献中只能追溯到元代，它的

---

① 解海江、章黎平：《汉语词汇比较研究》，北京：中国社会科学出版社2008年版，第362页。

② 杨荣贤：《基本词“背”对“负”的历时替换》，《语言科学》2006年第5期；《汉语六组关涉肢体的基本动词发展史研究》，南京大学博士学位论文，2006年。

③ 栗学英：《汉语史中“肥”、“胖”的历时替换》，《语言研究》2006年第4期。

④ 金颖：《常用词“过”、“误”、“错”的历时演变与更替》，《古汉语研究》2008年第1期。

⑤ 汪维辉《东汉—隋常用词演变研究》一书认为“觅”在后汉失译的几部佛经中有用例，在三国吴支谦所译的几部佛经中常用，晋以后用例日趋增多，自晋至隋之间文献中的用例有80多个。这些用例绝大部分出现在南朝的民歌、小说、文人诗和史书中，而在北方文献中用得很少，表明了在南北朝时期表示“寻找”这一义位，在南方口语中以说“觅”为主，在北方则基本说“寻”。据我们考察，唐宋时敦煌变文和王梵志诗中说“觅”，《朱子语类》中多说“寻”。

产生时间和扩散过程还有待进一步研究。[1]

词汇体系中各个单位在共时条件下，其在语义上处于彼此制约、联系的平衡状态，新成分的出现或旧成分的消失都会打破原有平衡机制，导致词义再分配并引起词汇体系的发展演变。王力在《古语的死亡残留和转生》一文中指出常用词在汉语词汇系统中的演变情况，一种是今词代替了古词，如“怕”替代了“惧”，“裤”替代了“裈”；一种是同义的两个词竞争，结果甲词战胜了乙词，如“狗”战胜了“犬”，“猪”战胜了“豕”；一种是由综合变为分析，即由单音节词变为复音节词，如“渔”变为“打鱼”，“汲”变为“打水”，“驹”变为“小马”，“犊”变为“小牛”。[2] 常用词的古今演变大多是文白的兴替，随着古白话中新的口语常用词不断地产生，文言中的一些常用词逐渐被替代。

如上古表示“睡觉”最常用的词是“寝”，战国产生了“卧、眠、睡”这三个新词。从战国后期起，“卧”逐渐战胜“寝”，并在两汉时期成为表“睡觉”义的主导词。东汉三国时期，“卧”、“眠”、“睡”三者混用，“睡”则始终处于次要的地位。晋代以后，“眠”渐占上风，到南北朝后期基本取代“卧”，口语和书面语都以用“眠”为主了。唐以后，“睡”又替代了“眠”而表“睡觉”义。[3]

又如文言中的“囊”，白话中用“袋”表示。“袋”在南北朝的一些白话文献中已出现，如晋葛洪《肘后备急方》有“绢袋”，北周庾信有《题结线袋子》诗，《齐民要术》有“绢袋”、“布袋”、“纸袋”、“毛袋”和“袋子”等，大约在北魏“袋”已替代“囊”表示“袋子”义，并沿用至今。[4]

再如上古表示“不真、虚假”义一般用“伪”，先秦口语中已有以“假”表“非正式、暂时”义。如《史记·项羽本纪》：“乃相与共立羽为假上将军。”又有“借”义。如《战国策·齐策一》：“秦假道韩魏以攻齐。”据我们查检陕西师范大学编制的汉籍全文检索系统，宋以后“假”的“非正式、暂时”义和“借”义的使用渐少，“不真、虚假”义渐多。又据我们统计，《水浒传》中“假”表“非正式、暂时”义1例，“借”义17例，“不真、虚假”义83例；《红楼梦》中“假”表“非正式、暂时”义2例，“借”义6例，

---

① 汪维辉：《汉语“说类词”的历时演变与共时分布》，《中国语文》2003年第4期。

② 王力：《古语的死亡残留和转生》，《国文月刊》1941年第9期；又《龙虫并雕斋文集》（第一册），北京：中华书局1980年版。

③ 汪维辉：《东汉—隋常用词演变研究》，南京：南京大学出版社2000年版。

④ 汪维辉：《试论齐民要术的语料价值》，《古汉语研究》2004年第4期。

“不真、虚假”义98例。大致可见由宋至明，表“不真、虚假”义的“伪”渐为“假”更替。如《西游记》第五十八回：“二行者在一处，果是不分真假。”

常用词的兴替中也有一些方言词伴随所属方言区政治、经济、文化地位的提升逐渐渗透到通语中，最终取代原有的通语词成为新兴主导词。如“晒”本是先秦两汉时方言，南北朝时取代“曝”成为通语词而沿用至今。

常用词兴替的一般规则是新词先在常用义上侵入旧词的义域，随后义域不断扩大渐与旧词的义域重合，最终新词与旧词在某一个或几个义位上完全同义而替代旧词，旧词或被挤出词汇系统，或作为边缘层的文言词保留在词汇系统中，或由实义逐渐虚化而蜕变为构词语素，局限在构词层面，新词则取代旧词活跃在造句层面。如“嘴”替代“口”后，由“口”作为语素组成的复合词有“夸口、口舌”等。“丢”与“失”在“丢失”的意义上同义，“丢”替代了“失”后“失”一般不再单说，但构成了“失学、失明、失盗、失宠、失恋、失效、失势、失音、失重、失传、失主、报失、挂失、损失、流失、遗失、丧失”等复合词。“拿”与“取”在“用手取物”的意义上同义，“取”为“拿”替代后，构成了“取代、取舍、取笑、夺取、提取、攻取、获取、换取、汲取、捞取、猎取、摄取、索取、攫取、牟取、榨取”等复合词。这些旧词被新词替代后，只是不再自由运用，而成为不自由语素保留在新构成的双音词中。从语体上看，旧词从口语中退出，保留在书面语中。

第四章 近代汉语词汇与词义的演变

Jin DAI han yu CI HUI Xue

任何语言的基本音义体系都具有历史的稳固性，同时又在历史的稳固性基础上不断有所发展和完善。语言的本质和语言发展的趋势即用有限的形式通过扩大表达功能来表示无限多的客观事物。在语言的动态运动中，词汇的变化是最敏感、最迅捷、最频繁的。语言的发展演变既有自身的内部规律和原因，也有语言外部的影响和制约。词汇的发展演变也一样，既有社会基础、认识基础，又有客观基础。

词汇的演变有两种形式：一是就历史发展而言，即历时演变。历时演变指从一个时间点到另一个时间点的纵向演变，如古代汉语和近代汉语词汇面貌的不同，近代汉语和现代汉语词汇面貌的不同等。二是就某个时期的发展而言，即共时演变。共时演变指在某个时间点或时间段平面上的横向发展，如近代汉语时期新词的兴起和旧词的衰亡。历时演变和共时演变是分不开的，共时演变既有个人的偶变，又有集体约定俗成的渐变，无数个共时平面的变异连缀在一起就构成了历时的渐变到质变。

第一节　词义构成与类型

一、义素与义位

语素义是话语片断中不能再切分的最小的语义单位。从语法角度看，词的构成单位是语素；从语义角度看，词义的构成单位是语素义。词义从词的表层义可切分为词义和语素义，从词的深层隐含义则可切分为词义、义位和义素。义素和语素义虽同属语义的微观层次，但义素不是语义的现实单位，而是对词义或义位进行分析的结果。

义素是最小的不能独立使用的语义单位，通常处于组合的潜在状态，往往是在语素尤其是语素的语义组合中体现的，即体现在语义搭配规则的区别性特征之中。义位则是词义结构的最小单位。义素隐含在词义或义位之中而为人们从语境（即语素的意义组合）中所感知。如“母”的女性义素由“父母”中的“母”体现，“母”的长辈义素由“母子、母女”中的“母”体现，“母”的直系亲属义素由“母亲”中的“母”体现。

义位是以词的语音形式作为载体，能独立运用并按一定规则组合的语义基本单位。义位是词的语义基本存在形式，一个意义即一个义位。一个单义词就是一个义位，而一个多义词则有几个不同的义位。一个词至少有一个义位，多则可以有十几个，甚至几十个义位。一个词含有几个意义就有几个义位。义位的数量大而繁富，且结构复杂。在现实的言语中，词语直接显示的并不是它的义位，而是各个义点。义位是人们在义点的基础上概括出来的。义位是人们头脑对词语义点进行加工的产物，而这种加工又力求反映语言的客观实际，因而它具有主观和客观的双重属性。

义项是由词所表示的独立的、概括的、固定的语义单位，即能独立运用的最小词义单位，一般多指词的意义，但语素和固定短语的意义一般也被看作义项。义项一般也被称为义位（sememe），义位基本上和词典中的义项相当，但又不等同于义项，因为有的义项是语素意义。义位也不同于词义，因为词义可以是多项的意义。[①] 义位是与义项和词义都有某种对应性而又不完全等同的语义概念。义项是词的意义的分项说明，也是最基本的语义单位。[②]

一个义位总是由若干个有区别作用的意义因子构成。这些有区别作用的意义因子就是词义的义素。义素是义位的构成要素和区别特征。义位与义素的关系是整体与部分的关系，每一个义位都是若干个义素的聚合，一个或几个义素凝合在一起就构成了一个独立的义位。义素也是构成义项的语义成分，是从一组相关的词语中抽象出来的区别性语义特征，又叫语义成分、语义特征、语义标示、语义原子。义素能够帮助我们找到事物之间的共同特征和区别特征。一组词所具有的共同特征和区别特征分别称为共同义素和区别义素。义素是一种没有特定语音形式的抽象的意义单位，不与任何特定的语音形式相联系。义素不等于语素的意义，语素的意义是与语素的语音形式相联系的。

义素在语言学中一般被界定为“由分解义项而得到的比义项低一层的语义单位”，“属于语义的微观层次”，“没有与之对应的语言形式，不管在语言体系还是在言语体系中都不能直接观察到”，[③] 实际上，语言层面的词义内容的义素分解过程也就是认知层面的认知方式和过程。义素实际上先于词义而存在于人们的思维之中，成为构成词义内核的认知要素。义素分析就是把词

① 王宁《训诂学对义素分析法的证明与应用》：“‘义项’在划分时以其解释的必要性为前提，语感和自然认知机制在其中起到了重要的作用，因而常常见仁见智，有一定的随意性。而义位是对多义现象科学分析的结果，带有一定的数量性、逻辑性。”（《历史语言学研究》第5辑，北京：商务印书馆2012年版，第2页）

② 任何一个多义词，其义项中总有一个主要的中心意义，由此引申和派生出其他意义。张永言《词汇学简论》指出只有了解词的意义结构中的内部联系，才能把错综复杂的一词多义现象理出头绪，并贯穿起来，科学地概括其义位，从而更好地掌握一个词的全部意义。

③ 葛本仪主编：《语言学概论》，济南：山东大学出版社1999年版，第17页。

语的义项分析为若干义素的组合，找出义位之间的区别特征。如“息”本指舒缓的呼吸，隐含有两个区别性特征：一为“活的有生命”义，表现有“繁殖、生长”、“子女”、“增长”、“利息”等义；一为“舒缓”义，表现有“休息”和“停止”等义。

义素有源自主观认知的，也有源自客观应用的，大致有理性义素、形象义素、情感义素、心理义素、背景义素、风格义素、功能义素、外来义素等。①

理性义素是逻辑思维活动所生成的理性意象和理性思维认知成果，可分为科学理性义素和常规理性义素。如“科学”的词义中有“反映客观规律”、“分科的知识体系”等理性义素，又有表示“合乎科学的”、“正确的”等常规理性义素。

形象义素包括具体事物的形状、颜色、大小、气味、样貌、属性等静态存在形式和音响、运动、行为、变化等动态的情状表述，也包括部分抽象事物在人们思维中的形象表述。如“舞蹈”的词义里有“肢体运动的各种姿势”的行为形象义素，“奔跑”的词义中有“双脚交互向前迈进”的运动形象义素。

情感义素是在人的情感观照下形成的认知成果外化而来的语言形式。人类有多少种情感类型，就有多少种情感义素，如喜爱、尊敬、崇拜、幸福、痛苦、冷漠、厌烦、鄙视、不满等情感类型都可以形成相应的情感义素。情感义素可以构成词的感情色彩意义。

心理义素源于想象、联想等心理活动。在动态言语中，同一个体在不同的心理状态下会产生不同的心理意象，从而生成不同的心理义素。

背景义素指词义中与特定社会历史、时代背景有关的文化成分，每一个词义中都蕴含着与社会历史发展和时代背景相关的文化背景。

风格义素是构成词义格调和气质的要素，分为语体风格义素、地域风格义素、人文区域风格义素、社会方言风格义素、个人风格义素等类型。如语体风格义素分为书面语语体风格义素和口语语体风格义素。汉语书面语语体可以分为文言文和白话文两大类，还可以根据应用情况分为文艺、政论、公文、科技等语体。语体风格义素构成词义的语体风格色彩意义。

功能义素源于人们对词的语法功能的理性认知。如“很阳光”、“很中国”中“阳光”、“中国”的词义都引申出新的理性义素，即“有朝气有活

① 义素分析可运用于辨析同义词、揭示词语搭配的内部关系，如显示“喝茶、吃饭”和“喝茶、吃茶”间的区别。

力”和“具有中国特色”，增加了“表陈述”的功能义素。新的功能义素和理性义素构成了新的义项，但这并未改变结构中名词的词性。

外来义素是不同民族间的文化交流活动在语言中留下的印记，也是一种语言汲取其他语言意义成分的结果，体现了不同民族文化的融合。作为外来词词义的构成成分，外来义素不仅构成色彩意义，而且还渗透到外来词的整个词义中。如“民主”的词义中有“使人民享有权利”、“一种理想化社会体制”等外来理性义素，还有“值得向往”的外来情感义素；“咖啡”的词义中有“西方人喜爱的饮料”、“提神”、“产在热带”等外来理性义素，“香浓”、“微苦”等外来形象义素，以及“舒适”、“享受”等外来情感义素；“古兰经”词义中有“伊斯兰教”等外来理性义素，有“奉为经典、崇尚”的外来情感义素，还有“阿拉伯”、“穆斯林社会”等外来人文区域风格义素。

义素除少数可以单独构成义项外，大多数都是通过组合、聚合等方式合成义项，以综合的样式出现在词义的构成中，同一个义项很可能是由几种基本义素交织而成。如“红”的词义原指“一种像火那样浓艳的颜色”，这个意义中既包含理性义素，又包含形象义素；又由于这种颜色给中国人带来热烈和喜悦等心理感受，引发人们对于“喜庆之事”的联想而有“热烈、喜庆”的心理义素，之后又进一步引申有“特指婚庆”和“象征顺利、成功”的词义。同一个义素也可参与不同义项的构成。如“打”在表示“殴打”、“搅拌”、“编织”、“用割、砍来收集”等意义的多个义项中都蕴含有表示“用手或器具撞击物体”的形象义素。

二、词义的构成

词义是词的内容，即人们立足于语言系统对所认知的事物、现象、关系等的概括认识，也就是主观主体对客观事物和现象的反映，包含着人们对客观事物和现象各种特点的认识。因而词义最初形成时总是处于原始的混沌状态，内蕴着人们对客观事物各种特点各自的不同认识，在交际使用中渐渐明晰，约定俗成为大家认可的词义。词义是词的主体，语音是词的形式和载体，凡是由词的形式所表示的意义都属于词义范围。

词是音义的结合体。音与义的结合最初是任意的，音与义联系在一起后则有了一定的理据。词义不能脱离词的语音形式而单独存在，反过来，词的语音形式也不能离开词义而存在于语言中。没有声音的意义还停留在思维领域，尚未经过语言生成机制的转化，即还没有形成语义；没有意义的声音只不过是物理学上的声音，还不是语音。

词义的形成离不开人们的认知活动。词义的产生基于人们对客观事物和现象的认识，人们在对客观事物和现象做了观察、分析、综合和抽象概括之后，形成了某种概念，然后再以一定的语音形式对其加以固定而形成词义。[①]词义是对客观事物的抽象，因而词义与概念并不等同。

语言是思维的直接显示，概念是思维形式的基本单位，词是语言结构的基本单位。词和概念之间往往存在着形式和内容的对应关系，即词是表达概念的语言形式，概念是词所表达的逻辑内容。[②] 概念具有全民性，不管古今方俗，而词具有古今时代性和方俗文化性。概念只是对客观事物本质属性的概括，是理性认识的产物，而词义则是人们对客观事物感性认识和理性认识的综合产物，既包括对客观事物本质的概括，也包括对客观事物形象的认识，还隐含人们对客观事物的主观感受和体验。

人们运用思维进行认知，同时在语言中用词义来体现和记录认知的成果。如“心”在汉语中可以表示“心之官则思”，指思维器官（大脑），还可以表示情感和主观感受。词义是在人的认知活动中伴随着概念的产生而形成的，但词义在语言和言语中对概念的描述不一定精确完整。概念以词为语言外壳，词是概念的名称，词义是概念以及人们在语言交际中约定俗成的意义。

词义离不开语境，语境包含言语活动的具体情境、交际主体和言语形式三个要素。在语境中词义由静态的概括外化映现为动态的具体凸现。语境还可以赋予词义“言外之意”甚至“意外之意”，使词义在动态中富有张力。

词义的内容很丰富，包括理性意义、社会意义、联想意义、色彩意义、语法意义和文化意义等，具有概括性、客观性、模糊性和民族性等特点。词义大致以概念义为基本内容，兼有各种各样的色彩义，如感情义、古今义、雅俗义、语体义、修辞义等。从词义的发展来看，有本义、引申义和修辞义等；从词义的稳定性来看，有固定义和临时义；从词义存在状态和使用功能来看，有义位层面的表层义和义素层面的深层义。词直接标识体现的词义是词的表层所指义，表层所指义是具体的，用以表现人们认识对象的实体，多为理性意义；词内部隐藏的词义是词的深层隐含义，深层隐含义往往是抽象

---

① 高名凯、石安石主编《语言学概论》：“词义就是某一语言的词汇系统中和词的语音形式相结合的、人们对客观对象的概括反映。”（北京：中华书局1963年版，第113页）

② 词义属于语言学范畴，概念则属于逻辑学范畴。因此词义具有民族性，而概念则具有全球性；词义具有感情色彩，而概念则没有感情色彩。

的，体现了人们认识对象的主观感受，多为社会意义、联想意义和文化意义等。如“节”的本义是竹节，《说文·竹部》：“节，竹约也。”竹节是“节”的表层所指义，而竹节是缠绕着竹枝的，因而有“约束”的深层隐含义；竹节有大体匀称的间隔，因而又有“分段”的深层隐含义。王宁《论词的语言意义的特性》认为：“词义是一种经过社会长期使用，含有社会共同经验，产生时注重外象感受，产生后以词形（音）作为载体而存在的语言内容。”① 词义的理性意义、社会意义、联想意义、色彩意义、语法意义和文化意义的细微差别形成了语义表达的丰富性和多样性。

理性意义，又称概念意义，是词义的核心和最稳定的部分，反映人们对客观对象的基本认识，显示人们对不同客观对象的区分。

社会意义是由于社会环境、时代背景、思想观念、职业阶层等的不同而产生的意义。

联想意义是词在长期的运用中由词义的基本特征而产生出对另一些特征的联想。认知语义学用隐喻和转喻来解释词义产生和发展中显示出的相关关系，隐喻是指由于事物的相似性引起相关词义的联想，转喻是由于事物的共现性引起相关词义的联想。

色彩意义指词义所蕴含的某种倾向、风格或情调，这种倾向、风格或情调是词所代表的事物的某些特征在人们思维中的凸显，主要指词的感情色彩、风格色彩、时代色彩、民族色彩、地方色彩和外来色彩等。

语法意义是词表示语法特点和语法作用的意义，主要包括两个方面的内容：一是语言系统中词的语法聚合关系，二是语言使用过程中词与词的组合关系。

词义是主观性和客观性的统一体，既是人们约定俗成的客观概括，又有主观理解上一定限度的差异。词义又是稳定性和发展性的统一体，词义的稳定性使人们得以顺利地进行语言交际，词义的发展性则适应了社会和人们认识的发展。客观性和稳定性是前提和基础，主观性和发展性则是词的生命力表现。

词义中反映客观对象本质的内容是理性义。词义一般是对某一类客观对

---

① 王宁：《论词的语言意义的特性》，《北京师范大学学报》2011 年第 2 期。王宁指出，词义是语言使用的群体体验或观察某一事物或事件后约定俗成的感知和经验，经验是人们在实践过程中对外在世界的心理反映。词义不同于概念，正是由于词义不都是或大部分不是经过抽象思维提炼本质属性的结果。如人对水的特点的感受来自人在近距离接触水或直接运用水产生的经验，又是从生活经验中与相关参照物的比较中得来的。

象的反映，在反映的过程中往往舍弃了同类客观对象中不同个体的具体特征，从中抽象出共同的本质的特征。词义是主体对客观对象的概括反映，客观存在是词义形成的基础，所以词义具有客观性。由于人们对客观事物的认识并不等于客观事物本身，受认识能力、认识角度等各方面的影响，每个人对词义的主观理解和掌握程度都有所不同，人们对客观事物的认识也总会有或多或少的差异。因而词义只能在一定程度上反映客观事物的特征，又具有一定的主观性。

词义的模糊性主要指词义的界限不清晰，即指称的对象及范围不明确。如“黎明、黄昏、惊喜”的具体词义都不是界限明确或程度精确的，这种模糊性源于客观事物的模糊性和人们思维的模糊性。

词义源于母语使用群体的认知成果，这种认知本身就基于本民族独特的心理特质和文化积淀。在用语言标记客观世界的过程中，不同民族由于民族思维、心理特质、认知体验、情感表达、语言系统等方面存在差异，因此词义在表达上会出现民族差异。这种差异主要表现在选择不同的语言单位概括相同的事物现象或者选择不同数量的词来概括相同的事物现象等。

语言系统中的词义表述是思维领域中词义的外化映现，词义在人脑中的映现方式有相对静态和动态之分。所谓相对静态即语言交际没有发生时词义储存在大脑词库中的基本状态，动态则是指言语活动中人们运用和识别词义时的状态。词义演变是动态与静态互动、历时与共时交织的过程。在这个过程中，“动态”是最关键的因素。静态词义源于动态词义，又在言语中实现为动态词义；动态词义是对静态词义的运用和发展。共时平面中充满着对已有静态词义的选择式动态运用和新的动态发展，在新的动态发展中，有些词义经过人们的约定俗成进入静态，另外一些则只是动态中的临时运用。所有以静态形式记录下来的共时平面词义连在一起，就构成了词义动态的历时变化脉络。从词义发展的整体来看，静态词义永远都是对动态词义的部分记录。静态词义是人们对已经得到广泛运用的动态词义归纳、描述的结果，动态词义在言语中会在解说方式、形象联想和情感体验等方面发生某些灵活的变化，导致词义中某些语义特征的突显。如果这种临时变化得到人们的广泛认可就可以约定俗成，概括进静态词义的表述模式，使静态词义发生相应的变化。动态常规变体向静态转化时，最初一般以深层义出现，在重复使用中逐渐进入动态词义的表层义，再经由常规言语义的层次进入语言义，成为静态词义表述模式的内容。词义就是这样带着既有的静态词义进入动态，然后再带着发展后的静态词义投入新的动态运用，周而复始不断地传承发展着。词义的历史变化，一般都经历了由临时意义到固定意义的逐步演化过程，而词最初形成时的原始混沌义可以说是词的语义基因，在词义的传承与演变倾向及机制等方面皆具有潜在的制约作用。

三、本义与引申义

本义指词的原始意义，即这个词最初被创造出来时约定俗成的本来意义，一般只指最早的文献意义。由于文字的产生晚于语言，不难想象那些发端于远古的词语传承至文字产生之时，其本义往往已有引申，使得造字时所据之义很可能已不是其本义。由于从语音上考探一个词在远古产生时的初义往往较难找到确凿的佐证，因而我们今天所说的一个词语的本义一般是以有文字材料作为依据，因为汉字在初造时的字形与其当时所记录的词义总有或多或少的联系，在其字形结构中也会不同程度地寄寓着该词的本义，不过不一定就是这个词语在远古产生时的初义。

基本义指多义词的几个意义中最常见、最主要的意义。词的基本义往往由最初混沌状态的原始义逐渐明晰分化而成，但不一定是词的最初意义。本义与基本义有时可以等同，有时则不一致。

复合词的词义是由语素按照一定的语义关系组成的，复合词的词义一般是由两个语素义成分组成，语素义成分间的语义关系往往就是句子的语义关系。

词是概念存在和表现的形式。词表示概念，但并不等同于概念。概念属于各民族共通的思维范畴，词则属于具有民族特点和感情色彩的语言范畴。一个概念可以由多个词来表达，一个多义词又可同时表示几个概念。在语言里，词是能指（能表示一个概念），概念是所指（词所表示的对象）。词所代表的概念不是一成不变的，而是随着社会的发展、人们的应用、人的思维的深化及心理上的联想等在不断地变化。语义三角告诉我们，词通过所指内容指称所指对象。能指与所指的关系不是天然的，而是人为的，往往是约定俗成的。这种关系是历史造成的，因而往往也就不是固定的，而是变化的。然而能指与所指的关系既然是历史造成的，那么这种关系的转变也就会受一定规律的制约。这就是说，能表者要换一个所表者，在一般情况下，大多只能转换为邻近的或与原意有关的概念，而不会任意变换。这种转换也就是词义的引申。从词的本义经直接或间接推演发展而产生若干个与本义相关但并不相同的词义就是词的引申义，引申方式有链条式引申和辐射式引申等。引申义往往也是词最初混沌状态原始义的一部分，在交际使用中渐渐由隐含而呈现，由混沌而单一，分化为围绕某一义为本义的若干引申义。

一个词只有一个本义，而引申义则常常不止一个。由一个词义引申为另一个词义，缘于这两个词义之间有某种联系。这种联系有两种情况：一是客观事物之间固有的。如白居易《快活》："谁知将相王侯外，别有优游快活人。"李煜《渔父》："一壶酒，一竿身，快活如侬有几人！"两例中"快活"有"快乐、畅快"义，禅宗主张顿悟，认为"一闻便悟，已落第二头"已是迟疑拖沓不畅快了。宋儒读书做学问亦要求领悟得明白畅达，只有领悟得明白，心中才感到畅快。"领悟得明白畅达"与"心中感到畅快"这二者之间有相承关系，因而引申又有"明白通畅"和"干脆爽快"义。如《五灯会元》卷十四《长芦清了禅师》："上堂：'我于先师一掌下，伎俩俱尽，觅个开口处不可得。如今还有恁么快活不彻底汉么？'"意谓如今还有这样明白得不彻底的人吗？又如《朱子语类》卷一八："这说是教人若遇一事，即且就上理会教烂熟离析，不待擘开，自然分解。久之自当有洒然处，自是见得快活。"意谓久之自然见得明白显豁。二是由于人们主观认识上的原因形成的。如《宋书·始安王休仁传》："休祐平生，狼抗无赖，吾虑休仁往哭，或生祟祸。"例中"无赖"有"无所顾忌、放肆地撒泼放刁"义，惹人厌恶，而小孩的天真无知和明月的纯朴澄澈也有"恣意而为地放肆撒弄"义，逗人喜爱。如辛弃疾《清平乐》："最喜小儿无赖，溪头卧剥莲蓬。"意谓小儿无所事事、无所顾忌的天真可爱。徐凝《忆扬州》："天下三分明月夜，二分无赖是扬州。"意谓明月无所倚靠、无所遮掩的纯朴可爱。这两例中的"无赖"一词皆有"无所顾忌地恣意放肆"义，形成人们主观上含有嗔怪或褒赏情感色彩的语义。①

一个词的引申义有从本义直接引申而来，也有与本义不直接发生关系而从引申义中再引申而来。词义的演变是以同一意义（本义或引申义）为引申起点而派生出多个引申义，总的趋势是从具体到抽象、从特殊到一般、从实义到虚义。陆宗达和王宁《训诂方法论》将词义的引申大体分为理性的引申、状所的引申、礼俗的引申三种类型。

1. 理性的引申

理性的引申指词义之间因本民族共同的理性认识而发生联系，从而产生如下六种引申：

（1）因果引申。如"解"的本义是分解动物的肢体，分解而出现松懈，

---

① 参徐时仪：《"谰"、"赖"和"无赖"的词义关联演变考》，《历史语言学研究》（第4辑），北京：商务印书馆2011年版。

由“分解”到“松懈”就是由因到果。

（2）时空引申。如“间”的本义是“缝隙”，表示两物之间的空间狭窄，有“间隔”、“间距”义；引申又可指时间的短暂，有“间歇”、“有间”义。

（3）动静引申。如“封”的本义是用手培土种植草木，而边界地方都要培土划界，由动态到静态引申有“疆界”义。

（4）施受引申。如“受”由“接受”义引申有“给予”义，“给予”义后写作“授”。

（5）反正引申。如“落”有“终”、“成”义，而事物的发展总是前一个过程的终结即后一个过程的开始，故又引申有“始”义。

（6）实虚引申。如“及”的本义是“追赶上”，引申有“达到某个处所”、“达到某种程度”，后由动词虚化为介词和连词。

2. 状所的引申

状所的引申反映事物之间外在的相联或相似，有如下三种：

（1）同状引申。即两种事物本质不同，而由形状、性质、用途、特征的相似产生引申。如劈柴为“斯”，声音散裂为“嘶”，把东西扯裂为“撕”，这些词皆由于与其破裂的状态一致而产生引申。

（2）同所引申。即同一事物中不同性状间的联系或某一性状与其所存在的事物间的关联而产生的引申。如“横”的本义是门门的插关，由此引申有“横的方向”义，因为门的插关是横置的；又引申有“阻挡”、“蛮横”义，因为门的插关挡住门不让门打开。这两个词义都在“门的插关”上相联系，同所而引申。又如“钢”是一种质地坚硬而不易折断的金属，由此性状引申有“刚强”义。

（3）同感引申。即在人的心理活动中产生的相关的意义引申。如痛觉带来的肉体疼痛、味觉带来的酸的味道与心情的悲苦有相似之处，所以“痛”有“疼痛”与“痛苦”两义，“酸”也有“酸味”和“心酸”两义。又如“安静”会产生冷清的感觉，所以“静”有“冷”义。

3. 礼俗的引申

礼俗的引申指由于特殊的经济、政治、文化生活等民族礼制和习俗上的原因使某些词的词义之间发生了关联而产生引申。如古代以鹿皮作为吉祥的礼物，由此习俗引申而有“吉庆”、“福禄”义，进而派生出“禄”。

词义运动的基本形式是引申，引申是一种有规律的词义运动。不同类型的引申实践表明：引申义项间的关系、性质不同，转化的特点便不同，也就有不同的引申结构；在引申过程中运用的思维方法或语言手段不同，引申义项的内容也不同，也就有不同的语义联系形式。一个词的引申系列往往是多种情况交错的综合表现。

汉语中“人、牛、羊、手、口、大、小、一、二”等基本词汇自古至今所表示的词汇意义和语法意义都很稳固。同时从发展的角度观察，可以看到它们往往或由一个本义引申出两三个意义，甚至几十个意义；或派生出另一些词。如“人”作名词，可泛指一般的人，如“为人师表”；也可特指某些人、每个人、别的人，如“助人为乐”；可指人的身体，如“人在心不在”；也可指抽象的人的品德，如“丢尽了人”；还可指人才，如“蜀中无人”等。“人”作动词，可指做人、为人，如“人而无礼”。“人”又派生为“仁”，用作名词指“果仁、虾仁”，用作形容词表示“亲善、仁慈”。[①] 又如“过”的基本义是“经过”，引申有“超越”义，又由超过正常引申而有“过错”义。词义的这种引申，往往都以人的思想意识为背景，在词的基本义基础上的进一步发展，从某种程度上说，词义的演变史也蕴涵着思想的认识史。

借用一个词的基本义或引申义来比喻另一个事物，这样产生的新义叫比喻义。

词义在不断的演变中导致新义距原始的基本义越来越远，或原始的基本义消失，这样就造成词义的分化，即由一个词分化成两个词或多个词。“引申和转化是从旧义产生新义的两种途径。它们的不同在于：引申是通过语义变化的手段产生新义，即通过义素的增减变化而产生新义。如果是直接引申，那么旧义和新义之间总有共同的义素。……如果是间接引申，那么旧义和新义之间可能没有共同的义素。由引申产生的新义，可以和旧义属于不同的词类，也可以和旧义属于同一词类。‘转化’则是通过语法变化的手段产生新义，即使一个词具有某种新的语法功能，使它改属另一个词类，从而也就使它的词义发生改变。由转化所产生的新义，其词性一定是与旧义不同的。”[②]

四、单义词与多义词

一个词可以只有一个意义，概括反映某一类客观事物、现象，也可以有几个意义，概括反映相互有联系的几类事物、现象。一个词产生时总是单义的，总是先约定俗成表达混沌状态原始意义的某一主要义，也可以说是本义，再兼表由混沌状态原始意义约定俗成分化出来的和交际使用过程中逐渐产生

---

① 详参《汉语大词典》第一册“人”的释义。

② 蒋绍愚：《古汉语词汇纲要》，北京：商务印书馆2007年版，第223页。

的其他义。多义词可以说是词汇用有限的形式负载无限生成的意义内容的一种表现。只有一个意义的词称单义词，同时有几个不同意义的词称多义词。

词义的发展往往由单义变成多义，随着时间的推移，一个词可以由本义引申出许多意义，大量的单义词变成了多义词。① 一词多义是普遍存在的语言现象，汉语也不例外。引申是一种基于联想作用而产生的词义发展。多义词的各个词义以本义为起点贯穿而形成一个有规律可循的意义系统，引申义和本义间存在着可供推想的客观联系。词义引申是一种有规律的词义运动，即词从原有的意义出发，沿着由其原有意义的特点所决定的方向，遵循各民族文化演进的启示，不断地派生出相关的新的意义的运动。从词的符号性质的角度看，词义引申是让一个语词符号由指称一类对象变为兼指几类相关联的对象；从词汇系统的角度看，词义引申是根据语言的经济原则运用的一种特殊的以不造词为造词的命名方式。现实世界中的事物是气象万千、层出不穷的，又是相互联系、相互影响的，而人对现实事物的认识又总是有一定的过程和次序。自从人类社会有了初步的发展之后，人们带着特有的生活需要和实践经验面对着新认识的事物常常都会产生联想。联想通常包括相关联想（由于事物彼此关涉而形成联想）、类似联想（由于事物具有相似特点而形成联想）、接近联想（由于事物的时空位置接近而形成联想）和对比联想（由于事物存在相反、相对关系而形成联想）。人们在联想的作用下，从经验的连续性假设出发投射于未来，发现新认识的事物在某些方面与原已认识的某种事物有相似之处，或有特定的关联。新旧事物间的相似之处或特定关联成为人们为新认识的事物命名的主要根据。

一般来说，一个词分化为多个词的语素，这是构成大量新词的重要条件。如由“红”作为语素就产生有“红颜、红尘、红妆、女红、落红、啼红、火红”等复合词。

单义词的词义由一个义项构成，多义词的词义由并存使用的多个义项聚合而成，不同义项之间存在聚合关系。②

多义词是个多义聚合体，各个义项间具有一定的联系，这些有联系的词义构成了该词的意义范畴。各词义中居于中心成员地位的是混沌状态原始义

① 王宁《训诂学原理》：“词义从一点出发，沿本义的特点所决定的方向，按各民族的习惯，不断产生相关的新义或派生同源的新词，从而构成有系统的义列，这是词义引申的基本表现。”（北京：中国国际广播出版社1996年版）

② 词的多义性是词义演变的结果，认知语言学关于隐喻和转喻的理论可以用来解释多义词的词义之间的扩展关系。

中具有典型意义的核心词义，处于边缘或外围地位的是由核心词义引申的非核心词义，这些引申义按照与典型意义的相似、相近程度呈现出梯度和层次，脉络关系清晰可见。多义词的最基本、最先产生的中心义项是原型，其他的义项都是从中心义项扩展出来的，而这种扩展是通过人的隐喻和转喻思维及交际使用中的约定俗成来完成的。或者说，根据相似性或相关性，将一个认知域的意义投射到另一个认知域，从而产生了多义词。[①] 现代的认知语言学认为隐喻和转喻不仅仅是语言现象，在本质上还是建立在人类经验和想象力基础之上的基本认知能力，人类的思维就是建立在隐喻、转喻基础之上的。人们认识事物有两个共同的原则：一是将相似的事物看作同类事物，这是相似原则，表现为以较熟知的具体事物来认识与之相似的陌生事物或较抽象事物，即具体域向抽象域的投射。这一认知机制就是传统的隐喻。二是人们倾向于把相邻的两个成分看作一个单位，这是临近原则。在语言上表现为由一事物认识并用词语指称与其相关联或相近的另一事物，如由形式（容器）代替内容，由局部替代整体等。这一认知机制即传统的转喻。人们认识外界事物时，总是在不断地进行类比，把相似、相邻的事物相关联，这就是人类共同的普遍的隐喻和转喻认知模式。通过隐喻和转喻来扩展词义是人的普遍的认知能力，即以已知的有限的形式来认识未知的无限的意义，所以每种语言里都存在大量的多义词，这些多义词的词义之间都具有一定的联系。

第二节　近代汉语词义的演变

每个词都有一定的意义，词的意义不是一成不变的。这里所说的词义也包括语素义，有些原来在古代汉语中是词，在近代汉语中已成为语素。在语言发展的历史中，词义处于经常演变的状态。词义的演变既受自身具体意义特征和其他外界因素的影响，又受整个词义系统有序发展的内在规律的制约。

在语言发展的历史中，词义处于经常演变的状态。语言的根本功能在于社会交际，语言的社会功能决定了其必须随着社会交际需要的变化而变化。语言中的词汇是具备称谓功能和造句功能的一套音义结合的符号系统。词汇的功能性决定了词汇现象对社会的绝对依附性和对社会发展变化的应变性，

---

① 张志毅、张庆云在《词汇语义学》提出词义演变新的语言学模式，这种模式包括如下演变类型（按所占百分比次序）：转移、转类、虚化、缩小、扩大、深化、贬降、扬升、弱化和强化。

即随着社会的发展而不断调整自己的符号成分。词汇的物质符号性决定了词汇现象的相对独立性，即其反映社会的发展变化有其独特的方式：以新词产生和旧词消亡的方式，以词音、词义相对独立演变的方式，以新质要素逐渐积累和旧质要素逐渐衰亡的方式等随着社会的发展而发展。

词汇是一种社会现象，社会中的人又都是具有一定思维的主观的人，因而词汇系统的演变也必然与人们的思维认识、意识观念、民族心理等主观因素息息相关。近代汉语词汇的发展演变，不仅是指新旧词汇成分的吐故纳新，而且还包括词汇成分意义和感情色彩、语用范围等的变化。这种变化是人们对于词义概括的事物认识深化或发生变化的结果，也是人们表情达意准确、鲜明、生动的需要。

如古人认为心之官则思，金代张洁古始认识到各种感觉是脑的活动。① 脑是高等动物主管全身运动和感觉的器官，也是神经系统的主要部分。人脑还主管思维、记忆等活动。明代李时珍认识到“脑为元神之府”，有精神意识和思维活动。② 脑的部位多在上方或一旁，故可指物体的顶端或边缘部分。如《朱子语类》卷二三：“极星亦微转，只是不离其所，不是星全不动，是个伞脑上一位子不离其所。”脑是人体的精华部分，故可指从物体中取出的精华，或指白色如脑状或脑髓之物。如明李时珍《本草纲目·木一·龙脑香》：“龙脑香，南番诸国皆有之。叶廷珪《香录》云，乃深山穷谷中千年老杉树，其枝干不曾损伤者，则有香。若损动，则气泄无脑矣。土人解作板，板缝有脑出，乃劈取之。”

又如“觉”的本义是“睡醒”，“醒”又与“觉”相关，本义是“酒醒”，引申而有“睡醒”义。“醒”的“睡醒”义产生后逐渐取代了原来表“睡醒”义的“觉”，从而引起词义系统的调整。语言的发展往往既有词义的变化也有句法的变化，二者互相影响。③ 古代汉语中，“睡”和“觉”常对举连用，形成“睡”和“觉”语法位置上先后的不同，在语言的具体使用过程中“觉”渐演变为补充“睡”的语义，成为动补结构。在这个动补结构中，“睡”处于主要语义的地位，“觉”处于次要语义的地位。“睡”和“觉”的并用使“觉”受“睡”的影响而有“睡眠”义，渐由表“醒悟”义虚化为表

---

① 《说文·匕部》：“𡿺，头髓。”段玉裁注：“俗作脑。”

② 17 世纪英国解剖学家威利斯的实验证实了李时珍的看法。

③ 蒋绍愚《词义变化与句法变化》一文指出：“词义变化和句法变化的关系有不同的情况：第一，有的词义变化是词的语义要素变化的结果，新义产生后，词义变化影响句法组合。第二，有的词义变化是词的语义要素变化和句法组合变化共同作用的结果，这时词义和句法组合同时发生变化。第三，有的是词的语义要素变化造成词义变化，而句法组合不变。”（《苏州大学学报》2013 年第 1 期）

“从睡着到睡醒的睡眠”义。随着“觉”词义的虚化，“觉”由表“醒悟”义的动词虚化为表示“睡眠”的名词和“睡一觉”的动量词，随着“觉”表示“睡眠”的名词和“睡一觉”的动量词词义的产生，至宋明时，“睡觉”这一词组中“觉”表“睡醒”的词义已大致消失，虚化为构成表示“睡眠”义的并列复音词的一种语法功能上的补足构词成分，从而凝固成一个偏义复合词，同时“觉”由“睡”衍生所获的“睡眠”义使“觉”由表“睡醒”的动词变成了表“睡眠”的名词，“睡觉”由并列结构经由“睡一觉”和“一觉睡”的形式而演变为动宾结构。①

再如“走”在先秦相当于现代汉语的“跑”，先秦的“行”则相当于现代汉语的“走”。“走”的“行走”义在唐代的敦煌变文中已出现。如《舜子变》：“舜子走入宅门，跪拜阿孃四拜。”《唐太宗入冥记》：“唱喏走入，拜了起居，再拜走出。”《汉将王陵变》：“陵有老母，八十有五，走待人扶，食须人喂。”宋代的《朱子语类》中“走”已多为“行走”义，如卷二：“只似在圆地上走，一人过急一步，一人差不及一步，又一人甚缓，差数步也。”又卷二一：“且如今向人说，我在东，却走西去那一边，便成妄诞了。”也有少量表“跑”义，如卷一〇一：“一日，张教京家子弟习走。其子弟云：‘从来先生教某们慢行。今令习走，何也?’张云：‘乃公作相久，败坏天下。相次盗起，先杀汝家人，惟善走者可脱，何得不习!’”又卷一二七：“逆亮临江，百官中不挈家走者，惟陈鲁公与黄瑞明耳。”元明时“走”也既表“跑”义，又表“行走”义。表“跑”义的如汪廷讷《广陵月》第五出：“见如今干戈临牧野，眼见得麋鹿走苏台。”表“行走”义的如《小张屠》第二折：“怎生走了几日，到不得泰安神州?”又如《朴通事谚解》：“那驴养下来的，只躲着我走，讨了半年不肯还我，把我的两对新靴子都走破了。”此例中“走”的“行走”义和“跑”义并存，前一“走”为“跑”义，后一“走”为“行走”义。唐代表“奔跑”的“跑”出现。如马戴《边将》：“红缰跑骏马，金镞掣秋鹰。”沿至明代，“跑”和“走”在表“奔跑”义上可互用。如《西游记》第三十一回：“八戒道：‘看看那条路儿空阔，好跑。’行者道：‘你跑到那里?我就让你先走三日，老孙自有本事赶转你来!快早说来，这一恼发我的性子，断不饶你!’”又第三十四回：“小妖见说着海底眼，更不疑惑，把行者果认做一家人，急急忙忙，往前飞跑，一气又跑有八九里。行者道：‘忒走

① 参徐时仪：《“睡觉”词义衍变蠡探》，《中国语学研究·开篇》1999年第19期，东京：日本好文出版社2000年版；《再论词组结构功能的虚化》，《汉译佛典语言研究》（第四届汉文佛典语言国际学术研讨会论文集），北京：语文出版社2013年版。

快了些，我们离家有多少路了?'”例中“走”和“跑”都表“奔跑”义，随着“走”由“奔跑”义逐渐演变为“行走”义，“走”的“奔跑”义最终为“跑”所替代，《红楼梦》中已用“走”表“行走”义，“跑”表“奔跑”义。“走”由表“奔跑”义演变为“行走”义，“奔跑”和“行走”二义的不同在于“行走”的速度比“奔跑”慢，为了避免一词表二义在理解上的歧异，“跑”渐被用来表“奔跑”义，最终促成了“走”只表“行走”义，白话中“走”表“行走”义的新系统取代了文言表“跑”义的旧系统。

近代汉语词汇的发展表现为新词的大量产生、旧词的逐渐消亡、词语的替换和词义的不断演变，而词义的演变是近代汉语词汇发展变化的核心。一方面，随着社会的发展，人们接触到的社会生活和自然界的事物多了，认识范围扩大了，思维深化了，新出现的或新认识的事物、现象都必须用新的词来表示它们；另一方面，词汇发展的内在规律在限制新词无止境产生的同时，又有规律地产生多义词，或者使词义转移。即一方面创造一些必不可少的新词来反映新事物、新概念；另一方面又在淘汰一些旧词的同时尽量赋予另一些旧词以新的意义，使不少的词成为多义词，或者由于约定俗成的原因使原有的词的意义从表示一个事物转移到表示另一个事物。

一些新词新义的兴起往往伴随着一些与之相关的旧词旧义的衰落以至淘汰，新旧词义的此消彼长是紧密地联系在一起的。新质要素的产生必然带来旧质要素的消亡，新陈代谢是事物发展的基本规律，汉语词汇系统也不例外。与新词新义相对，旧词旧义指的是汉语词汇系统中曾经出现过的词语和词义，随着时间的推移和社会的变迁在近代汉语中已不再使用的那部分词语和词义。如随着桌椅的普遍使用，“床”的“坐具”义在口语中渐不再使用。又如“穿”和“喝”得到约定俗成后，“衣”和“饮”在口语中也不再使用。再如东汉前“干湿”义的反义聚合既有“干—湿”也有“燥—湿”，“燥—湿”占主导地位，“干”、“燥”同义。唐宋时“干”渐在北方口语中替代了“燥”而与“湿”构成反义聚合，元以后“干”在表示“没有水分或水分很少”义上占主导地位。[①] 在词义发展的渐变过程中，新词新义的产生和旧词词义的消亡往往相互交织，密切关联。如由单音词原词义发展演变而来的新意义成分总是以新增义项的形式出现，有三种表现形式：一种是新义取代旧义，旧义以义项减少的方式从共时平面消亡，从而完成词的一个意义的发展演变，变化的结果是义项数目不变；第二种是由旧义引申出新义，新义与旧义并存，

① 王盛婷：《“干湿”义反义词聚合演变研究》，《语言研究》2007年第2期。

变化的结果表现为义项数目增加，完成多义系统的发展；第三种则是新义导致词的表义负担过重，容易引起意义的混淆，或引申义与原词义的区别性意义特征十分明显，则分化为另一新词来承担新义，或由别的词来承担新义。①

旧词旧义的消亡是一个长期的隐性的过程，一个旧词旧义要退出语言的舞台不是一朝一夕的事情，有些旧词旧义可能在某一个阶段消亡，但随着旧事物的复生又被重新使用；有些旧词后来又被赋予了新的意义而复生；有些词在口语中消亡了，而在书面语中却长期保留着，尤其是在文言中经常使用的词语。如承上古沿用的“乃”是表条件关联的时间副词，近代汉语中主要用“方、才”，而“乃”在《敦煌变文》、《朱子语类》和《新编五代史平话》仍见使用。有些词在当时的通语中不用了，而在方言中还保存着。引起旧词消亡的原因是多方面的，如旧事物的消亡、事物名称的改变、社会交际需求的改变、认识的发展、词汇系统的调整与规范等。在词义发展的渐变过程中，旧的意义成分也有三种相应的表现形式：一种是被新义取代，成为曾经在历史上某一共时阶段存在过的义项，不再被使用，表现为旧义项的消亡或旧词的消亡；另一种就是与新义并存在多义词词义中，新旧义有着意义上的联系，同时各自都是独立的义项；第三种则是由其他词来承担或转化为词素义继续存在并发展。如“观”、“临”、“习”等转变为词素组成“观看、观念、莅临、来临、临顾、习稔、习识、沿习、操习”等复合词。即单音词词义的发展除了引申和分化外，还会以词素义身份和别的词素组合成复合词来承载新义。

词义发展的总趋势是表义的清晰确切，可以说词义的每一步发展和每一个新词的产生都意味着把人们对客观外界的思维成果充分外化为显白的语言形式，随着人们认知水平的不断提高，思维中形成的意象由混沌庞杂到分门别类，语体上由含蓄凝练的文言到直白晓畅的白话，词义的表述也相应由隐含到呈现而日益细腻精确。尤其在近代汉语中，往往呈现为以多个词语外化古代汉语中一个多义词的词义。如表示“用眼睛看”这一行为，古代汉语一般用“视”，包蕴着“用眼睛看”的感情、方式、角度和范围等多方面的意义信息。近代汉语中“看”渐取代“视”表示“观看”义，而以“视”为词素组成“二视、主视、卑视、下视、俛视、傲视、僭视、凝视、夸视、小视、

① 王力曾指出：“词义的演变不一定就是新旧的交替。也就是说，原始的意义不一定因为有了引申的意义而被消灭掉。有时候，新旧两种意义曾经同时存在过（如‘诛’字），或至今仍然同时存在着（如‘赏’字）。因此，我们可以说，词义的转移共有两种情形：一种是蚕化蛾，一种是牛生犊。”（《王力文集》第11卷，济南：山东教育出版社1990年版，第629页）

周视、唾视、回视、寓视、察视、审视、展视、引视、核视、案视、正视、歧视、注视、洞视、渺视、漠视、探视、抚视、望视、旁视、炫视、熟视、料视、斜视、忽视、目视、相视、眄视、看视、省视、瞻视、监视、短视、窥视、发视、藐视、轻视、邪视、鄙视、巡视、诊视、顾视、直视、视事、视问、视遇、视养、视察、视履、视瞻、视护、视听”等复合词。这些复合词的词义都是古代汉语“视”包蕴的意义信息的具体外化，也就是说“视”隐含的词义分化至不同的复合词中，外化为复合词中的词素义。

近代汉语是古代汉语和现代汉语交融的中间状态，时间跨度大，词义变化繁多丰富。[①] 近代汉语词汇中有相当一部分词语仍承袭古义或与上古词语的词义有直接的渊源关系，同时又孳乳繁衍了大量带有时代色彩的新词新义，其中复音词已占多数。从近代汉语来看，古代汉语是以旧质要素为主的，近代汉语新质要素的胚胎则是从旧质结构中孕育滋长而形成的。也就是说，近代汉语词汇中作为语素的文言词多是古代汉语中的常用词，这些文言词在近代汉语中为白话词更替，但是“词汇的增长不是置换型的，而是累积型的，新词的产生并不意味着旧词就会消失”，[②] 只是改变了旧词存在的方式，成为非自由语素，而白话词“历史的积蕴程度较浅，构词的能量也就相对较低”[③]。文言语素构词能产性强反映了词汇发展的规律：词汇中单音常用词以新旧兴替的方式演变，而复音词是以新旧并存的方式增长累积，即多以文言中的常用词和口语中的白话词作为构词语素组成，一方面具有传承性，另一方面又具有吸纳口语的开拓创新的区别性。[④] 近代汉语词汇以双音节为主，而在使用频率上还是单音节词占优势，在构造新词时也是多以旧词即文言词作为语素。一般来说，文言词作为语素的构词量高于白话词，具有较强的能产性。在构词选择上，文言旧词和白话新词在作为语素时倾向于选择与自身语体色彩相同的语素结合成词。

词义演变是一种动态的进程，人们的认知深化也是一种动态的进程。近代汉语词义的新陈代谢不仅表现在数量的增减，而且还表现在词义内涵的丰

① 孙常叙《汉语词汇》：“古今汉语的相对差异是汉语在发展中新质要素和旧质要素长期的逐渐消长的结果。这种消长是交错相‘絜’，而不是前后相‘续’的。”（北京：商务印书馆 2006 年重排本，第 79 页）

② 王宁：《汉语词汇语义学在训诂学基础上的重建与完善》，《民俗典籍文字研究》（二），北京：商务印书馆 2005 年版。

③ 王宁：《训诂学和汉语双音词的结构和意义》，《语言教学与研究》1997 年第 4 期。

④ 参王宁：《论本源双音合成词凝结的历史原因》，《古典文献与文化论丛》（二），杭州：杭州大学出版社 1999 年版；《汉语双音合成词结构的非句法特征》，《江苏大学学报》2008 年第 1 期。

富和深化。

词义的丰富和深化是指词的某一个意义在外延不变的情况下，在内涵方面发生了由简单到复杂、由肤浅到深刻，其理性意义在传承的基础上由不正确到正确的变化和发展。即没有产生新概念，人们根据新的认知成果对一些旧有概念的内涵进行了调整和充实。如“气”在古时的词义为“云气”，而现在对“气”的理解是“没有一定形状，没有一定体积，可以流动的物体，在常温下，空气、氧气、沼气等都是气体”，在词义内涵上更加丰富、更加深刻了。又如“水”在上古汉语中有“洪水、水灾”的意义，而在今天人们还逐渐认识到“水”是“地球上的不可再生资源”，节约用水、保护水源的观念已深入人心，“水”的词义有了新的发展。

词义的发展和演变就范围而言，主要有词义的扩大、缩小和转移。凡一个词的中心义素不变而限定义素减少就形成词义的扩大，中心义素不变而限定义素增加就形成词义的缩小，保留原有若干义素而中心义素改变就形成词义的转移，中心义素不变而限定义素改变就形成词义的易位。①

词义的扩大是指词义所指称的客观事物的范围发生了由小到大的变化，即词义所对应的概念外延扩大。表现为同一义位所反映的客观事物对象的范围由小变大，扩大了原有词义所概括对象的范围，或者指词义从表达个别意义扩展为表示一般意义。词义扩大的原因是由于人们的认识不断地向前发展，接触的事物逐渐增多，把具体的概念进行抽象化和概括化，形成了词义由具体到一般、由部分到整体的变化，导致词义的扩大。

词义的缩小是指词义所指称的客观事物的范围发生了由大到小的变化，表现为同一义位所反映的客观事物对象的范围由大变小，即缩小原有词义所概括对象的范围，或者说指词义从原来表达较宽泛的概念缩小到表示较狭窄的概念，即从泛指缩小为特指。词义缩小的原因是由于人们的认识和词语使用的固化，当人们习惯于用一个词语表示一个事物时，很容易在词语和事物之间人为地建立起一一对应的关系，而把原来属于这个范围的其他事物用别的词代替，从而导致了词义的缩小。

词义的转移是指词义所指称的客观事物的范围发生了新旧更替的变化，词语的意义从原来表示某一事物转为表达另一事物，也就是说词语的一个义位反映的客观事物的对象发生了变化，即从原来指甲事物变成指乙事物。词义转移后原来的词义和转移后的词义一般不能共存。

---

① 蒋绍愚：《词义的发展变化》，《语文研究》1985 年第 2 期。

词义内涵的丰富深化和范围的变化是相辅相成的。如“灯”的词义内涵由“燃油照明的器具”发展为“使用燃油、电能、酒精等用来照明的器具”，其指称范围也从指“油灯”扩大为指包括油灯在内的各种灯。

第三节　单音词的发展与双音化

古代汉语以单音词为主，随着时代的发展，单音词与复音词之间构成了交错复杂的关系。单音词虽然逐渐向复音词转化，但单音词早已占据着根词、基本词、常用词的核心地位。从中古到现代，双音词越造越多，但各种文本中使用频次最高的都是单音词。如据郭作飞《〈张协状元〉词汇研究》一书统计，《张协状元》中使用单音词 1 666 个，复音词 2 897 个。复音词在数量上是单音词的 2 倍多，但单音词实际使用词次达到 13 096 次，复音词实际使用词次为 7 141 次，单音词的实际运用量是复音词的 1. 83 倍。同时从使用的词频来看，单音词为 7. 86 次，复音词为 2. 46 次，前者为后者的 3. 19 倍。[①]在词汇系统的发展上，上古汉语主要以单音节词为主，近代汉语主要以双音节词为主，但双音词、复音词的扩展并没有动摇单音词的核心地位。中古以后汉语确是增加了大量双音词，但并非都替换了单音词，其使用频度也没有超过单音词。中古以后词汇的发展表现在双音词、复音词大量增加的同时，单音词也在不断增加。如据郭作飞《〈张协状元〉词汇研究》一书统计，《张协状元》所使用的 4 563 个词中，出现于中古汉语时期的单音词为 145 个，复音词 889 个，而出现于近代汉语时期的单音词为 283 个，复音词 1 074 个。[②]

单音词本身的意义传承和发展与这个单音词参与构词的一系列复音词意义的生成、传承和发展息息相关。如“心”除有“二十八宿之一”、哲学名词、佛教语和姓氏义外，主要有如下义项：①心脏；②心脏所在的部位，泛指胸部或胃等；③指思维器官，后沿用为脑的代称；④统指思想、感情、意念、谋虑等精神活动；⑤本性，性情；⑥思虑，谋划；⑦中心、中央的部分；⑧尖刺、植物的芽尖等。这八个义项中除义项⑤是不可单独使用的词素义外，其余皆是既可独立使用的单音节词的词义，又可作为词素义参与组成复合词。这些义项参与构造的常用复合词有“心计、心术、心田、心头、心动、心地、

---

① 郭作飞：《〈张协状元〉词汇研究》，成都：巴蜀书社 2008 年版，第 193 ~ 194 页。
② 郭作飞：《〈张协状元〉词汇研究》，成都：巴蜀书社 2008 年版，第 193 页。

心机、心力、心口、心血、心火、心安、心坎、心本、心孔、心目、心声、心曲、心志、心肝、心肠、心怀、心灵、心事、心态、心性、心房、心弦、心思、心想、心路、心胸、心脏、心病、心理、心虚、心寒、心眼、心得、心情、心寒、心软、心腹、心意、心愿、心境、心智、心疼、心酸、心仪、眉心、开心、关心、苦心、小心、当心、动心、痛心、多心、安心、存心、放心、顺心、私心、芳心、虚心、爱心、戒心、信心、寒心、粗心、细心、倾心、诚心、专心、齐心、热心、称心、匠心、死心、好心、谈心、用心、知心、分心、留心、铁心、伤心、灰心、黑心、有心、甘心、负心、亏心、会心、费心、良心”等。

这些以“心”为构词词素的双音词传承单音节词“心”的多义性而凝合发展有各自的词义，从而使“心”作为词素参与构词时意义有多重指向而又和谐统一。

这些双音词中有的在秦汉文言典籍中就已经出现，如《后汉书·隗嚣传》：“宜断之心胸，参之有识。”例中“心胸”有“心中、内心”义，后引申有“志向、抱负”义。如李白《魏郡别苏明府因北游》：“何时更杯酒，再得论心胸。”

有的词则见于明清白话典籍，如《水浒传》第三十四回：“点钢枪用力刺来，望心坎微争半指。”例中“心坎”有“胸口、心窝”义，后引申为抽象的“内心深处的心思”义。如元郑光祖《倩女离魂》第四折：“只听的花外杜鹃声，催起归程，将往事从头省，我心坎上犹自不惺惺。”《红楼梦》第七十四回：“这王善保家正因素日进园去那些丫鬟们不大趋奉他，他心里大不自在，要寻他们的故事又寻不着，恰好生出这事来，以为得了把柄。又听王夫人委托，正撞在心坎上。”又如《红楼梦》第三十六回：“龄官起身问是什么，贾蔷道：‘买了雀儿你顽，省得天天闷闷的无个开心。我先顽个你看。’”又第八十六回：“黛玉笑道：‘说这些倒也开心，也没有什么劳神的。只是怕我只管说，你只管不懂呢。’”例中“开心”皆有“心情快乐舒畅”义。

有的词自古至今的词义基本保持一致，没有发生明显的变化。如《史记·律书》：“喜则爱心生，怒则毒螫加，情性之理也。”例中“爱心”有“喜悦爱慕的情感和爱护关怀的心意”义，后世沿用，含义大致相似。

有的词在古代文言典籍中出现时具有词组的性质，后意义融合凝固成词。如《尚书·毕命》：“虽收放心，闲之为艰。”例中“放心”为“放纵的心思”，后词义发展为指“心情安定，没有顾虑和牵挂”。如《水浒传》第八回：“休得要胡思乱想，只顾放心去。”又如“心疼”最初是词组，指前胸和上腹部的疼痛，后引申有“吝惜、舍不得”义。如《警世通言》第二十五卷："施鉴是个本分财主，惜粪如金的，见儿子挥金不吝，未免心疼。"又引申有"怜惜、疼爱"义。如《儿女英雄传》第十二回："安老爷平日虽是方正严厉，见这等娇生惯养一个儿子，为了自己，远路跋涉而来，已是老大的心疼。"

近代汉语中的单音词大多是单音成词词素，如上所举"心"既是单音节词，同时也是以"心"组成的复合词的词素。

又如"气"既是单音节词，有"云气"、"空气"、"气体"、"气象"、"节气"、"气味"、"气息"、"声气"、"气氛"和"风气"义，同时又是以"气"组成的复合词的词素，可组成说明天体、大地构成的"天气、地气"；说明人体机能原动力的"元气、血气、气血、精气、力气、气力、养气"；说明人的生理功能征兆的"气色、气虚、气旺、火气、肝气、胎气"；说明人的精神状态的"志气、士气、气量、勇气、胆气、丧气、神气、气质"；说明人的性格、情感的"脾气、和气、生气、气愤、怒气、杀气、赌气、怄气"；说明人的道德的"气节、浩气、气宇、英气"等。

近代汉语中有些复合词是以非成词语素的单音节词组成的，如"进行、加以、从而、得以、甚而、从事、朋友、习惯"等。古汉语中的单音节词在近代汉语中不能独立自由使用被称为黏着语素或非成词语素，往往要受韵律模式的制约而必须成双使用，如"访"可用于"访问"、"造访"，还可说"遍访、来访"；"习"可用于"学习"、"习惯"，还可说"习于、积习"；"朋"可用于"朋友"、"亲朋"，"友"可用于"朋友"、"亲友"、"挚友"。

古汉语中的单音节词在近代汉语中仍能独立自由使用的往往是口语的，被称为成词语素，如"心"、"气"、"问"、"学"等；而必须成双使用的单音节词往往是典雅的，如"访"、"习"、"氛"、"质"等。

从结构上分析，复合词有词根与词根合成和词根与词缀合成两种。词根与词根合成的词也就是单音词与单音词的组合，而词缀一般也是由有意义的实词素经过虚化形成，原先也是单音词，如"老"、"子"、"头"、"儿"等。就词汇的发展规律而言，词汇和词义的发展不是更替型的，不可能突然地、成批地淘汰更新，而是累积型的，经过长时期的积累，同时逐渐进行调节和替换，形成新的系统。古代汉语中的单音节词一部分为近代汉语和现代汉语所传承，另一部分则作为构成双音节词的语素而积淀在近代汉语和现代汉语词汇中。据《现代汉语频率词典》统计，在3 000个常用词中，有1 337个单音节词和1 663个复合词。这1 337个单音节词中的724个又作为语素，参与组成了1 663个复合词中的1 497个复合词。因而，虽然随着历史的发展，单音节词在现代汉语中已不再居于主导地位，[①] 但由于其是双音节词的基础，单单关联成双的合成词实质上是单音词的扩展使用和原有词义的延伸，单音节词始终是汉语的核心，这是一个不容置疑的事实。

跨语言的研究表明不少语言存在一种普遍现象，即一些似乎应当分开来表达的概念成分往往可以隐含融合在同一形式之中。“汉语作为一种典型的孤立语，趋向于给每一个概念以一个命名，即常用一个字来表达一个概念，这种对概念独立所作的大胆处理，经常是把相关概念隐含起来。”如《说文》：“崩，山坏也。”主体“山”与动作“倒塌”融合在同一的单音节词结构中。[②] 又“大”可说成“厚大”、“巨大”、“强大”、“宏大”、“广大”、“浩大”、“长大”，“行”可说成“履行”、“步行”、“实行”、“流行”、“经行”、“巡行”、“运行”、“游行”、“载行”、“发行”、“推行”、“施行”。隐含、呈现的关系是由词义决定的，在汉语的历时发展中，由于表意的明确与用词的经济这一对矛盾互相制约，词义的表达也由隐含融合的综合到分析，由混沌而分化为明晰，不少单音节词隐含的概念最终从其混沌融合形式中分离出来而形成了新的复音词或词组。即由“合二为一”变为“一分为二”，如崩，山崩；泪，眼泪；指，手指，形成了汉语词汇双音化的趋势。

汉语词汇由单音节词向双音节词发展的演变也体现了词义表达从混沌综合到分析而明晰的发展规律。如《荀子·成山》：“大其苑囿，高其台。”例中“大”和“高”是古代汉语中通常所说形容词的使动用法，综合有动作和动作的结果义，后来用“扩大”和“加高”表示。因而从词义上看，词义的表达由混沌综合到分析而明晰也是汉语词汇双音化的内部原因之一，复音化的趋势则推动了汉语由混沌综合向分析而明晰的方向发展。

第四节　双音词的发展与词汇化

汉语词汇从以单音词为主过渡到以双音词为主，这是汉语词汇发展的一大规律，近代汉语中的双音词有许多沿用至现代汉语中，这些双音词的产生、

---

① 据周荐《双字组合与词典收条》一文统计，《现代汉语词典》中双字组合有 39 548 个，约占其收条总数的 67.625%。(《中国语文》1999 年第 4 期)

② 胡敕瑞：《从隐含到呈现（上）》，《语言学论丛》第三十一辑，北京：商务印书馆 2005 年版，第 2～3 页。

发展和更替反映了汉语词汇发展史中新旧质素的交替变化和白话取代文言的过程。

如表示抽象的“凭借”义，文言有单音词“依”、“倚”、“恃”、“怙”、“仰”、“赖”等，白话用单音词“靠”。随着汉语词汇双音化的发展，先秦两汉时产生有同义并列的双音词“怙恃”、“恃怙”、“依倚”、“仰恃”、“依怙”、“依恃”、“依仰”等，魏晋南北朝时期又产生有“依凭”、“倚赖”、“依傍”、“倚恃”、“倚仗”、“倚杖”、“依杖”、“仰凭”、“仰赖”、“仰仗”、“仰籍”等双音词。《说文》已收有“靠”，许慎释云：“靠，相违也。”段玉裁注云：“‘韦’，各本作‘违’，今正。相韦者，相背也，故从非。今俗谓相依曰靠，古人谓相背曰靠，其义一也。”“靠”有“背靠”义，如唐曹松《宿溪僧院》诗：“煎茶留静者，靠月坐苍山。”由“背靠”义引申也可以表示抽象的“凭借”义，如唐易静《兵要望江南·占委任第一》：“攻敌策，谋乃胜之源。勿只迎军交血刃，休凭勇力靠兵官，勇是祸之端。”又如唐不空译《瑜伽集要焰口施食仪》附《十类孤魂文》：“鳏寡孤独无靠孤魂众。”“靠”与“倚”同义，唐宋时组成并列复音词“倚靠”表示抽象的“凭借”义。如《朱子语类》卷一一三《朱子十》：“若有疑处，且须自去思量，不要倚靠人，道待去问他。”又如《清平山堂话本·快嘴李翠莲记》：“年老爹娘无倚靠，早起晚些望顾照。”“靠”又与“依”同义，宋时也已组成并列复音词“依靠”表示抽象的“凭借”义。如《朱子语类》卷三四《论语十六》：“先生问学者：‘据德，依仁，如何分别？’学者累日说皆不合。乃曰：‘德是逐件上理会底，仁是全体大用，当依靠处。’”宋以后可用作动词，表示“靠别的人或事物来达到一定目的”。如《石点头》卷九：“此时陇右未靖，德宗皇帝方将西川半壁，依靠韦皋作万里长城，这些小事，安有不听之理。”也可用作名词，表示“可以作为依托或指望得到帮助的人或物”。如李行甫《包待制智赚灰栏记》第二折：“则为俺穷滴滴子母每无依靠，挨今宵，到明朝。”沿至明清，由白话单音词“靠”组成的“倚靠”、“依靠”逐渐取代了具有较多文言色彩的“怙恃”、“恃怙”、“依倚”、“仰恃”、“依怙”、“依恃”、“依仰”、“依凭”、“倚赖”、“依傍”、“倚恃”、“倚仗”、“倚杖”、“依杖”、“仰凭”、“仰赖”、“仰仗”、“仰籍”等双音词，如《型世言》第十六回：“你到老来没个亲儿倚靠，不如趁青年出嫁，还得个好人家。”又第四回：“（林氏）道：‘我儿，我死也该了，只是不曾为你寻得亲事，叫你无人依靠，如何是好？’”又如《红楼梦》第一百回：“要是他急出个原故来，不但你添一层烦恼，我越发没了依靠了。”又第一百一十八回：“我想你我既为夫妇，你便是我终身的倚靠，却不在情欲之私。”①

又如“头领”和“首领”都是类义并列双音词，理性意义和用法相同而语体色彩不同。“首领”具有较浓的文言色彩，而“头领”具有浓厚的口语色彩。“首”即“头”，甲骨文、金文中的“首”像人头有发之形。如《诗经·邶风·静女》：“爱而不见，搔首踟蹰。”“领”的本义是“脖子”。“首领”连用始见于战国初期文献，如《左传·昭公二十五年》：“若以群子之灵，获保首领以殁，唯是楄柎所以藉干者，请无及先君。”例中“首领”是名词性并列短语，指头和脖子。“首”（头）位于人体最上部，也是人体最重要的部位之一，以这一点并列作为相似关联，从人体认知域投射到一般事物认知域，产生隐喻引申义，指为首的人。如《庄子·盗跖》：“成者为首，不成者为尾。”“领”（脖子）作为头的连带部分，又是人体转动的枢纽，和“首”一样是人体的重要部位，如《国语·楚语上》：“且夫制城邑若体性焉，有首领股肱，至于手拇毛脉，大能掉小，故变而不勤。”南北朝时“首”、“领”已组成类义并列复音词，指为首的人或一个集体的领导人。如《魏书·杨播传附杨津》：“朝廷初以铁券二十枚委津分给，津随贼中首领，间行送之，修礼、普贤颇亦由此而死。”南北朝后用例渐多，如《北史·列女传·谯国夫人冼氏》：“谯国夫人冼氏者，高凉人也。世为南越首领，部落十余万家。”“头”比“首”在文献中出现的时间晚，甲骨文中有“首”无“头”，到战国初期始出现“头”字，指人体的最上部分。如《左传·襄公十九年》：“荀偃瘅疽，生疡于头。”据魏德胜《〈韩非子〉语言研究》一书的考察：“战国时期口语中‘头’已取代了‘首’，但在一些固定形式中仍用‘首’，如稽首、顿首、斩首等。”② 又据池昌海《〈史记〉同义词研究》一书对《史记》中“头”和“首”的使用情况的分析：“在《史记》的语言中，‘首’无一例用于直接陈述，皆为作者的记述、转述，而‘头’则有多例见于书中人物的对话……哪怕是记述秦汉前事，口语中也都用‘头’……在口语中，‘头’已基本成为常用词，而‘首’则一般不见于口语表达了。”③ 因此至迟在秦汉之交，“头”在口语中已经成为常用词。“头”与“首”一样，由人体的最上部和重要部位隐喻引申可指“为首的人”，南北朝时也与“领”组成类义并列复音词“头领”表示“为首的人”。南北朝后，“首领”和“头领”两词并用。如《旧唐书·高宗本纪下》：“三月，裴行俭大破突厥于黑山，擒其首领

① 参丁喜霞：《中古常用并列双音词的成词和演变研究》，北京：语文出版社 2006 年版。
② 魏德胜：《〈韩非子〉语言研究》，北京：北京语言学院出版社 1995 年版，第 56 页。
③ 池昌海：《〈史记〉同义词研究》，上海：上海古籍出版社 2002 年版，第 180 页。

奉职。”又《僖宗本纪》：“如王仙芝及诸贼头领能洗心悔过，散卒休兵，所在州府投降，便令具名闻奏，朝廷当议奖升。”据丁喜霞《中古常用并列双音词的成词和演变研究》一书的考察，明以前“首领”的使用频率从总体上说远大于“头领”，明以后“头领”的使用频率逐渐增加，多用于元杂剧、明清白话小说等口语性比较强的文体中。如《全元杂剧》中用“头领”56 次，用“首领”8 次；《水浒传》用“头领”713 次，未用“首领”。[①]

语言是一个系统，这个系统中某个词语的变化常常与其他的词语相关联。词汇的发展又具有累积性的特点，共时平面上使用的词汇就其来源而言蕴含着历时的积淀。因此，双音词替代单音词不只是简单、孤立的音节单双之变，而是一个和语义内容的衰亡、发展、重新分配紧密联系的复杂过程。[②] 如在表示人的脸部时，古代汉语用“面”，现代汉语用“脸”。“面”作为“人的头的前部”这一义位在先秦就存在。“脸”指“人的颊部”这一词义从其产生之时（大约南北朝）直至唐代，在诗词、话本小说中多用来描写人的（特别是女人的）容貌。由于这些文学作品的感染与普及，当人们一说到“脸”就很自然地联想到据以描写的人的容貌。久而久之，这种联想意义固定下来，与原有义位相脱离，形成“脸”的一个新义位，人们反而忘记了它原来的义位，这时“脸”就由“颊”义场转到其母义场“面”。如杜善甫散套《庄家不识勾栏》中，叙副末之扮相：“裹着枚皂头巾，顶门上插一管笔，满脸石灰更着些黑道儿抹，知他待是如何过！”无名氏《留鞋记》第二折：“我这里一双柳叶眉儿皱，他那里两朵桃花上脸来，说甚乖乖。”关汉卿《杜蕊娘智赏金线池》第二折：“今日打听得虔婆和他一班儿老姊妹在茶房中吃茶，只得将我羞脸儿揣在怀里，再到蕊娘家去走一遭。”王实甫《崔莺莺待月西厢记》第三本第一折：“莺莺君瑞，许配雄雌；夫人失信，推托别词；将婚姻打灭，以兄妹为之。如今都废却成亲事，一个价愁糊涂了胸中锦绣，一个价泪揾湿了脸上胭脂。”这些用例证明至迟到元代，“脸”的词义已跟“面”相同。《红楼梦》中“脸”有 333 例，极为常用，已基本取代了“面”。“脸”的词义变化，在“面部”语义场的历时演变中最引人瞩目。其一，“脸”的指称范围发展变化，由“颊部”子场向其母场转化；其二，“脸”的词义在“面部”义场中后来居上，由非主导词义上升为主导词义；其三，“面”的适用范围缩小，仅用在固定短语或者已经成词的词语中，如“面生”、“面熟”、“面皮”、“情面”等。“面皮”约产生于魏晋，最初指“脸上的皮肤”。如晋竺法护译

① 参丁喜霞：《中古常用并列双音词的成词和演变研究》，北京：语文出版社 2006 年版。
② 参徐时仪：《玄应众经音义研究》，北京：中华书局 2005 年版，第 230 页。

《修行道地经》卷五："决口截脣剥其面皮。"① 从语体看，"面"虽是一个文言词语，但"面皮"却带有一定的口语色彩，口语作品中用例很多。尹小林《国学宝典》所收的113部戏曲中"面皮"和"脸皮"的用例是85/6，132部小说"面皮"和"脸皮"的用例是454/113。"脸"虽然从唐代开始指称范围由颊部扩大到整个面部，但"脸皮"取代"面皮"却较晚。《官场现形记》中"脸皮"6例，无"面皮"例；《二十年目睹之怪现状》中"脸皮"2例，"面皮"1例。现代汉语中只说"脸皮"，"面皮"退居于上海、温州、福州、梅县等方言。②"面孔"大约产生在唐代，指"面部"。"脸面"一词大约产生在清初，最初指"面子、情面"，后遂有"面孔"义。③

近代汉语的复合词是从前代各个不同时代积淀而成，与历代的词汇有相承关系，不仅构成近代汉语复合词的一些不自由语素保留着大量先秦两汉的古义，而且不少近代汉语的复合词本来是先秦两汉的词组。近代汉语复合词增加的过程，也是词组变成词的过程或词变成词素的过程。

双音节词的产生和发展在汉语史中关系到汉语词汇系统面貌的根本性变化。④ 就语义而言，由单音词合成的双音词体现了一个由词组义逐渐凝固成词的变化过程。词组是双音词最主要的来源。据认知心理学的研究表明，当构成一个句法单位或者虽不构成一个句法单位但在线性顺序上邻接的两个词由于某种原因经常在一起出现时，语言使用者就有可能将其视作一个整体而不再对其做内部结构的分析，这样就使得二者之间原有的语法距离缩短或消失，最终导致原来的语法结构功能的虚化，进而由相邻接的两个词凝固为一个双音词。汉语双音词往往是由两个单音词的临时组合而逐渐固定下来的，其最初尚是一个词组，搭配灵活，单音词与单音词之间可以自由搭配，其各自所表示的词义在由其组合成的词组中有所虚化。随着两个单音词之间的搭配关系逐渐固定，这两个单音词也就由临时组合的词组凝固成一个词，由其组合成的词组的词组义在其各自原来表示的具体义基础上进一步抽象虚化或简化，从而形成了由其所组成的双音词的词义。一般来说，单音词大多数是多义的，而由它们组成的复音词大多数是单义的，单音词的特点在于多义性、灵活性和词义关系的复杂性。因而，单音词组合成的词组凝固成复音词，实际上也

① 俞理明：《佛经文献语言》考此经公元284年译于敦煌，成都：巴蜀书社1993年版，第58页。

② 李荣编：《现代汉语方言大词典》第3卷，南京：江苏教育出版社2002年版，第2638页。

③ 参解海江、张志毅：《汉语面部语义场历史演变——兼论汉语词汇史研究方法论的转折》，《古汉语研究》1993年第4期。

④ 双音节词在现代汉语词汇系统中居于主导地位。汉语中虽然也存在一些超过双音节的复合词，但数量不多，而且也是在双音复合词的基础上构成的，因而双音节词是现代汉语词汇的基本形态。

就是多义的单音词抽象虚化或简化成为单义的双音词，即由多义虚化或简化为单义的词汇意义演变，同时也可看作是由词组虚化凝固为词的一种词汇语法化现象。① 最初的双音词一般是从非词的句法结构演变来的。当句法结构有所变化时，其词义必然也会有变化；反之，当其词义有所变化时，也会引起句法结构的变化。汉语双音词作为词汇系统中后起的一类成员，其衍生实际上经历了一个结构功能虚化的语法化演变过程。语法化理论的一个重要假设是“句法到词法”的演变，这在一些印欧语言中主要表现为独立的词变为黏附成分（clitics），进而演变为词缀、屈折成分。汉语作为一种孤立语，词缀不发达，且造字法、构词法和造句法的规则基本上相似，故句法到词法的变化主要以双音句法单位演变为双音词的形式表现出来，这是汉语的一个特点。

从历时的角度看，单音词的发展演变较为单纯，虽也有可能发生语法化，从实词变为虚词，但这还是在词这一大的范畴内次范畴的变化，而更多的只是词义的变化，不涉及范畴性质的大的变动。其形式上的替换只是在所指（signified）基本不变的情况下能指（signifier）的变化，而这些不同的能指在大的范畴上是相同的。双音词在产生和发展过程中所经历的变化与单音词相比则更多、更复杂，往往涉及范畴性质的大的改变，引起了汉语词汇系统的本质性的变化，改变了词汇系统的整体面貌。近代汉语中的双音词大多由词组凝固而成。其词义有的可以从字面上来理解，几乎等于词素义的线性组合，如“忧愁、责备”等；有的则与词素义有较大差别，关系复杂，如“地位”不只是其字面义“位置、地方”义，且引申有“地步、程度”义；有的则是由原词素义的修饰比喻义凝固而成，如“关键”比喻事物最关紧要的部分或对事情起决定作用的因素，“把柄”喻指凭证等。

近代汉语和现代汉语中的许多复合词在先秦本是词组，这些由词组凝固而成的复合词一般都经历有两个构词词素独立并存同时又紧密结合的历时演变过程。复合词的词义既与两个构词词素的意义有关，又与复合词的语法结构有关。

近代汉语复合词是由单音词以不同形式组合而成，有些复合词的语素失去了原来单音词的意义。如刘禹锡《乌衣巷》诗：“旧时王谢堂前燕，飞入寻常百姓家。”例中“寻常”由分别指八尺和十六尺变为指“平常”义。又如

① 即从结构松散、不甚稳定的非词的句法单位到凝固的稳定的单一的词汇单位的动态过程。词组逐渐凝固或变得紧凑而形成复合词的过程可以说是一种词汇化现象。参徐时仪：《论词组结构功能的虚化》，《复旦学报》1998 年第 5 期；《再论词组结构功能的虚化》，《汉译佛典语言研究》（第四届汉文佛典语言国际学术研讨会论文集），北京：语文出版社 2013 年版。

张籍《送李司空赴镇襄阳》诗："襄阳由来风景好，重与江山作主人。"例中"风景"由分别指风和日光产生"风光景色"义，又引申变为"景况、情景"义。如《警世通言·旌阳宫铁树镇妖》："吾观孽龙之子，本是害人之物，得我救命，教我等'七日七夜不动钟鼓'。今止三日，风景异常，想必是他把言语哄我。"

有些复合词保存了原来单音词的意义。如白朴《墙头马上》第一折："你往常打我骂我，今日为甚的央我？"例中"往常"指"过去的一般日子"义。又如刘克庄《湖南江西道中》诗："从今诗律应超脱，新吸潇湘入肺肠。"例中"超脱"有"高超脱俗"义。

大多数复合词的某一个语素保存了古义，如"劝勉、牢笼"等。无论是全部失去还是全部保存或部分保存，这些复合词都经历了通过意义的重新组合来完成词语重新组合的阶段。近代汉语词汇中，语素的原有意义全部失去的复音词，意义的重新组合和词语的重新组合是等同的，由于词语和意义都发生了变化，从而体现了古词与新词之间的发展关系。语素的原有意义全部保存的复音词，只有词语的重新组合，而意义没有产生质的变化，因而更多地体现了古词与新词之间的继承关系。语素的原有意义部分保存的复音词，词语的重新组合是通过古义和今义的组合来完成的，因而既体现了继承的关系，又体现了发展的关系。

近代汉语词汇中产生了大量的新词，但是所采用的构词模式却在很大程度上与旧有的词相似，而且构成成分也是旧有的，新词和旧词互有关联。词组成词有共同的词义基础，基本意义相同，在此基础上形成一个更概括的意义。同义复合词绝大多数是单义的，而组成同义复合词的语素在古代汉语中绝大多数是多义的。当意义复杂的多义单音词以某个相同的意义组合在一起，两个语素义间互相制约补充，排除了各自的多义性，意义就变得单一明确了。实际上这种组合起到了对单音词多种意义的选择作用，使含混变为确切。①

词组词汇化是双音化中最经济的体现，这种从句法到词法的转变是语言中处于线性序列的两个单音词临时组合固化的结果，它往往要经历一个范畴上的改变。在这个过程中，常常有隐喻、转喻的参与，改变了词组的语源义，使结构发生词汇化。词组词汇化以后在意义上具备了凝聚性更强的特定含义，这种含义和原来词组的意义有一定联系，但也有明显的区别。因而，意义上的变化是词组转化为词的明显标志。

---

① 赵克勤：《古代汉语词汇学》，北京：商务印书馆1994年版，第33页。

词组发生词化的基本条件主要是结构的定型化和意义的高度融合。结构的定型化指构成词组的语言成分相互搭配的模式定型化。单音成分在词组中的搭配模式最初虽可能是一种偶然性的运用，但在人们不断重复这种运用模式时，偶然就逐渐变成了必然，结构也就随之固定下来。意义的高度融合指词组组合性质的意义逐渐融合为词所具有的整体式的特定内涵。这种融合往往使融合以后的词义和原来的词组意义产生明显的区别。意义的高度融合是在结构定型化的过程中发生的。如果只是偶然性的词与词的搭配使用，意义就很难实现高度的融合。

如“过门”原来是“过”和“门”组成的述宾词组，表示“从门前经过”，后用来表示特定意义“登门、上门”。如唐高适《赠杜二拾遗》诗：“佛香时入院，僧饭屡过门。”例中“过门”由词组渐词化为词。又由泛指“一般的登门、上门”发展为特指“婚姻一方正式进入对方家庭”，表示“女子出嫁或男子入赘”。如《窦娥冤》第一折：“孩儿也，他如今只待过门。”

又如“开心”是现代汉语中的常用词，有“心情快乐舒畅”义，[①] 文言中与此义相应的词为“忻”、“喜”、“悦”等。由单音词“开”与“心”合成的双音词“开心”也体现了一个由词组逐渐凝固成词的变化过程。“开”本义为“开门”，如《诗·周颂·良耜》：“以开百室。”“开”的“开门”义最初用“启”，甲骨文中未见“开”而有“启”。[②]《说文》：“启，开也。从户口。”段玉裁注：“此字不入户部者，以口户为开户也。”据《广韵》，启为康礼切，溪母荠韵；开为苦哀切，溪母咍韵。启、开同源。《左传·隐公元年》：“公将启之。”杜预注：“启，开也。”《荀子·议兵》：“微子开封於宋。”微子开即微子启。[③] 考马王堆帛书《周易·师》：“大君有命，启国承家。”文中“启”，[④] 阜阳汉简和战国楚简所载同，[⑤] 今本《周易》为“开”。又考《左传·闵公元年》：“天启之矣。”文中“启”，《史记·晋世家》为“开”。《周易》的各本异文和《左传》及《史记》记载同一事件的异文反映了先秦时的“启”发展至汉代渐为“开”替代。就字形而言，“启”为启户，

① 中国社会科学院语言研究所词典编辑室编：《现代汉语词典》（第5版），北京：商务印书馆2005年版，第759页。

② “启”的甲骨文见于孙海波编《甲骨文编》前五·二一·三和乙八二五。

③ 参王力：《同源字典》，北京：商务印书馆1987年版，第413页。又，汉代避景帝讳改“启”为“开”。

④ 据《马王堆汉墓文物》，长沙：湖南出版社1992年版。

⑤ 韩自强：《阜阳汉简周易研究》，上海：上海古籍出版社2004年版；马承源编：《上海博物馆藏战国楚竹书（三）》，上海：上海古籍出版社2003年版。

即开启单扇的门；“开（開）”为开门，即开启双扇的门。古人造屋，先置单扇的门，称作“户”，后发展有双扇的门，称作“门（門）”，故“开”的出现晚于“启”。

“开”由“开门”义引申有“打开、张开”义，如《庄子·秋水》：“吾无所开吾喙，敢问其方。”又引申有“启发、开导”义，如《礼记·学记》：“故君子之教喻也，道而弗牵，强而弗抑，开而弗达。”启发、开导则解脱开释。考《说文》云：“挩，解挩也。”段玉裁注：“今人多用脱，古者用挩，是则古今字之异也。”朱骏声《说文通训定声》云：“经传皆以说、以税、以脱为之。”“脱”、“悦”同源，“悦”本作“说”。《说文》：“说，说释也。”段玉裁注：“说释即悦怿。说、悦，释、怿，皆古今字。许书无悦怿二字也。说释者，开解之意，故为喜悦。”马清华论述汉语喜悦概念的理据曾指出“‘悦’的喜类意念是从身、心的开释、解脱义衍生而来”，“开解、开脱能生产出喜悦义”，[①] 故“开”由“启发、开导”义引申有“舒畅、喜悦”义。如《汉书·酷吏传》云王温舒：“为人少文，居它惛惛不辩，至於中尉则心开。”又如《后汉书·王常传》：“闻陛下即位河北，心开目明，今得见阙庭，死无遗恨。”《汉语大词典》释此义首见例为唐杜甫《秋尽》诗：“不辞万里长为客，怀抱何时好一开。”引例偏晚。“开”的此义可与其他表“舒畅、喜悦”义的词组成“开爽”、“开畅”等近义并列复合词。如明李贽《与杨定见书》：“精神复完，胸次复旧开爽。”

考《说文·门部》释“闓”云：“闓，开也。从门，豈声。”又《心部》释“忻”云：“忻，闓也。从心，斤声。《司马法》曰：‘善者，忻民之善，闭民之恶。’”段玉裁注：“闓者，开也。言闓不言开者，闓与忻音近。”“忻谓心之开发，与《欠部》‘欣’谓‘笑喜也’异义。《广韵》合为一字，今义非古义也。”[②] 段玉裁指出“忻谓心之开发”，心之开发即心开。杨树达《释听》一文说：“闓与开音义并同，闓乃开之形声字。许君分开、闓为二文，非也。寻《司马法》忻与闭对音，实开与闭对言也。忻字从心，切言之当云心开。秦汉间人恒言心开。《汉书·酷吏传》云王温舒：‘居它惛惛不辩，至於中尉则心开。’《后汉书·王常传》：‘闻陛下即位河北，心开目明。’上谓喜乐。心开则喜，故《言部》‘䜣’训‘喜’，《欠部》‘欣’训‘笑喜’，今通

① 参马清华：《文化语义学》，南昌：江西人民出版社 2006 年版，第 104 页；《语义的多维研究》，北京：语文出版社 2006 年版，第 30 页。

② 《玄应音义》卷十三释《沙曷比丘功德经》闿化之闿云：“《声类》此亦开字。”

语谓取乐为开心，盖古之遗语矣。”[①] 考《玉篇·心部》：“忻，喜也。”“忻”有“喜悦、欣喜”义。如《墨子·经说上》：“誉之，必其行也，其言之忻，使人督之。”孙诒让《间诂》：“其言可忻悦也。”秦汉间人恒言心开，“心”是人体器官的主宰，五脏之首。受科技和医疗条件的限制，古人认为心是思维的器官，《孟子·告子上》云“心之官则思”。因而“心开”即“忻”，主谓结构，亦即“心喜”，谓情绪欣悦。[②]

“开心”一词最初为动宾词组，意谓开启心智。如汉王充《论衡·艺增》：“经增非一，略举较著，令恍惑之人，观览采择，得以开心通意，晓解觉悟。”北齐颜之推《颜氏家训》卷三：“夫所以读书学问，本欲开心明目，利於行耳。”元高明《琵琶记》第三十六出：“翰墨开心，丹青入眼，强如把语言相告。”明清溪道人《禅真逸史》第十七回：“林澹然细查历日，二月十五是个开心入学吉辰。”又有“开露心意、坦诚相待”义。如《太平经》卷一百十一：“今生见是前行之事，益复改正易节，开心相留耳。”唐李白《扶风豪士歌》：“原尝春陵六国时，开心写意君所知。”《新唐书·南霁云传》：“张公开心待人，真吾所事也。”《明史·周忱传》：“每行村落，屏去驺从，与农夫饷妇相对，从容问所疾苦，为之商略处置。其驭下也，虽卑官冗吏，悉开心访纳。”

“开心”一词在佛经中也有用例，指解开心结。如《长阿含经》第十八卷：“复次，悭吝贪取，不能施惠，死堕恶道；开心不吝，能为施惠者，则生善处。”（1/119b）又如《增壹阿含经》第十二卷：“若有一人，开心布施沙门、婆罗门、极贫穷者、孤独者、无所趣向者，须食与食，须浆给浆。衣被、饭食、床卧之具、病瘦医药、香花、宿止，随身所便，无所爱惜。此名曰施福之业。”（2/602b）例中“开心”意谓解开心结而不再有悭、贪、吝、嫉、狐疑和犹豫等烦恼。

心智开启与心意开露后则心情快乐舒畅，故“开心”由表“开启心智”和“开露心意”的词组义引申亦有“使心情快乐舒畅”义。如唐李白《梦游天姥吟留别》：“安能摧眉折腰事权贵，使我不得开心颜。”诗中“开心颜”即心情舒畅，脸色愉悦。“开颜”也是动宾词组，如南朝宋谢灵运《酬从弟惠连》：“末路值令弟，开颜披心胸。”后渐凝固成词。如元无名氏《鸳鸯被》

---

① 杨树达：《释忻》，《积微居小学金石论丛》，北京：中华书局1983年版，第21页。

② 主谓结构的“心开”未由词组凝固成词可能由于“开”的打开意义更加常用。如果就“开”有“喜悦”义而言，“开心”一词或许可以由表“欣悦情绪”义的偏正词组凝固成词。

第四折："想人生百年能有几，要博个开颜日。"[①] 据董秀芳《词汇化：汉语双音词的衍生和发展》一书对动宾短语词汇化的语义条件所作历史考察，"只有符合动词动作性弱、宾语具体性低、动宾影响度小这些语义条件的动宾短语才能从句法单位转变为词汇单位"。[②] 在"开心"这一动宾词组中，"开"的动作性较弱，"心"作为宾语语义较为抽象，这就使其有可能由句法单位转变为词汇单位，即由动宾词组凝固成词。"开心"大约在明清时渐趋于成词。如明育吾山人《三命通会》卷九："妻迟子晚喜开心，先苦后荣之命。"《红楼梦》中的用例反映了"开心"由动宾词组凝固成词的过程。如：

麝月道："这是怎么说，拿我的东西开心儿?"（第三十一回）

湘云便用箸子举着说道："这鸭头不是那丫头，头上那讨桂花油。"众人越发笑起来，引的晴雯、小螺、莺儿等一干人都走过来说："云姑娘会开心儿，拿着我们取笑儿，快罚一杯才罢。怎见得我们就该擦桂花油的？倒得每人给一瓶子桂花油擦擦。"（第六十二回）

尤氏因见两边狮子下放着四五辆大车，便知系来赴赌之人所乘，遂向银蝶众人道："你看，坐车的是这样，骑马的还不知有几个呢。马自然在圈里拴着，咱们看不见。也不知道他娘老子挣下多少钱与他们，这么开心儿。"（第七十五回）

诸例中"开心儿"尚是动宾词组。又如：

茗烟见他这样，因想与他开心，左思右想，皆是宝玉顽烦了的，不能开心，惟有这件，宝玉不曾看见过。想毕，便走去到书坊内，把那古今小说并那飞燕，合德，武则天，杨贵妃的外传与那传奇角本买了许多来，引宝玉看。（第二十三回）

黛玉听了这些话，也知宝玉是为自己开心，也不好推，也不好任，因说道："我任凭怎么没见世面，也到不了这步田地，因送的东西少，就生气伤心。我又不是两三岁的小孩子，你也忒把人看得小气了。我有我的缘故，你那里知道。"（第六十七回）

紫鹃这话原给黛玉开心，不料这几句话更提起黛玉初来时和宝玉的旧事来，一发珠泪连绵起来。（第八十七回）

---

① 类似结构的词或词组还有"开怀"、"开眉"、"开颐"、"开颦"、"开窍"等。

② 董秀芳：《词汇化：汉语双音词的衍生和发展》，成都：四川民族出版社2002年版，第181页。

例中“开心”既可看作词组，也可看作词，处于由动宾词组渐凝固成词的过程中。再如：

凤姐笑道：“回来吃螃蟹，恐积了冷在心里，讨老祖宗笑一笑开开心，一高兴多吃两个就无妨了。”贾母笑道：“明儿叫你日夜跟着我，我倒常笑笑觉的开心，不许回家去。”（第三十八回）

此例中“开开心”是动宾词组，“开心”则已凝固成词。“开心”一词可用作动词。如《红楼梦》第十七至十八回：“前面贾母一片声找宝玉。众奶娘丫鬟们忙回说：‘在林姑娘房里呢。’贾母听说道：‘好，好，好！让他姊妹们一处顽顽罢。才他老子拘了他这半天，让他开心一会子罢。只别叫他们拌嘴，不许扭了他。’”也可作形容词。如文康《儿女英雄传》第三十二回：“人家二叔今日给送行，你老人家不说找个开心的兴头话儿说说，且提八百年后这些没要紧的事作甚么?”李宝嘉《官场现形记》第十回：“再说陶子尧自从接到电报，打发管家去找魏翩仞去后，独自一个坐在栈房，甚是开心。”“开心”除用作谓语和宾语外，又可作状语。如《红楼梦》第六十三回：“芳官笑道：‘既这样着，你该去操习弓马，学些武艺，挺身出去拿几个反叛来，岂不尽忠效力了。何必借我们，你鼓唇摇舌的，自己开心作戏，却说是称功颂德呢。’”

“开心”一词由“心情快乐舒畅”义引申又有“戏弄别人取乐”义，早期用例见于清代。如《红楼梦》第三十四回：“林黛玉急的跺脚，悄悄的说道：‘你瞧瞧我的眼睛，又该他取笑开心呢。’宝玉听说赶忙的放手。”嫏環山樵《补红楼梦》第十三回：“史大妹妹，他惯会拿咱们老实人取笑儿开心，也只好由他说去罢了。”吴趼人《二十年目睹之怪现状》第二十四回：“那里还有甚么东西！这明明是部里拿他开心罢了。”李宝嘉《官场现形记》第三回：“老哥，你别拿人开心，谁不知道戴二太爷一向是一清如水，谁见你受过人家的谢礼!”

就人的认知而言，“开心”凝固成词还涉及“心之官则思”的“心”。由于抽象层面上“心”的认知无法通过直接观察或接触来进行，人类主要借助隐喻的方式来认知和理解外界事物。根据认知语言学的观点，隐喻是从一个概念域向另一个概念域的结构映射，其认知立足点是“意象图式”，这些图式均产生于人类的基本经验，来源于人类的日常生活并由此获得意义。隐喻的本质是一种跨越不同概念领域间的映像关系，这种介于两个概念领域里实体间的对应使得人们能够运用来源域（source domain）里的知识结构来彰显目标域（target domain）里的知识结构，从而借某一类事物来了解另一类事物。“开”与“心”组成动宾词组，进而凝固成词表“心情快乐舒畅”义也借助了隐喻的方式。王文斌曾对汉语“心”的空间隐喻结构作有探讨，指出汉语常常将“心”隐喻为一个容器，“心”在隐喻为“心房”、“心室”作为房屋时就附有房屋的特征，有“心门”、“心坎”、“心扉”等词语，而“门”可开合，所以有“开心”、“关心”等说法。①

“开”与“心”由表“开启心智”和“开露心意”的动宾词组借助“门”可开合的隐喻方式凝固成词，“关心”一词的成词理据则与“开心”不同，“关心”的“关”不是“合闭、关闭”义。考《说文·门部》：“关(關)，以木横持门户也。”段玉裁注：“凡立乎此而交彼曰关。”“关”有“交”的关联义。如《韩非子·六反》：“亲以厚爱关子于安利而不听，君以无爱利求民之死力而令行。”例中“关”有“处置、安排”义。又如《后汉书·张升传》：“升少好学，多关览而任情不羁。”李贤注：“关，涉也。”裴骃《史记集解序》：“岂足以关诸畜德，庶贤无所用心而已。”司马贞索隐：“关，预也。”李白《猛虎行》：“肠断非关陇头水，泪下不为雍门琴。”诸例中“关”皆有“关涉、关联”义。“关心”最初也是动宾词组，意谓“关涉于心”。如慧能《坛经·般若品》：“憎爱不关心，长伸两脚卧。”又如《北齐书·李元忠传》：“元忠虽居要任，初不以物务干怀，唯以声酒自娱，大率常醉，家事大小，了不关心。”组成“关心”这一动宾词组中的动词“关”和名词“心”也都是抽象的，② 故后由表“关涉、关联的心情”义引申而有表示“(把人或事物)常放在心上的重视爱护”义，渐由句法单位转变为词汇单位，大约亦在清代由词组义凝固成为现代汉语中的常用词。如清陈其元《庸贤斋笔记》卷一：“公关心桑梓，於海塘一事，讲究不遗余力。”又如《清史稿·周祖培传》：“祖培疏言怡亲王载垣等拟定‘祺祥’年号，意义重复，请更正。诏嘉其关心典礼。”③

“开”有“悦”义，“心之开发”为“忻”，“开启心智”即“开心”。心智开启则舒畅，“开心”又借助隐喻的方式，由表“开启心智”和“开露心意”的词组义引申而有“使心情快乐舒畅”义，由动宾词组凝固成词。

再如表描摹性的情态副词“一味”在唐代以前尚是一个松散的偏正结构，表示一种滋味或味道。如汉徐干《中论·治学》：“嘉膳之和，非取乎一味。”引申可指一种食物或菜肴。如晋王羲之《与吏部郎谢万书》：“有一味之甘，割而分之。”也指中药药方中的一味药。如晋葛洪《抱朴子·金丹》：“取金

---

① 王文斌：《论汉语“心”的空间隐喻的结构化》，《解放军外国语学院学报》2001年第1期。

② 参董秀芳：《词汇化：汉语双音词的衍生和发展》，成都：四川民族出版社2002年版，第183～184页。

③ 《汉语大词典》未收此词，可据补。

液及水银一味合煮之。”大约在唐宋时，“一味”在保持其词组用法的同时，已由偏正词组趋于凝固成词，语义上表“一样、同一”义。如《敦煌变文校注》卷二《庐山远公话》：“雨元（原）一味，受性自殊。”苏轼《和子由寄题孔平仲草庵次韵》：“犹喜大江同一味，故应千里共清甘。”又有“整个味道、全部滋味”义。如《朱子语类》卷一五《大学二》：“如这一盏茶，一味是茶，便是真。才有些别底滋味，便是有物夹杂了。”上所举例中“一味”的语义介于由表示一种滋味趋于泛指“一样”、“整个”义的变化过程间，在意义上“味”的实义逐渐减弱，以至失去“滋味”义，同时“一味”开始具有“一样”、“整个”的意义；在句法上，“一”与“味”从很松散的修饰关系渐发展到凝固在一起，既带有词组的某些特征，又带有词的某些属性。这两个方面是相互联系的，“滋味”义的逐渐减弱过程也就是“一味”由很松散的修饰关系逐渐向融合凝固发展的过程。

“一味”由偏正词组凝固成词的过程中，心理上的组块过程使得原来分立的单位变得互相依赖，相应地，原结构的较为清晰的理据性逐渐变得模糊甚至最终消失，在某种程度上也促成了其由偏正词组词汇化为复合词，从而引申又可表“单纯”义。如唐赵元一《奉天录序》：“缅寻太古之初，真源一味，自然朴略，不同浮华，虽垂不载。”“一味”作为词的“单纯”义与作为“一种滋味”的词组义之间有认知上的联系，“一种滋味”即单一不杂的，因而可引申表“单纯”义。从“一种滋味”的词组义到“单纯”的复合词义的语义演变包括了一个隐喻抽象化的过程，即语义由表示“某一种滋味”义变为泛指“纯一”义，由较为具体的感知域引申到较为抽象的思维域，由味觉认知域延伸到性质、特性等更为抽象的认知域。这种变化符合人们从个别到一般、从具体到抽象的认知模式。

“一味”由偏正词组演变成复合词是由一个词组结构演变成一个词，由复合词演变为副词则是由一个具有实实在在词汇意义的语言成分演变成一个较虚的语言成分。随着“一味”在句法位置上经常处于状位，语法功能上趋于充当状语，其语义也不断抽象虚化，渐由表“一样”义的复合词演变为表“一直”义的情态副词。据有关典籍记载，“一味”至宋代已渐虚化为副词，用以描述不改变地一直持续某种行为。如陆游《次韵张季长正字梅花》：“一味凄凉君勿叹，平生自不愿春知。”蔡伸《春光好》词：“如今水远山长，凭鳞翼，难叙衷肠。况是教人无可恨，一味思量。”①

---

① 现代汉语用以描述不顾客观条件，坚持不加改变地一直持续某种行为，一般多用于贬义，有两种格式。一为后面有贬义的词语，如：一味迁就。一为动作行为过了头，如：养花不能一味浇水。

第五章 近代汉语词汇与词义系统的发展

Jin DAI han yu CI HUI Xue

第一节 词汇系统与词义系统

系统是由相互联系相互作用的若干要素组成的有机整体。系统有两个特点，一是包含了许多结构单位，二是各单位之间有特定的联系。世界上任何事物都是一个系统，小到一个原子，大到整个宇宙都是由相互作用、相互制约并与外部环境发生联系的诸要素所构成的统一的整体。客观世界这一大系统本身也是由同类的、类属的、集合与部分的、相关的、相反相对的种种关系联结起来的。一个事物是个总系统，总系统下可以划分出若干个子系统，子系统下还可划分出许多层次来。凡是系统都具有一定的结构，结构是指系统内部要素与要素之间的联结和组织。语言也是一个系统，[①] 或者说是一个包含了许多子系统的大系统，由若干个子系统构成。如语音、语义和语法各有自己的系统。语言现象是可观察到的，语言系统是无法观察到的。语言现象是物理的，如一串语音、一行字等可显现也可消失，而语言系统是精神的，不因语言现象的一时性消失而改变。语言现象是静态的物质，语言系统则是动态的机制。

一、词汇系统

语言系统的组成部分之间是相互联系、相互制约的。语言的组成部分彼此处于一定的关系之中。这种系统性也表现在词汇方面。词汇是一个多层面立体交叉的网络系统，既具有历时的传承性，又有随着时间的变化而不断变化的开放性。传承性保持了语言使用的稳定，开放性适应了社会生活的变化和交际使用的需求。

词汇系统的动态变化主要表现在以下几个方面：词汇成分的增加、词汇成分的衰变、词汇成分意义的变化、词汇成分地位的变化、词汇成分语音与结构形式的变化。

---

① ［瑞士］索绪尔《普通语言学教程》：“语言既是一个系统，它的各项要素都有连带关系，而且其中每项要素的价值都只是因为其他各项要素同时存在的结果。”“词既是系统的一部分，就不仅具有一个意义，而且特别是具有一个价值。”“在同一种语言内部，所有表达相临近的观念的词都是互相制约着的。”（高名凯译，北京：商务印书馆 2003 年版，第 160 ~ 162 页）

词汇成分的增加是指近代汉语词汇系统不断接纳新成员的过程，具体来说，在近代汉语中，词汇成分的增加主要是通过以下几种方式来实现的：

（1）创造“新词”。随着社会政治生活的变革、经济科技的发展、社会事物和人们思维认识的变化以及人们之间交往的日益频繁，原有的词汇成分已无法满足人们称谓事物和交际的需要，于是人们就利用原有的构词材料或构词方式创造出新的词汇成分来。

（2）旧词复生。主要表现为一些古词语的重新使用。

（3）借用。不同民族和地区之间的交流和语言接触，本着符合汉语语音或语法结构的实际，从外民族语言或方言中吸收新的词汇成分，有选择、有条件或改造式地借用。

词汇成分的衰变是指词汇系统中旧成员不断退役的过程。随着社会事物及人们认识上的变化，近代汉语中原有的词汇成分已不再适用于人们交际的需要，于是逐渐退出了词汇系统。

词汇成分意义的变化指词义演变。如“地步”有“地方、位置”义。如《朱子语类》卷一〇七：“今地步狭窄，若别立庙，必做得小小庙宇，名曰尊祖，实贬之也！”（107.2664）又引申有“余地”义。如《儿女英雄传》第十回：“莫若此时趁事在成败未定之天，自己先留个地步。”还有“达到的境界和程度”义。如《金瓶梅》第九十回：“孙雪娥到此地步，只得摘了髻儿，换了艳服，满脸悲恸，往厨下去了。”又如“好看”有“美观、看着舒服”义。如陆蟾《题庐山瀑布》：“流到沧溟日，翻涛更好看。”引申又有“体面、风光”义。如《朱子语类》卷八：“如此者，只是不为己，不求益；只是好名，图好看。”（8.139）由“美观、看着舒服”义还可引申有“值得看”义。如《朱子语类》卷一六：“《大学》最是两章相接处好看，如所谓‘修身在正其心’者。”（16.354）又由“值得看”义引申而有“好好看待、厚待”义。如《儿女英雄传》第十五回：“老弟，你想人家好看咱们，咱们有个自己不爱好看的吗？”

词汇成分地位的改变主要指的是一般词汇中的某些词语在语言发展的过程中，逐渐取得基本词汇的性质，变成基本词汇的过程。如表“寻找、探究”义的“寻”和表“欺骗”的“骗”这两个词，原来是一般词汇，后进入了基本词汇的行列，并作为语素创造了大量的新词，丰富了近代汉语的词汇，如“寻觅、寻求、寻索、寻究、寻讨、寻找、找寻、寻摸”和“蒙骗、脱骗、讹骗、诈骗、诓骗、诱骗、诳骗、欺骗、哄骗”等词。

词汇系统中的词汇成分由语音和语义两部分组成，既具有其本质的内部构造特征，又在语法的支配下具有用于造句的外部功能。语言作为一个能够传递信息的符号系统，正在于构成这个系统的词汇符号具有系统性。整个语言的系统性都是以语言词汇符号的系统性为基础的。一种语言的词汇不可能是一盘散沙或纯属不相联系的语言材料，而是如同语音、语法一样有其体系性联系，且语言的各子系统——语音系统、语义系统、语法系统是不能单独存在的，都必须依托词汇系统而存在。

词汇系统问题是词汇学和语义学中最基本、最重要的理论问题，也是建立科学的汉语词汇学和语义学的理论基石。早在20世纪50年代，周祖谟就已指出，“词汇和语法构造一样，也是成体系的”，“词汇的体系性主要体现在词汇中的基本词汇和一般词汇在构词和语义之间的联系”，也就是说，“词汇的系统性就表现在基本词汇与词汇间的内在联系上，不但构词方面有其体系，就是词义方面也有一定关联”。[①] 林裕文也指出，“分析词汇系统主要在于分析一种语言的词汇的构成”。[②] 王力从意义角度出发，通过同源词的研究来说明“有许多词都是互相联系着”。[③]

此后，黄景新提出了汉语词汇系统存在着词汇层的构想，认为“从整个看来，词汇体系是由许多相互对立、互相制约的单位，按一定的词汇——语法范畴逐层逐层地建立起来的”。[④] 武占坤和王勤又从音、义、结构、色彩、作用等词汇的视角对词汇的层级结构做了探讨。[⑤] 朱星提出“词汇的系统主要是建立在词义上”。[⑥] 刘叔新则对汉语词汇的聚合形式进行了深入而系统的研究，认为汉语词汇具有较强的组织性，有着复杂的聚合排列，“呈现一种颇有关系和条理的汇集状态”，不同的词语单位之间根据各种内在关系集结成不同的结构组织，如同义组、反义组、对比组、分割对象组、固定搭配组、特定搭配组、互向依赖组、单向依赖组、挨连组、级次组、同语素词语组等十一种。[⑦] 许威汉指出“汉语词汇是有体系的，它的体现可以从词的内部形式、外部形式及构成形式进行观察”。[⑧] 陈庆祐、周国光认为语言是一个能够传递信息的符号系统的最基本的前提就是语言符号的实体——词汇——必须是一个

① 周祖谟：《汉语词汇讲话》，北京：人民教育出版社1959年版，第10～12页。

② 林裕文：《词汇、语法、修辞》，上海：上海教育出版社1959年版，第23页。林裕文为林祥楣、胡裕树、张斌（笔名文炼）的合称。

③ 王力：《汉语史稿》，济南：山东教育出版社1958年版；《同源字论》，载《同源字典》，北京：商务印书馆1982年版，第43～44页。

④ 黄景欣：《试论词汇学中的几个问题》，《中国语文》1961年第3期。

⑤ 武占坤、王勤：《现代汉语词汇概要》，呼和浩特：内蒙古人民出版社1983年版。

⑥ 朱星：《汉语词义简析》，武汉：湖北教育出版社1985年版。

⑦ 刘叔新：《汉语描写词汇学》，北京：商务印书馆1990年版。

⑧ 许威汉：《论汉语词汇体系》，《古汉语研究》1989年第4期。

系统。“词语是形式、意义、功能和结构四位一体的语言符号，因此，词汇既可以根据它们的形式特点和形式关系形成不同的聚合，如同音词、同韵词、同声词等等；也可以根据它们的意义特点和意义关系形成不同的聚合，如同义词、近义词、反义词等；还可以根据功能形成不同的聚合，如名词、动词、形容词等等；当然，词语也可以根据自己的结构形式形成不同的聚合，如单纯词、合成词等等。”① 徐国庆指出“语言词汇最本质的特征就是它的系统性”，分析了汉语词汇系统研究的三个平面：要素平面——词汇成分、聚合平面——词汇聚合体、层级平面——词汇层，而且相应地，词汇系统“表现出三种基本性质：一是语言的建筑材料；二是词汇成分的聚合网络；三是词汇成分的层级组织结构”。② 周国光把词汇看作人类大脑语言机构的一个组成部分——词库，认为保证大脑语言机构准确、正常、高速度运转的唯一合理解释是“词库（词汇）具有体系性”。因为大脑语言机构选用词语时不是地毯式搜索而是有规律地进行，这种规律性来源于词库内容物的体系性。③ 他指出语言是由词汇和语法构成的体系。语法是语言符号规则的集合，不是语言的实体。词汇是语言符号实体的集合，既是语言体系存在的基础，也是语法体系存在的基础，没有词汇，语言体系和语法系统都无法存在。④ 赵世举认为词汇体系可以从语音层、意义层、结构层和功能层进行观察，这四个层面互相环绕和交错，共同构成词汇的立体系统。⑤

半个多世纪以来，汉语词汇系统研究的丰硕成果已使汉语词汇系统由最初理论的假设逐步走向理论的证实。由于词汇现象的复杂性，词汇的系统性表现在多个方面，可以从多个角度进行多层次的研究。⑥

词汇系统的构成要素即词汇系统中的一个个词汇成分，词汇系统由语素、词、固定短语构成。语素、词、固定短语在词汇系统中形成一种层级性的结

① 陈庆祐、周国光：《词汇的性质、地位及其构成》，《安徽师范大学学报》1987 年第 3 期。

② 徐国庆：《现代汉语词汇系统论》，北京：北京大学出版社 1999 年版。

③ 周国光：《词汇的心理属性和词汇的体系性》，《华南师范大学学报》2003 年第 1 期。

④ 周国光：《现代汉语词汇学导论》，广州：广东教育出版社 2004 年版。

⑤ 赵世举：《关于汉语词汇系统宏观问题的初步思考》，《词汇学理论与应用（三）》，北京：商务印书馆 2006 年版。

⑥ 许威汉《论〈古白话词汇研究论稿〉》评徐时仪《古白话词汇研究论稿》“关于词义的发展和词义系统”说：“诚然，词汇系统和意义系统息息相关，在词汇系统问题上语言学界的认识很不一致，但词义系统的存在是毋庸置疑的。本书不缠于词汇系统的纷议，直接凭对词汇系统的己见提出词义系统的梳理，辞约理彰，有利于人们认识的推进，也有利于词汇系统的科学分析。表面看来本书有似混淆了词汇系统与词义系统，实则基于相辅相成的视角。”（载香港《中国语文通讯》2002 年第 61 期；又《许威汉语文研究文存》，北京：中华书局 2008 年版，第 202 页）

构组织关联。在这个结构组织关联中，语素作为构词材料是最基础的层面；词由语素构成，高于语素形成词汇的主体层面；固定短语是比词高一级的词汇层面，由语素和词所构成，功能和结构类似于词。在词汇单位组合的结构中，有单层组合，如“了得”、“胡乱”；也有多重层级的复杂组合，如“了不得”、“不得了”、“胡乱说”、“胡说话”、“胡乱说话”、“胡说八道”。在词汇单位组合的结构中，有单音节词汇、双音节词汇和多音节词汇，单、复音节词汇的叠加也形成一种层级性的结构组织关联。

在词汇系统中，不同的词汇成分既有自己的位置，又互相联系，由某些共同特征组成聚合关系。如由于语音上的共同特征，就形成了词汇成分中音节数量相同的等量关系，音节组合相同的同音关系，音节构成相同的同声关系、同韵关系、同调关系；由于语义上的共同特征，就形成了词汇成分之间语义内容相同的同义关系、语义内容相对立的反义关系、同类语义内容的类义关系、语义内容挨连的顺序关系、同一语义类属的从属关系；由于语法上的共同特征，就形成了词汇成分功能性质相同的同性关系，相同结构形成的并列、支配、依附等同构关系；由于词汇上的共同特征，就形成了词汇成分有相同词根的同族关系、有同一语源的同源关系、有相同语素的同素关系；由于记录词汇成分的文字上的共同特征，就形成了不同词汇成分由同一书写形式记录的同形关系、同一词汇成分由不同书写形式记录的异形关系。

词汇是人们对所认知事物的命名，事物的彼此联系反映在词汇上就是一群词语意义的相关、相同、相近、相反、相对等。词汇中每个词的意义既依赖于它的同义词和同类词，也依赖于在使用中同它结合的别的词。词汇里词与词的各种联系是词汇系统性的一种体现。词汇的系统性主要表现为多种多样的词汇成分在总的方面存在着共同的特点，服从于共同规律的支配，各自作为统一体内的有机组成部分存在。词汇系统表现在词与词之间的联系、词自身内部的联系上。

语言是一种交际工具，语言的根本职能就在于顺利完成交际。词汇系统是开放的、动态的，但系统的各部分不可能同时发生变化，词汇系统的动态变化必然始于某一个部分。当这一部分起了变化，打破了词汇系统原有的平衡，系统会调动与变异部分相关的要素和结构，使另一个或另一部分发生相应的连锁变化，重新调整结构和功能，从而在各部分间建立起一种新的平衡关系。词汇系统具有牵一发而动全局的特性，一个新词或新义的产生往往会带来更多新词的产生和词义的变化。如“晓”本义指“明亮”，特指天亮。《说文·日部》：“晓，明也。”由“天黑”到“天亮”具体可感知的“明亮”，引申又有由“昏暝”到“明白”的抽象认知的“晓悟”，进而组成“晓得、分晓、晓解、晓会、晓了、晓悟、知晓、通晓、谙晓”等一批复合词。又如表反诘语气的副词“莫、莫非、莫不、不成、终不成、难道”等也经历了一个消长变化过程。《敦煌变文》主要用“莫”，也用“莫非”；《朱子语类》用“莫”，同时大量使用新兴的“不成”和“终不成”；《新编五代史平话》只用“莫”；明清时“莫”不再用作疑问反诘语气副词，但有“莫非、莫不”，“不成”和“终不成”也有少数用例，同时还有新兴的“没的”和“难道”，且“难道”已用得很频繁，往往与“不成”组成“难道……不成”句式。如《金瓶梅》第三回：“他若见你，便起身走了归去，难道我扯住他不成?”①

二、词义系统

语言是人类自别于其他动物的最杰出的创造，也是人类社会最重要的交际工具和信息载体。混沌之初，原始人往往用带情绪的声调和感叹词表现自己的思想，用惟妙惟肖的模拟音表达自己的情感，用彼此认同的一定的语音形式（音节）作为表情达意的词语。这些音节所表之情和所达之意在人们大脑中的形成过程可以说也就是人们对客观外界事物认识的约定俗成的过程，而一旦有了最初的一些约定俗成的认识，它们也就成为后来新词产生的语源，人们往往抓住其与别的事物所共有的或相似的特征，以其为语根，引申触类，由此及彼，由已知推未知，顺循人们认识周围世界的认知规律，以同一音节来命名相类似的事物或具有某一共同特征的一类事物，在旧词的基础上引申出新义或创造新词，进而形成了随着时代和社会的发展而演变发展的词义系统和构词成句的语法规则，从而渐渐满足了人们交际时表达所见所闻和所思所欲的需要。

词的核心是词义，吕叔湘曾说：“说真的，假如有人说出一些词来问我们，哪些是名词，哪些是动词，咱们的第一个反应是什么？是首先想到它能不能用在这个格式的这个位置上，那个格式的那个位置上，前头能加哪些字，后头能加哪些字，等等一切，还是先想它的意义？别位的情形我不能胡猜，我自己，不怕见笑，第一个反应是意义。”② 王力也曾进一步阐明：“对于一

---

① 杨荣祥：《近代汉语副词研究》，北京：商务印书馆2005年版，第369页。“不成”约在五代已演变为句尾助词，参徐时仪：《“不成”、“没”和“这”的语法化探补》，《现代汉语虚词研究与对外汉语教学》，上海：复旦大学出版社2005年版。

② 吕叔湘：《关于汉语词类的一些原则问题》，《中国语文》1954年第9期。

个词类来说，与其说是因为有了这个形态，它才是名词或动词等；不如说是因为它有了名词或动词等的意义和作用，然后让它具有某种形态。先有意义范畴还是先有语法范畴，我们认为是先有意义范畴。”① 词的词形和词义相辅相成，词义则在词中居于主导地位。词义也是词汇系统的核心所在，词汇系统的研究应该着重研究词义系统，而词义系统也是十分复杂的。一般来说，无论选择何种标准都很难体现所有词汇的词义关系，实际研究中更多的是关注如何从一定的角度再现其词义系统的结构，而不是人为地为所有的词语都找到一个固定的位置。王宁曾指出“词汇与词义的总体是具有系统性的，而词汇系统与词义系统——起码是它的局部系统——是可以通过描写显示出来的”。② “词义的系统性表现为词义关系的普遍性和有序性。总体看，词汇意义是一个网络状的巨系统，个体的词与词之间存在着类型不同、距离不同、亲疏不同的关系。由于词汇的总量越来越多，描写词义的巨系统难以做到，但词义系统性是可以从局部得到证明的。”③ 张庆云、张志毅也认为词义是成系统的，包括同义、反义、多义、同素义族等聚合系统和演变系统，其中演变系统包括多义化系统演变、连锁系统演变、泛称和特称的系统演变三种，还应该有对立系统、依存系统、互补系统、组合系统等。词义是一个网络系统。④ 词汇系统中不同的词汇成分互相联系互相制约而形成一个有机的词义系统，一个词汇成分的变化，往往会影响与之相关的其他词汇成分。正因为词汇系统中各个单位在语义上的彼此联系和制约，所以只要词汇中一有新成分出现或旧成分消失，就会导致词义的重新分配。如“觉”的“睡醒”义的消失促成“醒”的意义由“酒醒”扩大到“睡醒”，又由“睡醒”扩大到“醒悟”。

词义系统是词汇系统性的一种表现，是词与词意义之间的关系。词义系统是主观精神世界与客观物质世界的媒介，在一定程度上可以称之为“中间世界”。然而，这个“世界”是人的意志创造的，是人在认识世界、改造世界的过程中不断丰富、不断完善的“世界”。在一个语言系统中，词义绝不是孤立的，而是处于一定的聚合关系、组合关系及层级体系中。即词义系统中的各个词义按意义聚合成为若干有序的语义场，在词与词的搭配组合中按照一

① 王力：《龙虫并雕斋文集》，北京：中华书局 1980 年版，第 504 ~ 505 页。

② 王宁：《训诂学原理》，北京：中国国际广播出版社 1996 年版，第 6 页。

③ 王宁：《论词的语言意义的特性》，《训诂学与词汇语义学论集》，北京：语文出版社 2011 年版，第 12 页。

④ 张庆云、张志毅：《义位的系统性——这个假说的证明》，《词汇学新研究》，北京：语文出版社 1995 年版。

定的关系联结成一个整体，每个词的意义取决于同一语义场内其他词的意义。词义系统性的存在受客观对象、思维主体、语言符号体系的制约，有其客观因素制约的必然性。因为客观事物彼此存在着联系性，大千世界虽物种繁多，但并不是离散和无序的个体，而是有着各种各样联系的有机体。人们对于客观世界的认知也不是孤立的，而是通过事物间的种种关系，把那些具有共同语义特征的事物汇聚在一起，在头脑中形成一个联想的网络。尽管具体的思维、认识过程可能有反复、重叠、交错等无序情况发生，但认识的阶段性总结所形成的思维成果，特别是形成了人类社会集团性的认识成果，则是有内在规律性的。人类的这种认知方式投射在词汇中就是将词按照各种不同的语义关系联系起来，形成一个个词义类聚，通过观察每个词与这个类聚及类聚内其他词的关系来发现整个词汇系统的变化。

词义系统的理解包含两个方面：（1）整个词汇的意义系统；（2）词汇意义系统中某个小的局部系统。词义系统可以从不同角度划分成不同层次、不同特点、不同功用的各种子系统。如可以分为两个层次，一为词与词之间的意义关系，一为多义词内部的意义关系。就汉语而言，多义的单音词内部有本义和众多引申义，有的还有一个或者几个假借义，以及由假借义产生的多个引申义。词的本义和引申义从平面上系联起来可以整理成一个连贯的引申义列，多义词的义位和同源词都可以系联在相关的义列中，形成一个词义系统。①

近代汉语中新词的产生由词的引申、转化、音变转为合成的方式，这是汉语词汇系统在历史发展中的一大变化，而具有亲属关系的合成词之间总有一个在音义上有关联的核心成分。词与词在这个核心音义成分的关联下，一个接一个地被类推、衍生出来，并以这个核心音义成分为纽带，构成一个成系统的词群。如“节”是一个能产性很高的构词语素，构成的复合词有“节拍、节操、节俭、节约、节令、节目、节气、节省、节用、节余、节制、节奏、节律、节度、节次、节序、节要、节限、节骨眼、才节、中节、关节、季节、礼节、名节、气节、情节、删节、时节、调节、脱节、章节、贞节、枝节、仪节、品节、细节、风节”等，其中“节”的语素义主要是“分段”义和“约束”义。这两个意义都源于竹子紧密结实的节箍和划分的节段，借竹子的这两个特征表达了社会生活中相当丰富的内容。如“分段”义的对象

① 陆宗达、王宁《训诂与训诂学》指出词义运动的基本形式是引申，引申是一种有规律的词义运动，有多向性和多重性的特点。引申规律有理性的引申和状所的引申两种类型，各种类型又有不同的情况。（太原：山西教育出版社1983年版）

可从时间到空间，从生产到艺术等，而“约束”义更是从物质到精神，大量地用来表示人格情操的理想境界，反映了人们崇尚高风亮节的心态和观念。

在词义系统中的词语间总是存在着这样或那样的联系，语义上有同义关系、反义关系、类义关系、上下义关系、整体部分关系等，语形上有同音关系、同形关系、同素关系、同构关系等。此外，时间、地域、语源、语境、语体等各方面的因素，都可使词义系统中的词语形成各种各样的联系。根据这些联系方式，可分出许多层次不同、大小不一的词义子系统。如相同语音形式的构成了同音词，相同字形的构成了同形词，相同语素的构成了同族词，同类关系的构成了类义词，上下义关系的构成了上下义词族。

词义系统是以义位为中心要素建立起来的。静态词义系统中的义位具有概括性和相对稳定性，可称之为义位本体，而其在言语中以各式各样的形式出现，可称之为义位变体。义位变体的形成实际上是义位的下一层单位——义素运动的结果。在静态词义系统中，义素可分为规约义素和隐含义素。那些经过概括和约定而在词义表层保留下来的、反映事物最本质特征及其关系的义素叫做规约义素，那些在共识前提下被暂时放弃的、潜在的，反映事物次要特征及其主观认识的义素叫做隐含义素。在进入动态时，无论规约义素还是隐含义素，都会被使用者的语境激活而具有流动性、变异性。[①] 蒋绍愚从词的义位变化、词的聚合和组合关系、词的亲属关系等角度观察词汇体系，[②]指出词汇的核心是词义，主要应从词义着眼，可以从认知角度考察不同民族的语言或者同一种语言的不同时期词义内部的结构，也就是哪些事物、动作或性状概括一个义位，哪些义位结合组成一个词，在不同的语言和同语言的不同阶段是有差异的，由此形成了词汇结构的不同。[③] 他认为同一种语言不同历史时期的词汇系统的比较可以从三个方面进行考察：①义位的结合关系。②词在语义场中的关系，也就是聚合关系和组合关系的演变情况。③词的亲属关系，具体说来就是同源词、词根加词尾的合成词和词根复合词。[④]

词义系统与语音和语法系统相比，具有很大程度的开放性，内容十分复杂，既受客观事物系统的制约，又受人的心理机制与认识的制约，在一定程度上可以说是主观精神世界与客观物质世界的媒介，既有对客观存在的真实

---

① 传统语言学或者把词义同语言的结构单位结合起来描写，分为语素义、词义、句义等，或者把词义同一定的表达方式结合起来分析，分为词汇意义和语法意义。现代语言学则大都使用语义场的方法来描写语言的词义系统。

② 蒋绍愚：《关于汉语词汇系统及其发展变化的几点看法》，《中国语文》1989 年第 1 期。

③ 蒋绍愚：《两次分类——再谈词汇系统及其变化》，《中国语文》1999 年第 5 期。

④ 蒋绍愚：《古汉语词汇纲要》，北京：北京大学出版社 1989 年版。

或接近真实的反映，也有对客观存在的扭曲的反映，还有仅出于主观的、强加于客观存在之上的反映，更有主客观融合在一起分不清彼此的综合性的反映。

三、词义网络系统

词处于词义系统的中心位置，所以从认知的角度把握词的词义系统，可以说是词义系统研究的一个出发点。在人脑的词库中，词义占有重要的位置。每个正常人的大脑中都有一个或大或小的词义系统。关于词汇的意义特征在人脑中是如何组织和表征的，目前的研究主要有“层次网络模型”、“扩展激活模型”、“原型理论”等假设。[①] 如层次网络模型认为，任何词的意义都以与其他词的关系而定，储藏在语义结构中的词是由一些具有复杂关系的节点连接起来的，每一个节点代表一个词或一个概念，它们构成一个具有一定层次性的系统。一些节点与其他节点处于同一水平层次上，但它们又处于一些节点之下，以及另外一些节点之上。这些节点所代表的概念按照这种逻辑的上下级关系组织起来，构成了一个有层次的网络系统。在层次网络模型中，概念按上下级关系组成网络，每个概念和特征在网络中都有其特定的位置，每个概念的意义或内涵则由该概念与其他概念和特征的关系来决定。又如扩展激活模型认为词汇是以网络关系的形式表征的，但其组织不具有严格的层次性，而是以语义联系或语义相似性将概念组织起来。在扩展激活模型中，概念的一个特征往往不只和某一级层面的概念相联。有些特征除了储存在高层次的节点上之外，还在和它们经常发生关系的词的节点上同时储存着。当激活一个概念时，该概念节点就被激活，然后沿着该节点的各个连线同时向所有方向扩展。

近年来心理语言学的研究成果表明大脑词库中的词语包括相互独立而又彼此联系的形码、音码、义码等下位成分，杨亦鸣和曹明通过对 12 例汉语失语症患者的临床观察和测评研究，指出“中文大脑词库同样存在着相互联系而又彼此独立的形、音、义等下位库”。[②] Aitchison 在 *Words in the Mind: An Introduction to the Mental Lexicon* 一书中从语义联系的类型分析角度研究了人脑中词库的语义结构，指出处于同一语义场中的词似乎是储存在一起的，同一

---

① 参杨亦鸣等：《国外大脑词库研究概观》，《当代语言学》2001 年第 2 期。

② 杨亦鸣、曹明：《中文大脑词库形、音、义码关系的神经语言学分析》，《中国语文》1998 年第 6 期。

词类的词语间的联系比较密切。① 因此，我们可以说每一种语言都是由千百个不同层次的语义场组成的词义整体网络系统，这种词义网络系统类似于层次网络模型，可从词义的微观网络系统、中观网络系统和宏观网络系统上进行描述。

（一）词义系统的微观结构

词义微观系统的范围指一个词的意义范围和含义的覆盖面。词义是通过词的声音形式表达词的内容。从性质上说，它是外界事物在人的意识中的一种概括性的反映。词义一方面跟外界现象有密切的关系，具有客观性质；另一方面，它又跟人类的意识有密切的关系，是通过人对客观事物反映在大脑中的表象进行加工概括等思维活动而形成于词中的。

词义内容跟语音形式密不可分，词义内容凭借语音形式才能存在，才得以表达。在实际的言语活动中，为了适应人类表达和交流思想的需要，词义在不改变或很少改变自己的语音形式的条件下，不断地变动自己的语义范围，不断地滋生出新的含义，不断地产生出词义上的差异，从而构成了词的本义、引申义、比喻义等多种意义纵横交错的复杂的语义网络。词的微观系统从共时平面划分，其核心是概念意义；从历时的纵面划分，其核心是本义，同一个词内部围绕本义这一核心而构成词的微观系统上的聚合网络。一个词的多个义项形成的聚合关系有其内在制约性与外在一致性，各义项间有着相互依赖的深层语源联系。

词义微观结构系统的范围与义位的多少有关。汉语中绝大多数的词是多义词，这些多义词往往是由本义辗转引申左右旁通而产生了一串与本义相关的词义。词义引申和人的思维活动相联系，由语境的变换而引起。词的本义与引申义所指的两种现象之间的某种联系，好像是一种伸展出来的语义的丝缕。人们在自己生活体验的基础上通过联想，从这两种不同的现象之间发现和利用某种相似之点，然后将其联系起来，并借助于特定的语境而使其滋生出新的含义来，把这些语义丝缕连接起来，从而使词的此一义位过渡到彼一义位，形成网络系联。如“饶”，《说文·食部》：“饶，饱也。”《尔雅》：“饶，多也。”饱而多，则为添和增加。以己物添给别人，则为“让”，引申有“逊、减”义。李白《上皇西巡南京歌》：“柳色未饶秦地绿，花光不减上阳红。”例中“饶”和“减”同义。“让”则必恕之、怜之，引申有“怜、恕”义。“饶”作为关联词，又有“任、尽”义。又如“掉”有“摇”义，

① Jean Aitchison, *Words in the Mind: An Introduction to the Mental Lexicon*. Oxford: Basil Blackwell, 1987.

《说文·手部》："掉，摇也。从手，卓声。《春秋传》曰：'尾大不掉。'"由移动幅度的大小程度不同而有"颤动、翻转"等保持原位的位移，如《朱子语类》卷一："天地之形，如人以两盌相合，贮水于内。以手常常掉开，则水在内不出；稍住手，则水漏矣。"又由自主的位移而有非自主的位移，如《赵氏孤儿》："打得来痛杀杀精皮掉。"

从词的结构成分角度看，构词越简单，词义越易于引申；构词越复杂，越不易引申。如"打"自唐宋产生以来沿用至今，《现代汉语词典》第6版列有24个动词义项和1个介词义项，是整部词典中收列义项最多的一个词。《汉语大词典》虽然列了38个义项，但实际上仍未能完全概括出其在汉语中具有的所有词义。如《寒山诗》第一百三十八首："谁知打大脔，除此百无能。"《朝野佥载》卷四："今见陇西牛，坐地打草头。"王梵志诗第一百二十二首："剩打三五盏，愁应来尸走。"敦煌变文《茶酒论》："打却三盏已后，令人止是罪深。"诸例中的"打"有"吃、喝"义，《汉语大词典》未予收列。相对来说，两个以上语素合成的词，其引申义往往不多。这是因为合成词的语义范围受到组成其词义的语素互相之间的限制，其引申运动受到一定的束缚。

总之，从词义系统的微观层面——词义及其内在结构看，概念义处于核心地位，并且具有普遍性，它是决定词义关系的基础。不论从概念义的指向上，还是从其内部构成规律看，都透视出词义系统的类别层级性。我们可以借助词典释义与义素分析的方式来建构词义的类别层级系统。

（二）词义系统的中观结构

语言的本质要素是所指和能指，任何一个词汇单位都具有内容和形式两个方面。词汇单位的内容就是所指，即意义，包括词汇意义、语法意义和语用意义；形式即能指，就是语音和书写形式，而语音是最根本的，语音和语义像一张纸的正面和反面一样不能分开，二者结合才是语言。一个形式可承载多个内容，形成多义词或同音词；一个内容可由多个形式来表达，形成异形词或异音词。不同的词与词之间总是以某种特定的意义和形式作为结合的枢纽，在更大的范围内构成整体的联系。每个词都有一定的意义，词和词的意义之间有着各种各样的联系，有的词义相同或相近，有的词义相反，有的词义具有包含关系，根据这种种不同的关系可以形成各种各样的词的聚合。

凡是与某一组合有一点相同、相近或相反，能引起联想的语义关系，就可以构成一个聚合。词与词之间的语义关系是多种多样的，如前一语素相同、后一语素相同（同素词）、意义相近或相反、音节数目相同、声调相同、词形相同（同形词）等。

词义的中观系统就是指词在词以上的单位中，凭借意义和形式的各种各样联系线索而组合在一起的词义类聚。这些词义类聚比词大，分别构成词义系统中的子网络系统。如同义词、反义词是对词的意义或同或异的归纳比较；同形词、同素词是对具有某种相同结构的词做的归纳比较；基本词汇、非基本词汇是对词在词汇系统中的地位、作用、影响力、义域范围的划分；实词和虚词是对词的语法意义的划分；古语、今语是对词汇的时间断代做的划分；口语、书面语、俗语、雅语是对词汇的语体色彩做的划分；歇后语、谚语、惯用语、行业语是对词语使用中的特殊结构和特殊使用环境做的划分。这些词语的划分类型从词义的系统结构关系来看，在显示词义的静态结构和动态结构、共时结构和历时结构方面各具有不同的价值。

中观词义数据库即由词义系统中的这些子网络系统组成。

1. 同源词

有共同语源的一组词叫做同源词。① 同源词是人们认知活动的高度抽象成果在语言中留下的线索，反映着人们对现实世界中事物、现象的本质化的认识和概括，即在本质意义上的相似之处、相通之处。

同源词是中华民族对事物、现象间的相似性、相通性进行高度抽象认知，并诉诸语言形式的产物。在同源词的词义类聚中，“源义素”是类聚中所有同源词共有的意义成分，代表着人们高度抽象认知的成果；个体同源词各自具有的、除源义素之外的意义成分则是代表区别特征的区别义素，即“类义素”。“源义素”的意象不仅有普遍意义上的形象意象、理性意象、情感意象等，还有丰富的联想、比附、感悟、象征等心理意象。

同源词也构成一种中观词义网络系统。如“椅子”最早见于日僧圆仁《入唐求法巡礼行记》卷一：“相公及监军并州郎中、郎官、判官等皆椅子上吃茶。”这是圆仁在唐文宗开成三年所写的日记。“椅”和“倚”是同源词，宋黄朝英《缃素杂记》三：“今人用倚卓字，多从木旁。”“倚卓之字，虽不经见，以鄙意测之，盖人所倚者为倚，卓之在前者为卓。”同源词的形成使词的音义联系由无理性趋向有理性，反映了词与词间的有机联系，② 将语言中的同源词联系在一起就构成了网络词典的一个中观同源词子数据库。

2. 同素词

同素词是复合词中由相同语素构成的词。从语音上看，有的同素词中语素的语音完全相同，如“成人（人发育成熟）、成人（成年的人）”；有的同

① 记录一组同源词的几个形体不同的字叫同源字。同源字实际上也就是同源词。

② 许威汉：《汉语词汇学引论》，北京：商务印书馆 1992 年版。

素词中语素的语音有所不同，如“生意（生机）、生意（买卖，“意”读轻声）”。从结构上看，有的同素词语序相同，有的语序不同，如“计算、算计”；有的结构方式相同，有的结构方式不同，如“枪手（附加式）、手枪（偏正式）”。从语义上看，有的同素词语义相同或相近，如“相互、互相”，“流水、水流”；有的语义大不相同，如“帆船、船帆”，“生气（生命力）、生气（气愤）”。

复音词中大部分是以词素为构词成分构成的双音复合词，即以一个基本词为核心而繁衍出的众多的派生词。这个基本词在派生词中成为词根词素，形成以其为联结点的一种同素词词义的中观网络系统。如以“家”为联结点有家当（财产）、家法（传统）、家怀（一家人）、家活（家产）、家伙（日用器具）、家计（家业；朋友；安排）、家间（家中；家眷）、家具、家里（妻子）、家门（门第）、家舍（妻室）、家事（家产）、家数（风格；流派）、家私（家什器物）、家下（妻子）、家缘（家务；妻子）、家长（丈夫）、家主公（丈夫；家长）、家主婆（妻子）、作家（内行）、当家（出色）等，组成一个同素词词义系统，在网络词典中又与其他的同素词系联成一个中观同素词子数据库。

语素异序是汉语双音词的主要构词手段，同素异序词不仅可构成大量同义并列复合词，还可以构成意义和结构不同的复合词。其中词义完全相同或基本相同的如长久、久长，相互、互相，伤悲、悲伤。这类词多为并列结构，词素序列的不同没有改变词素间的结构关系，可互相替代而不影响词义的表达。词义相近的如引导、导引，托付、付托，语词、词语。这类词的词义有一定关联，又有一定差别。有些产生于上古，沿用至今；有些是一种形式见于上古或中古，另一种形式见于近代汉语，后长期并存；也有些同时出现于近代汉语，或长期并存，或其中一个逐渐消失。

同素词的出现或存在主要是为了实现词在表义上的不同需要。同素词间结构上的异同关系和语义上的异同联系，既有对应性的一面，又有错综性的一面。语素的位次颠倒，语素的结构关系或词的结构格式不同，组成的同素词的意义也就有不同程度的差异。同素词的分类可从形式（序位、结构格式）和内容（词汇意义、语法意义）两个方面入手。同素异序词指两个相同语素按相反次序构造的、意义相同或相近的词。

由于一个语素往往含有几个相互有联系的意义而形成多义语素，这些语素分布在不同的词中便会产生不同的意义，从而引起词义的变化。同素异序词中这类的词如法师、师法，清冷、冷清。这类词的词义受词序影响而有或多或少的不同。如合适、适合，适合还有“符合、适应”义。又如前面、面前，斗争、争斗，查考、考查。

3. 同义词

同义词是指意义相同或相近的词，即主要理性义相同而次要理性义或附属义有差异的一组词。[①] 所指事物对象的同一是词与词能够成为同义词的决定因素。[②]

根据词义相近的程度，同义词可分为等义词和近义词。等义词中完全等义的词很少，大多在风格色彩、形象色彩或感情色彩上存在着细微的差别，在语用中有不同的表达功能。近义词是同义词中的主要部分，大多数近义词的词义基本相同或相近，但在词义的宽窄、轻重、强弱和语用的适用范围方面存在着一些区别。

同一语义系统内部又可以分为若干个子系统，各个语义单位除了在整体上归属于那个大系统外，又各自依据某种语义关系聚合为不同类别的语义场。不同“义位”上的同义词组，依据各种语义关系组成不同层级的同义词组群和不同的同义义场，其语义不断推演，通过这些关系将所有的同义义场串在一起，共同形成严密的语义系统网络，反映出整个语义系统的某些面貌。

4. 反义词

反义词是意义相反或相对的一组词，具有相反而又相成的特点。构成反义词的一对词或一组词必须属于同一个意义范畴，如长度、重量、时间、处所、速度、颜色、面积、体积等，否则无法形成一个类聚。反义关系则是词与词在语义上的一种横向联系，也是词汇系统内的一种子系统。从逻辑上讲它们都必须属于同一个上位概念，所以“聪明”和“傻子”、“愚蠢”和“智者”虽然具有反义性，但是并不能构成一组反义词。

多义词的不同义项之间存在着引申的线索，同时每个义项都具有相对独立性，这就使某些多义词能够在不同义项上分别和不同的词构成反义关系。这反映出人们对归在同一个词名下的不同矛盾关系主体及其对立面的认识。如“开放”在表示花“展开”时，与“凋零”、“凋谢”、“凋落”等词构成反义关系；在表示“解除封锁、禁令、限制”时，与“封闭”、“闭塞”构成反义关系；在“比喻思想开通或性格开朗”时，还可以与“保守”构成反义关系。

就本质而言，同义关系和反义关系可以说是同类的语言现象，反义关系

① 参徐时仪：《汉语同义词研究述略》，《大同高专学报》1998 年第 2 期。

② 黄金贵《古汉语同义词辨释论》将同义词界定为“同义词是按一个义位（词义）系统横向聚合的词群”。（上海：上海古籍出版社 2002 年版，第 1 ~ 45 页）

着眼于具有共同的范围义素的两个义位在特征义素上的对立，而同义关系着眼于几个义位在较多义素上的一致。两者皆体现为同中有异，异中见同。就处于反义关系的两个义位的逻辑关系而言，反义词可分为处于矛盾关系的绝对反义词和处于反对关系的相对反义词。绝对反义词是非此即彼，如死与活，在死与活中间没有不死不活，不死不活实际上还是活；相对反义词是非此不一定彼，如大与小，在大与小中间还可有不大不小。

反义现象体现了人的逆向思维特点。一对反义词往往是受词义运动的制约，其中一个词受另一个词影响而出现，从而使两个词产生反义关系。一个词可以有不止一个同义词，却不一定都有与之反义的词存在。反义关系只建立在部分词汇中，且有反义关系都是成对的，因为反义关系是在有对举出现的语境中逐渐形成的。①

“从现代语义学的观点来看，一组同义词（不包括等义词）或一组反义词的义位以及一组意义上紧密联系的义位，构成一个最简单的义位系统，是一个最小的子语义场。”② 同义类聚成员的语义层次分为并列和上下位关系，它们在不同的语义关系下构成同义聚合。反义类聚有互补、极性、反向三种类型，它们也通过不同语义关系构成反义聚合。反义聚合的语义在发展中呈现出同步和异步发展的情况。同步发展反映了词汇在变化过程中的对称性，异步反映了词汇变化过程中的不平衡性。在反义词的对应关系中，有词汇多义性形成的一词多类聚，也有词汇同义性形成的一词多类聚。词的多义性将反义词、同义词有机地联系起来，在同一个平面内共现，呈现了词汇的系统性特征。

（三）词义系统的宏观结构

一个系统表现为一定的内部组织网络结构，同时也表现出一定的外部功能。词义系统实际上是整个客观世界与人类主观精神凝结的体系，具有反映外界客观事物的功能。在语言交际中，反映主观精神与客观事物结合的所有的词义则构成了词义的宏观网络系统。汉语词义的宏观网络系统是建立在中观网络系统基础上的。在不同的理论支配下，凭借不同的建构线索，在词义的不同层次上可以建构出不同的词义宏观系统。如以时间和空间为基点系联客观物质世界和人的主观精神意识可组成词义的时空网络系统，以物质或人伦等为基点系联所有的词义则可组成物质网络系统或人伦网络系统等。世界万事万物是错综复杂的，同时又有其内在的联系。反映世界万事万物的词义

---

① 参徐时仪：《汉语反义词研究述略》，《大同高专学报》1997 年第 4 期。

② 贾彦德：《汉语语义学》，北京：北京大学出版社 1999 年版，第 147～148 页。

也相应地既错综复杂又具有内在的联系，成为有序性和无序性的统一体。有序性是反映世界万事万物的语言的主要方面，词义的宏观系统即建立在有序性上。如《尔雅》的前三卷解释普通语词，后十六卷解释天文、地理、植物等百科语词，构成了反映“古代中国人在正字法、百科和观念形态方面知识的总规范”的宏观系统。①《说文》全书排列“立一为耑。方以类聚，物以群分。同条牵属，共理相贯，据形系联，引而申之，以究万原，毕终于亥，知化穷冥”，② 构成了反映儒家认为事物变化始终循环思想观点的“知天下之至啧而不可乱也”的汉语词义宏观系统。③ 北京语言文化大学语义信息处理研究所和清华大学计算机系部分同志为供计算机识别语言而研制的“九〇五工程”，其语义分类系统将词义分为运动和事物两大类。“运动”类又分为主体、客体、邻体、属体、因果、状况、时间、空间 8 类和状态、关系、变化、行动 4 类。各类下再分有细目。“事物”类又分为事、物、时间、空间、属性 5 类。每一类皆如一棵分出多叉的树而包含着若干层级结构下的小类，共同组成了一个能供计算机识别汉语词义的宏观网络系统。④

由于语言是客观世界和人的主观意识的反映，研究一种语言的词义系统，实际上不仅涉及客观世界的内在系统，也涉及人的主观意识。因而如何客观地揭示出词义的宏观系统尚有待进一步的探索，但以词义的系联为基本方法，以词的义位为基本单位，以一定的哲学观、伦理观、认识观为参照背景，大致还是可以勾勒出词义相互联系和沟通的轮廓，建立起网络词典的宏观词义数据库，反映汉语词义发展演变的概貌。

词义的宏观系统主要由上下义关系、总分关系和类义关系三种语义关系构成。

1. 上下义关系

上下义关系词是在逻辑上具有上位和下位概念之间关系的词，具有属种关系，表示属概念的词是上义词，表示种概念的词是下义词。上下义关系词实际上就是由一个属概念词和若干种概念词所构成的词汇群。

上下义词具有蕴涵性，上下义词之间有蕴涵关系，可以进入“乙是甲”的格式，但不能反过来说“甲是乙”。如果上义词本身拥有几个义项，那么从

① ［前苏联］杰尼索夫：《语言学描写的几个理论问题》，载石肆壬选编：《词典学论文选译》，北京：商务印书馆 1981 年版，第 215 页。

② 许冲：《上说文解字表》。

③ 参徐时仪：《儒家经学与中国古代辞书编纂》，《辞书研究》1991 年第 2 期。

④ 陈力为、袁琦：《中文信息处理应用平台工程》，北京：电子工业出版社 1995 年版。

理论上讲，每个义项都可包含若干个下义词，从而形成一个上下义词群。

上下义词具有层级性，每一个下义词又是下面各自若干个下义词的上义词，如此循环轮回，直至没有下义词，而形成上下义词族的系统。

上下义词具有相对性，甲词是乙词的上义词，又可能是丙词的下义词。

上下义词还具有传递性，若甲词是乙词的上义词，乙词是丙词的上义词，那么甲词也是丙词的上义词。反之亦然。

2. 总分关系

总分关系词是具有整体部分关系的一组词，其中表示整体的词是总义词，表示部分的词是分义词。总分词中分义词所指对象是总义词所指对象的构成部分，可以进入“乙是甲的一部分”的格式。

总分词也有相对性和传递性。甲词是乙词的总义词，乙词又可能是丙词的总义词。

3. 类义关系

类义关系词有广义和狭义之分。广义的类义词是属于同一语义场的词，包括上下义词、同义词、反义词和狭义类义词。狭义类义词是所指对象属于同一大类的不同小类，或属于同一整体的不同部分，没有同义、反义、上下义或总分关系的一组词。

上下义关系、总分关系和类义关系这三种语义关系是词语之间最基本最重要的语义关系，其中上下义关系和总分关系都是词语之间的纵向聚合关系，类义关系则是词语之间的横向聚合关系。

第二节　词语类聚与语义场

一、词语类聚

在语言系统中，构成系统的各个单位与其他单位都处于两种不同的关系中。这两种关系，一种是在语法构造中所实现的以语言单位的线性特征为基础的组合关系，一种是在词汇系统内部所形成的以语言单位的共同特征为基础的聚合关系。组合和聚合关系构成整个语言系统运转的核心。

组合关系指语言单位按一定的规律顺次排列在一起所形成的关系。从语素之间到词和词组以及句子之间，汉语组合的手段、方式及关系基本相同。

以语序为主要手段的组合为直接组合，以虚词为主要手段的组合为关联组合。

蒋绍愚《关于汉语词汇系统及其发展变化的几点想法》一文指出，词的组合关系，简单地说，就是词的搭配关系。词的组合关系的历史变化主要表现在以下两个方面：①同一个词，词义基本不变，但在不同的历史时期组合关系有所不同。②在某一时期的语言平面中，既有继承前一时期的旧词和旧语法成分，又有新产生的新词和新语法成分，新旧的组合关系往往不同。如《祖堂集》中有“视”又有“看”。“视”是旧的，“看”是新的。《祖堂集》中有“看却”、“看取”、“看得”这样的说法，而“视”不能和这些新产生的动词词尾相结合。又如“言”、“语”、“说”在唐五代时都可以表示“说话”这个动作，《祖堂集》中有“语犹未讫”、“言犹未讫”、“言讫”、“言已”、“早说了也”这样的用例；“说”有“说似”、“说向”、“说著”、“说得”、“说不得”这样的组合，而“言”、“语”没有。[①] 可见在表义组词上新产生的词比旧词更灵活。

语言系统中有许多单位的性质相同、特点相同或相近。这些单位在同一结构模式中可以和相应位置上的其他单位互相替换，替换之后结构模式不变，这些单位构成同类性质的聚合体。同一类聚合中的单位间的相互关系即聚合关系。

组合关系中语言单位的制约性很强，彼此之间的组合不是任意的，具有很强的选择性和限制性，形成具体明确的组合规律。在组合而成的结构体中，各单位都失去了原有的独立性，处于不同的地位，起着不同的作用。整个结构体并不是各组合成分的简单相加，即不是组合成分的机械和，而是产生了新的性质和特点。组合的功能在于以有限的词按照一定的规则生成无限多样的语言单位。

聚合关系和组合关系不同。各单位只因某种性质或特点相同形成一个聚合体，彼此之间的关系是松散的，只是在同一结构模式中具有一种替换关系，彼此之间还保留着各自的独立性。聚合关系的基本属性是词汇成分之间的共同特征。无论哪种聚合关系都是在共同特征的基础上形成的。

聚合和组合关系在纵向和横向两个维度上构成了语言的语义系统，语言系统是一个由纵向的聚合关系和横向的组合关系所构成的语义网络系统。在这个网络系统中，词汇和语法彼此之间构成一种互动性关系。词汇是一个开放的系统，处于不断的更新与变动中，两个词组合在一起就会产生语法关系，

① 蒋绍愚：《关于汉语词汇系统及其发展变化的几点想法》，《中国语文》1989 年第 1 期。

语法是组词成句的规则，而并不是语法正确的句子在语义上都能成立，句子能否成立本质上取决于进入这个语法关系的词汇单位在各种特征上是否匹配。词既是词汇的基本单位，又是语法的基本单位。一切句法结构都是由词直接或间接组合起来的。词在句法结构中的不同作用决定了其语法性质和功能。词的语法性质也就是词性，词的语法功能指词的搭配能力和词在句法结构中的地位及作用。句法结构是词和词的组合，组合到一定程度时便会形成一个稳定的语法意义框架，进而产生一种整体的句法力量对词汇单位进行搭配选择，不合要求的词汇单位不能进入组合。一个词汇单位主要表现有如下特征：

（1）词的句法能力特征，即能与哪些句法成分搭配。

（2）语义的概念特征。

（3）词语的韵律组配特征，即单音节词与双音节词在进行语法组合时受韵律特征的制约。

（4）认知特征。语义的理解离不开认知经验的作用，词语隐含的认知特征对语言的理解有很大影响。如“王老师在讲台上站了20分钟”和“王老师在讲台上站了20年”，二者的不同虽只是时间词语的区别，而在认知上前者展现的是一个微观的具体事件，指讲课，后者激活的是一个宏观的抽象概括，指教师职业。

（5）语体特征。每一个词都有内在的语体特征，或雅或俗，或属于口语，或属于书面语，这对句子构成和语义的理解有一定的影响。

因而词义是语法关系赖以形成的基础和前提，没有词汇单位的存在，就没有语法关系的存在，词义是汉语语法关系的制约因素，即词汇特征是制约语法关系的内在因素，语法则是构成词义匹配词句的特定关联。

由于词汇成分本身既是词汇要素，同时又是语法单位，而且又是语言另一层面上的语音要素和语义要素所结合而成的，加之词汇成分在书面上又都是由文字记录的——文字虽非语言要素，但文字对语言也有种种干预。因此，词汇系统中的语义系统是由一个个聚合系统和组合系统建构起来的。

二、语义场

词义的任何特征都是在聚合和组合关系中体现的，词语类聚指语言的各个语义成分在相关组合基础上形成的聚合，相当于有某些共同义素组成的词群聚合而成的语义场。

语义场是基于词义与词义之间的共同点或相互之间的某种关系形成的词

义类聚，又叫词汇场，有时简称义场或词场。借用物理学中“场”（物质存在的一种基本形态）的概念，指含有某个共同义素的义位构成的语义系列，或若干具有共同核心义素的词语（义项）构成的聚合体。所谓核心义素，就是指表示事物、动作所属类别或性状所属方面的义素，即名词中表示“类属”的义素，动词中表示“动作”的义素，形容词中表示“方面”的义素。如亲属称谓词语中的“亲属”，趋向动词中的“移动”，表示温度的词语中的“温度”。属于同一个语义场的词语，其核心义素必须相同，其他义素可以不同。语义场内各个词义可以根据它们之间的相同、相近、相似、相反、相对、相属等聚合关系构成不同类型的聚合体，如同义词、反义词等。

语义场理论认为某一语言的词汇中可以分出许多具有共同语义特征及相同或相似的语法分布的词聚合而成的词群，语义场内所有词的意义都具有相互作用、相互制约的性质，反映了语义的聚合关系和语言的系统性。[①] 语义场具有层次性、系统性和相对性。

语义场的层次性体现了语义的纵向聚合关系。大多语义场具有层级关系，大的语义场中可划分或切分出小的语义场，形成层级。大语义场是母场，小语义场是子场。

语义场的系统性指属于同一级语义场的词语，其语义是相互关联、相互制约的；一个词语的意义取决于这个词跟哪些词语构成一个语义场。

语义场的构成是以词语的义项为单位的。一个词项的义位可以同时进入纵向和横向两个方向的义场，这是由这个词语本身同与之相关的词语及其间的语义关系共同确定的不可分割的两个方面。一方面，同一个词有几个不同的义项就分属几个不同的义场；另一方面，一个较大的语义场可以从不同的角度划分为不同的较小语义场。如亲属语义场，可按辈分划分，也可按性别划分，可按直系/旁系划分，也可按血亲/姻亲划分，从不同的角度划分出来的结果就有所不同。所以，一个词语属于哪个语义场，哪些词语构成一个语义场，不是绝对的，而是具有相对性。

传统语义场理论的新发展是将组合语义关系分析纳入到语义场分析中去，建立了组合义场。词义的发展和演变与词的搭配有关。词与词组合成句彼此间势必会受到感染，意义和用法上产生相应的变化。如“抓紧”常与“时

---

① 贾彦德《语义学导论》和《汉语语义学》较早地运用语义场理论来分析汉语，把汉语的语义场分为10类：分类义场、部分义场、顺序义场、关系义场、反义义场、两极义场、部分否定义场、同义义场、枝干义场、描绘义场。语义场中义位的关系分为：对立关系、重合关系、包含关系、上下义关系、相对无关关系。

间”结合表示“抓紧时间”，久而久之，在一定的语境中“抓紧”即可表达“抓紧时间”义。又如禅语中“良久”常与“沉吟”结合表示“沉默迟疑”，后“良久”也可表达“沉默”义。[①] 词语在组合中有时对与之搭配的词语也有选择。如“侥幸”后要与表示成功的词搭配，不能与表示失败的词搭配。又如“闭”可以和“目”搭配，也可以和“眼”搭配，而“睁”只能和“眼”搭配。再如“开”可与“心”搭配，而“闭”则不能与“心”搭配。组合关系中相联系的义位也可构成语义场，称为组合关系语义场，传统的语义场可称为聚合关系语义场。聚合关系义场分析重在揭示场内词和词之间所具有的语义关系；组合关系的义场分析重在辨析词和词组合时意义上的内在联系。前者强调语义实体，后者则偏重于语义功能、语义使用。前者具有构拟性，后者则具有语言现实性。[②]

语义场的义位以共性义素相聚合，以个性义素相区别。贾彦德认为：“如果若干个词义位含有相同的表彼此共性的义素和相应的表彼此差异的义素，因而联结在一起，互相规定，互相制约，互相作用，那么这些义位就构成一个语义场。”[③] 张志毅认为：“语义场就是以共性义位或义素为核心形成的相互制约的具有相对封闭域的词或义位的集合。”[④] 传统的语义场理论是基于共有义征而类聚的，共有的义征决定语义场成员的地位，识别某些义征的存在与否即可决定其是否处于同一语义场，因此语义场之间有明显的边界。一个词项或者属于这个义场，或者属于那个义场，同一义场内的成员地位平等。这种语义场所依据的亚里士多德的经典范畴，容易抹杀语义场中成员的复杂性的情况。原型范畴理论关注到了同一义场内各成员有时共同特征并不止一个，各成员按共有义征的多少从中心向边缘呈梯度排列，语义结构是以辐射性的形式出现的，具有连续标度的性质。同一语义场的成员地位不相等，具有等级差异。一个非线性的复杂系统语义场的边界是模糊的，不固定的，重叠的。这种把语义场视为一个原型范畴是对传统结构主义语义场理论的发展，符合语义场系统的现状，也符合人的认知规律。根据原型语义场理论，我们可以把一个语义场的成员分为典型成员、一般成员和边缘成员。在系联语义场时首先分析出原型成员，得出语义场的典型语义信息和特征，然后对一般

---

① 如《虚堂和尚语录》卷三：“仰山云：‘未审和尚作么生。’沩山良久。仰山云：‘和尚只得其体，不得其用。’”又如《碧岩录》卷二：“黄檗一日又问百丈：‘从上宗乘。如何指示。’百丈良久。”

② 组合场的形成有内在的语义决定性的影响，也有外在的构词和语法搭配的影响，融合语义、语法、语用三个平面，体现了对语义关系的多维、综合分析思路。

③ 贾彦德：《汉语语义学》，北京：北京大学出版社 1999 年版，第 150 页。

④ 张志毅、张庆云：《词汇语义学》，北京：商务印书馆 2005 年版，第 77 页。

成员进行补充分析，而边缘成员虽然对语义场的隶属度最低，功能上也表现出一定的游移性，较容易发生变化而脱离这一范畴，但兼类特点则更能显示出场与场、范畴与范畴之间的关系，体现整个词汇语义的系统性。

如表达“用手接触物体”这一概念，手的部位是拳还是掌或指；运动方向是向前、向上、向内，还是向后、向下、向外；双手还是单手；用力还是不用力；连续还是瞬间；施行动作目的的不同等，对这些各种不同的表达交际要求，词义都会显示出不同的意义侧重点而区分为如下这么一些词义的类别：打、击、揍、擂、捶、捣；拍、抚、拊、扑、摸、搔、抓、挠；叩、敲；拉、推、拖、搡、排、操；抬、找、举、擎、托、捧；揿、摁、压、按、掐、扼；拿、执、持、握、攥、提、拎、撮、拈、揪；搀、挽、抱、搂；拔、摘、剥、撕、抽；折、掰、劈；挖、剔、掏、抠；等等。这些词的词义系联成“用手接触物体”的语义场，根据这些词在语义场中的位置，就可了解这些词之间的区别。

又如汉语中表面部的词主要有“脸”、“额”、“颊”、“腮”、“颏”，这些词构成了一个表“面部”的语义母场。以“额”、“颊”、“腮”、“颏”为代表的各小类词群又构成了表“面部”各部分名称的子场。其中各子场中表同一概念的词又构成同义义场。

在“面部”语义场中，表示上位义位“面部”的词形成一个同义义场：面、颜、面孔、面皮、颜面、脸脑、面目、面首、面门、面子、脸道、腮庞、脸面等。“面”作为“人的头的前部”这一义位在先秦就存在。“颜面”一词大约在汉代就已产生，但最初指“容颜、脸色”，唐代产生了“情面、人情”义，至宋代始有“面部”义。“面皮”大约产生于魏晋，最初指“脸上的皮肤”，元代可指“脸”。“面孔”大约产生于唐代，指“面部”。“面颜”大约产生于宋代，指“脸、面容”。元代又称“面部”为“脸脑”、“脸道”。“脸面”一词大约产生于清初，最初指“面子、情面”，后遂有“面孔”义。

表示“额部”这一子义场中的各词位也在汉语中形成一个同义义场：额、颜、顲、题、颅、囟、颜角、天角、面额、印堂、额角、天庭、天门、脑门等。“额”指“人的眉上发下部分”这一义位汉代就存在了。“颜”在先秦既有“脸色”义，又指“额部”，与“额”是同源词。“题”和“顲”在先秦都指“额部”。“颅”指“额头”约产生于南北朝。魏晋时以“天庭”指前额中央，唐代以“印堂”指“额部两眉之间”，元代以“脑门”指“前额”。

表示“颊部”这一子义场中的各词位也在汉语中形成一个同义义场：颊、辅、脸、面颊、脸蛋等。“颊”和“辅”指“颊部”，先秦已出现。王力《汉语史稿》说“脸”一词大约在6世纪以后才出现，相当于南北朝时期。《汉语大词典》所举最早用例是南朝梁简文帝《妾薄命》诗。实际上晋代葛洪（约281～341年）《西京杂记》卷二中已有“文君佼好，眉色如望远山，脸际常若芙蓉，肌肤柔滑如脂”之语，[①]“脸”最初指“脸颊”，约从唐代开始扩展指“整个面部”。此后，“脸”的“颊”和“面部”的两个义位并存。“面颊”出现在宋代。“脸蛋”指“脸的两旁部分”，产生于清末。清代还一度出现以“脸巴子”指“脸颊”。

表示“腮部”的各词也在汉语中形成一个同义义场。“颐”既指“颊”，又可指“颊的下半部分”。这一义位先秦就已存在。南北朝时出现了“腮”，表示“人的两颊的下半部”。元代有“腮斗”指“腮”，清代又出现了形象意义更为鲜明的词位“腮帮子”。现代则出现了“腮帮”、“腮巴”、“脸腮”等词位。

表示“颏”这个语义场中出现较早的词位是“頜”，先秦时已出现。南北朝时产生了“颏”。大约到宋代又产生了“下颏”，到清代则产生了“下巴”、“下巴颏”，现代又产生了“下颌”、“下颚”。

这些词语子场内各义位的产生和消失具有随时间推移和不断交替的特点。如“面”子场中，“面”从先秦即已存在，“颜面”、“面孔”、“面颜”则至唐宋时才产生，“脸脑”、“脸道”仅宋元时存在。有些则是由于方言的区别而产生，如“额”子场中“額”、“颜”、“顙”、“題”等。[②]

从面部语义场的演变脉络可以看到“词不是孤立地存在的，它们处在相互的联系之中。一批有关联的词，组成一个语义场。在语言的历史发展中，词在语义场中的分布会产生种种变化。有的词从这一语义场跑到了另一语义场，有的留在原来的语义场中，但和其他词的关系发生了变化。”[③] 在面部语义场的历史演变过程中，“脸”作为后起词位是“颊”义场中的口语词，后来转到“面”义场中，成为语录、话本、小说等近代汉语文献中广泛使用的新兴口语成分，逐渐由子场向母场主导词转化，最终取代了“面”而居于“面”义场中的主导地位；大部分特称词逐渐由单音节向多音节转化，双音化

---

① 周弘让《复王褒书》：“故人之迹，有如对面。开题申纸，流脸沾膝。”《颜氏家训》卷上：“近有大贵，孝悌著声，前后居丧，哀毁踰制，亦足以高于人矣，而尝以苫块之中，以巴豆涂脸，遂使成疮，表哭泣之过。”

② 参解海江、张志毅：《汉语面部语义场历史演变——兼论汉语词汇史研究方法论的转折》，《古汉语研究》1993年第4期。该文描述了面部母场及其四个子场“额”、“颊”、“腮”、“颏”多元体存在的语义和语用价值，指出面部语义场的“所指”几千年来依然如故，但其“能指”则发生了较多的、较大的变化。这个变化在语言学、文化学以及认识论上都具有典型意义。

③ 蒋绍愚：《古汉语词汇纲要》，北京：北京大学出版社1989年版。

新词代替了旧词，义位也由模糊向明确转化；“面”作为旧质语素构词能力大于新质语素“脸”。

第三节　近代汉语词汇与词义系统

一、多元异质系统

近代汉语词汇系统是在古代汉语词汇系统的基础上发展完善而形成的。任何一种语言的共时系统都是历时的沉淀和叠置。从共时的静态的角度看，近代汉语词汇是汉语词汇发展历史中的一个时代断面所呈现出来的断代词汇系统，也是一个具有不同时间层次的词汇系统，可以说近代汉语词汇是一个文白相间开放的多元异质系统。在这个系统中，有些词是上古汉语或中古汉语就已产生并普遍使用的，如“宾客、爪牙、干戈、社稷、丰富、困难、操行、风采、情绪、举止、揣度、错误”。其中有一些在近代汉语中可能只是保留在书面语中，带有文言的色彩，口语中已不太使用。有一些则在近代汉语中仍很活跃。有些词是中古时期产生而到近代汉语中才普遍使用的，如“什么、背后、不必、抄写、保证、表明、不管”。有些则是近代汉语中才产生的，如“大小、大段、些小、鹘突、东西”。这一部分词中大多数是双音节词或多音节词，这与汉语词汇发展过程中的双音化趋势是相一致的。这部分词最能反映近代汉语词汇的特点，其中有些词的使用甚至可以作为我们对语料做出时代判断的重要依据。如时间副词“就”、否定副词“没”的使用，不会早于南宋，普遍使用大约是在元代。还有一些词是民族融合和中西交往的产物，如元代和清代时吸纳的蒙古语和满语借词，又如明清时吸纳的西学新词。

近代汉语词汇的演变发展不是各断代系统简单对应的静态延续，而是处于既有不同时间上的纵向传承和垂直对照，又有同一时间平面上空间横向影响的纵横交错、相辅相成的立体状态。如唐代小说中使用文言词“足”和“目”，宋人话本中则相应地使用口语的“脚”和“眼”。又如明代白话小说中表示“搬动物体”义，南方多用“端”，如《西游记》第二十回：“那少年又拿了一张有窟窿无漆水的旧桌，端两条破头折脚的凳子，放在天井中，请三众凉处坐下。”北方多用“掇”，如《水浒传》第一百十一回：“张顺转过侧首，掇开一堵壁子，钻将入去。”也用“搬”，如《水浒传》第十回：“搬开破壁子，探半身入去摸时，火盆内火种都被雪水浸灭了。”再如明清时期已有反映工业发展的“铁厂、钢铁、棉布、织工、资本”等词，还有反映对外交通和贸易的“东洋、西洋、番茄、番薯、万国图、自鸣钟”等词。“足”、“目”和“脚”、“眼”反映了纵向的文白兴替，“端”和“掇”反映了横向的南北异同，“铁厂、钢铁、棉布、织工、资本、东洋、西洋、番茄、番薯、万国图、自鸣钟”等词则反映了社会的发展和中外的交往。这些词语可以说或多或少也都体现了近代汉语词汇系统多元异质交叉的特点。

近代汉语词汇作为一个断代平面系统，其发展变化主要表现在：与上古、中古汉语比较，近代汉语中产生了大量的新词，而有些上古、中古的常用词则已消失或走向衰落；与现代汉语相比，又有不少词语已经衰亡或只保留在书面语中或某些方言中。如朱熹讲学时师生间所说读书人都能听懂的通语大致上代表了当时文人的口语，在一定程度上反映了汉语文白演变的共性，而或多或少说的一些方言则反映了各自地域的个性特点。如《朱子语类》中有“事体”31 例，“事情”22 例，今吴语等方言沿用“事体”，[1] 普通话用“事情”。[2] 又如《朱子语类》卷三三：“昔在一山上坐看潮来，凡溪涧小港中水，皆如生蛇走入，无不通透，甚好看!”例中“生蛇”意谓鲜活的蛇。又卷二七：“譬如假花来形容生花一般，为是生花难说，故把假花形容，引他意思出来。”例中“生花”意谓鲜活的花。“生”、“活”在表“生命存在”义上两词同义。如《礼记·中庸》：“事死如事生，事亡如事存，孝之至也。”《诗·周颂·载芟》：“播厥百谷，实函斯活。”郑玄笺：“活，生也。”两词引申都有“活生生”义，今普通话沿用“活”，闽语和粤语用“生”。据《朱子语类》所载此例，朱熹所说似为当时福建一带的口语。大约宋元时北方多用“活”，南方用“生”，后“活”成为通语，“生”沿用于闽语和粤语。[3]

有些词既不见于上古、中古汉语，现代汉语中也不再使用，而是只见于近代汉语，甚至是近代汉语中的某一个时期。如唐宋以降，随着市民阶层的兴起壮大，俗文化的兴盛，一些民间语言逐渐渗透到书面语中。当时口语中的“勾当”、“管勾”等词，意为“管理”，用作“勾卖盐官、勾当御药院、

① 许宝华、[日] 宫田一郎：《汉语方言大词典》，北京：中华书局 1999 年版，第 3170 页。
② 对比这些词在今天通语和方言中的分布，又可探其宋至今的历时演变。
③ 许宝华、[日] 宫田一郎：《汉语方言大词典》，北京：中华书局 1999 年版，第 1353 页。

管勾文字、勾当公事、管勾帐司”等官名。① 又如《朱子语类》卷一三：“只是如今如这般人，已是大段好了。”“初学则要牢札定脚与他捱，捱得一毫去，则逐旋捱将去。此心莫退，终须有胜时。”《金瓶梅》第三十九回：“老身干净眼花了，只当做荤的来！”例中“大段、逐旋、干净”等词或词义宋明以前不用，今也不用。

从历时和动态的角度看，近代汉语词汇作为一个系统具有一定的稳定性。首先是近代汉语词汇中有不少都是从上古汉语或中古汉语中继承来的。其次是近代汉语词汇中大量的词语，包括很多近代汉语中新产生的词语都一直保存到现代汉语，而且有些在现代汉语中仍是常用词。如郭作飞《〈张协状元〉词汇研究》一书考察了《张协状元》的 5 272 个词。其中源于上古的有 1 823 个，源于秦汉的有 722 个，源于中古的有 785 个，出现于唐至北宋的有 1 254 个，出现于南宋的有 688 个。从上古汉语或中古汉语中传承的词共有 3 330 个，约占 63%。沿用至现代的有 3 681 个，约占 69.8%。② 又根据“历史悠久”和“普遍使用”这两个标准把词汇系统分成“基本层、常用层、局域层、边缘层”，统计出《张协状元》的 5 272 个词源于基本层的有 3 101 个，源于常用层的有 1 462 个，源于局域层的有 675 个，源于边缘层的有 34 个。其中基本词和常用词作为其词汇成分的主体和基础占 86.6%。③ 又如据俞理明、谭代龙《共时材料中的历时分析》一文以唐义净翻译的佛经《根本说一切有部毗奈耶破僧事》中 6 968 个词语作为当时词汇系统的抽样统计，这些词在句中共出现 109 694 次。按这些词语的文献初见例统计，在词量上，先秦产生的词语占 46.1%，两汉产生的词语占 21.3%，六朝产生的词语占 22%，隋至唐初产生的词语约占 10%。在词次上，86.7% 的用词是先秦就已产生的，8% 是两汉产生的，4.2% 是六朝产生的，唐代产生的只有 1.1%。大致上每四百年有 20% 以上的新词语产生，各时代所产生新词语在后代文献中的保留，似乎与时间的推移有着更多的关系。这个随时代接近而递减的词语使用率，揭示了汉语词汇在语用中保持稳定的一个重要因素。由此可见词汇的发展具有延续性和稳定性，在一定的时期内，词汇中会有相应数量的新词语产生并流传下去，而旧有词语成分的高使用率缩小了各个时代用语之间的差异。词汇的新陈代谢是在保持自身稳定的基础上进行的，不是除旧布新，而是新旧

---

① 《宋会要》职官四十四之四十；《司马文正公传家集》卷三十九《言王中正札子》；《续资治通鉴长编》卷三百六十七元祐元年二月戊子。

② 郭作飞：《〈张协状元〉词汇研究》，成都：巴蜀书社 2008 年版，第 148～161 页。

③ 郭作飞：《〈张协状元〉词汇研究》，成都：巴蜀书社 2008 年版，第 177～184 页。

交杂。一些历史悠久的词汇成分，虽然个体数量并不太多，但具有很高的使用率，新词语尽管在个体数量上占优势，但大多属于词汇的边缘部分。社会的影响主要体现在新词语表现的内容上，而不是在数量或形式上。[①]

任何一个新词义成分的产生，都会经历由量变至质变的发展过程。任何一个语言现象的量变也都可能含有质变的因素，语言系统的变化也是如此。只有经过量变的积累，词义才会具有发生质变的可能。词汇个体往往经历由某种量变到质变的过程，推动整个词汇量变的完成，同时又影响到整个语言系统发生变化。据对《汉语水平词汇等级大纲》确定的 3 051 个常用词首见年代的考察，现代汉语常用词大多见于“五四”以前，仅有 693 个见于“五四”以后。其中 1 033 个最常用词中在秦汉时出现的有矮、草、城市、丰富、师傅等 437 个；魏晋南北朝时出现的有错误、冬天、困难、散步等 81 个；隋唐五代时出现的有茶、东边、过来、什么等 87 个；宋代出现的有帮助、擦、大概、活动等 47 个；元代出现的有迟到、打算、丢等 41 个；明代出现的有懂、饭店、认真等 48 个；清代出现的有杯子、房间、姑娘、上午等 83 个。从秦汉至明清，有将近 92% 的现代汉语常用词已出现。在 2 018 个一般常用词中，秦汉时出现的有安全、避、宾馆、病人等 692 个；魏晋南北朝时出现的有阿姨、背后、不必、部队、抄写等 167 个；隋唐五代时出现的有保存、保证、表明、不管、拆等 165 个；宋代出现的有白菜、本事、材料、春节、闯等 128 个；元代出现的有创造、打扰、队伍等 58 个；[②] 明代出现的有挂号、册、差不多、衬衣等 106 个；清代出现的有办公、傍晚、报名、抱歉、叉子等 83 个。从秦汉至明清，也有将近 70% 的现代汉语一般常用词已出现在书面语中。总计 3 051 个常用词中，在宋代以前就已出现的有 1 804 个，约为 55%；在清代以前就已出现的有 2 286 个，约为 70%。[③] 由此可见，现代汉语中的常用词的雏形大致在近代汉语阶段的明清时期已经形成。

现代汉语中的一般词语也有许多在明清时已出现。如《现代汉语词典》收录的以“上”为语素组成的词有一百多个，其中“上中、上古、上天、上世、上旬、上马、上上、上下、上下其手、上车、上座、上命、上客、上浮、上流、上书、上堂、上等、上策、上游、上苍、上寿、上宾、上齿、上升、上行下效、上风、上刑”在秦汉时已出现；“上代、上司、上岸、上人、上

---

① 俞理明、谭代龙：《共时材料中的历时分析》，《四川大学学报》2004 年第 5 期。

② 曹炜、龚穗丰《试论现代汉语词汇的形成》所举元代出现的“笨”一词的“愚笨”义见于《宋书·王微传》“小儿时尤粗笨无好”。

③ 参曹炜、龚穗丰：《试论现代汉语词汇的形成》，香港《语文建设通讯》，2003 年第 76 期。

席、上道、上朝、上路、上山、上头、上缴、上层”在魏晋南北朝时已出现；“上文、上供、上任、上界、上品、上首、上手、上陈、上钩、上学、上焦”在隋唐五代时已出现；“上方宝剑、上市、上声、上告、上来、上场、上墓、上溯、上面”在宋代已出现；“上好、上阵、上门、上台盘、上紧、上坟”在元代已出现；“上房、上面、上乘、上年、上眼、上边、上班、上梁不正下梁歪”在明代已出现；“上身、上款、上炕、上台、上脸、上锁、上家、上夜、上年纪、上气不接下气、上进、上午”在清代已出现。《现代汉语词典》收录的以“下”、“不”为语素组成的词也大致与此类似。如“下班”见于元代武汉臣《生金阁》第三折：“兄弟，我如今下班去也。”夫妻间的俗称“老公”、“老婆”见于宋代。[①] 因此，可以说汉语的基本常用词有许多是代代相承而沿用至今，现代汉语词汇的核心部分大致在近代汉语中已见雏形。

词义的传承是词义发展的前提和基础，且意义的传承发展不受结构变化的限制。如古代汉语中作为成词语素的单音词在近代汉语中演变为复合词中的非成词语素，在意义上形成了词义和词素义的传承。又如词组词化凝固而成的复合词的词义与词化前词组义的传承。由此可知，结构形式的变迁、语法单位性质的改变都是外在的，而意义的传承是词义系统发展的内在机制。汉语词义由先秦用单音词表达到秦汉后变为用双音词或词组表达的这一语言现象在近代汉语中大量出现，如臂/手臂、波/水波/波浪、发/头发、泪/眼泪/泪水、指/手指/指向、脉/血脉、金/黄金/金黄、雪/白雪/雪白、地/大地、夜/黑夜、急/火急、罗/网罗、拱/拱手、启/启户/开启、漱/漱口、钓/钓鱼、誓/发誓、问/发问/启问、言/发言/陈言/举言/启言/兴言、风/起风/生风、光/发光/生光、愁/怀愁/作愁、害/加害/行害、念/发念/起念、疑/抱疑/持疑/生疑/怀疑、怨/抱怨/怀怨、护/加护/作护、王/称王等，[②] 形成汉语词汇发展的双音化趋势，这在某种程度上也可以说是文白演变的必然趋势。

二、词语类聚网络系统

人类在认识事物的过程中把所感觉到的事物的共同点抽象出来，加以概括，就成了概念。概念是人类认识世界的产物，是对事物本质的反映，是对一类事物进行概括的符号表征，词义系统则以若干有限的枢纽性的概念范畴

① 参曹炜、龚穗丰：《试论现代汉语词汇的形成》，香港《语文建设通讯》，2003年第76期。
② 参胡敕瑞：《从隐含到呈现（上）》，《语言学论丛》第三十一辑，北京：商务印书馆2005年版。

来统摄无限的具体意义。蒋绍愚曾指出："词汇表达概念，各种语言的词汇系统不同，但概念场大体上是人类共同的，把不同系统的词汇放到概念场的背景上，就有了一个共同的坐标，这就可以互相比较。"[①] "处于同一个概念域中的成员是互相关联的，概念域也是互相关联的。不但处于上下位关系的概念域互相关联，就是不属于同一层级关系的概念域，有的也会互相关联。"[②]同一概念的词语类聚相当于一个词汇场，每个词语类聚中的成员来自不同的历时层面，各成员又有各自的组合，在类聚中形成互补关系，词义系统则由一个个概念词语类聚互相关联构成。

词汇系统是一个复杂的多层面网络系统，我们不可能只从一个角度就概括出整个词汇系统的全貌，但是我们可以通过研究词汇这个大系统的主要和核心的层面来进一步认识其他层面，从而把握整个词汇系统。[③] 词语类聚可以说是词汇这个大系统的主要和核心的层面，也是近代汉语词汇和词义系统的主要核心层面。如《朱子语类》叠置着历史上各个时期传承下来的不同历史层次的词语，新旧语言质素聚合在一个语义场内部，表达某一个具体的语义范畴。如表示探求语义范畴的词有"寻求、寻索、寻究、寻讨、究索、极索、穷索、玩索、推索、摸索、寻摸、探摸"等，表示研究语义范畴的词语有"研磨、研摩、研穷、穷研、精研、研精、钻研、研钻、考究、推究、详究、穷究、研究、体究"等，表示体会语义范畴的词语有"体当、体察、体会、体究、体看、体认、体贴、体验"等，表示励志语义范畴的词语有"硬著脊梁骨、硬著脊骨、硬著筋骨、树起筋骨、磨砺精神、抖擞精神、提掇精神、提醒精神、整顿精神、打扑精神、著起精神、著精神、著精彩"等等。[④]

汉语发展至近代汉语时期，新词的产生渐由词的引申、转化、音变而让位给合成的方式，这是汉语词汇系统在历史发展中的一大变化，而具有亲属关系的词和词之间总有一个在音义上有关联的核心成分。词与词在这个核心音义成分的关联下，一个接一个地被类推、衍生出来。在近代汉语词汇系统中，各个词汇成分都是以其共同的音义特征为纽带，类聚成一个按各自所在位置排列的同层面或不同层面的词汇群，同层面的为并列关系，不同层面的为上下位关系，每个层面的词汇成分在语音、语义、语法、词汇、文字这五

① 蒋绍愚：《打击义动词的词义分析》，《中国语文》2007 年第 5 期。

② 蒋绍愚：《汉语词义和词汇系统的历史演变初探》，《北京大学学报》2006 年第 4 期。

③ 王宁《训诂学原理》指出"词汇与词义的总体是具有系统性的，而词汇系统与词义系统——起码是它的局部系统——是可以通过描写显示出来的"。（北京：中国国际广播出版社 1996 年版，第 6 页）

④ 详参徐时仪：《朱子语类词汇研究》第七章"朱子语类词义系统"第三节"朱子语类的词语类聚"，上海：上海古籍出版社 2013 年版。

个方面又同其他层面的词汇成分发生组合或聚合关系，类聚为更大的词汇群。如《朱子语类》猜测概念词语类聚由“揣、度、料、忖、测、意、臆、揆、逆、猜、抟、团”等词及其组合“揣度、料度、忖度、测度、意度、臆度、揣合、揣摸、揣摹、抟摸、团摸、揣摸、猜抟、抟量、团扑”等构成。其中“摸”与探究概念词语类聚的“寻摸、摸索、捉摸、著摸、描摸”等词相关，而“揣”的“估量猜测”义宋时又借作“抟”和“团”，“抟”又讹作“搏”，“搏”又与“博”通，而“博”在“博戏”义上也有“猜测”义，“博”的组合“博掩”、“搏掩”又与“扑掩”、“扑钱”、“摊钱”相关，猜测概念词语类聚与探究概念词语类聚、博戏概念词语类聚交叉关联构成更大的词汇群。又如吵闹概念词语类聚由“炒、吵、闹、谄”等词构成，其中“吵”本指鸟鸣，后渐取代“炒”表“争辩、喧闹”义，而“炒”本指把食物放在锅里加热并随时翻搅使熟的一种烹调方法，由“反复翻搅食物使熟”引申有“搅扰、烦扰”义，又引申而有“争辩、争吵”义。“炒”又与表干粮的“麨”有关，“闹”本有“喧哗、扰乱”义，“谄”本有“乱说争扰”义，“吵”、“炒”、“闹”、“谄”等除在“争辩、喧闹”义上构成吵闹概念词语类聚外，各自又与鸟鸣、干粮、烹调和扰乱等相关概念词语类聚交叉关联。“钞”本指“叉取”，引申有“誊录、抄写”义，俗写作“抄”，“抄”又有“查点、登记”义。“抄录”义又可用表“书写”的“写”表示，“写”则本有将一物从一处移到另一处的“传递”义。“钞”由“叉取”义引申有“抢掠、强取”义，“抄”也有此义。“钞”又有“票据、证券”义。“钞”和“抄”等除在“抄录”、“书写”和“抢掠”义上构成概念词语类聚外，又与“票据、证券”义和“传递”义的概念词语类聚交叉关联。“炒”、“吵”和“抄”音同，“抄”也可记音表“争辩、喧闹”义，从而构成吵闹、鸟鸣、干粮、烹调、扰乱等概念词语类聚和叉取、抄录、书写、抢掠、钱钞、传递等概念词语类聚交叉关联的更大词汇群。再如交界概念词语类聚由“交衮、夹界、两隔界头、两夹界处、半间半界”等词组成，其中“半间半界、不间不界、半上半落、半上半下”等又与尴尬概念词语类聚的“监界、鏖糟”、笼统概念词语类聚的“浑沦、鹘沦、鹘岺、混沦、鹘囵、囫囵、优侗、笼统、优统、陇侗”和含糊概念词语类聚的“鹘突、胡涂、胡鹘、含胡”等交叉关联，而“鹘突、胡涂”等与愚昧概念词语类聚的“愚、蠢、昏、昧、愚昧、愚暗、鲁钝、昏昧、昏暗、昏谬、昏冥、蒙昧”等交叉关联，“愚蠢、昏昧、昏暗”等又与痴狂概念词语类聚的“痴、騃、呆”等交叉关联，从而构成更大的相关概念词语类聚的词汇群。

在近代汉语词义系统中，含多义的词同时处于两个或多个概念词语类聚中则具有词义上的关联。[1] 如“隐”有“隐蔽、隐藏、掩蔽”等义，其“隐藏”义与“潜、匿、藏、亢”等组成隐藏概念词语类聚，“掩蔽”义又与“遮、蔽、掩、揜、盖、覆”等组成遮蔽概念词语类聚，构成隐藏概念词语类聚和遮蔽概念词语类聚相交叉关联的更大的词汇群。又如“摸”有“抚摩”、“揣摸”和“摸索”等义，其“揣摸”义与“猜、揣、抟（团）、度、料、量、测、忖、臆、意、揆、逆”等词组成猜测概念词语类聚，“摸索”义又与“寻、求、探、索、研、究、考”等词组成探究概念词语类聚，构成猜测概念词语类聚和探究概念词语类聚相交叉关联的更大的词汇群。再如“放”有“安放”、“舍弃”和“放纵”等义，其“安放”义与“安”、“置”、“措”、“顿”等组成放置概念词语类聚，“放纵”义又与“走”、“驰”、“骛”等词组成放逸概念词语类聚。当“放”表示“安放”时动作主体支配动作客体从某一空间位移至某一不定空间，即没有一定的目标空间时，“放”又是放逸概念词语类聚的成员，形成放置概念词语类聚和放逸概念词语类聚间的交叉关联。这些多义词与多义词之间又彼此交叉关联，如“放”的自主致使的位移义又与“掉”的非自主致使的位移义相关，从而形成放置概念词语类聚和丢弃概念词语类聚的交叉关联，“放”、“掉”、“丢”和“弃”又可组成“掉放”、“丢弃”、“放弃”等复合词，进而构成放置、丢弃和放逸等概念词语类聚相交叉关联的更大的词汇群。

在近代汉语这一共时词汇系统中，每个词语类聚构成一个反映当时语言的词汇群。每个词语类聚中的成员来自不同的历时层面，反映了类聚中成员的历时变化，各成员间在类聚中形成互补关系，又有各自的场内组合和场外组合。一般来说，每个词语类聚中的一般成员多为传承词，新兴的词多为边缘成员，而典型成员则具有组合属性丰富和组词功能强的特点。[2] 不同历史时期的词语类聚不完全相同，各个历史时期的词语类聚不仅有组成成员多少的不同，而且各成员所处的地位也有不同。随着社会的发展和语言的演变，每个词语类聚中各成员的关系或多或少会有一些相应的调整。前一时期共时词义系统中的典型成员可能为后一时期共时词义系统传承，也可能成为后一时期共时词义系统中的一般成员，而前一时期共时词义系统中的处于边缘成员

① 根据认知语言学的观点，在日常生活中，人们认识新的概念时往往会参照已知的概念来认识，从一个认知域延伸到另一个认知域中，形成不同概念之间的相互关联。

② 如《朱子语类》中表达放置概念词语类聚中的“放”和隐藏概念词语类聚中的“藏”等。

的新兴词可能成为后一时期共时词义系统中的一般成员或典型成员。[①]

近代汉语中各个词语类聚中的边缘成员和一般成员往往成为不同词语类聚在词义上关联的纽带。如《朱子语类》中“吓（嚇）”是恐惧概念词语类聚中的边缘成员，侧重于威胁使害怕，又是欺骗概念词语类聚中的边缘成员，侧重于凭借权势威力等恐吓欺诳他人。如果以“吓”作为辐射点，沿着其聚合关系辐射开去，就会形成以“吓”及其组合的词语为核心而聚合其他词汇成分的恐惧和欺骗概念词语聚合网络。又如“恐”和“怕”在恐惧概念词语类聚中表“害怕”义，在忧虑概念词语类聚中表“担忧”义，在猜测概念词语类聚中表“估计”义。如果以“恐”或“怕”作为辐射点，沿着其聚合关系辐射开去，就会形成以“恐”或“怕”及其组合的词语为核心而聚合其他词汇成分的恐惧、忧虑和猜测概念词语聚合网络。再如《朱子语类》睡眠概念词语类聚有“寝”、“寐”、“睡”、“眠”、“觉”、“醒”和“困睡”、“睡困”、“瞌睡”等词，其中“觉”表“睡醒”的词义又引申有“领悟、明白”义而与表知晓概念词语类聚的“晓”、“解”、“悟”、“识”、“知”、“会”、“通”、“达”、“晓得”、“理会”、“晓悟”、“解悟”、“顿悟”、“明瞭”等词相关联，并与表省悟概念词语类聚的“警策”、“警省”、“警觉”、“省察”、“唤醒”、“惺觉”等词和表励志概念词语类聚的“硬著脊梁骨、硬著脊骨、硬著筋骨、树起筋骨、磨砺精神、抖擞精神、提掇精神、提醒精神、整顿精神、打扑精神、著起精神、著精神、著精彩”等词有关联。如果以“觉”或“醒”作为辐射点，沿着其聚合关系辐射开去，就会形成以“觉”或“醒”及其组合的词语为核心而聚合其他词汇成分的睡眠、知晓、省悟和励志概念词语聚合网络。[②]

每一种语言都是由千百个不同层次的概念词语类聚组成的词义网络系统。[③] 词义网络系统由词义及词与词之间的各种关系相互连接而构成，其存在又反过来使具体的词义得以确立。这两者是相互依赖而互为前提的。从词汇系统中选取任意一个词汇成分作为辐射点，沿着其聚合关系辐射开去，就会形成无数个以该词汇成分为核心而聚合其他词汇成分的聚合网络。每个辐射点可以是一个词汇成分，也可以由多个词汇成分构成。构成辐射点上的每一

---

① 如《朱子语类》中表达放置概念词语类聚中的“放”和隐藏概念词语类聚中的“藏”在现代汉语中仍为典型成员，隐藏概念词语类聚中的“躲”在现代汉语中成为一般成员，而表达欺骗概念词语类聚中的“欺”在现代汉语中演变为一般成员，后起的“骗”则成为典型成员。

② 参徐时仪：《〈朱子语类〉词汇研究》，上海：上海古籍出版社 2013 年版。

③ 参徐时仪：《面向新世纪的网络词典编纂刍探》，《中国辞书论集》，西安：陕西人民出版社 2002 年版。

个词汇成分又都可以作为一个新的辐射点形成一个新的辐射聚合。各个层面上所有词汇成分的辐射聚合相互联系、相互交织在一起就构成了词汇系统的动态聚合网络，每一个词汇成分在这个聚合网络中都有一个确切的位置。如《朱子语类》中“烦恼”是忧虑概念词语类聚中的一般成员，又是思虑概念词语类聚中的一般成员。如卷四五“某五六岁时，心便烦恼个天体是如何?”(45.1156) 例中“烦恼”，徽州本作“思量”。[①] 由徽州本和成化本的异文也可推知“烦恼”又有“挂虑、思量”义。如果以“烦恼”作为辐射点，沿着其聚合关系辐射开去，就会形成以“烦恼”为核心而聚合与其有同义、反义、上下位义、整体部分义等词汇成分的忧愁概念词语类聚和思虑概念词语类聚相交合的网络系统。又如以《朱子语类》中知晓概念词语类聚中“晓”、“解”、“悟”、“识”、“知”、“会”、“通”、“达”、“悉”、“谙”、“见”、“瞭”、“了”、“觉”、“委”、“转”等及其场内外组合词语“晓得、理会、晓会、晓了、晓悟、知晓、晓认、分晓、通晓、洞晓、谙晓、晓解、解悟、顿悟、开悟、省悟、醒悟、省觉、领略、识认、知识、知委、知悉、谙悉、体悉、通达、明瞭、明了”等任意一个词作为辐射点，沿着其聚合关系辐射开去，就会形成以这些词汇成分为核心而聚合与其有同义、反义、上下位义、整体部分义等词汇成分的聚合网络。如与表示探究的“觅、寻、寻求、寻索、寻究、寻讨、究索、极索、穷索、玩索、推索、摸索、寻摸、探摸、研磨、研摩、研穷、穷研、精研、研精、钻研、研钻、考究、推究、详究、穷究、研究、体究”等词形成知晓和探究概念词语类聚相交合的聚合网络，与表示体会的“体当、体察、体会、体究、体看、体认、体贴、体验”等词形成知晓和体会概念词语类聚相交合的聚合网络，与表示猜测的“猜、揣、抟(团)、度、料、量、测、忖、臆、意、揆、逆、摸、猜疑、猜抟、猜嫌、揣度、揣合、揣摩、揣摸、思量、抟（团）量、抟摸、描摸、推测、捉摸、测度、料想、料度、揆度、量度、逆度、忖度、推度、约度、讨度、臆度、臆说、臆见、意会、逆料”等词形成知晓和猜测概念词语类聚相交合的聚合网络等。这些聚合网络中的每一个词都有自己的场内外组合，又与周边的相关词语类聚（如拘泥概念词语类聚、放逸概念词语类聚、附会概念词语类聚、差误概念词语类聚等）系联，这些聚合网络中的词与词相互联系、相互交织，每一个词都有自己确切的位置和场内外组合，再与周边的相关词语类聚（如放置概念词语类聚、遮盖概念词语类聚、招惹概念词语类聚、丢弃概念词语

① 朝鲜古写徽州本《朱子语类》，所据底本为1254年魏克愚再校本，现藏日本九州大学图书馆，京都中文出版社1982年影印。

类聚等）系联，且随着社会的发展和新旧词的兴替，各词语类聚又不断调整，吸收新成员，淘汰旧成员，以满足社会交际的需要，从而形成了一个从古到今不断发展的、开放型的、多层面立体交叉的词汇网络系统。

第四节　文白转型与汉语词汇系统的变革

一、文白的此消彼长和转型

近代汉语的书面语有文言和白话两个系统，二者同源殊途，既有不同，又互有联系。文言是以先秦两汉的书面语为模式的一种书面语。就书面语的文言系统而言，秦汉后模仿先秦两汉的文献虽然也出现有一些新词新义，但主要倾向于接受先秦两汉已使用过的趋于定型化的语言成分，或通过先秦两汉旧有的质素组合来表达新词新义，总体上滞后于语言的发展，这可以说是文言系统从先秦直到明清共有的特点。白话则是与文言相对而并存的一个反映了东汉至今历代口语成分的汉语书面语系统，具有一种开放性，能随时代的发展变化而容纳新事物、新思想与新词语，不断从外语、方言俗语中吸收新的成分，不断调整和改进词的表意功能和色彩。[①] 秦汉以来文献中的口语成分，尤其是近代汉语中大量记载口语的文献反映了古白话由文言的附庸而蔚为大观演变为现代白话即现代汉语的发展过程，也反映了随着社会的发展汉语书面语有意识地选择白话的必然结果。

如蒲松龄的《聊斋白话韵文》载有把先秦的《孟子·离娄下》改写成当时语言的《东郭外传》："这齐妇一路无言，那如酸如迷的光景不必细说。单说他小婆子在家里，做中了饭，把眼把眼的等候消息。又等不将来，就自己心里犯寻思，说道：'天到这般时候还不见回来，没的是无盐娘娘连他也请进宫去了？可是糊迷了呢？'正在那里犯思量，只见他大婆子气哚哚的泪撒撒的一步闯进门来，说道：'您姨，哟，可了不的了！'齐妇把门进，气的面焦黄。未曾张开口，先流泪两行。提起良人事，令人好痛肠。实指望嫁个汉子有倚靠，谁想他做的事儿太不良。俺脚跟脚的帮附着走，缩头缩尾看行藏。满城

① 白话又有直白和俗白之分。直白与古雅相对，语意上明白易晓，具有口语色彩而不一定俗；俗白与雅正相对，语意上不一定直，通行于社会底层而不登大雅之堂。

里没人合他说句话，（我还给他原成着哩）只说是弄款人儿好装腔。俺从西门里头跟到东门外，又到了东关东头墓野场。见了些王孙公子把坟上，他那里抬着食盒共猪羊。摆上筵席把头叩，管家小厮列两旁。咱良人照着那里跑了去，我只说先前约那厢。谁知膊胳盖朝前就下了跪，说不尽低三下四丑行藏。那一时全无一点人模样，他就是坑头以上来装王。你不信趁着这霎去看一看，未必不还在那里叫爷娘。这齐妇说罢良人前后事，他二人双眼落下泪四行。”

《孟子·离娄下》原文为：“齐人有一妻一妾而处室者，其良人出，则必餍酒肉而后反。其妻问所与饮食者，则尽富贵也。其妻告其妾曰：‘良人出，则必餍酒肉而后反；问其与饮食者，尽富贵也，而未尝有显者来，吾将瞷良人之所之也。’蚤起，施从良人之所之，遍国中无与立谈者。卒之东郭墦间，之祭者，乞其余；不足，又顾而之他，此其为餍足之道也。其妻归，告其妾曰：‘良人者，所仰望而终身也。今若此。’与其妾讪其良人，而相泣於中庭。而良人未之知也，施施从外来，骄其妻妾。”

由此例可见文白的区别。蒲松龄文中“光景”、“把眼把眼”、“犯”、“这般”、“糊迷”、“犯思量”、“气哚哚”、“了不的”、“指望”、“倚靠”、“脚跟脚”、“帮附”、“缩头缩尾”、“行藏”、“合”、“原成”、“弄款”、“人儿”、“装腔”、“先前”、“膊胳盖”、“低三下四”、“模样”、“这霎”等词都是秦汉后出现的不为文言所用的白话词。

又如李调元《淡墨录》载：“上南巡，驻跸德州，命侍卫传旨：朕平生不好酒，未能饮一斤，总是不用。最可恶的是用烟，诸臣在围场中看我竟日曾用烟否？每见诸臣私行在巡抚账房偷吃，真可厌恶。且是耗气的东西！不但我不吃烟，太祖、太宗、世祖以来都不吃烟，所以我最恶吃烟的人。”这是清人所记康熙皇帝说的话，而光绪皇帝在一份奏折上的朱批大字写着“你们作督抚的”应如何如何，旁边则有小字注着“尔等身膺疆寄”，[①] 一白一文，判若泾渭，可见清代口语与文言的差异。

再如法国传教士戴遂良（Léon Wieger，1856—1933）1881年编纂的六卷本汉语教材《汉语入门》（*Rudiments de Parler et de Style Chinois*），[②] 书中第五、六卷用当时通行的口语改写《今古奇观》、《聊斋志异》和《家宝二集》中的故事。如《今古奇观》中《灌园叟晚逢仙女》原文为：

---

① 参周振鹤：《古代文言与白话相去不远》，《文汇报》，2002年4月20日。

② 该书1892年由河间府天主教会印刷所出版，1895年和1903年再版。此据上海徐家汇藏书楼所藏本。

你道这段话文出在那个朝代？何处地方？就在大宋仁宗年间，江南平江府东门外长乐村中。这村离城只有二里之远。村上有个老者，姓秋名先，原是庄家出身，有数亩田地，一所草房。妈妈水氏已故，别无儿女。那秋先从幼酷好栽花种果，把田业都撇弃了，专于其事。

《汉语入门》改写为：

宋朝仁宗时候，江南平江府东门外有个长乐村，离城二里多地。村里有个人，姓秋名先。可是个庄稼人儿，也念过几年书，学而未成，一生最好养花儿。生就来的是个清静脾气儿，觉着世界上这争名夺利没有什么大意思，光想着隐遁了。又是中年丧妻，没丢下儿女，就是这么光棍汉子一个人儿。有人劝他再续上个老伴儿传生后代，他摇着头说："夫妻同林鸟，儿女眼前欢，当不了什么，倒不如一个人过日子，心里干净。自己吃饱了，一家子都吃饱了，那样的逍遥自在。寻个好的还好，要寻个不好的来，一天家还得和他生气。再一说，东西儿又不多，就是这么一块园子，要有了一窝八代的，也不够缠交，到那个时候就有了女人的话说了。"嫁汉，嫁汉，为的是穿衣吃饭。俗话又说：饽饽的儿女，柴米的夫妻。又说："后婚老婆后婚汉，有就吃，没有就散。等着他把点儿事业暴腾净了再散了，就不如早些儿不寻好了，省的后来为难着窄的。"

由此例不仅可见近代汉语与古代汉语的区别，而且也可见近代汉语由明至清与时俱进的发展。

汉语的文、白之分大致始于汉，自汉至清的两千年中，汉语书面语有文有白，文白并存，由以文为主到以白为主，直至五四时期白话取代了文言。按照白话由微而显、由始附属于文言到终于取而代之的发展线索，近代汉语时期正处于文白此消彼长阶段，白话由附属于文言到与文言分庭抗礼逐渐分流、由不登大雅之堂到升堂入室取代文言文的发展在某种程度上也反映了近代汉语的发展。

白话虽与口语关系密切，但又不等同于口语。由于各时代的口语有差异，各时代的白话文也有差异。因而不同时期的文言基本一致，而不同时期的白话文各有自己的特色。这就形成了近代汉语词汇既有文白并存相间的传承，又有白话与时共进的更新。汉语的文白转型可以说是白话开放性形成的变革，而白话也还是从文言变来的，文言与白话二者不易截然两分又可以说是传承性的体现。

文言与白话作为同一语言在发展演变过程中的两种不同表现形态，区别是局部的、有限的，而基础是根本的、共同的。从词汇的角度来看，有大量的词汇成分既适用于口语，也适用于书面语，无论是文言占统治地位时还是白话取代文言后，二者之间都有一部分通用的基本词汇，因而二者的关系是交叉的，往往你中有我，我中有你，粗有涯界而又不易截然两分，一直在互相吸纳，互相渗透，没有一条截然分明的界限。这也形成近代汉语词汇系统文白雅俗相融共存的特点。

文白演变是20世纪初汉语的重大变革，文白的转型隐含着价值观念的更新，涉及社会的发展和人们思想观念的转变等多方面，广泛而深刻地影响了我们整个民族的思维和演说方式，成为中国文化由古典形态走向现代形态的起点。文白的转型也是一个创造适应社会发展的新语义系统的过程，反映了时代的变革，丰富了汉语的概念系统和观念系统，适应了表达现代思想的需要，标志着汉语新书面语系统的形成。①

二、近代汉语词汇系统的变革

语言永远处于不断地发展变化之中，这种动态运动既包括共时的使用中的变化，也包括历时的发展中的变化。要全面、深入、系统地了解语言，就必须探索语言发展中决定变与不变的主要因素和规律。研究语言变化的最佳切入点则是语言变异，因为语言的历时演变总是能在语言的共时变异中得到体现，语言的发展是在变与不变的对立统一中进行的。近代汉语正好处在上古汉语到现代汉语的转折点上。这种语言的发展变化经历了数百年，而不是一朝一夕突然形成的。“语言从一种质过渡到另一种质不是经过爆发，不是经过一下子消灭旧的和建立新的那种方法，而是经过逐渐的长期的语言新质和新结构的要素的积累，经过旧质要素的逐渐衰亡来实现的。”② 根据对变文和话本等近代汉语语料的分析，近代汉语词汇正好处于古代汉语和现代汉语相交叉的中间状态，既有先秦的文言雅语和以文言中的词作为词素组成的复合词，又有唐宋以来的白话方俗口语，文白相间，雅俗共存，新旧质素交融，旧义的延续和新义的诞生共存于同一平面，糅合了当时的口语和书面语，形成了绝对动态演变、相对静态聚集，多源而一统、同处而异彩的语言渊薮，

① 参徐时仪：《汉语白话发展史》，北京：北京大学出版社2007年版。

② ［前苏联］斯大林：《马克思主义与语言学问题》，北京：人民出版社1955年版。

相当于一个立体的网络，叠置着从历史上各个时期传承下来的不同历史层次的词语和不断产生的新词新义，具有文白并用和雅俗交融的多元特色，客观上如实体现了汉语文白转型由量变到质变此消彼长渐趋于分庭抗礼状态的概貌，反映了汉语词汇系统古今演变的发展趋势。

语言所反映的社会是复杂的，语言系统本身是复杂的，使用语言的人是复杂的。实际上促使语言发展的因素绝不是单纯的，几乎没有哪个词或词义的发展是在一种具体因素的简单作用下进行的。一个词汇现象的产生，可以引起整个词汇系统的变化，同时也是各种综合因素（社会、人们的心理因素、语言内部的规范作用）共同作用的结果。词义的发展和演变有外部原因也有内部原因。

外部原因主要是社会的发展。词义是反映人们对客观事物的认识的，而客观事物总是在不断地变化。旧的事物现象的消失，新的事物现象的产生，人们的认识也在不断地变化。随着社会生活的多元化、社会现象的复杂化、人类思维的精细化，新事物、新现象、新观念大量涌现，近代汉语必然要随着客观事物的变化和人的认识的变化而发生相应的变化，及时反映这些新的变化，适应交际的需要，其词汇系统也相应有所调整和更新，以便构造出众多的新词新语来指称或描述这些变化。对于新事物、新概念，人们可以创造新词来表示，也可以用旧的形式表示新的意义，这就造成了语义的改变。

内部原因是指语言系统内部根据客观需要进行自我调整，从而带动一部分词汇的发展变化。语言里的词汇不是词的杂乱堆积，而是一个严密有序的体系。每当一个新词新义加入到语言的体系中来，它就要跟词汇体系中相关的词或词义相互影响，从而引起这些词或词义的变化。

语言总在不断地发展着，新词的产生、旧词的衰亡、词语的兴替、语音和语法的演变，使得语言系统的新旧质素总是处于动态之中，这尤其体现在词汇的演变上。与语音和语法相比，词汇是语言中最活跃的要素，反映社会变化最敏感，经常发生变化，词汇系统也相应地处于动态的变化中。由于社会的变化，新事物的产生和新概念的出现，近代汉语词汇系统同样也是一个不断调整以适应社会发展需要的开放的系统。新词的产生和旧词的消亡既是近代汉语词汇本身的量变，也是词汇系统的量变。同样，新义的产生和旧义的消亡既是近代汉语词义本身的量变，也是词义系统的量变。近代汉语词汇的发展变化不仅涉及词量、词音、词形、词义、词的用法和类属，而且也涉及词和词之间的各种关系，以及各种类型词汇间的关系等诸多方面。如《金瓶梅》中的动词与现代汉语相比有语言单位性质功能、词形、意义内容和使用频率上的差异。其中“唱喏”、“窝盘”和“称夸”等随着事物和方言词的消亡及词汇系统的调整而消失。[1] 又如《红楼梦》中的“阅者”、“回思”和“终”在现代汉语中作“读者”、“回想”和“究竟”等。[2] 再如《礼记·曲礼上》中的“博闻强识”和枚乘《七发》中的“半死半生”，《朱子语类》中演变为“博闻强记”和“半死半活”等。这些变化对于近代汉语词汇来说是量变或局部质变，而一个个量变和局部质变对整个汉语词汇来说则可能积累为质变。

近代汉语词汇发展至明末清初，西学东渐中大量反映新思想和新事物的新概念新词语促进了近代汉语向现代汉语的过渡。尤其是19世纪末，随着维新变法运动的兴起，不仅引进和创造了大量外来词和新词，同时相当多的旧词相应地退出交际用语，许多词的意义也有调整和更新。这些词语丰富了近代汉语的词汇，且从物质层面和精神层面两个层面冲击着当时社会的文化理念，反映了白话逐渐取代文言的趋势以及精英文化与平民文化在社会交际中趋雅⟷趋俗相融互补由古典形态走向现代形态的新旧交替规律。如“文化”在古汉语中是“文治和教化”的意思，与“武力”、“武功”相对，“日语用‘形借法’借去后，到近代又被日语用来作为英语 culture 的对译词，后来，又被现代汉语用‘形借法’借了回来”。[3] 又如“科学”也已不是“科举的学问”，[4] “民主”也完全不是孟子所说的“为民作主”，“理性”更与宋代的“理学”有着天壤之别。这些词虽然不是很多，但对中国现代思想以至整个中国现代历史进程的影响却非常大，使汉语发生了根本性变革，整个词汇系统也发生了明显的变化。正如沈国威《近代中日词汇交流研究》所说：“近代新词给汉语带来的影响远比现在新词要深刻、广泛得多。第一，近代新词提供了包括各学科基本术语在内的数千个学术词语，使我们有可能通过书面的或口头的形式来谈论近代以后的新知识；第二，近代新词为汉语从文言文向口语文的过渡、实现语言由近代向现代的转化在词汇上做好了准备；第三，大量新词的出现同时为汉语词汇的进一步发展准备了一批造词成分和造词模

---

① 程娟：《金瓶梅动词研究》，《宋元明汉语研究》，济南：山东教育出版社1992年版。

② 王绍新：《红楼梦词汇与现代汉语词汇的词型异同研究》，《中国语文》2001年第2期。

③ 参戴昭铭：《文化语言学导论》，北京：语言出版社1996年版，第3页。

④ 古代汉语中无“科学”一词，与“科学”一词意思比较接近的是“格致”。所谓“格致”，即“格物知致”，亦即穷究物理的意思。《礼记·大学》说：“致知在格物，物格而后知至。”不过，“格致”与“科学”在内涵上显然相距甚远，“格致”属于宽泛的科学，近代广泛地学习西方的物理、化学、数学、地理等理论以及广泛地引进西方的器械和技术更属于严格意义上的科学。现代汉语中的“科学”一词是从日语中借用而来，而日语中“科学”则是译自英语的“science”，所以“科学”一词本质上是来自西学东渐时的外来概念词。

式。”“既有概念史，即导入外来新概念的历史的一面，也有词汇史，即新词形成的历史的一面。”[①] 因而我们可以说近代汉语词汇系统演变至清末在时代变革的冲击下已起了本质的变化，由以文为主到以白为主，由渐进的量变接近飞跃性质变的临界点，而现代汉语词汇系统正是在近代汉语词汇系统变革的基础上突破量变，由古白话质变为现代白话，实现了文白的转型，形成一种新的语言体系，进而改变了中国的伦理观、价值观、历史观、哲学观、文化观、文学观等，导致了中国文化的现代转型。

① 沈国威：《近代中日词汇交流研究》，北京：中华书局2010年版，第5~6页。

第六章 近代汉语词汇的特点与价值取向

Jin DAI han yu CI HUI Xue

第一节　近代汉语词汇的特点

语言的演变过程中既有继承又有创新，继承和创新相依存、相对立、相消长。没有继承，语言就难以世代相传；没有创新，语言也就难以适应社会生活发展的需求。语言的发展是渐变的，又继承，又创新，二者并存是常态，其结果就是新旧历史层次成分的叠置，尤其是词汇的发展具有累积性的特点，共时平面上使用的词汇就其来源而言蕴含着历时的积淀，继承的习惯形成语言亘久相承的基石，创新的积累又促成了语言与时俱进的发展。共时系统中的词汇从空间和时间坐标上看，有来自书面语的，也有来自口语的；有来自权威方言的，也有来自各地土语的；有来自承古层次的，也有来自新生层次的。近代汉语中保存了不少古代词语，表现了语言的继承性一面，同时又记载了不少当时出现的新词新义和新用法，表现了语言发展演变的一面。近代汉语词汇的发展既有连续式的历时演变，又有叠置式的共时演变。新旧质要素和文白的兴替形成词汇系统时间上的自我调整和更新，通语词和不同方言词的竞争以及外来词的接触影响形成词汇系统空间上的吐故纳新。

近代汉语词汇数量浩瀚，虽然在演变过程中有大批旧词旧义消亡，[①] 但增加的新词新义的数量却远远超过旧词旧义消亡的数量，总的发展趋势是词义日益丰富和纷繁，总量不断增加，构词方式日臻完备，表现力也越来越强。据许少峰所编《近代汉语大词典》，收释唐代至清代出现的词语计 50 306 个，而白维国等正在编纂中的《近代汉语大词典》收释的词语将更多。又据曹炜《现代汉语词汇研究》一书以《现代汉语词典》所标注的 802 个口语词和 3 281 个书面语词考察，口语词大多是近代白话和现代汉语中出现的词，双音化程度很高；书面语词中有相当数量来源于古代文言文的词，单音化程度很高。[②] 从宏观上看，主要是旧词旧义消亡，新词新义产生，或用新词新义表达旧的概念，或赋旧词以新义，方俗语词和口语词大量涌现，基本词汇产生文白兴替。既有承古词，也有新生词；既有通语词，又有方言词；既有本土词，

---

① 词汇的生命力存在于词汇史的长河中，即使已消亡的旧词旧义也仍保存在人们的记忆中，或者记录在某些文献中，在叙述历史的时候还会用到，其中有些词也可能重新启用，甚至盛行一时，可见词汇演变的总趋势是增的多减的少。

② 曹炜：《现代汉语词汇研究》，北京：北京大学出版社 2004 年版，第 115 页。

也有外来词。承袭的词语与新生的词语共处一体，文言旧质与白话新质交合相糅。如产生了“滚、捺、开心”等新词语，又如“惭”由“惭愧”生发出“感激”义等。从微观上看，事物的发展和人们认识水平的提高导致大量同义聚合、反义聚合的出现，充实了近代汉语词汇系统，使其语义区分上更为细密，表达上也更为准确。

近代汉语词汇与古代汉语词汇相比较主要是文白的异同，大致有常用词的文白兴替、方俗口语词大量涌现、变单为复的双音化、表意丰富而明确、新旧雅俗相融共存、词汇系统更新和变革等特点。

一、常用词的文白兴替

近代汉语词汇与古代汉语词汇的一个显著不同在于对一些常用词词义的表述方面，许多常用词的替代现象在汉代已经发生。如“树”早在先秦就可以作名词用，“树木”同义连文也常可见到，但从总体上看，表示“树木”的概念先秦以用“木”为常，而到了两汉之交，表示“树木”的概念几乎已经是“树”一统天下。现代汉语木本植物统称为“树”的格局远在汉代已经基本形成。现代汉语中“关门、关闭”的“关”，“书写”的“写”，“晒衣服”的“晒”，“错误”的“错”，“寒冷”的“冷”，方位词“里”等也始见于汉。[①] 沿至唐宋，许多前代产生的口语词得到普遍使用，出现了一种以中原一带北方方言为基础而形成的口语通用语，书面语也已有文白并用的趋势，出现了一些白话与文言的替换现象。

如东汉昙果和康孟祥译《中本起经》卷上：“无上正觉，不可以生死意待也，何得对吾面称父字？”例中“称”，宋刻本改为“说”。“若是日耶，吾日得逮；谓是天人，其目復眴。”例中“目”，宋、元、明的刻本已改为“眼”。

又如《易·小畜·九三》中的“夫妻反目”，孔颖达疏：“夫妻乖戾，故反目相视。”例中“反目”一词意谓怒目相向。唐宋改为“反眼”。韩愈《柳子厚墓志铭》：“一旦临小利害，仅如毛发比，反眼若不相识，落陷穽不一引手救，反挤之又下石焉者皆是也。”蒋抱玄注：“反眼，即反目之义。”苏辙《乞诛窜吕惠卿状》：“及其权位既均，势力相轧，反眼相噬，化为雠敌。”李纲《佛印清禅师语录序》：“与夫今之士大夫交游之久，以信义相期，一旦临小利害，反眼若不相识者，不可同日而语也。”

① 汪维辉：《东汉——隋常用词演变研究》，南京：南京大学出版社2000年版。

再如“吃”取代了“食”，“打”取代了“击”，“找”取代了“寻”和“觅”，“到”取代了“至”，“走”取代了“行”，“睡”取代了“寐”，“想”取代了“思”，“住”取代了“居”，“看”取代了“视”，“河”取代了“水”，“教”取代了“诲”，“写”取代了“书”，“站”取代了“立”，“跑”取代了“走”，“回”取代了“还”，“愁”取代了“忧”，“给”取代了“予”，“送”取代了“赠”，“完”取代了“毕”，“活”取代了“生”，“派”取代了“遣”，“罚”取代了“惩”，“偷”取代了“窃”，“遮”取代了“蔽”，“要”取代了“欲”，“生”取代了“育”，“烧”取代了“燃”，“坏”取代了“败”，“丑”取代了“恶”，“穷”取代了“贫”，“干”取代了“涸”，“硬”取代了“坚”，“里”取代了“内”，“快”取代了“速”，“慢”取代了“缓”，“低”取代了“下”，“鞋”取代了“履”，“袖”取代了“袂”，“脚”取代了“足”，“头”取代了“首”，“肉”取代了“肌”，“嘴”取代了“口”，“曾”取代了“尝”，“这”取代了“此”等。

近代汉语词汇中“视、求、索、寝、寐、击、居、止”等上古的基本常用词逐渐边缘化，或以文言词的身份或作为词素保留在词汇系统中，而“看、寻、觅、找、卧、眠、睡、打、住”等新兴词语则从词汇的边缘向核心位置转移成为基本常用词。旧词和新词经历了长期共存和互相竞争，在近代汉语中或新旧交替，或二者并存，或构成并列复合词，如“寻觅、寻找、行走、站立、打击、听闻、说话、隐藏”等。其中有些词由一般词汇演变为基本词汇，有些词则由基本词汇演变为一般词汇。

二、方俗口语词的涌现

近代汉语词汇与古代汉语词汇的另一个显著不同在于有大量的白话俗语词，带有方言口语的色彩。如王梵志诗《吾富有钱时》：“邂逅暂时贫，看吾即貌哨。”诗中“貌哨”一词是当时俗语词，意谓“丑陋”。又如杨万里《垂虹亭观打鱼斫鲙》诗：“鲈鱼小底最为佳，一白双鳃是当家。”诗中“当家”一词在宋代有“绝妙、出色”义，与其在现代汉语中的词义不同。再如《水浒传》二十一回：“阎婆只怕宋江走去，便帮在身边坐了。”例中“帮”是淮河流域一带的方言，意思是“紧靠、逼近”义。

近代汉语词汇中有许多方俗口语词是新产生的，表现在词形上则为记音字，因而近代汉语词汇中记录口语成分的部分往往同音通假字较多，民间所造的俗字也多。如“硬”又作“鞕”、“鞕”。考《慧琳音义》卷六十释《根本说一切有部毘奈耶大律》第二十九卷坚鞕（鞕）："額更反。《韵英》云：坚也。《考声》：牢固也。从革更声。俗作硬，或作鞕，亦通。"又卷六十二释《根本毘奈耶杂事律》第一卷核鞕："額更反。《考声》云：鞕（鞕），坚也。《文字典说》：鞕（鞕），坚牢也。从革更声。或从石作硬，俗字也。"又卷十五释《大宝积经》第一百九卷牢鞕："下五更反。《字书》：牢固也。从革更声。经作硬，俗字也。"据慧琳所释，唐时"硬"尚为"鞕"的俗字，或作"鞕"。考《玉篇·革部》："鞕，坚也。亦作硬。""硬"为"鞕"的换旁字。"硬"是后出白话词，文言说"坚"。如《易·坤》："履霜坚冰至。""坚"、"硬"有"坚牢、结实"义。如《朱子语类》卷四九："且如中央一块坚硬，四边软，不先就四边攻其软，便要去中央攻那硬处，如何攻得。"例中既有单音词"硬"，又有"硬"与"坚"组成的同义复合词"坚硬"。[①] 引申有"顽强、竭力"义。如《朱子语类》卷一〇四："某是自十六七时下工夫读书，彼时四旁皆无津涯，只自恁地硬着力去做。"又引申有"强行、执拗"义。如《朱子语类》卷八："今人只凭一己私意，瞥见些子说话，便立个主张，硬要去说，便要圣贤从我言语路头去，如何会有益。"还比喻有"冷酷无情"义。如《朱子语类》卷六："试自看温和柔软时如何，此所以'孝悌为仁之本'。若如顽石，更下种不得。俗说'硬心肠'，可以见。硬心肠，如何可以与他说话！"例中"硬心肠"比喻感情冷酷无情，与"温和柔软"相反。例中"柔软"的"软"又作"耎"、"輭"。考《玄应音义》卷六释《妙法莲华经》第一卷柔耎："而兖反。《广雅》：柔，弱也。《通俗文》"物柔曰耎"作耎。《汉书》'软不胜任者'作软，二形通用，经文多作濡。"近代汉语中"耎"、"輭"和"软"并用，后渐以"软"为主。

又如人称代词表复数的"们"，唐代写作"弭、弥、伟"，宋代写作"懑、满、瞒、门、们"，元代写作"每、门、们"。[②]

再如《朱子语类》卷七二："'载鬼一车'等语所以差异者，为他这般事是差异底事，所以却把世间差异底明之。世间自有这般差异底事。"例中"差异"有"奇怪"义。又作"诧异"、"吒异"、"咤异"。如《朱子语类》卷一三九："又有一等人知读圣贤书，亦自会作文，到得说圣贤书，却别做一个诧异模样说。"又卷八九："某前日在上前说及三年之丧，亦自感动，次日即付出与礼官集议，意甚好。不知后来如何忽又住了，却对宰相说：'也似咤异。'不知寿皇既已行了，又有甚吒异？""差异"又与"嗟异"词义相通。如《北

① 《汉语大词典》释"坚硬"，以自造例"坚硬的山石"为证，可补《朱子语类》例。

② 祖生利：《近代汉语"们"缀研究综述》，《古汉语研究》2005年第4期。

史》卷七十《孟信传》:“买牛人嗟异良久,呼信曰:‘孟公,但见与牛,未必须其力也。’”

三、变单为复的双音化

近代汉语词汇是一个具有不同时间层次的词汇系统,不同时间层次的词语表现在构成形式上又有所不同。由前代传承下来的词基本上是单音节的单纯词,而近代汉语中新产生的,或中古产生,到近代汉语中才普遍使用的词语则大多数是双音节或多音节的合成词。近代汉语复合词的组成主要有两种:一为在传承的基础上以古汉语中的词作为构词词素组成,一为以古汉语中的常用词和口语中的白话词作为构词语素组成。近代汉语中的新词几乎都是由两个音节组成一个音步,一个音步组成一个韵律词。[①] 因而变单音词为复音词也可以说是近代汉语词汇在构成形式上所表现出来的一个重要特点,体现了汉语词汇双音化的趋势。

从词语的内部结构来看,双音词的数量大大增加,“老”、“阿”、“子”、“头”等词缀也已产生,出现了多种具有固定形式和能产性质的多音词语,可分为复合式和附加式两大类。双音节以及多音节的合成词的构造方式基本上与词组一致,主要有偏正、联合、主谓、述宾和述补等方式。复音词在近代汉语中已占绝对优势。如敦煌诗歌中新词有 294 个,新义 180 个。从音节分布上看,294 个新词中只有 3 个单音词,其他 291 个皆是复音词,其中双音词为 282 个。180 个新义中只有 18 个单音词,其他 162 个皆是复音词,其中双音词为 159 个。从词义的结构类型看,敦煌诗歌新词中以复合词为主,294 个新词中有 259 个为复合词。复合词中又以并列式最多,有 102 个;其次是偏正式,有 92 个。180 个新义中复合词有 138 个,其中并列式 53 个,偏正式 51 个。[②] 又如据统计,《水浒传》和《红楼梦》中单音节词和复音节词的比例是一比一。

近代汉语复合词的产生途径一般有两种:一为由句法层面上的词组凝结成词,也就是词汇化;二为在已有的词汇系统中提取相应的语言成分作为语素组合成词。

---

① 近代汉语在构词上既广泛利用其时不能单用的古汉语单音节词作词素,又受双音化趋势的音节韵律模式的制约。如冯胜利所说的嵌偶单音词和合偶双音词。

② 洪帅:《敦煌诗歌词汇研究》,四川大学博士学位论文,2010 年。

四、表意的丰富而明确

近代汉语词汇语义丰富，在充分发展一词多义基础上，对一个词的意义范畴进行了更为精细的分类，分化出多个意义范畴来，从而产生了可以统摄在原词对应的概念之下的多个词。原词作为词素参与了这些词的构造。如“红”表示颜色时，在“古代指浅红色，后多指像鲜血一样的颜色”。随着人们对“红”这一色彩有了更为细致和富有层次感的认知，“红”作为色彩词逐渐成为一个类概念的名称，其下包括若干种概念的名称，如“绯红”、“嫣红”、“鲜红”、“殷红”、“猩红”、“火红”、“大红”、“朱红”、“橘红”、“粉红”等。这些词表示的都是“红”的下位概念，它们都是由“红”分化发展而来的。

近代汉语词汇相较古代汉语来说，词义表达具有单一性和明确性。古代汉语词义系统中，多义现象为主体，约占70%，而单义词则约占30%。从近代汉语词汇的发展过程看，双音节词占多数，其中的多义词大多以两个义项为常，词义演变线索清晰，而很多多义的单音节词都逐渐演变为数个表单义的双音节词。如许少峰编《近代汉语大词典》解释唐代至清代出现的词语，大多为单义词和以两个义项为常的合成词。从微观上看，词义发展呈现由具体到抽象、由实到虚、由单纯到复杂、由单义到多义的趋势。词义的引申导致义位多义化，增强了词汇间的组合功能；词义通过隐喻、转喻等修辞方式从组合的表层进入融合的深层进而发生转变。从宏观上看，近代汉语词汇通过不同途径扩展其搭配功能，更多的是运用文言旧词来重新组合，主要通过同义连用、音节扩充、同义替代、语义脱落、双音组合的语法化等方式来实现双音化，使结构成分从句法层面的独立单位转变为词汇层面的黏附单位。

人们以旧有的语言材料承载新的语义内容，尤其是当已有的词被应用于新的语境、或以词素身份被运用于新的造词构词时，词义或词素义会相应得到新的发展。如“书”的词义为“写字；记录；书写”、“装订成册的著作”、“书信”、“文件”等，用于“楷书”、“隶书”等词的造词构词时则具有了“字体”的词素义。

五、新旧雅俗相融共存

近代汉语不是一种在一个单一的方言点口语基础上形成的书面语，而是在其形成过程中受到各种不同因素的影响，组成成分十分驳杂，既有传统的雅言旧词和仿古的文言成分，又有白话新词和各种方言成分，还涌现出一大批新的成语、谚俗语、歇后语、惯用语、偏义语、隐语、行业语、术语以及外来语等，尤其是一些口语常用句式形成的凝固或半凝固的短语和框式待嵌组合格式语等，形成各种聚合和组合关系，具有文白旧质和新质共存、趋雅和从俗相融的多元特点。

由不同时间层次累积而成的近代汉语词汇系统形成了大量的同义类聚词群。这些相互具有同义关系的词语，从其产生年代来看往往属于不同的时间层次，具有同义聚合关系。一组同义词中，时代产生较早的成员，在文献中往往出现在带有文言色彩的句子中，而新兴的成员则往往出现在口语程度较高的句子中。有些同义聚合中某个词在上古汉语或中古汉语中是较常用的词，但在近代汉语中由于与之同义的新兴词的出现和广泛使用，不再是常用词，和同一聚合中的新兴词相比，其组合的功能往往要差一些，而那些新兴词是与整个近代汉语相适应而产生发展的，所以其组合功能往往要强一些。

近代汉语词汇中往往单音节词、双音节词和固定词组同时并用。[①] 如：

此是甚说话！元来无所有底人，见人胡说话，便惑将去。(5.92)
某见人将官钱胡使，为之痛心！(106.2642)
他之无意见，则是不理会理，只是胡撞将去。(124.2972)
《晋书》皆为许敬宗胡写入小说，又多改坏了。(134.3204)

例中单音节词“胡”有“随意乱来”的意思，“胡”与“乱”又组成同义复词。如：

如庸医不识病，只胡乱下那没紧要底药，便不至于杀人。(130.3097～3098)

又有“胡A胡B”的四字语固定格式，A和B是两个相对或相类的词，意谓胡乱地A和B。如：

---

① 在语言系统中，有很多的语意同时存在两种表达方式：一种是语法的表达，即用一种语法关系来表达一个意义；一种是词汇的表达，即用词汇单位来表达一个意义。这两种方式所表达的意义范畴是一样的。语言中的很多意义在词汇系统和语法系统中同时存在。如表达“完成”的意义可用“好”、“完”、“结束”等词表达，也可用时态助词“了”等语法手段表达。

如今胡喜胡怒，岂不是差！（126.3019）

从此去，便只是胡做胡杀了。（90.2302）

他却是实见得个道理恁地，所以不怕天，不怕地，一向胡叫胡喊。（124.2981）

又有“胡A乱A”的四字语固定格式。如：

想见穆王胡做乱做，到晚年无钱使，撰出这般法来。（79.2062）

金溪之徒不事讲学，只将个心来作弄，胡撞乱撞。（121.2928）

还有“胡A乱B”的四字语固定格式，A和B的词义相同或相对。如：

操存只是教你收敛，教你心莫胡思乱量，几曾捉定有个物事在那里！（117.2833）

《诗》上说“思尢邪”，自家口读“思无邪”，心里却胡思乱想，这不是读书。（114.2759）

此固是不好底术数，然较之今者浮躁胡说乱道底人，彼又较胜。（120.2913）

第二节　近代汉语词汇雅俗相融的价值取向

汉语词汇在由古至今的发展中有变，有不变，有变化大的，有变化小的，而为什么变，怎样变，为什么这样变而不那样变，既有语言自身的发展规律，又有人们具体取舍的价值取向，在某种程度上也反映了精英文化与平民文化、本土文化和外来文化的交融。词汇的演变在某种程度上可以说既是镜，也是灯，不仅反映了不同时代不同地域的语言演变，而且也折射出各个时代不同阶层人们的意识、情感和心灵状态。语言在反映客观外界的同时，也体现了使用者内在的主观思想。语言的演变在某种程度上体现了使用者自我意识的发展水平，尤其是汉语文白的演变可以说更真实更细腻地记录了人们的思想倾向和意识情感。汉语词汇，尤其是近代汉语词汇的发展演变不仅体现了“言语意义←→语言意义”和“口语←→书面语”整合融合的动态演变，而且也体现了不同文化和不同阶层的人们使用同一种语言既求雅又从俗的发展趋向，即典雅的精英文化与通俗的平民文化、本土文化和外来文化相融合的价值取向。

一、言语意义←→语言意义互动交融

“言语”和“语言”是一组相对的概念。语言是社会成员经过约定俗成的静态符号系统，具有交际工具的客观性、概括性、规约性、社会性和相对稳定性，而言语则是人们运用语言这种工具进行交际的过程和结果，具有灵活性、具体性和临时性。语言是说话人能做什么，是静态的，而言语是说话人实际做了什么，是动态的。语言是从言语中抽象概括出来的，来自于言语，而言语活动虽在语言约定的规则内进行，但还具有个人特色，且每个人每一次说话都是不同的。语言系统的各个结构成分（语音成分、词的数量和构词规则等）是有限的，但在具体的言语活动中，作为一个行为过程，人们所说出的话是无限的，每个人都可以说出无限多的话语。大致而言，语言是言语活动中同一社会群体共同掌握的，有规律可循而又成系统的交际工具，言语则是个人对语言具体使用和使用的结果。

语言的词义含有言语意义和语言意义。词义处于独立或静止的条件下不受语境的制约，这时的意义是语言意义。语言意义是人们对所指对象的区别性特征的概括认识，贮存在人们头脑中，或记在词典里，又称理性意义、指称意义等。语言意义进入交际过程即言语活动中，受到语境的影响和制约发生一定的变化形成言语意义。言语意义是交际活动中语句所包含的和传达出来的全部内容。言语意义的核心部分是语言意义，语言意义指语言体系中所固有的意义。语言意义是常体，即言语意义的综合和概括，具有客观性、社会性、概括性和相对稳定性；言语意义是变体，具有主观性、个体性、具体性和灵活多变的特点，言语意义的内涵要比语言意义丰富得多。言语意义除了语言意义之外还有附着在核心成分之上的语境义。语境是人们运用语言进行交际的环境。语境义指的是交际时的一些具体情境，如时代背景、上下文、个人修养、习惯、经验、知识等因素起作用而产生的临时意义。语境是言语活动的一个要素，也是言语活动中双方达到相互理解的必不可少的要素之一。一方面，语境的解释补充作用为义素的种种实现提供了可能，使具体复杂的义素在特定语境中经过过滤得以明确化，达到交际目的；另一方面，语境对意义转化方向的制约作用又使得言语内容必须适合当前语境。词的动态义素就是在特定语境的交际关系网络中实现变异的。语言意义和语境义融合在一起构成具体的言语意义。言语意义为一定的现实交际目的服务，而交际又都是在特定语言环境中进行的，语境对言语意义有制约作用，单义词在语境制约下实现了具指化，多义词在语境制约下实现了单义化与具指化。言语意义可以说是说话者与接受者在交际过程中互动的产物，在交际过程中说话者往往需要根据接受者的反应调整话语，接受者也需要根据对说话者所说话语的理解做出相应的反应。言语意义的变化又影响语言意义的变化，语言意义吸纳言语意义的变化从而形成了语言中词义的古今演变。词的言语意义和语言意义的区别实质上可看成是言语词和语言词的区别，方俗口语词多为言语意义的言语词。

语言的发展从纵向的观点看是一种历时的演变。不论是词的分合、叠置或迁移、转换都不是杂乱无章的堆积，而是经过不同历史层次的变异而形成；从横向的观点看是一种共时的演变，不同历史时期传承下来的成分并存整合成一个新的系统。语言表达功能决定语言形式，历时的变异与共时的整合是语言存在和发展的两种基本形式。这两种形式交替进行，相互作用，使言语意义←→语言意义既能承传不断，也能与时俱进，表现了语言系统不息的生命力。

不同的交际场合和语境对语言的使用有不尽相同的要求，从而形成不同的语体。语体是一系列言语特点的体现。如既有《史记·儒林传》所说“小吏浅闻，弗能究宣”的“文章尔雅，训辞深厚”的某些诏书律令，代表传承的语言意义；又有白居易所作老妪能解的诗，反映鲜活的言语意义。无论是帝王的诏令还是文人的诗词，从中皆可见雅俗间言语意义←→语言意义的互动交融。又如《朱子语类》所载朱熹讲学内容多为师生即时的问答，出于讲学的需要和特点，创意地利用了多种表达手段，有时用当时语言的表达方式，有时又用典籍所载语言的表达方式，师生间在问答时选择何种语体取决于说话者表义的动因，往往表述事件发展的具体进程多用俗白体，表述思想或进行评价多用雅语体，文白相间，雅俗共融。尤其是朱熹不同时期不同场合的讲学内容用词不尽相同，来自不同地区不同的门生所记又有同有异，其中包含有各种性质和各种层次的言语成分，既有承古的文言和成语，也有当时的白话和习语，反映了“言语意义←→语言意义”的动态演变，体现了汉语词汇发展演变渊源有自身的传承性和吸纳口语的开拓性。朱熹讲学时门人弟子往往边听边记或课后互相传记，大多不暇加工而直录原话，可以说活生生地反映了师生这一阶层间的语言交际实况，且后世传刻刊印的各本也多有异文，从这些无声的词语改动中也可“听”到编刻者所说的一些有“声”语言与宋代所说语言的不同，在某种程度上提供了前后相近的几个时间点上语言变或未变的珍贵线索，具有时间上的连续性。[①] 从朱熹门人弟子的记载也可见雅俗间言语意义⟷语言意义的互动交融。

二、口语⟷书面语共存交融

语言作为社会交际的工具，一般都有口语和书面语两种表达形式。口语是口头上讲的诉诸听觉的“说”的语言，涉及“口”和“耳”；书面语是诉诸视觉的“看”的语言，跟书写有关，涉及“手”和“眼”。吕叔湘曾说：“世界上没有，也不可能有，完全没有口语做根底的笔语；文言不会完全是人为的东西。可是文言也不大像曾经是某一时代的口语的如实的记录，如现代的剧作家和小说家的若干篇章之为现代口语的如实的记录。”[②] 从语言本身的发展而言，语言不仅通过一代一代的口耳相传，而且文字产生以后也通过书面的记录得以传承。今天的口语实际上是前人的口语和书面语的融合体。书面语虽是口语的记录，但已是经过加工的口语。书面语的发展必然要受到口语的影响，随口语的变化而有所演变，但一旦形成一个独立的系统，则不再完全随着口语的变化而变化，而是根据其自身的需要有所选择地吸收一些新的口语成分，自有其发展的规律，且必然也会对口语的发展产生一定的影响。

口语跟书面语相对，二者的差别在于书面用语比起口头用语有更多的承袭性和修饰推敲的余地。口语词汇是主要用于口头交际场合的词语，由俗语词、具有地方色彩的方言词和日常会话用词等构成，如“脑袋、脑壳、脑门子、出丑、鼓捣、尴尬、搞”等。书面语词汇是主要用于书面交际场合的词语，由较典雅的词、文言词、具有庄严色彩的词等构成的，如“头颅、脸庞、孩提、婴儿、研讨、函告、面晤、奉劝、寂静、寂寥、美丽、敏捷、立即”和连词“故”、代词“其”、否定副词“未”等。

书面语和口语都对词汇产生影响，出现了跟一般通行的表达有差异的成分。书面语词汇是口语词汇的加工形式，口语词汇是丰富书面语词汇的源泉。文化的传承和积淀，社会经济、行政、司法等公共事务方面的需要，使语言中一些表现力强或表达明确的成分通过书面被固定下来，成为适于书面的表达形式，广泛传扬，具有更多的典范性；而口语的特点在于口头表达往往有

① 参徐时仪：《词汇扩散与文献传本异文》，《中国语言学报》第13期，北京：商务印书馆2008年版。

② 吕叔湘：《文言和白话》，《国文杂志》1944年第3卷第1期。

不假思索的倾向，不遵守文献用语的典范，缺乏反复推敲的余地。直接对话时的语境支持使得表达中的很多要素不必用言辞说明，话语倾向简短，多有缺略跳脱，然而生动活泼。因此两者形成各自不同的表达色彩，各有交际优势。口语可以写下来，书面语也可以在口头说，口语性词汇和书面语词汇既有异也有同，其根本区别不在于是否用文字记录下来还是用口说出来，而决定于这两类词汇的不同的风格特点和使用场合。

研究语言演变主要依据口语或口语的记录，口语或口语记录的语言研究价值取向在于这些语料能够全面真实地反映当时语言的实际面貌。语言在演变发展中，一方面是口语成分被吸纳到书面语中，另一方面书面语成分有时也会被口语采用，在某种程度上反映了雅俗间的互相吸纳、互相渗透。语言的发展不仅存在“言语意义←→语言意义”的动态演变，而且也是“口语语辞←→书面语文辞”相互依存、相互渗透的不断转化过程，书面语和口语之间没有截然分明的界限，二者是同一种语言的不同表现形式，基础是共同的而区别则是局部的。① 如“眼里没人”是口语体，“目中无人”是书面语体。又如“改改这句话”是口语俗白体，“此句欠妥，宜酌情删改”是书面典雅体，而“这个句子必须修改”则为正式规范体，介于口语俗白体和书面典雅体之间，口语和书面语都用。② 再如我们面对一些具体的诗文时，往往难以断定其性质究竟是文言文还是白话文。朱光潜《文学与语文》一文也论及多数文言文作者口里尽管只说先秦两汉，实际上都是用“一炉而冶之”的办法“杂会过去各时代的语文”。③ 张中行《文言和白话》在谈到文白界限时曾例举了六种文白混用的情形，涉及乐府诗、佛经译文、曲子词、话本、章回小说、文人笔记等多种文体。④ 由文白界限的模糊亦可见雅俗间“口语语辞←→书面语文辞”彼此影响渗透的互动交融。一般来说，官方政府的文书多为正式规范体，学术研究的论著多为书面典雅体，文学艺术的创作则或钟情典雅或青睐俗白或兼有二者，而人们在家说自己的方俗口语，在外使用通语，在正式公共场合则使用雅语，由此形成庄雅与俗白之别。如一位校长对办公室

---

① ［法］约瑟夫·房德里耶斯《语言》曾说：“人们永远不会像说话那样写作。人们写（或力求写）得像别人一样。哪怕最没有教养的人一旦拿起笔来就会感觉到他们所用的语言与口语并不一样，它有它的规则和它的用法。”（岑麒祥、叶蜚声译，北京：商务印书馆 1992 年版，第 364 页）

② 口语体适应俚俗的语境，如顺口溜和二人转等；书面语体则适应高雅的语境，如外交辞令和政论文等。

③ 朱光潜：《谈美谈文学》，北京：人民文学出版社 1988 年版，第 220 ~ 222 页。

④ 张中行：《张中行作品集》（第一卷）《文言和白话》，北京：中国社会科学出版社 1995 年版，第 193 ~ 201 页。

秘书可以说“下周的作息时间要进行一些调整”，而不会在家里对妻子这样说。[①] 语言在演变发展中，既有方言与方言间的相互接触，又有方言与通语的相互接触，一方面是口语成分被吸纳到书面语中，另一方面书面语成分有时也会被口语采用，尤其是文人的日常用语和经文人整理加工的民间通俗文学作品很自然地会受书面语的影响。

语言是约定俗成的，随着时代的发展而发展，不同的时代有着不同的表达方式。由于口语旋生旋灭，古人无法利用录音设备录下自己说的话，时至今日，我们只能依据古人记录下来的书面文献来探索这些当时有声的语言反映的汉语古今演变。这些书面文献虽已是经过加工的口语记录，但是其中也有一些因种种因缘往往直录或书面加工不多而记录了当时所说原话，从中可还原出当时的语境，“听”到纸上所载的有“声”语言。

从词汇的角度来看，有大量的词汇成分既适用于口语，也适用于书面语，而从口语语辞到书面语文辞的扩展体现了雅俗相融互补的自然过程，形成了口语和书面语并存不断完善的语言发展模式。这种雅俗相融并存的不断完善，不仅是语言发展的模式，也是文学、思想、艺术和宗教等发展的模式。如敦煌文献中形式丰富多样的讲唱文学既有宣扬佛教教义的讲经文，又有韵散相间敷演佛经故事的讲唱文，适应文人精英到一般大众等不同阶层的需要，兼顾了不同层次受众接受信息的能力，具有通俗化和生活化的特点。讲经文和讲唱文互相影响，二者在传承文赋传统基础上融合而衍变为变文，进而又产生《京本通俗小说》、《清平山堂话本》和《大唐三藏取经诗话》等话本。这些话本具有口耳相传的口语和书面加工的文本的双重属性，其中说经话本《大唐三藏取经诗话》和讲史话本《大宋宣和遗事》后又为文人加工，敷演撰成长篇章回小说《西游记》和《水浒传》。又如朱熹讲学时用当时的口语解说儒家经典，门人弟子笔录下来整理成《语录》刊行，后又在各家所记笔记的基础上汇编为《朱子语类大全》,[②] 而朱熹所撰《诗经集传》、《周易本义》、《四书章句集注》和《四书或问》等著作及宋张洪编《朱子读书法》、清李清馥撰《闽中理学渊源考》等则把朱子讲学的口语加工为书面语，体现了古语和时语的雅俗相融，而儒家的学说经二程和朱熹等诸家的阐释而成为理学。再如两汉之交，佛教传入中土后，华严宗和唯识（法相）宗吸引上层

① 人们说话时选择何种语体带有表义的动因，往往表述事件发展的具体进程多用俗白体，表述思想或进行评价多用雅语体。

② 参徐时仪：《朱子语录和语类各本考》，《传统中国研究集刊》第十一辑，上海：上海人民出版社 2013 年版。

高僧大德们剖判入微地研习精理奥义，净土宗吸引一般僧俗民众整日念“阿弥陀佛”来到达极乐世界，禅宗则以“不立文字，教外别传；直指人心，见性成佛”的顿悟而盛行于官方与民间。释迦牟尼的教理经隋代智顗、吉藏和唐代玄奘、窥基、弘忍、神秀、慧能、神会、法藏、宗密等高僧在不同层次上的钻研加工，从玄奘创立的慈恩宗由盛而衰到慧能的禅宗继之而兴，几经演变而形成中国的各宗派，进而普及到社会的各个阶层，成为上至帝王学士，下至市人村民，雅俗相融的一种宗教信仰。因而就汉语口语和书面语的演变轨迹而言，在先秦口语基础上发展形成的文言文可以说是由俗到雅，在秦汉以后口语基础上发展形成的古白话则可以说是口语和书面语交融碰撞互为影响，在精英文化与平民文化雅俗合流基础上有所甄选乃至舍弃而形成的一种新的话语生态。

三、本土文化←→外来文化碰撞交融

语言接触是语言相互影响发生变化的一个重要起因，语言接触可以深入到语言系统的各个层面，语言接触导致的语言变异可以涉及语音、词汇和语法，而社会因素在一定程度上则决定了语言接触的深度，即决定了一种语言受另一种语言影响（干扰和借贷）的方向。[①] 中国历史上永嘉、安史、靖康之乱造成的南北分裂对社会政治、经济和文化的发展可以说产生了极其深刻的影响，语言也随之而有较大的变化。[②] 如东晋在江东建国，身处吴语氛围，同时南渡移民又带来了“中原正音”，两者相融合形成了当时的官方语言“江淮话”。[③] 如果说南迁的名士们乡音难改，说吴语只是入乡随俗，他们的子孙辈说的话则与南方吴语水乳相融。又如清代满族进京，其时京师“言庞语杂，然亦各有界限。旗下话、土话、官话，久习者一闻而辨之”。[④] 今天北京话是东北旗人话和北京老话以官话为中心整合起来的，成为普通话的基础。

---

① 参徐时仪：《试论语言接触与汉语文白转型》，《澳门语言学刊》2008 年总第 31 ~ 32 期。

② 如靖康之乱后，北方士民大举南迁，就当时的都城临安（杭州）而言，“临安移民的 76% 来自今河南，其中绝大多数又来自开封，并往往是在南宋初年随高宗迁入的。受开封移民影响，临安在经济生活、社会风俗和语言等方面都极像开封，似乎是将开封城搬到临安”。临安周边的广大区域也在语言上受到很大影响，“由于临安（今杭州市）、平江（今苏州市）、建康（今南京市）等地北方移民成为当地人口的主体部分，这一带也成了北方方言区”。（参葛剑雄编：《中国移民史》第四卷，福州：福建人民出版社 1997 年版，第 280 页）

③ 东晋时篡得帝位的桓玄生于安徽，长于湖北，他的口音有可能是江淮话和荆楚话相杂。

④ 夏仁虎：《旧京琐记》，沈阳：辽宁教育出版社 1998 年版。

任何文化的交流与传播都不会是简单的复制和移植，而是相当于化学变化的互化整合，作用于受众并最终为接受者接受。本土文化←→外来文化的交流往往产生碰撞和交融，在整合过程中往往产生新物质或新概念，导致主体文化一定程度上的变异。如西汉末东汉初佛教的东传，汉魏至唐五代大规模的佛经汉译导致了汉语与梵语等语言的接触，形成了汉译佛典不同于文言的特有句式。又如辽金元时期契丹和女真及蒙古族入据中原，各民族间的交融加强了语言的交流，不仅南北语言不断融合，而且本土和域外语言也有雅俗的交融，形成北方一带地区通用的“汉儿言语”。尤其是元代统治者为了维持其统治，不得不学习汉语。他们学的汉语自然不可能是高深典雅的文言，而必然是当时通行的口语白话。元代皇帝要了解汉文典籍，由汉人大臣用当时的口语来诠释讲解，写下来成为白话讲章。元代的诏书敕令等都是先用蒙古语写成，然后译成汉语白话，形成能让一般平民大众也能看懂听懂的白话公牍和白话告示，通行于全国，以其时口语为规范基础的书面语与蒙古语同时成为元代的官方语言。这促使雅俗相融的北方通语进一步扩展至南方，形成在北方原有雅俗相融格局基础上的南北交融，达到新的雅俗融合，上层的雅言介入日常生活口语，下层的便俗语介入书面语，汉语书面语也由文言向白话定位，白话成为上至皇帝下至庶民彼此交流沟通的应用语体，客观上也推动了文白此消彼长、由量变向质变的转化，初步形成文白转型的雏形。

由于南朝的政治相对来说比较稳定，上层精英和底层平民的语言有雅俗之别，而北方战乱频仍，士族纷纷南迁，氐、羌、鲜卑、契丹、女真等少数民族迁入与汉族杂居，这些少数民族与汉族交际所说语言自然是当时的口语，也就是底层一般平民的语言。虽然汉族高度的文明逐渐同化了这些民族，但在同化的过程中由于这些少数民族人数众多，必然会带来其自身的语言特点，如同成年人学外语难免带有自己母语的一些成分，而为了交际的需要，即使北方处于社会上层精英地位的汉族士人也必然会在语言的有些方面做些迁就和让步，如同我们与说不同语言的人交谈时在语言上彼此都会包涵和容忍一些，因而上层精英和底层平民的语言更多地趋于相融，相互间的差异减少，形成颜之推《颜氏家训》卷下所说“易服而与之谈，南方士庶，数言可辨；隔垣而听其语，北方朝野，终日难分，而南染吴越，北杂夷虏”的局面。北方金元统治者与平民百姓的雅俗相融导致了中原原有的语言系统的调整，从而在原有语言系统基础上形成了反映当时口语的通语，为今天北方大方言区的形成奠定了基础。

明清至民国的西学东渐又形成了一种新的话语生态。西方政治、经济、军事、文化的冲击导致了汉语与欧美语言的大规模接触，产生了大量新词语，不仅促使汉语文白转型顺应时代变革由量变到质变，在古白话基础上承文言的隽永凝练，同时吸纳欧化语言成分，形成海纳百川、有容乃大的新白话，而且从物质和精神两个层面丰富了汉语的概念系统和观念系统，扩展了人们的思想空间和科学思维能力，形成了构筑新时代突破传统范式、体现中西会通的新思想体系。①

四、社会底层⟷社会上层流动交融

社会成员流动性和不同社会阶层间的交往交际交织在一起成为语言变化的重要因素。如魏晋南北朝、唐末五代和宋金元之际战乱等造成的社会大动荡，人口大迁徙形成社会底层和上层以及不同社会阶层间的流动交往。一批由布衣素族进入上层皇室的新贵有别于门阀世族，所说自然夹以底层平民的语言，形成社会底层和上层的流动和语言的雅俗交融。又如科举制度是我国古代重要的选官制度，科举制使有才识的读书人有机会进入各级政府任职，士人的主要出路是科举。一些平民子弟跻身仕途，一些官宦子孙则沦为平民，科举也造成了社会底层和上层的流动和语言的雅俗交融。②

唐代仕途开放，“四方秀艾，挟策负素，坌集京师”，③ 大批出身低微的士人进入权力中心。宋代太祖赵匡胤鉴于“向者登科名级，多为势家所取，致塞孤寒之路”，④ 改革科举制度，由皇帝亲掌取士权，严密科举条制，实行“一切以程文为去留”⑤ 的原则，取士不讲门第，凡是粗具文墨的士人，不问贫富和出身，皆可应举，广泛吸引知识分子走科举入仕之路，寄之以重任，委之以大命。这既有利于政治的清明和中央集权的巩固，又推动了社会经济、文化、思想和科学技术的繁荣与进步。虽然有幸进入政权的士人并非全是人

---

① 参徐时仪：《略论西学东渐与汉语词汇演化的价值取向》，香港《中国语文研究》2011 年第 1~2 期合刊。

② 美国人类学家罗伯特·雷德菲尔德提出“大传统”（great tradition）和“小传统”（little tradition）之说，指出大传统与主流社会紧密相关，小传统存在于民间社会；大传统文字记载，小传统口口相传；大传统由精英阶层掌握，小传统来自普罗大众；大传统代表了所谓“上层文化”，小传统则意味着“底层文化”。（Robert Redfield, *Peasant Society and Culture: An Anthropological Approach to Civilization*, Chicago: Chicago University Press, 1956. p. 70.）

③ 宋祁、欧阳修等撰：《新唐书》卷一九八，北京：中华书局 1978 年版。

④ 李焘：《续资治通鉴长编》卷一六，开宝八年二月戊辰条，北京：中华书局 2004 年版，第 336 页。

⑤ 陆游：《老学庵笔记》卷五，北京：中华书局 1979 年版，第 69 页。

才，但在“居今之世，孔子复生，也不免应举”的社会氛围下，[①] 可以肯定地说，这些进士中几乎囊括了全部知识分子中的佼佼者，代表当时的精英。特别是从宋真宗朝后期起，随着科举制度进入黄金时期，大量人才亦随之陆续涌现出来。[②] 以宋仁宗一朝为例，出类拔萃、彪炳史册的人不下数十人，为历朝历代所罕见。其中著名的有余靖、晏殊、范仲淹、韩琦、富弼、文彦博、欧阳修、包拯、张方平、司马光、王安石、曾巩、刘敞、刘恕、蔡襄、苏轼、苏辙、苏颂、沈括等，既有深谋远虑的政治家和改革家，也有才能杰出的思想家、科学家、文学家、史学家和犯颜直谏、风节凛然的谏臣。

唐宋由科举进入官场的士子多数出身于平民之家，入仕前生活在社会底层，说的是平民的俗语，入仕后在官场说雅语，在家或与亲友自然还是说家乡话，形成类似《红楼梦》中贾政所说的话与刘姥姥所说的话的共存互补。这些平民出身的士子金榜题名进入社会上层所说语言在趋雅的同时，也形成了自上而下的教化、自下而上的讽谏这种双向关系的雅俗交融。

五、趋雅⟷趋俗互补融合

语言是人类思维的载体和交际的工具，人们用彼此约定俗成的符号表达意义，约定俗成是特定时空中特定人群无须言明的“集体无意识”默契，[③] 什么符号表达什么意义，不能任意改变，否则就会造成交流中的不理解。然而就客观而言，社会在发展，时代变了，新的事物出现了，就不得不增加新的词语和句式来表达。就主观而言，交际的语境具有认知动态性，即说者和听者的话语理解不是预先确定的，而是彼此在言语交际中对语境假设的不断选择、调整与顺应。说话人与听话人在认知语境上越是趋同，交际就越易成功。交际过程实际上是双方认知语境信息或假设的趋同过程，而语言表达总是在既遵循常规又不断超越常规的状态下进行的。人们在交流中可能会无意识地略微偏离约定俗成的表达，也可能会有意地标新立异，二者都是用原来没有甚至不容许的说法来表意。这类偏离的表达大多由于不为约定俗成的说

---

① 黎靖德编：《朱子语类》，北京：中华书局1986年版，第246页。

② 何忠礼：《贫富无定势：宋代科举制度下的社会流动》，《学术月刊》2012年第1期。

③ ［瑞士］费尔迪南·德·索绪尔《普通语言学教程》指出：“社会上所认可的任何表达方式，基本上都是以集体习惯为基础的，也就是以习俗为基础的。”“语言的实践不需要深思熟虑，说话者在很大程度上并不意识到语言的规律。”（高名凯译，北京：商务印书馆1985年版，第109页）事实上正是这种“无意识”蕴涵着说话者掌握的语言规律。

法所接受而消失，但也总会有一些出于交际时可以包涵和容忍的迁就和让步而生存下来，逐渐为大家接受，习而成俗，成为新的约定俗成的表达。[①] 如“很阳光”、“很中国”，“很”作为副词本不能修饰名词，现已为人们认同。又如“被幸福”、“被小康”，“被”用作被动式带名词的表述也已为人们接受。因此语言在人们交际使用中会不断地变化，而交际既发生在同一阶层，也发生在不同阶层间，语言交际是在一定社会文化环境中进行的，在一定程度上反映了交际者的社会关系、交际目的、态度等。如表达相同概念，上下辈社会关系不同，用语则有简体和敬体的不同。从交际过程中的编码和解码来看，说写者和听读者的社会地位和文化素质对词语、句式等的选择都有影响和制约作用。语言既是精英文化的载体，也是平民文化的载体，既是本土文化的载体，也是外来文化的载体，不同阶层不同文化各自使用的不同词语在交际中自然会互相影响。不同文化群体使用的词语虽有文白雅俗的不同，但交际使用中如果没有形成对方语言的认知语境就会出现交际障碍，交际中彼此间都有自我调节过程中的互相作用。正如说不同语言的人们为了交际的需要，在交谈时在语言上彼此都会有意识地或无意识地迁就靠拢对方，出现“语言调节”现象，不同阶层的人们为了交际的需要，在交谈时也必然会在语言的有些方面作些迁就和让步，进行语言调节，日积月累，这就促成了语言的交融和演变。如《红楼梦》中刘姥姥和贾母、王夫人、凤姐的交谈，互相间在用词上都自然而然地迎合对方以便于对方的理解。

一般而言，社会中的每个成员所说语言都既有通语又有方言，每个成员在社会交际时都会根据语境和交际对象等交际需要的不同来选择通语或方言的词汇成分。[②] 每一个成员言语能力中存在的通语和方言成分可能相互影响而进入会话交际，使得一些语言成分产生变化，一旦某个变化了的语言成分在某一特定阶层中扩散传播，就意味着变化的开始，由某一特定阶层内的扩散传播扩展到此特定阶层与其他阶层间的扩散传播。如果这一变化在不同阶层的扩散传播中渐为人们认同，这就导致了对这一变化的约定俗成。

---

① ［美］爱德华·萨丕尔《语言论》指出语言中任何重要的改变一开始必然作为个人变异存在，但只有按一定方向流动的个人变异才体现或带动语言的“沿流”（drift）。语言的沿流是由说话者无意识地选择的那些向某一方向堆积起来的个人变异构成的。“每一个词、每一个语法成分、每一种声音和重音，都是一个慢慢变化着的结构，由看不见的、不以人意为转移的沿流模铸着，这正是语言的生命。”“一种沿流，从语言的轻微调整或扰动开始，会在几千年的历程中引起最深刻的结构变化。”（陆卓元译，北京：商务印书馆 1985 年版，第 139、154 页）

② 意图性是决定性的，人们思考、行动、感受事物都有意图的倾向性。

如先秦汉语中的“日”和“月”，后又可称为太阳和太阴。[①]“太”形容极大，凡言大而以为形容未尽则作“太”。最初称“日”和“月”为“太阳”和“太阴”可能是在某一特定阶层内，后在不同的阶层扩散传播，“太阳”一词渐为人们认同，今口语仍沿用以称“日”。“太阴”未为人们认同而某一特定阶层又以“月亮”一词称“月”。“月亮”本为主谓词组，意谓月光明亮。唐李益《奉酬崔员外副使携琴宿使院见示》：“庭木已衰空月亮，城砧自急对霜繁。”清李光庭《乡言解颐·月》：“月者，太阴之精。然举世乡言无谓太阴者，通谓之月亮。唐李益诗……以‘繁’对‘亮’，言其光也。相习不察，遂若成月之名矣。或曰月儿。”据李光庭所说，“举世乡言无谓太阴者，通谓之月亮”，“月亮”本是乡言这一特定阶层所称，而历代文人吟诗作文又称“月”为“玉兔、夜光、素娥、冰轮、金轮、玉轮、玉蟾、桂魄、蟾蜍、银兔、玉兔、金蟾、银蟾、蟾宫、顾兔、婵娟、玉弓、玉桂、桂月、桂轮、桂魄、玉盘、银盘、玉钩、玉镜、金镜、冰镜、嫦娥、姮娥、素娥、广寒、清虚、望舒”等。“太阴”和文人吟诗作文所用“月”的雅语在某一特定阶层内扩散传播，而乡言所称的“月亮”在不同阶层的扩散传播中渐为人们认同，今口语仍沿用以称“月”。

又如“郎”最初是宫廷侍卫人员所在地，引申而称宫廷侍卫人员，后用作官职名或作为奖励性的封赠。由一种殊誉而为世人趋从，词义渐泛化为男子的美称和通称。再如“博士”最初也是古代学官名。汉武帝时置“五经”博士，职责是教授、课试，或奉使、议政。近代汉语中用来称呼具有某种技艺或专门从事某种职业的人。如《京本通俗小说·志诚张主管》：“张胜回头看时，是一个酒博士。”《警世通言·万秀娘仇报山亭儿》：“家里一个茶博士，姓陶，小名叫做铁僧。”这些称谓词最初地位尊贵，后渐由雅趋俗，从众泛化而雅俗合流。

语言有雅俗之别，典雅和通俗是相融互补的，每一个民族都有俗文化和雅文化。俗可指相沿习久而形成的风尚习俗，如风俗、礼俗、习俗、民俗；可指平常、普通，如通俗、世俗、常俗、凡俗、俚俗；也可指鄙陋，如低俗、浅俗、粗俗、鄙俗、庸俗。雅可指正规、合乎规范，如雅正、典雅；也可指高贵优美，如高雅、博雅、庄雅、风雅、文雅、古雅、儒雅、雅致、秀雅。典雅和通俗又是相对而言的，社会的变化和历史的发展使雅与俗相应而变。雅与俗不在于文之古今。《诗经》、《楚辞》出自民间，在当时大体也是白话，

① 陈士元《俚言解》卷一：“俗呼日为太阳。”“但俗呼月为太阴者少。”

具有先秦时期“野丫头”“活语言”的生气，经文人加工后，去除粗俗的成分，而成为比较典雅的诗文。[①] 后世出自民间或采用口语的作品同样具有当时“野丫头”“活语言”的生气，经文人加工去除粗俗成分后也可以说是比较典雅的创作。如刘义庆撰《世说新语》卷下之下《惑溺》：“贾公闾后妻郭氏酷妒，有男儿名黎民，生载周，充自外还，乳母抱儿在中庭，儿见充喜踊，充就乳母手中呜之。郭遥望见，谓充爱乳母，即杀之。”房玄龄编《晋书》卷四十《贾充传》改为：“充妇广城君郭槐，性妒忌。初，黎民年三岁，乳母抱之当阁。黎民见充入，喜笑，充就而拊之。槐望见，谓充私乳母，即鞭杀之。”例中改“踊”为“笑”，改“呜（亲吻）”为“拊（轻拍）”，改“爱”为“私”义，把直白的口语加工为比较典雅的书面语。大致而言，无论多么时髦的流行用语，隔代不用则可变俗为雅；无论多么优雅的古典用语，滥用无度也会俗不可耐。俗都以民间随意的下层性为依归，雅则以历史传承的上层性为依归，雅与俗之间可相互转化。

约定俗成可以是趋雅也可以是趋俗。交际场由说写者、听读者、话语和语境构成，说话对象、场合和内容不同，用词也随之而异。[②] 古往今来，人们生活的社会和交际的语境大致可分为物理世界、心理世界、语言世界和文化世界。一个完整的交际场是由语言世界和物理世界、心理世界、文化世界组合而成的，[③] 表达者和接受者在编码与解码时都要受到“四个世界”的影响和制约。[④] 语言世界不是直接对应于物理世界，而是有心理世界和文化世界作为中介。人们通过心理世界和文化世界来运用语言世界，同时又通过语言世界来认识物理世界和创造文化世界，反映文化和传播文化，而文化世界是制约表达者和接受者编码与解码的一个重要因素。

如果说社会上层的精英多用雅语，社会下层的平民多用俗语，那么趋雅是雅为俗所崇尚而向雅趋同，认同雅的优势，模仿雅进而包容一些雅语成分，而趋俗则是雅为俗所触动而向俗趋同，认同俗的鲜活，吸纳俗进而融入一些

---

① 如《诗经·关雎》中的“窈窕淑女，君子好逑”在当时不过是“漂亮的好女孩，正派男孩的好伴儿”的应时口语，后来成为古雅的文语。

② 章太炎《正名杂议》指出：“有通俗之言，有学术之言”，“有农牧之言，有士大夫之言”。

③ 王希杰《修辞学通论》：“物理世界是独立于人类认识之外而客观存在着的”，“人类所认识到的物理世界，是物理世界的有限的一部分”，“交际行为总是在具体的特定的物理世界之中进行”。（南京：南京大学出版社 1996 年版，第 79～81、109 页）文化世界包括思维方式、生活习俗、传统习惯、世界观、审美情趣等。

④ 杨用修《醰苑醍醐》指出：“夫意有浅言之而不达，深言之乃达者；正言之不达，旁言之乃达者；俚言之不达，雅言之乃达者。”（参姚永朴：《文学研究法》，南京：凤凰出版社 2009 年版，第 116 页）

俗语成分，尤其是在正式场合即使是平民说话时也尽可能趋雅用典雅的词语，而在非正式场合即使是士人或官员也一定趋俗用俗白的口语。如某位老师在教室里对学生可以说“中午用餐时不宜大声喧哗”，而不会在家里对自己的孩子这样说。社会上层和下层的交际是趋雅←→趋俗双向的融合，既有雅，也有俗，且雅中有俗，俗中有雅。① 如通俗文学中的白话小说和经文人整理加工的民间说唱文学往往按照雅文化的标准做了雅化，提升了俗文化的品位，具有雅与俗的双重性格。例如明代的世情小说《金瓶梅》描写了当时的社会生活，比较完好地保留了明代中后期都市群众口语、客厅用语、说书人套语和隐语黑话、行业语，以及文言公文用语等多元语言的自然面貌。万历丁巳（1617年）年间东吴弄珠客序的《金瓶梅词话》本是说话人的口讲述录，呈俗文化形态；而崇祯年间的《金瓶梅》则经过文人的加工，呈文人文化形态，往往把常俗之语改铸为文人之言。两个版本系统大致反映了其时口语与书面语的异同和雅俗融合的价值取向。又如日常生活用语和新词新义为雅俗所共用，不仅出现在各阶层人们的口中，而且也出现在文人的笔下。例如《红楼梦》第十回：“金荣的母亲听了，急的了不得。”又如《三刻拍案惊奇》第十九回：“既是央他换，怎的分量晓不得？”例中“了不得”、“晓不得”都是当时口语词。

如果说文人间交谈时多用雅语，平民间交谈时多用俗语，那么文人与平民间交谈时就会是雅俗并用。文人吸纳俗语且日常生活中也说俗语，在写作时或做加工或直接写进书面语，化俗入雅，俗语渐为书面语吸纳又成为雅语。如由根据三国正史及民间传闻说唱的“说三分”写成的《三国志平话》到罗贯中的《三国志通俗演义》，原有的口语往往被改写成书面语。又如陈师道吸取当时的谚语，把“巧媳妇做不得没面餺飥”、“远井不救近渴”和“瓦罐终须井上破”等改写成“巧手莫为无面饼”、“谁能留渴须远井”、“瓶悬甆间终一碎”等七言诗。与此相同，文人的雅语有时也会被平民口语采用，融雅入俗，雅俗合流。② 如姜子牙“直钩垂钓”的故事本为文人学士笔下津津乐道的典故，经元人编《武王伐纣平话》和明人改编《封神演义》的加工而进入

① 洪堡特曾说：“只要文学语体与大众语体保持着适当的关系，对立的双方就可以成为两个相互补充的源泉。”黄侃也说：“雅俗有代降，其初尽雅，以雅杂俗，久而纯俗，此变而下也。雅俗有异形，其初尽俗，文之以雅，久而毕雅，此变而上也。由前之说，则高文可流为俳体；由后之说，则舆颂可变为丽词。然二者实两行于人间，故一代必有应时之俗文，亦必有沿古之词制。”（《黄侃日记》，北京：中华书局2007年版，第214页）

② 相较而言，处于社会上层精英的语言变化成分更可能为其他社会阶层的人们所模仿，从一个社会阶层扩散到另一个社会阶层。

平民口语，形成“姜太公钓鱼——愿者上钩”这一妇孺皆知的歇后语。

语言演变发展的动因在于适应社会发展的需要，社会的发展要求语言的同步发展。词汇是语言中最活跃的要素，反映社会变化最敏感，经常发生变化，词汇系统也相应地处于动态的变化中。由于社会的变化，新事物的产生和新概念的出现，词汇系统同样也是一个不断调整以适应社会发展需要的开放的系统。新质要素的产生必然带来旧质要素的消亡，新陈代谢是事物发展的基本规律，词汇的发展过程，概括说来，就是新陈代谢的过程，也就是词汇新质要素的不断产生和旧质要素不断衰亡的过程。词汇的发展变化不仅涉及词量、词音、词形、词义、词的用法和类属，而且也涉及词和词之间的各种关系等诸多方面。这些变化对于整个汉语词汇来说是量变或局部质变，而积累到一定的阶段则可能是质变，即渐变到一定程度的量而达到从前一阶段到后一阶段的质变。语言的发展又具有渐变性和参差性。就语言发展的渐变性而言，汉语文白转型是在文言和白话此消彼长的基础上形成的。就参差性而言，文白的转型有各种因素的影响。汉语的文白演变是同一语言内口语形式和书面语形式的语体转型，既是一种语言现象，也是一种文化现象，既是表达功能的需要，也是雅俗相融的价值取向，隐含着价值观念的更新，涉及社会的发展和人们思想观念的转变等多方面，其中也涉及语言的接触和方便更多人运用语言的平民意识。①

白话最终取代文言成为当代中国人文化交流和文学创作的基本工具，大致上可以说是言语意义←→语言意义、口语←→书面语、本土文化←→外来文化、社会各阶层间趋雅←→趋俗互动共存整合融和的合璧，而现代文化的形成也是典雅的精英文化与通俗的平民文化、本土文化和外来文化相融合的产物。② 汉语词汇的古今发展的总倾向是向通语靠拢，既有从历时的角度看是当时新出现的白话口语成分，又有从共时的角度看是传承历代的文言书面语成分，既有“阳春白雪”，又有“下里巴人”，③ 既有本土文化成分，又有外来文化成分，从而形成随着口语的变化而发展的现代汉语。汉语的文白转型在某种程度上正体现了不同文化和不同阶层的人们使用同一种语言的必然发展趋向，即精英文化与平民文化、本土文化与外来文化雅俗相融互补的价值取向。

---

① 参徐时仪：《略论汉语文白转型与平民意识》，《上海市社会科学界第七届学术年会文集》，上海：上海人民出版社 2009 年版。

② 详参徐时仪著：《汉语白话发展史》，北京：北京大学出版社 2007 年版。

③ 上层社会文化与底层社会文化犹如菁英与草根，菁英为花与草木之菁华，而草根则是菁英之根本，二者相辅相成。

Jin DAI Hanyu CI HUI Xue

第七章 近代汉语词汇的研究方法

从事任何学术研究，掌握正确的方法就能收事半功倍之效。近代汉语词汇的研究同样如此，研究方法也是近代汉语词汇学的重要组成部分。

第一节 宏观的、原则的方法

学问之道重在传承，治学之道贵在创新。没有传承，存在就失去了基础；没有创新，发展就失去了动力。二者是相辅相成的，没有传承就没有发展，原创性理论就没有生长的土壤，学术上也不会有什么建树。学术的发展总是既奠基于已往的研究成果，又有不断的创新和开拓，文明的进步就是在这样一种承前启后的过程中实现的。

学问之道重在传承，首先要打好基础，即要有相关知识的积累。孔子曰："工欲善其事，必先利其器。"（《论语》）俗话也说"磨刀不误砍柴工"。从事任何科学研究，在进行有关研究之前，都应尽可能全面地考察研究前人已有的成果，辨章学术，考镜源流，使自己的起步建立在尽可能高的起点上，从宏观上看得更深入；然后从微观上着手，尽可能广泛地搜集第一手资料。王国维 1915 年《三代地理小记》一文提出以"地下之新材料"补正"纸上之材料"的"二重证据法"。陈寅恪总结王国维的学术贡献和治学方法时曾概括为如下三点："一曰取地下之实物与纸上之遗文互相释证"；"二曰取异族之故书与吾国之旧籍互相补证"；"三曰取外来之观念与固有之材料互相参证"。有关近代汉语的中土传世文献、域外传世文献、出土文献和实物文献相当丰富，这些文献都是进行近代汉语词汇研究的参证语料和多重证据。董志翘《训诂学与汉语史研究》一文指出："汉语史研究的主要对象并非活的语言，而是历代流传下来的文献语言材料，因此摆在汉语史研究者面前的首要任务是广泛收集、认真鉴别、准确识读这些材料，然后才谈得上分析、利用这些材料。如果没有前期的训诂工作，那么对于汉语史研究来说是非常危险的。"① 研究近代汉语词汇也同样如此，第一步工作就是全面掌握有关近代汉语的第一手语料，仔细辨别筛选和统计分析，同时关注近代汉语词汇研究前沿的热点、难点和重点，对已有成果了然于心，以便在扎实的第一手语料和前哲时贤成果基础上有更深入的开拓。

---

① 董志翘：《训诂学与汉语史研究》，《中古近代汉语探微》，北京：中华书局 2007 年版，第 40 页。

治学之道贵在创新，就要活读书，有自己的思考，要既有微观分析问题的能力，又有宏观综合把握的能力，始终居于已有研究成果的制高点，即站在学界巨擘的肩上结合自己掌握的第一手资料围绕前沿热点、难点、重点琢磨思考。在学术发展史上，每一次重大的进步都是不落前人窠臼而有所突破。孔子说："学而不思则罔，思而不学则殆。"（《论语·为政》）既学又思，用功和用心是获得理想学术成果的必经之路。近代汉语词汇研究要于人所习见处见人所不见，于人无疑处生疑，发人所未发，在注重词汇本体研究的同时，还应考察词汇产生的社会背景、文体特征和语体风格，揭示政治、经济、文化的发展和民俗、民族的差异及外来文化渗透的影响，探寻各种语言现象产生和发展的原因，说明演变得以实现的机制，探索演变的规律，从而有自己的原创。

研究近代汉语词汇，就要把近代词汇作为一个系统来研究，勤于思辨，以审视的眼光评述已有成果，重视心灵的体验，善于透过现象把握本质，从史的发展进行比较和解释，考察汉语词汇系统的历史发展和演变，探讨近代汉语词语的源流，近代汉语词语怎样由上古演变而来？有多少沿用至现代汉语？白话文为什么会取代文言文？白话文又是怎样取代了文言文？从而发现问题，层层严密论证，从理论层面揭示内蕴，探索汉语词汇发展的规律、动因和机制，提出自己独到的见解。

一、善于提问与挑战难题

任何一个看似天经地义的命题或结论都可能不是那么无懈可击的，尤其是在人文社科领域中。从事近代汉语词汇研究要在已有基础上继续进行研究，进行新的探索，善于提出问题进而挑战难题，有所创获，补充、修正或否定已有成说，得出更接近语言史实和本质真面貌的新结论。学术研究就是在这样的过程中不断向前推进。如王士元提出了著名的"词汇扩散理论"，我们在考察了经史子集数百种文献的基础上，考探了同一文献不同年代的版本异文反映的词汇变化所代表的不同时间上的语言状况，进一步指出历史材料也有可能提供时间上的连续性。词汇扩散是一种以变异和选择为基础的语言进化过程，它不仅在语音的历时变化方面出现，而且也体现在语言的其他方面如词义和语法范畴的演变中，因此，根据词汇扩散理论，依靠同一文献不同年代的版本异文，也可以考察语言变化的连续过程和词汇的兴替及语法的演变。

如《朱子语类》成化本卷一〇一《程子门人·谢显道》载："上蔡以知

觉言仁。只知觉得那应事接物底，如何便唤做仁！……须是分作三截看：那不闻痛痒底，是不仁；只觉得痛痒，不觉得理底，虽会於那一等，也不便是仁；须是觉这理，方是。”①

例中“那不闻痛痒底”，徽州本和成化本同，清康熙年间吕留良刊刻本在此句的“闻”字旁用红笔加注有“知”字，② 中华书局出版的理学丛书本则为“那不关痛痒底”。③ 考宋代徐铉校订的许慎《说文解字》释“闻”为：“知闻也。”徐锴《说文系传》则释为：“知声也。”据我们对《甲骨文编》和《甲骨文续编》“闻”字下所收二十七个甲骨文“闻”的字形分析，或皆像人长跽而振臂以手附耳静听之形，或像人长跽而振臂以手掩口倾耳静听之形，口旁边的点线似可看作口中发出的声音，举手掩口的动作即示意不要出声。④ 这些字整个字形的造意似皆为力图克服听不清楚的因素而噤声耸耳聆听，旨在强调排除干扰，全神贯注地听而力图听清楚的意思。“闻”的初义似为奏报上达，⑤ 如《韩非子·五蠹》：“故令尹诛而楚奸不上闻”；由“奏报上达”的通达义进而产生“听见”义，如《礼记·大学》：“听而不闻”；由“听见”的通达义引申而有“知道”和“接受”义，如《论语·里仁》：“朝闻道，夕死可矣”和《史记·绛侯周勃世家》：“军中闻将军令，不闻天子之诏”；由“知道”的通达义引申出“嗅到”和“知识、见闻、消息”等义。“闻”的初义首先是上报奏达，然后是努力听清楚，即听见，其次才是知，进而由具体的感知引申出抽象的感知，又由感知义引申而有嗅觉义。⑥ 心理学上把由一种感觉引起另一种感觉的心理过程叫做“联觉”，生理学上叫“伴生感觉”或“共感觉”（synesthesia），也叫“通感”，表示“感觉挪移”之意。⑦ 据徽州本

---

① 《朱子语类》台湾正中书局1962年影印明成化九年江西藩司复刊宋咸淳六年导江黎氏本，后又据日本内阁所藏明版各本雠校修补重版，第4073页。

② 清康熙年间吕留良刊刻本《朱子语类》，现藏上海师范大学图书馆。

③ 中华书局出版的理学丛书本《朱子语类》为王星贤以清光绪庚辰贺麟瑞校刻本为底本，参校明、清其他一些刻本的点校本，1986年版，第2563页。

④ 见《甲骨文编》所收（余九·一）、（甲一二八九）、（京都四五三）和（前七·三一·二）等，考虑到排版不便，此从略。

⑤ 董作宾《殷历谱》下编卷三参照甲骨卜辞和古代文献中“闻”字的具体用法，指出“‘闻’原为报告奏事之专字”。“闻之义，一为闻知，一为达闻。此二义，殷代已并用之。”“此字最初之意义，当为奏报上‘达’之‘闻’，犹《淮南子·主术》‘而臣情得上闻’之‘闻’。接受此报者必有所闻，故同时亦有‘知’义。”李圃《甲骨文选注》注释卜辞中“闻”，指出“闻”的甲骨文字形“全体象形。突出一耳，表听闻；人跽张口振臂举手，表报告。”“本义当为闻报。负责闻报之结构亦可称闻。闻当为商代的政治制度，方国设此结构以通情报於殷商时王”。

⑥ 参徐时仪：《“闻”的词义衍变递嬗考探》，（香港）《中国语文通讯》1999年总52期。

⑦ 参钱锺书：《通感》，载《文学评论》1962年第1期。

和清康熙本《朱子语类》可知“闻”在宋代似又由感知义引申有感知痛痒的触觉义。“闻”的触觉义相较听觉和嗅觉义而言不是其常用义，故康熙本《朱子语类》疑其为“知”之误而加注“知”字，中华书局出版的理学丛书本可能认为“闻”是“关（關）”的形近误字而改为“关”。据各本异文，可知“识”、“闻”、“知”、“关”义近，“闻”在宋代似由感知义引申有触觉义，此义在清代已消失。①

二、注意动态的词汇演变

语言是处于动态演变中人们的交际表达手段，考察近代汉语词汇时还可从语言渗透、语言融合的角度去把握，注意到语言不是一种同质系统，共时语言中的某些差异不一定都是其自身单线条历时层次的反映，而可能是由于语言相互渗透、相互融合造成的。词汇演变也不完全是一种同质语言社会的词汇演变，考察词汇演变时不应忽略语言接触状态下的词汇演变。

如《朱子语类》所载朱子讲学内容几乎包罗了中国古代知识分子的全部思想体系，时间跨度大，门人弟子所记笔记往往是直录朱熹的原话和师生间的问答，具有书面记录的文人口语色彩，其中既有上古雅言旧词，也有当时的白话新词，同时也夹有师生各自习用的方俗词语，且朱熹不同时期不同场合的讲学内容由来自不同地区不同的门生记录，同一内容的表述用词不尽相同，门人弟子所记又各有侧重，或详或略，有同有异，而同一门人在不同时间不同场合讨论同一问题，不同的门人在同一时间同一场合讨论同一问题，不同的门人在不同时间不同场合讨论同一问题，同一门人前后所记或有不同，来自同一地域的不同门人所记也或有不同，来自不同地域的门人更难免有同有异。值得指出的是，门人弟子记录朱子讲学的内容是一个把口语转换为书面语的过程，不同的记录者理解讲学内容的程度和转述这些内容的用词不尽相同，这就涉及记录者在多大程度上忠实地记下了原生态的口语，口语记录为书面语时是否有改动。尤其是《朱子语类》在由语录到语类的形成过程中又有一个编辑修订的过程，这又涉及汇编者在多大程度上忠实地抄录了已有的语录。朱子讲学语录作为共时语料包含有讲学时引经注文与朱熹的解说用语的历时层次差异和历代记录修订的差异，也包含有不同地域不同阶层语言

① 参徐时仪：《词汇扩散与文献传本异文》，《中国语言学报》（第13期），北京：商务印书馆2008年版。

渗透和融合的差异，反映了不完全是一种同质语言词汇的古今历时变化，具有上古汉语和近代汉语新旧质素交融的历时层次差异。以往的研究往往忽略了近代汉语语料中历时层次差异的错综复杂，而研究近代汉语词汇必须剥离剖析同一共时平面中不同历时层次和不同质系统的语料成分，从而揭示出汉语文白演变的规律。

近代汉语词汇的演变过程中既有本土各方言间的语言接触，又有异域异族的语言接触。在汉语词汇演变的进程中异族语言对近代汉语词汇的影响和渗透究竟有哪些方式？哪些是借用？哪些是影响的结果？语言接触是语言相互影响发生变化的一个重要起因，语言接触可以深入到语言系统的各个层面，语言接触导致的语言变异可以涉及语音、词汇和语法等各方面。

如“喽啰”又写作娄罗、喽罗、偻㑩等。最初有“能干、机灵”义，可指英雄豪杰，后渐带有贬义，[①] 现代汉语中多指追随恶人的人[②]。学术界对此词的来源说法不一，或认为是从我国北方少数民族中吸收来的一个外来语[③]；或认为是一个联绵词，本源当为“娄”。[④] 据我们考证，“喽啰”既不是一个单纯的外来词，也不是一个联绵词，而是由记梵文四流元音 ṛ、ṝ、ḷ、ḹ 的鲁、流、卢、楼等逐渐凝固成词，其词义除了由表褒义的“能干、机灵”义渐演变为带有贬义的“追随恶人的人”之义外，尚涉及佛教赞歌和戏剧歌辞中和声等的含义和用法，可以说此词是汉语中较为罕见的一个特殊词语，在汉语史和语言史的研究上具有重要的学术价值。[⑤]

---

① 龙潜庵《宋元语言词典》收释此词分为“聪明、能干”和“健儿、绿林兵卒”两个义项，“健儿、绿林兵卒”义项下引有五例，第二例为《五代史平话·梁史》卷上：“咱每部下自有五百喽啰健儿，人人猛似金刚，个个勇如子路。”例中“喽啰”一词似亦有“聪明、能干”义，用以形容健儿人人猛似金刚，个个勇如子路。（上海：上海辞书出版社1985年版，第894页）

② 《现代汉语词典》（修订本）释“喽啰”云：“旧时称强盗头目的部下，现多比喻追随恶人的人。也作喽罗、偻㑩。”（北京：商务印书馆1996年版，第819页）

③ 黄钺：《“娄罗”语源小考》，《云南民族学院学报》1991年第4期。

④ 黄征、张涌泉《敦煌变文校注》注《燕子赋》：“自夸楼㑩”云：“楼㑩，乙卷作‘喽啰’，丙卷作‘偻㑩’。按：此为联绵词，字或作‘娄罗’、‘偻罗’、‘楼罗’等。”（北京：中华书局1997年版，第383页）张绍麒《汉语流俗词源研究》说：“喽啰一词古时本用以形容人聪明、能干、杰出，是一个联绵词，有多种写法。”他认为“喽罗的本源当为娄”，由“娄”的“空明”义转指心灵的聪明、机灵，即俗语中的“有心眼儿”、“心眼多”，引申为“能干、杰出”。大约唐代以后，喽啰逐渐派生出“狡猾、凶狠”义。（北京：语文出版社2000年版，第108页）

⑤ 参徐时仪：《“喽啰”考》，《语言科学》2005年第1期。

三、揭示词汇演变的规律

科学研究的宗旨本来就是要对客观世界中纷纭复杂的现象做出解释，寻索其所以然，如果牛顿仅仅满足于描写苹果落地这一物理现象而不寻求解释，思考研究其所以然，那么我们今天就不会有万有引力定律；同样，如果达尔文只描写生物演化的各种事实而不苦思冥想其内在规律，我们今天也就不会知道“物竞天择、适者生存”这个道理。所以近代汉语词汇研究仅仅满足于词语演变的描写是不够的，还应在描写的基础上对词汇演变做出合理的解释。所谓解释，一则是要把需要解释的现象和其他类似的现象连贯起来，二则是要说明以前没有的词汇成分或现象怎么会在那个时期产生。寻找各种语言现象产生和发展的原因，说明演变得以实现的机制，揭示演变的规律。

一般说来，词汇演变的描写是近代汉语词汇研究的基础，也是解释的前提。能够把一个纷繁复杂的词语演变准确清楚地描写出来，本身就包含着对词汇演变现象的探索，也就是说，一个成功的描写已是解释的一半。然而，近代汉语词汇研究的最终目的是要揭示词汇演变的规律，所以近代汉语词汇研究的最终目标还是要对词汇演变做出解释，即不仅知其然，而且知其所以然。

如汉语词汇发展的总趋势是由上古汉语的以单音词为主发展为现代的以双音词为主，近代汉语正好介于古今的中间状态，反映了这一趋势。从历时的角度看，词组词汇化反映了汉语词汇由单音节向双音节发展的趋势。

例如由单音词“开”与“心”合成的双音词“开心”体现了一个由词组义逐渐凝固成词的变化过程。[①] 又如“不成”最初是一个松散的偏正结构，表示各种否定的动作和状态。由于与其相连的“不”的否定作用，使其往往在句中充作次要动词，经常依附在中心动词的前面或后面。“不成”在句中的这种语法位置被固定下来后，其词义就逐渐抽象化，随着表示否定的“不”与表示被否定的“成”这两个单音词之间的搭配关系的逐渐固定，这两个单音词也就由临时组合的词组凝固成一个词，其语法功能也逐渐虚化，变成了谓语动词的修饰补充成分。这种语法位置导致其词义逐渐虚化而凝固为“未曾”、“未能”的意思，又由“未能”的意思进一步虚化，强调否定而产生反诘语气，从而导致其原有的词汇意义消失而语法化，于是产生了“岂能”、

---

① 参徐时仪：《“开心”成词考》，《词汇学理论与应用》（四），北京：商务印书馆2008年版。

“难道”的意思，成为反诘副词。在“不成”由偏正词组虚化为表反诘的副词这一虚化链中，“不成”由于句法位置的变化而在连动式句子中处于次要的地位，依附于句中主要谓语动词的这种语境导致其动作性减弱，这是其语法化的诱因和基础。在这个特定的语法位置上，在语境等因素的相互作用下，“不成”产生了其新的用法，词义也不断虚化而成为表示反诘的副词，并由表示“岂能”、“难道”的语义在反诘语境中的进一步虚化，导致其由修饰谓语动词而扩大为修饰全句的一种语气，这导致其在句中的位置不仅可处在句中，也可处在句首，不仅可处在谓语动词前，而且也可以处在主语名词前，最终虚化为表反诘的语气副词。① 反诘语气的使用和强调应是促成这种位置挪动和词性转移的一个重要因素。

四、注重常用词语的演变

近代汉语词汇研究注重探讨古代无近代和现代有、古代有近代义不同、近代有现代义不同、近代有而古代和现代皆无的词语，尤其注重常用词。常用词的古今演变大多是文白的兴替。

近年来学术界在双音词的语义描写或不同阶段不同类型双音词的数量比较等方面已取得相当可观的成果，然而汉语词汇研究发展到今天，我们已不能只满足于对一些变化事实做粗线条的勾勒，而要进一步在描写的基础上对其演变原因、制约演变的条件以及演变所经历的具体过程等做出分析和解释。近代汉语词汇的研究也不只是对某一时期或某一专书做穷尽性调查、分类和抽样式列举，把不同的材料填入相同的框架，而且还要能从语言演变的角度对其作出阐释，探寻其演变规律。这就要求我们每一个研究者必须更上一层楼，多侧面、多角度地考察分析现有文献和方言所反映的语言现象，逐一考释每一个常用词的古今演变，逐一描写各个历史阶段不同地域产生的新词新义，逐一描写各个历史阶段不同地域旧词旧义的消亡或起用，进而揭示汉语词汇演变发展的规律。

如“忙”和“怕”都是现代汉语中的常用词，“忙”本义为“忧虑、害怕”。就人的心理活动而言，当人们感到无法应付或无计可施时才会忧虑和害怕，故“忙”可表示一种内心茫然不知所措的慌乱心态。如：

---

① 如《朱子语类》卷七八：“不成杀人者亦止令出金而免！”

为报踌躇陌上郎，蚕饥日晚妾心忙。（唐汪遵《采桑妇》）

诗中“忙”意谓“慌乱担忧”。此义可能早在唐以前的口语中已出现，[①] 如：

出门看火伴，火伴皆惊忙。同行十二年，不知木兰是女郎。[②]（《乐府诗集·木兰词》）

例中“惊忙”一词即“惊慌”，形容了木兰的伙伴大吃一惊时茫然不知所措的迷惘状貌，“惊”、“忙”义近并用，已趋于凝固为复合词，唐代用例较多。如：

雀儿怕怖，悚惧恐惶；浑家大小，亦总惊忙。（《敦煌变文集·燕子赋》）

例中“惊忙”一词形容了雀儿一家大小惊惶不知所措的慌乱状貌。

由于人们处于茫然不知所措时难免会手忙脚乱，故由心理上的“茫然不知所措”义引申又有行动上的“慌张、忙乱”义。如：

诸阿须伦见天帝释千匹马车回还，便言欲来与我战斗，以阿须伦即恐怖忙走，诸天即得胜。（西晋法立共法炬译《大楼炭经》卷五）

我于尔时，作事苍忙。（隋阇那崛多译《佛本行集经》卷五十八）

---

① 据碛砂藏和永乐南藏本《玄应音义》卷二十释《陀罗尼杂集经》卷五中“产运”载：“《通俗文》曰‘心乱曰忙’作忙。”文中“忙”，丽藏本、海山仙馆丛书本和宛委别藏本《玄应音义》作“忶”，“忶”与“忙”形近，且其所表“心迷”义与“忙”的“内心茫然不知所措的慌乱心态”义亦相近。

② 火伴皆惊忙，逯钦立辑校《先秦汉魏晋南北朝诗》收在梁诗卷二十九横吹曲辞中，作“火伴始惊惶”，沈德潜选录的《古诗源》收在卷十三梁诗乐府歌辞中，作“火伴皆惊惶”。惶，据逯钦立注云：“《古文苑》、《乐府》作忙。”又聂世美、仓阳卿校点《乐府诗集》所录此诗前载曰：“《古今乐录》曰：木兰不知名。浙江西道观察使兼御史中丞韦元甫续附入。”（上海：上海古籍出版社 1998 年版，第 307 页）考《古今乐录》为隋释智匠编，韦元甫则为唐大历年间人。检《先秦汉魏晋南北朝诗》所录此诗前载曰：“《诗纪》云：《古今乐录》曰：木兰不知名。浙江西道观察使兼御史中丞韦元甫续附入。又云：《古文苑》作唐人木兰诗。”盖《诗纪》为明人冯惟讷所编，“浙江西道观察使兼御史中丞韦元甫续附入”当为《诗纪》之文。

“忙走”即“慌张地逃跑”。“苍忙”亦即“仓促忙乱”。[1]

考《集韵·唐韵》云：“忙，心迫也。”盖人们在慌张、忙乱之时往往会感到急迫，故“忙”又引申有“急遽、匆促”义。如：

著作者思虑间也，未必材知出异人也。居不幽，思不至，使著作之人，总众事之凡，典国境之职，汲汲忙忙，或（何）暇著作？（东汉王充《论衡》卷二十八《书解篇》）[2]

“汲汲忙忙”意谓急迫匆促，忙得没有空闲。又如：

屈指百万世，过如霹雳忙。（杜牧《郡斋独酌》）

诗中“忙”亦为“急遽、匆促”义。

由“忙”的“急遽、匆促”义进一步引申则有了现在常用的表示“事情多、没有空闲”义。如：

时偷兰难陀比丘尼乞食到其家中庭，见檀越妇洒扫地荡器办诸供具，即问言：“优婆夷，汝作何等？”时妇人营事忙懅不得应，如是第二第三问不答。（东晋佛陀跋陀罗共法显译《摩诃僧祇律》卷十五）

例中“忙懅”谓妇人营事紧迫匆促而无空回答。

佛在阿罗毗国，时寺门楣破，佛见已知而故问阿难：“是寺门楣何以破耶？”答言：“木师忙懅不得作。”佛语阿难：“求木作具来。”阿难受佛教，求木取作具来与佛。佛取以自手治塔门楣。（后秦弗若多罗共罗什译《十诵律》卷三十八）

---

① “慌”、“忙”叠韵义同，上古同根。慌，＊hmaŋ→hwaŋ→huaŋ；忙，＊maŋ→mɑŋ。“慌”有“恍惚、迷糊”义。如：《楚辞·九歌·湘夫人》：“慌忽兮远望，观流水兮潺湲。”又如《礼·祭义》：“夫何恍惚之有乎？”由“恍惚、迷糊”义引申又有“烦乱”义。如元白朴《墙头马上》第二折：“睡魔缠缴得慌，别恨禁持得煞。”贾仲名《对玉梳》第三折：“只为那呆汉缠得我慌。”《老残游记》第一回：“我因为这两天困于酒食，觉得怪腻得慌。”今口语表示心里难受仍说“闷得慌”。“慌”、“忙”皆从亡得声，可能是由复辅音 hmaŋ 分化出来的两个词，后又同义并列组成复音词。

② 刘盼遂：《论衡集解》，上海：上海古籍出版社 1957 年版，第 562 页。

例中“忙慒”亦谓木工活多而无空修理门楣。

大凡作曲，七月最良，然七月多忙，无暇及此。(《齐民要术》卷七《笨麯并酒》)

例中“忙”与“无暇”对文，“忙”亦即“无暇”。

考《方言》载：“茫，矜，奄，遽也。吴扬曰茫。”郭璞注：“今北方通然也。”从《方言》郭注可知“茫”的“遽”义本为吴扬方言，后传入北方。又据玄应音义卷十五释《五分律》第九卷“狼荫”引《通俗文》曰：“时务曰茫。”“时务曰茫”亦即时务是急遽的事。考《玉篇》云：“茫，速也。”速亦遽也。据《方言》所载，表“遽”义的“茫”实际上是个记音字。“忙”由“内心茫然不知所措”义引申而有“急遽、匆促”义，亦即《方言》所载“吴扬曰茫”的“遽”义，因“茫”、“忙”可相通，故“忙”引申有“急遽、匆促”义后，渐取代了原表“遽”这一词义的记音字“茫”，二字由相通而分工各司其职。而玄应所引《通俗文》“时务曰茫”的“茫”也是“急遽、紧迫”之义，故后来遂以“忙”来表示“急遽”和“事情多、没有空闲”义。

大致而言，表“急遽、匆促”和“事情多、没有空闲”义的词最初为西汉时吴扬方言的“茫”，东汉时已演变为俗语词，可写作“忙”。“忙”原用以表“忧虑、害怕”义，与“慌”是同源字。“忙”由心理上的“茫然不知所措”义引申而有行动上的“慌张、忙乱”义，又由“慌张、忙乱”义引申有“急遽、匆促”和“事情多、没有空闲”义。宋以后，“忙”原所表“忧虑、害怕”义渐趋于消亡，而成为表“急遽、匆促”和“事情多、没有空闲”义的常用词。

“怕”本义为“憺怕无为”，后取代了“怖”的俗音普嫁反演变而成为表“畏惧、害怕”义的常用词。“怕”的“畏惧、害怕”义出现较晚，晋以后才见于文献记载。[①] 如：

逆浪故相邀，菱舟不怕摇。(《长干曲》)[②]

---

① 《王力文集》第十一卷《汉语词汇史》说：“《论衡》和《搜神记》都有害怕的‘怕’，但是不常见。”考《论衡》卷二十三《四讳篇》载：“孝者怕入刑辟，刻画身体，毁伤发肤，少德泊行，不戒慎之所致也。”例中“怕”为“迫”的借字。

② 逯钦立:《先秦汉魏晋南北朝诗》卷十九《杂曲歌辞》，北京：中华书局1983年版，第1069页。

臣惧子胥手中剑，子胥怕臣俱总休。（敦煌变文集《伍子胥变文》）
老夫怕趋走，率府且逍遥。（杜甫《官定后戏赠》）
佛语鬼神，汝等莫怕。（唐阿地瞿多译《陀罗尼集》第二卷）

王力在《古语的死亡残留和转生》一文中指出常用词在汉语词汇系统中的演变情况，一种是今词代替了古词，如“怕”替代了“惧”，① 认为汉语中表示“畏惧、害怕”义的“惧”是古词，“怕”是替代了“惧”的今词。然“怕”与“怖”亦同义，可并用组成同义复词。如：

面带惊惶，心在怕怖。（《敦煌变文集·妙法莲花经讲经文》）
怕怖莫知为计，魂飞胆战心惟（摧）。（《敦煌变文集·难陀出家缘起》）
是须休怕怖，请夫人放心无虑。（董解元《西厢记诸宫调》卷三）
诸事逼汝身命，便生无限怕怖。（《景德传灯录》卷十八《宗一大师》）
吓得他手儿脚儿战笃速，特古里我根前。你有什么怕怖？（《东堂老》第三折）

从语音上考察，“怕”也可能是“怖”的借音字。考《说文》载：“怕，无为也。从心白声。”段玉裁注云：“李善蒲各切，五部。徐铉曰匹白切。又葩亚切。按：匹白者，今音之转。葩亚者，用雅字为俗字之俗音也。今人所云怕惧者，乃迫之语转。”葩亚切亦即玄应所说普嫁反，段玉裁指出这是“用雅字为俗字之俗音也”。又据《广雅》载：“惶、怖……畏、悠、遽，惧也。”王念孙疏证云：“怖者，《说文》：‘悑，惶也。’《吴子·料敌篇》云：‘敌人心怖可击。’怖与悑同，今人或言怕者，怖声之转耳。”王念孙指出“怕”是“怖声之转”。王力在《双声叠韵的应用及流弊》一文中也认为“怖”与“怕”都有“惶惧”的意义，既双声，又叠韵（“怖”和“怕”声同属滂母，又同属古韵鱼部），而且鱼部在上古很有念 -a 的可能，则“怕”（pa）也许就是古音的残留。②

考《说文》：“悑，惶也。从心，甫声。怖，悑或从布声。”③ 悑、怖，

① 王力：《古语的死亡残留和转生》，《国文月刊》1941 年第 9 期；又《龙虫并雕斋文集》第 1 册，北京：中华书局 1980 年版。

② 王力：《双声叠韵的应用及流弊》，燕京大学《文学年报》1937 年第 3 期；又《龙虫并雕斋文集》第 3 册，北京中华书局 1982 年版，第 4 页。

③ 章炳麟《新方言·释言二》说：“《说文》：‘悑，惶也。’或作怖。普故切。今人谓惶惧曰怖，转入祃韵，以憛怕字为之。唐义净译佛律已作怕惧，此当正者。”

《广韵》为滂母模韵，上古为鱼部，拟音为 * phaa > pho。悑、怖何以为“怕”所取代？“怕”又何以会有俗音普嫁反？这与语音的演变有关。鱼部的主元音为 a，其向中古的变化方向为后高化：a→ɑ→ɔ→o，但语言中有一些常用的高频词往往会在白读的影响下出现音变滞后现象，如鱼部明母模韵一等“姥”为 ma > mɒ > mɑ > mɔ > mo > mʊ > mu，“姥”的白读音没有像其文读音一样由 ma 变为 mu，而是与相邻的麻韵二等 a 合流，如鱼部明母麻韵二等“马”的语音演变为 mra > mɤa > mɯa > ma，“姥”的白读音因滞后而合入“马”的语音演变第二阶段的 mɤa 中，“嫲”就是为记此白读音所造的方言字。同样，“爸”为“父”的后出同义词，也是为了“父”的白读音与相邻的麻韵二等 a 合流后所新造的字。又如“匍”，《说文》：“匍，手行也。”匍即用手爬行。《战国策·秦策》说苏秦佩六国相印荣归故里，其“嫂蛇行匍伏”。匍，《广韵》並母模韵，其白读音为后出的“爬”所保存。傅，上古有“贴近、附着”义，《广韵》非母虞韵，《左传·僖公十四年》载有：“皮之不存，毛将安附？”其白读音后借“巴”字表示，元王晔《桃花女》第一折载有：“天色已晚，又遇着风雨，前不巴村，后不著店，怎生是好？”“悑”、“怖”为“怕”所取代也是如此。滂母模韵的语音演变可分为 pha > phɔ > pho > phu 四个阶段，滂母麻韵的语音演变可分为 phra > phɤa > phɯa > pha 四个阶段，“悑”、“怖”的文读音的语音演变为 pha > phɔ > pho > phu，白读音则因滞后与相邻的麻韵二等 phɤa 合流，又与相邻的陌韵二等怕 phrak > phɤak > phɯa 相近，鱼铎对转，于是借原义为“静也，无为也”的铎部字“怕”来表示。又据《慧琳音义》卷三十七所释，“怕”字在唐阿地瞿多译《陀罗尼集》经文中写作从巾作帊、从霸作㶚或从贾作愩等俗用字，可证“怕”原亦是“怖”白读音的记音字之一，至慧琳撰音义时已作为表示“害怕”义的正字。①

又如“奶”是由乳腺分泌出来的白色液体，文言说“乳”，白话说“奶”。“奶”表“奶汁”义至迟在唐代已出现，如唐王焘《外台秘要方》卷三十五有《疗小儿初生不吃妳方》和《刘氏疗小儿眠睡不安惊啼不吃妳虎睛丸方》等。宋元后“乳”渐为“奶”替代，“乳”也不单用，而“奶”已成为“乳汁”的通称。

再如文言用“弃”表示“抛弃”，白话说“丢”和“扔”。丢，《说文》

---

① 参徐时仪：《“忙”和“怕”词义演变探微》，《中国语文》2004 年第 2 期。

未载，是后出字。[①] 翟灏《通俗编》卷一：“舍去曰丢。”如元康进之《李逵负荆》第一折：“把烦恼都也波丢，都丢在脑背后。”[②] 元以后文献用例渐多，“弃”渐为“丢”替代。[③] 扔，本义为牵引和拉。如《老子》：“上礼为之而莫之应，则攘臂而扔之。”陆德明释文：“扔，引也，因也。”考《说文》：“扔，因也。从手，乃声。”朱骏声《说文通训定声》：“扔，以手攖之也。”沿至明代又引申有“投掷”义。如瞿祐《剪灯新话》卷一《水宫庆会录》“那女子低着头，收住气，低声细语地对贾生说：‘郎君不认得我么？我就是兴娘的妹妹庆娘。刚才我把金凤钗扔到轿子下，郎君拾到了没有？’”清代，又由“投掷”义引申而有“抛弃”义，最初也多见于口语。如《红楼梦》第十四回：“话说宁国府中都总管来升闻得里面委请了凤姐，因传齐同事人等说道：‘如今请了西府里琏二奶奶管理内事，倘或他来支取东西，或是说话，我们须要比往日小心些。每日大家早来晚散，宁可辛苦这一个月，过后再歇息，别把老脸面扔了。’”现代汉语中“弃”不再单用，已为“丢”和“扔”替代。“扔”一般为“自主地弃”，“丢”则多为“不由自主地弃”。[④]

五、提出假设与解释求证

研究近代汉语词汇，要有创新也要有传承，要从研读第一手文献摘录相关语料做成卡片入手，做成自己的语料库。现在有了电脑，科学技术的迅猛发展给治学带来了诸多便捷，可以充分利用各种语料库在很短的时间内获取相关的语言资料，但电脑不能代替人脑，还要有平时关注考察语言现象的积累，要对所据文献不同版本的年代和某些语言现象所适应的特定时代等了然于胸，充分利用各本的异文从不同的角度进行分析和研究。如《朱熹口语文献词汇研究》释“自家”，认为：“‘自家’就是中古时期新出现的附加式双音词，跟‘自己’义同，《后汉书》中已有用例。如《后汉书》卷三十下：‘延熹九年，（襄）楷自家诣阙上疏曰’。”所举《后汉书》中“自家”意谓“从家中”，“自”是介词，“自家”尚是词组，还未凝固成词。又如释“自

① 《说文》：“㪗，弃也。”姜亮夫《昭通方言疏证》：“㪗即丢之故言。”《姜亮夫全集》第十六册，昆明：云南人民出版社2002年版，第65页。

② 此义又写作“颩”。如王实甫《西厢记》第二本楔子：“颩了僧伽帽，袒下我这偏衫。”

③ “撇”亦有“抛掷”义。如元李寿卿《度柳翠》第四折：“瓦片将来水上撇，有如步步踏青波。”“撇”与“丿”义通。丁惟汾《俚语证古》：“撇，正字作丿。”“丢”的造字理据可能是“撇去”，即“丿”和“去”的会意组合。

④ 参徐时仪：《乳、湩与奶及弃、丢与扔的兴替考》，《南京师范大学文学院学报》2007年第4期。

己”认为：“‘自’与‘己’同义连文，凝固成并列式合成词，《后汉书》中已有用例：《后汉书》卷六七：‘馥乃顿足而叹曰：“孽自己作，空污良善，一人逃死，祸及万家，何以生为!”’”所举《后汉书》中“自己”意谓“由自己”，“自”是介词，“自己”尚是词组，还未凝固成词。[①]

在科学研究中发现真理、建立新的理论可以通过提出假设，然后进行客观、全面、认真的求证来实现；还可以通过先进行深入调查第一手资料，然后归纳、上升为规律而建立理论。无论前者还是后者，都必须对所要研究对象的有关数据进行搜集、统计、比较和分析，“重证据，戒臆断”，[②]从语言实例中发现规律，进而以实例作为依据来解释语言现象。提出假设的目的在于创立新说，而创立新说则是在传承的扎实基础上的不断求证。

大致而言，近代汉语词汇研究的路径可以归纳为：收集—辨别—筛选—分类—统计—分析—假设—求证—结论。第一，收集、辨别和筛选相关资料。一项称得上具有科学性的研究，在设立了一个目标后，首先应是有目的的艰苦的“田野工作”，即去收集尽可能完备而带有周遍性的资料，然后是对资料作进一步的仔细辨别和筛选，以便从中寻找可能存在着某些规律性的东西。因此这样的研究首先应该是描写性的。第二，对经过辨别和筛选的材料进行分类和统计，进一步观察和了解事物内部的关系，确认事物内部各种成分的比重并剖析它们之间的关系。因此这样的研究也应该是定量的。第三，从定量的统计所反映出来的相互关系再对研究的对象做出一个相当的定性分析并引出相应的结论。因此这样的研究又必须是统计性和分析性的。因而近代汉语词汇的研究可以从一个点切入，以小见大，具体而微，进行专书、专题研究，由一个点扩展到更多的点，进而连成一片，点面结合，形成系统，由一篇论文到系列论文，由一本小册子到一本专著和更多的专著，循序渐进，从多方面多角度不断深化，不断开拓，这样就能使研究所获结论建立在扎实的根基之上，收事半功倍的效果，且所获研究成果与时下有些拍脑袋的泡沫“创新”不可同日而语。

---

① 陈明娥：《朱熹口语文献词汇研究》，李如龙、李无未编：《朱熹口语文献语言通考之一》，厦门：厦门大学出版社2011年版，第29～30页。

② 郭在贻：《训诂学》，载《郭在贻文集》第一卷，北京：中华书局2002年版，第522页。

第二节 微观的、具体的方法

苏轼《答谢民师书》说写诗作文“大略如行云流水，初无定质，但常行于所当行，止于不可不止”。近代汉语词汇的研究同样如此，没有任何成规的束缚，而是如行云流水，灵活运用各种方法。大致而言，有如下一些具体方法。

一、归纳与演绎的相辅相成

就思维过程中的方法论而言，大致包括归纳和演绎、分析和综合、具体和抽象、类比和统计、假设和想象等。随着现代科技的发展，系统论、控制论、信息论等也都作为思维过程中的理论工具而在方法论中得到运用。然而，最基本的方法还是归纳和演绎法。

近代汉语词汇研究的方法与其他的科学研究一样，主要是采用归纳和演绎这两种方法。

归纳法是从个别事实到一般规律，从具体到抽象。类比归纳是考释词语最常用的方法，即对全部语料进行穷尽性调研，认真分析每一个例子，将同一类型的语言材料排比在一起，然后根据上下文的语境，推敲玩味，从而归纳出某一词语的意义。材料越丰富，对词语的含义、使用场合等了解得就越全面、深刻，所得的结论也就越可靠。词的意义和演变发展规律是从语言事实中归纳得来的。语言是交际的工具，因而词义有社会性，某一个词如有一个固定的义项，它必定是得到社会承认，并由大家来使用的，所以就可以从众多的用例中归纳并发现这个义项。

具体说来，有两种归纳方法。一为将出现某一词语的若干句子归纳排比在一起，根据上下文考索推敲，确定其词义。如《宋书·颜师伯传》：“孟虏乃散走，透河死者甚多。”谢灵运《山居赋》：“飞泳骋透，胡可根源？”自注：“兽有数种，有腾者，有走者，走者骋，腾者透。”《古小说钩沉·俗说》：“诸葛与马齐，欲至埒头，去布三尺许，诸葛一透，坐布上，遂得之。”归纳诸例，可知“透”有“跳”义。二为将同一类型的句子排比在一起，加以比较，借以考察所释词的词义。如《朱子语类》卷三：“魄是耳目之精，魂是口鼻呼吸之气。眼光落地，所谓‘体魄则降’也。”下文又云：“而今有人说眼光落地，这便是魄降。今人将死，有云魄落。”《五灯会元》卷十二：“莫待一朝眼光落地，镏田无一篑之功，铁围陷百刑之痛。”又卷十五：“时不待人，忽然一日眼光落地，到前头将甚么抵拟？”比较诸例，可归纳得出“眼光落地”是“死”的意思。使用类比归纳的方法需要尽可能找到众多的例证，全面掌握材料，排除因上下文语境而产生的义项临时变体，避免以偏概全，从而准确地归纳出所释词的概括义。

演绎法则是运用一般规律来解决具体问题，从一般规律到个别事实。语言是有系统的，语言系统是一个包含了许多子系统的大系统。词汇不是一盘散沙或纯属不相联系的语言材料，而是如同语音、语法一样有其体系性联系。演绎法的使用是以我们对于汉语发展史中的普遍规律的认识和对纷繁复杂的语言现象的了解为前提的，我们掌握的普遍规律和语言事实越多，运用演绎法训释词义、考求本字和语源等就越准确。当被释词语只是孤例，或虽有数例，但分属几个不同的义项时，运用演绎法来考释往往可以在一定场合弥补归纳法的某些局限。有时候仅仅根据上下文归纳词义，往往不容易把握一个词语的核心意义，弄不清是基本义还是派生义，理不清一个多义词各个义项之间的内部联系，运用演绎法则可以避免随文释义之失。

如王梵志诗：“巡来莫多饮，性少须自监，勿使闻狼狈，教他诸客嫌。”例中的“闻”是听觉动词。由于人们对客观事物的认识有时是明晰的，有时是模糊的，特别是由感官感知的各种性质更具有一定的模糊性，容易发生通感，因而各个感官的活动之间也往往存在某种对应关系，尤其是表视觉的动词与表听觉的动词往往互相通用。根据我们已经掌握的这种语言现象和规律，可以演绎出王梵志诗中的“闻”亦有“见”义。又如《金瓶梅词话》第九回：“这汉子怎消洋这一口气，一直奔到西门庆生药店前，要寻西门庆厮打。”例中“消洋”一词，白维国《金瓶梅词典》释作“平息、消除”，李申《近代汉语语辞杂释》释作“消除掉，按捺下去”。江蓝生在指出这两个解释都正确的前提下，进一步探讨了其为什么作“消除”解释，考定“消洋”的“洋”即“烊”，其义由专指金属融化而扩大到指其他物体的消融。[①]

在具体运用中，归纳与演绎两种方法是相辅相成的。

① 江蓝生：《演绎法与近代汉语词语考释》，《语言学论丛》第二十辑，北京：商务印书馆1998年版。

二、时间与空间的双重视角

各个历时都是在一定的共时里的，各个共时又都是在一定的历时里的。共时的连续构成了历时，共时内部的差异也包含和积淀着历时。近代汉语既是一个共时的平面，同时也包含了不少历时的因素。陈第《毛诗古音考》自序说："时有古今，地有南北，字有更革，音有转移，亦势所必至。"根据拉波夫语言的变异理论，近代汉语不是一个纯同质性的系统，而是一个在时间上传承有古汉语，又在地域上融汇方言和其他民族语的异质系统。研究近代汉语词汇要注重共时描写与历时比较的结合，可从横断面入手，即考察某一词语或某一词汇现象在同一历史阶段内众多文献中的反映；也可从纵断面入手，即考察某一词语或某一词汇现象在较长历史时期内所经历的发展变化；进而纵横结合，对比分析，从大量具体的材料中探索其演变线索，归纳其演变规律。

近代汉语的时间跨度大，词义变化繁复，词汇体系中各个单位在共时条件下语义上处于彼此制约、联系的平衡状态，新成分的出现或旧成分的消失都会打破原有的平衡机制，导致词义再分配并引起词义的发展演变。近代汉语词汇的演变发展不是单一的线性流程，也不是各断代系统简单对应的静态延续，而是处于既有不同时间上的纵向传承和垂直对照，又有同一时间平面上空间横向影响的纵横交错、相辅相成的立体状态。因而，近代汉语词汇的研究要注意横向和纵向的联系以及新旧成分的比较分析，运用时间上的纵向探源和空间上的方言比较，进行纵中有横、横中有纵的辨证分析，在共时与历时交叉的焦点全方位的综合考察汉语词汇的发展，这对推进汉语词汇史的研究具有重要意义。

三、具体研究方法

就近代汉语词汇的具体研究方法而言，主要是搜集、统计、比较和分析有关数据。搜集和统计的内容可以是专书统计，也可以是若干部书的专题统计。比较和分析的内容可以是古今相同的传承方面，也可以是古今相异的变化方面。如词义是词形负载的客观内容，即人们对客观对象的概括和反映，词义表述则是对这种客观内容的人为表述。通过考察词的动态义的总体分布是可以推求出词的静态义的基本面貌的。释义则是解释词语的意义，揭示词义的各种成分、用法、色彩，即运用释义性元语言对词义进行的描写和诠释，从而得出某一词义的本质性区别于其他词义的特征。考释近代汉语词汇中的疑难词语和常用词语是近代汉语词汇学研究的基础工作，可以在比较和分析的基础上用构成分析法和义素分析法进行考释。

构成分析法是将词义分成概念义和附属义。概念义为词义的中心内容，可分为内涵和外延两部分。附属义通常指感情色彩义和语体色彩义。感情色彩义可分褒义、贬义和中性义三种，语体色彩义也可分为书面语色彩、口语色彩和中性三种类型。

义素分析法是先寻找同所释某一义位关系最密切的另一个或两个义位，构成一个最小语义场，然后通过比较分析找出义素，包括范围义素、特征义素和附属义素等，再列出语义结构式子或语义矩阵，最后检验分析的结果。义素分析相对于传统的构成分析法来说，在确定最小语义场时虽然存在人为的因素，有一定的随意性，但所作词义分析精细准确，能从词义的微观世界解释词义组合的规律和各种词义现象，使词义所含各种区别于其他词义的特征纤毫毕现。

无论是构成分析法还是义素分析法，成功的词语考释还要注重词的意义内容与词的外部形式相结合，定性分析与定量分析相结合，个案考察与系统研究相结合，客观描写与理论总结相结合。如佛经词语的考释不仅涉及词义的辨析，而且也涉及翻译年代和译者的考辨，同经异译的研究，版本异文的研究，基于梵汉对勘的词汇现象研究，佛典文献词汇与中土文献词汇的比较研究等。张相在《诗词曲语辞汇释》序言中说到词语的考释方法为："一曰体会声韵"，"二曰辨认字形"，"三曰玩绎章法"，"四曰揣摩情节"，"五曰比照意义"。[①] 蒋绍愚在《近代汉语研究概要》中指出："近代汉语词语的考释是近代汉语词汇研究的基础工作，尤其是因为原先对近代汉语的研究重视不够，现在我们对很多近代汉语词语的意义都不很清楚，在这种情况下，更应把词语考释放在首位。"并进一步把近代汉语词语考释的方法归纳为：①认字辨音；②参照前人诠释；③排比归纳；④因声求义；⑤参证方言；⑥推求语源。[②] 郭在贻也曾在《〈禅宗著作词语汇释〉序》中说到高层次的研究工作必须具备四个程序：求证、溯源（包括穷流）、祛惑、通文。"所谓求证，就是从语言材料中寻找证据，有了确凿而又充分的证据，词义的考释才能立于不败之地"；"所谓溯源，就是要从历史语言学的角度，搞清楚某一词语的来龙

① 张相：《诗词曲语辞汇释》，北京：中华书局1955年版，第4~7页。

② 蒋绍愚：《近代汉语研究概要》，北京：北京大学出版社2005年版，第287~296页。

去脉及其所以得义之由”；“所谓祛惑，就是要祛除前贤时人的某些误解谬见，给读者一个正确答案”；“所谓通文，就是用你考释所得的结论，去畅通无阻地解释其他一些作品中的同类词语，做到如清儒王引之所说的‘揆之本文而协，验之他卷而通’。”① 又在《读新版〈敦煌变文字义通释〉》中指出要“运用历史发展的观点研究语言现象”，“把语词的断代研究纳入词汇史和语言学史范畴”。② 综观前哲时贤所说，近代汉语词语考释的大致方法可归纳为：一是审辨字形，二是利用互文、对文，三是利用异文，四是利用同义并列词组与复合词，五是钩沉旧注，六是因声求义，七是方言佐证，八是探求语源，九是寻绎词义演变轨迹，十是考察历史文化背景，十一是定性和定量分析，十二是借鉴和引进国外语言学新理论。

（一）审辨字形

近代汉语口语词往往形近互讹，又有不少俗字和通假字。研究近代汉语词语，第一步必须审辨字形字音，找到了正字，其词义也就迎刃而解了。

如唐义净译《大宝积经》第五十七卷：“睡眠、持斋、掉戏不食，事务不食。”（11/332a）经文中的“掉戏”有“调谑戏弄”义。“掉”又有“玩弄轻慢”义。如柳宗元《答韦中立论师道书》：“故吾每为文，未尝敢以轻心掉之，惧其剽而不留也。”例中“以轻心掉之”后凝固成四字格成语“掉以轻心”，有“轻率”义。又如《博异志》：“有顷，四郎戏一美人，美人正色不接，四郎又戏之，美人怒曰：‘我是刘根妻，不为奉上元夫人处分，焉涉于此，君子何容易乎！中间，许长史于云林王夫人会上轻言，某已赠语杜兰香姊妹，至多微言，犹不敢掉谑，君何容易欤！’”例中“掉谑”亦为“调谑戏弄”义。“掉戏”又作“恌戏”。如北凉昙无谶译《大方等大集经》卷二十九：“所言巧妙非如哑羊，强梁麤恶卒暴恌戏，如是之语悉无复有。”（13/204c）亦作“调戏”。如《晋书》卷七十一《熊远传》：“陛下忧劳于上，而群官未同戚容于下。每有会同，务在调戏酒食而已。”又如《搜神后记》卷九：“钱塘人姓杜，船行。时大雪，日暮，有女子素衣来岸上。杜曰：‘何不入船？’遂相调戏。”佛经中也有用例，指沉迷戏乐。如北魏吉迦夜共昙曜译《杂宝藏经》卷六：“觉观从调戏生，缘调戏增长，无调戏觉观则灭。”（4/477b）又如唐若那跋陀罗译《大涅槃经后分》卷上：“我涅槃后，汝当精勤，

① 郭在贻：《〈禅宗著作词语汇释〉序》，载《郭在贻文集》第三卷，北京：中华书局2002年版，第503页。

② 郭在贻：《训诂丛稿·读新版〈敦煌变文字义通释〉》，载《郭在贻文集》第一卷，北京：中华书局2002年版，第135页。

以善教诫我诸眷属，授与妙法，深心诲诱，勿得调戏，放逸散心，入诸境界，受行邪法。”（12/901a）考《慧琳音义》卷四十四释《观察诸法行经》第四卷调戏云：“条吊反。《毛诗传》云：调，嘲也。下希义反。郭注《尔雅》云：戏谓相调戏也。《说文》调从言周声。经从手作掉。掉谓摇也，非此义。《说文》戏字从戈䖒声也。䖒音许衣反。经作戏，俗字也。”慧琳所释经为隋阇那崛多译，原文为：“超过于掉戏，亦应灭疑惑。”（15/747a）慧琳指出经文作“掉”非此义，可见“掉”的“玩弄轻慢”义是其通假义。《玄应音义》卷五释《观察诸法行经》中此词亦指出：“经文作恌，非也。”可见“恌”也不是“玩弄轻慢”义的本字，而据《说文》释“调”为“和也”，“调戏”的“调”也不是“玩弄轻慢”义的本字。考北凉昙无谶译《大般涅槃经》卷十七《梵行品》：“善男子，若我弟子受持，读诵书写演说《涅槃经》者，当正身心，慎莫调戏，轻躁举动。身为调戏，心为轻动。求有之心名为轻动，身造诸业名为调戏。”（12/467c）例中“调戏”的“调”，敦煌写卷《大般若涅槃经音》一卷作“诶”，注音云：“徒吊反。”（2172）据《说文·言部》：“诶，相呼诱也。”《广雅》：“诶，戏也。”《玉篇》：“诶，弄也。”又考《慧琳音义》卷三十五释《一字顶轮王经》第一卷“嘲诶”之“诶”引《考声》云：“以言先试曰诶。”“诶”有“撩逗、戏弄”和“以言先试”义，引申而有“戏要玩忽”义。[①] 根据敦煌写卷《大般若涅槃经音》的异文，可证“掉”当读“誂”。掉戏、恌戏、调戏的本字应为誂戏。[②]

又如《朱子语类》卷八〇：“如此，亦似里巷无知之人，胡乱称颂谀说，把持放雕，何以见先王之泽？何以为情性之正？”又卷八六：“子产是应急之说。他一时急后，且恁地放雕，云，何故侵小？这非是至论。”例中“放雕”有“要弄乖巧使人为难”义。此两例分别为叶贺孙和黄义刚所录。叶贺孙是括苍人，居永嘉，后居建宁府建阳县；黄义刚是临川人。“放雕”似是宋代口语词，[③] 考元徐元瑞《吏学指南》卷七：“俗语讦人私者，谓之放雕。按《埤雅》曰：‘雕性刻制，其毛能食诸鸟羽，如群错草中有雕毛，则众鸟毛羽自

① 参王继如《从“掉以轻心”的“掉”说起》，王先生认为“调”、“诶”皆为定母萧韵四等字，二字音近义同，“调”的“撩逗、戏弄、欺负”等义得之于“诶”，“掉”亦应读为“诶”，取其“戏要”义。“掉以轻心”即意谓未尝敢以轻慢之心戏为之。（《辞书研究》2002 年第 1 期）

② 《汉语大词典》释“掉”未收其通“诶”义，似可补。《语海》释“掉以轻心”云：“掉：随意摆弄。”（上海：上海文艺出版社 2000 年版，第 2016 页。）

③ 《譬喻经变文》：“百般放圣谩依着，千种为难为口粮。”蒋礼鸿云：“圣，钻刁，精灵能干的意思；‘放圣’犹如现在说放刁。”（黄征、张涌泉：《敦煌变文校注》，北京：中华书局 1997 年版，第 1077 ~ 1079 页）

落。'盖雕性害众，故以讦人私者比之也。又俗云放雕把雁者，譬猎者藉此以捕飞走，犹利己害物也。又苏文曰：'吕惠卿彫王安石。'用此彫字，谓刻也。今人以雕彫为刁，未审孰是，宜俟识者。"其中所举苏文"吕惠卿彫王安石"，据宋陈长方《步里客谈》载，吕惠卿附王介甫甚固，司马公言利合必离，后果发介甫手简云"无使上知"。苏子瞻改铸颜渊之语曰："'吾闻觌君子者，问雕人不问雕木。'曰：'人可雕欤?'曰：'吕惠卿雕王安石。'"例中"雕"，蒋礼鸿《义府续貂·刁》认为"则与朽木不可雕之雕同意，复与放刁、刁诈义无涉。今谓放刁、刁诈之刁在古为窕。……窕亦欺矣。凡言放刁、刁诈者皆有欺与虚诈之义，故曰刁在古为窕也。"[①] 考苏轼改写"铸颜渊之语"本自扬雄《法言·学行》："或问：'世言铸金，金可铸欤?'曰：'吾闻觌君子者，问铸人不问铸金。'或曰：'人可铸欤?'曰：'孔子铸颜渊矣。'"扬雄以"铸"双关，"铸"既可表"铸造金属"，亦可表"培养人才"。苏轼模仿扬雄的修辞和语用形式，以"雕"双关，既可用作"雕铸"义，又可用作"刻害"义。吕惠卿本为王安石的得力助手，后与王安石反目，并向宋神宗告发王安石写给他的信中曾说"无使上知"。苏轼厌恶吕惠卿的低劣人品，不仅上书弹劾吕惠卿，且用"雕王安石"来形容吕惠卿以掌握的隐私要挟陷害王安石的伎俩。"雕王安石"的"雕"有"要挟陷害"义，即《居家必用事类全集》所称"用此雕字谓刻也"，"刻"即"刻害"，"放雕"即施展伎俩要挟胁迫人就范。

据《居家必用事类全集》，可知元代"雕"又作"刁"，故"放雕"后也作"放刁"。如王实甫《西厢记》第四本楔子："这小贱人到会放刁，羞人答答的，怎生去!"胡文英《吴下方言考》卷五："雕，奸恶也。吴谚谓奸滑为雕。俗用刁，误。"据胡文英所释，"刁"是俗语词，有"无赖，狡诈"义。如《西游记》第八十三回："天王那里敢去，怕他没的说做有的，放起刁来，口里胡说乱道，怎生与他折辨。"

（二）利用互文对文

汉语文献中语句的构成讲究整齐与对称，构成互文的多为同义词或近义词，构成对文的多为近义词或反义词，因而可以根据已知的词义推考与其互文或对文的未知词义，作为考释词语词义的参考。

如《唐音癸签·评汇二》："如老杜之入蜀，篇篇合作，语语当行，初学所当法也。"例中"合作"与"当行"同义并举，皆有"好、绝妙"义。

---

① 蒋礼鸿：《义府续貂》，北京：中华书局1981年版，第94页。

又如《五灯会元》卷三："上岸稻得与么好，下岸稻得与么怯?"例中"好"与"怯"反义对举。《清平山堂话本·风月相思》中赵母唤侍女韶华询问女儿赵云琼的病情，韶华说："娘子与冯官人相见之后，至今三好两怯。"《宋元语言词典》释例中的"三好两怯"为"两情欢洽、惬意"。"三好两怯"中的"怯"似无"惬意"义，"好"与"怯"亦反义对举，即身体时好时坏，含蓄地指出赵云琼与冯官人相见之后，患了相思病。

（三）利用异文

异文既是一个文字学上的术语，也是一个版本校勘学上的术语。文字学上的异文主要指的是通假字、古今字和异体字（包括俗字），版本校勘学上的异文侧重于同一内容在同一文本和不同版本中的语言差异，广义的异文还可指同一内容在不同文献记载中的语言差异，具体体现在同（近）义词和异义词。不同的版本、不同的引文造成了同一内容在文献记载中的文字差异。这种语言现象在各种文献记载中都经常出现，因而可以利用已知的词义来考释与其构成异文的未识词的词义。

古代文献传存至今，其中不乏有书写形式的多样、辗转传抄刻写导致的讹误、不理解文意而妄改的异文，也有一些有目的有依据的改动、受上下文或行文习惯影响而形成的异文。① 如中华书局本《朱子语类》卷五二载："他心本不曾动，只是忽然吃一跌，气打一暴，则其心志便动了。"例中"气打一暴"，成化本、康熙本同，徽州本和光绪本为"气才一暴"。异文"打"与"才"的并存表明"打"在"打一～"的结构中已逐渐失去实义，虚化为介词，与"才"义近。

又如《老乞大》和《朴通事》是元末明初朝鲜人学习汉语的两部会话书，据朝鲜《李朝实录》成宗十一年（1480 年）十月乙丑条载："御昼讲。侍读李昌臣启曰：'前者承命质正汉语于头目戴敬。敬见《老乞大》、《朴通事》，曰："此乃元朝政时语也，与今华语顿异，多有未解处。"即以时语改数节，皆可解读。请令能汉语者尽改之。曩者领中枢李边与高灵府院君申叔舟以华语作为一书，名曰《训世评话》，其元本在承文院。'上曰：'其速刊行，且选能汉语者删改《老乞大》、《朴通事》。'"由此可知，从《老乞大》、《朴

① 倪其心《校勘学大纲》指出："异文的意思是不同的文字，其实质是原稿文字和各种错误文字。一种古籍在传播过程中所产生的异文现象是错综复杂的，有字体演变而造成的古今字、异体字、错别字，有传抄刻印中产生的俗字、简字、错别字，有抄写的脱漏，有无意的增添，也有臆断的擅改，还有无知的妄改。总之，凡误、漏、增添、颠倒、次序错乱者，统称异文。"（北京：北京大学出版社 2004 年版）本书取广义所指的异文，即不仅涉及字词上的差异，而且还涉及不同的版本异文和引文异文。

通事》这些教科书的原本和修改本的不同可以“听”到当时口语的演变。正如1973年日本学者入矢义高在为陶山信男编纂的《〈朴通事谚解〉〈老乞大谚解〉语汇索引》所作的序说，当他在1944年读到影印出版的奎章阁本《朴通事谚解》时，好像亲耳听到了元代人说的话，感到十分惊喜。蒋绍愚为汪维辉编纂点校的《朝鲜时代汉语教科书丛刊》所作的序进一步指出：“现在我们看到了《原本老乞大》，就可以听到真正是元代后期的白话，闻到那种‘泥土味’，也能通过《原本老乞大》和《老乞大谚解》的逐字逐句的比较，了解到从元代后期到明代初年汉语发生了什么变化。”① 现有《原本老乞大》（约1346年之前，简称《原本》）、《老乞大谚解》（约1483年，简称《谚解》）、《老乞大新释》（1761年，简称《新释》）和《重刊老乞大》（1795年，简称《重刊》）等传本的异文大致反映了从14世纪中叶至18世纪末这四百多年间汉语的演变。如《原本》中表示“用手或用其他方式抓住或搬动”义的63例“将”，到《新释》中有一半以上被“拿”替换，而在《红楼梦》中“将”已不再用作动词。据《新释》对《原本》的改动，可看到汉语中表示“用手或用其他方式抓住或搬动”义由“将”到“拿”的渐变状态。② 又如：

《原本》：“知他，那话怎敢道?”
《谚解》：“知他，那话怎敢说?”
《原本》：“俺则是这般道。”
《谚解》：“俺则是这般说。”

《原本》中表说话的“道”在《谚解》中已基本上更换为“说”。

《原本》：“问客，先将一椀温水来，俺洗面皮。”又“清早晨起来，梳头洗面了。”

《新释》和《重刊》中“洗面”更换为“洗脸”。

《原本》：“偏俺出外呵，顶着房子行那?”
《谚解》：“偏我出外时，顶着房子走?”

---

① 汪维辉编纂点校：《朝鲜时代汉语教科书丛刊》，北京：中华书局2005年版。
② 汪维辉：《老乞大诸版本所反映的基本词历时更替》，《中国语文》2005年第6期。

《谚解》中“行”更换为“走”。

《原本》和《谚解》：“那般者，肚里好生饥也，咱每去来。”
《新释》和《重刊》：“那么狠好，肚里也饿了，咱们去。”
《原本》和《谚解》：“这早晚黑夜，俺其实饥也。”
《新释》和《重刊》：“如今已是黑夜了，我们实在肚里饿了。”

古汉语中“饥”是一般的饿，“饿”则是指因为没有食物吃而快要死了。《原本》和《谚解》中的“饥”到《新释》和《重刊》中改为“饿”，反映了“饿”与“饥”在表示一般的饿时趋于同义的演变状态。《原本》和《谚解》中的“咱每”和“俺”到《新释》和《重刊》中改为“咱们”和“我们”，反映了第一人称代词复数的演变。

据《老乞大》诸版本的记载，可看到“道”到“说”和“咱每”到“咱们”的更替已处在词汇扩散已变的完成阶段，“面”到“脸”、“将”到“拿”和“饥”到“饿”的更替反映了词汇扩散由始变到正在变化中再到已变的全过程，[①]“俺”到“我们”的更替则反映了方言口语到通语书面语的词汇扩散。

再如《朱子语类》卷二九：“陈文子有马十乘，亦是大家，他能弃而去之，亦是大段放得下了。亦不可说他是避利害，如此割舍。且当时有万千拚舍不得不去底，如公之论，都侵过说，太苛刻了。圣人是平说，本自浑然，不当如此搜索他后手。”此条为吕焘所录，据同卷所载沈僩记录为：

履之说子文、文子。曰：“公推求得二子太苛刻，不消如此。某注中亦说得甚平，不曾如公之说。圣人之语本自浑然，不当如此搜索他后手。今若有个人能三仕三已无喜愠，也是个甚么样人！这个强不得，若强得一番无喜愠，第二番定是动了。又如有马十乘，也自是个巨室有力量人家，谁肯弃而违之！文子却脱然掉了去，也自是个好人，更有多少人拚舍去不得底，所以圣人亦许其忠与清，只说‘未知，焉得仁’！圣人之语，本自浑然，不当如此苛刻搜人过恶，兼也未消论到他后来在。”

例中前言“搜索他后手”，后言“论到他后来在”，可证“后手”即“后

① 汪维辉：《老乞大诸版本所反映的基本词历时更替》一文还记载有尚处在词汇扩散初始阶段的“天明”到“天亮”的更替。

来”，意谓猜疑他为后来预作的准备，由此义后喻指留有回旋的余地。又如《朱子语类》卷八三：“昔尝闻长上言，齐威公伐楚，不责以僭王之罪者，盖威公每事持重，不是一个率然不思后手者。”例中“后手”亦为“后来”义。其他文献中也有用例。如《红楼梦》第七十五回：“今日薛蟠又掷输了，正没好气，幸而后手里渐渐翻过来了，除了冲帐的，反赢了好些，心中自是兴头起来。”也写作“后首”。如《官场现形记》第十三回：“后首不知怎样，在兰仙床上搜出一封洋钱，立刻打开来一看，一对图章，丝毫不错。”此词今尚保留在吴方言中。

构成异文的原因十分复杂，有因同音通假而成，有因字形相近而成，有因词义相近而成，也有因后人错改而成，利用异文应仔细审辨。

（四）利用同义并列词组与复合词

上古汉语词汇以单音词为主，而从汉代开始有较明显的双音化趋势，出现了一批新的同义并列词组。由这些同义并列结构中一个已知成分的意义可以推知另一成分的未知意义；根据已知单音词的词义，又可考释新的双音词的词义。

如关汉卿《青杏子·离恨》：“与狂朋怪友寻花柳，时复间和哄消愁，对着浪蕊浮花懒回首。”汤显祖《牡丹亭·闹场》：“甚春归无端厮和哄，雾和烟两下玲珑。”哄，骗也。和哄连文，和亦哄也。

又如《朱子语类》卷八九：“数日见公说丧礼太繁絮，礼不如此看，说得人都心闷。”“伊川语，各随学者意所录。不应一人之说其不同如此：游录语慢，上蔡语险，刘质夫语简，永嘉诸公语絮。”又卷一四〇：“人多说杜子美夔州诗好，此不可晓。夔州诗却说得郑重烦絮，不如他中前有一节诗好。”诸例中“絮”、“繁絮”、“烦絮”义近，可能皆是宋代南方一带的方言口语词，有“啰嗦疲沓”义。[①] 近代汉语文献中也有作“絮烦”、“絮繁”等。如《张协状元》第一出：“话休絮烦。”元无名氏《鲁智深喜赏黄花峪》杂剧：“哥也，不嫌絮繁，听我说一遍者。”

（五）钩沉旧注

钩沉旧注即重视采纳引用古人对一些近代汉语词语的考释。

如黎简《独步村口成咏》：“散木拳挛回匠石，病驹儱偅负孙阳。”周锡

---

① 翟灏《通俗编》：“今又以言语繁琐为絮，所谓絮叨叨是也。”“今西北人嫌人言语烦琐曰‘何碎也’，与南方云‘絮’意同。”

馥注“憹悷”云：“行路艰难的样子。”[①] “憹悷”又写作“憹戾”、“儱悷”、“笼戾”等。如《大唐西域记》卷一：“诸龙易形，交合牝马，遂生龙驹，憹戾难驭。”《慧琳音义》卷六十八释“憹悷”为：“刚强难调伏也。”《广韵》释为“不调”。黎简一生淡于仕进，此诗作于乾隆五十三年（1788 年）挈家离开佛山返回故乡后。他靠卖文卖画及当塾师的收入维持生活，虽然常常入不敷出，却生性孤高倔强，厌弃八股，不愿赴京应试谋取一官半职。根据《慧琳音义》和《广韵》所作注释，诗中“憹悷”应为“倔强难调伏”义。

又如《朱子语类》卷一二四：“因坐中有江西士人问为学，曰：‘公们都被陆子静误，教莫要读书，误公一生！使公到今已老，此心依依然，如村愚目盲无知之人，撞墙撞壁，无所知识。使得这心飞扬跳踯，渺渺茫茫，都无所主，若涉大水，浩无津涯，少间便会失心去。何故？下此一等，只会失心，别无合杀也。’”例中“目盲”，成化本作“柏盲”，徽州本作“拍盲”，《辑略》作“陌盲”。[②]

郑明等点校《朱子语类》据成化本作“柏盲”，未出校记。[③] 考宋林希逸《竹溪鬳斋十一稿续集》卷二十八《学记》：“乡邦俗语，即方言也。今人简帖或用之。试取朱文公所用者录之，诚斋、东坡以下诸公并记于此。”[④] 其中录有“拍盲”一词，可见林希逸当时所见朱子所用为“拍盲”，徽州本存其原貌，“拍盲”是当时的方言词。考“拍盲”一词有“遮眼、障眼”义。如《五灯会元》卷六《涌泉景欣禅师》：“上堂：拍盲不见佛，开眼遇途人。”引申指“蠢笨”。如《圆悟佛果禅师语录》卷十四《示华藏明首座》：“此门瞥脱契证，即是素来不曾经人，坏持拍盲百不知一，但以利根种性孟八郎，便透直下承当。”又《示材知庄》：“有般拍盲底，随语生解，便抑屈俱胝，以谓实然。殊不知，焦砖打着连底冻。到这里直须子细，切忌颟顸。”《大慧普觉禅师赞佛祖》卷十二：“咄，这担版汉，从来无所知。曾经一顿饱，忘却累年饥。动便触人讳，拍盲不识时。平生没活计，赤手讨便宜。”又引申有“胡

---

① 周锡馥《黎简诗选》，广州：广东人民出版社 1983 年版，第 187 页。“憹悷”一词在《阿毗达磨显宗论》卷二十二、《阿毗达磨法蕴足论》卷九、《大宝积经》卷七八、《阿毗达磨大毗婆沙论》卷三等中亦有用例。

② 徽州本作“拍”，北京：中文出版社 1982 年版，第 1718 页。《朱子语类辑略》作“陌”，《丛书集成》本第 222 页。

③ 成化本作“柏”为“扌”、“木”形近而误，中华书局本所据底本为清光绪庚辰贺瑞麟校刻本，似为贺瑞麟改为“目”，《辑略》则改作“陌”，盖“拍盲”为宋时俗语词，清人已不明其意而臆改，王星贤和郑明等点校《朱子语类》皆失校。郑明等点校：《朱子语类》，《朱子全书》（第十八册），上海：上海古籍出版社、合肥：安徽教育出版社 2002 年版，第 3888 页，2010 年修订版同。

④ 林希逸：《竹溪鬳斋十一稿续集》，文渊阁《四库全书》本。

涂、鲁莽”义。如《石渠宝笈》载宋黄庭坚摹怀素《诸上座文》款识云：“此是大丈夫出生死事，不可草草便会。拍盲小子，往往见便下口，如瞎驴吃草样。”《圆悟佛果禅师语录》卷二十《破妄传达磨胎息论》：“煅炼得熟，践履得实，始与略放过，犹恐异时落草负累人，瞎却正法眼。嗟见一流拍盲野狐种族，自不曾梦见祖师，却妄传达磨以胎息传人，谓之传法救迷情。”《碧岩录》卷八：“三个总识他问头，所以不答。总是拍盲地一时将古人醍醐上味，著毒药在里许。所以马祖道，待汝一口吸尽西江水，即向汝道。与此公案一般。”《禅林宝训》卷四：“瞎堂曰：遮个山蛮杜拗子，放拍盲禅治尔那一队野狐精。或庵闻之以偈答曰：山蛮杜拗得能憎，领众匡徒似不曾。越格倒拈苕帚柄，拍盲禅治野狐僧。瞎堂笑而已。”进而又喻有“随意洒脱”义。如《碧岩录》卷一：“鼓腹讴歌，谓之太平时节，谓之无事。不是拍盲便道无事，须是透过关捩子，出得荆棘林。净裸裸赤洒洒，依前似平常人。由儞有事也得，无事也得。七纵八横，终不执无定有。”又卷四：“若透得，依旧山是山水是水。各住自位，各当本体，如大拍盲人相似。”又如《景德传灯录》卷十八：“问：大拍盲底人来，师还接否？师曰：前后大应得此便也。曰：莫便是接否？师曰：遮汉来遮里插嘴。”《缁门警训》卷九：“一拳也是打爷来，未有输赢莫放开。割舍拍盲穷性命，觜喎鼻塌见全材。”明田汝成《西湖游览志余》卷十四《方外玄踪》：“也不管你前四十五，后四十五，正当四十五，不四十五，硬嚗嚗地提个所参话，任你说是说非，论长论短，拍盲举起，拍盲打捱，谁管今生打得彻打不彻，直饶以热铁轮驱入刀山剑树上，一日走百千万亿匝，要教他所参话须臾放下终不可得。”

检《碧岩录译注》释“拍盲”为“眼内障，一种眼疾。”① 又检无著道忠《葛藤语笺》引《碧岩古钞》四曰：“拍盲，以手塞眼不见物也。非生盲也。”无著道忠认为“此解杜撰”。又引南本《涅槃经》八曰：“如百盲人为治目故，造诣良医。”会疏曰：“百，一数之圆，如言百姓。”无著道忠认为：“此解不恰当。盖‘百’极切之意。拍、百音近，拍盲亦百盲之义乎？”② 雷汉卿《禅籍方俗词研究》指出“百盲”之“百”当即“百杂碎”之“百”，“拍

① “拍盲”或类似今所说的白内障，在视力下降的表现症状上相似。

② 禅文化研究所编：《禅语辞书类聚》（二），东京：日本花园大学禅文化研究所1992年版，第49页。

盲”即“全盲”，犹今言瞎了眼的。[①] 据朱子所说“如村愚目盲无知之人，撞墙撞壁，无所知识”，例中“村愚”、“目盲”、“无知”三词并用修饰“人”，词义相近，“目盲”似即“拍盲”而有“蠢笨、鲁莽”义。

（六）因声求义

因声求义也是考释近代汉语词义的重要方法。近代汉语中的一些词语源于口语俗语，往往字字可识而意义难晓。

如《朱子语类》卷一三七：“东坡则杂以佛老，到急处便添入佛老，相和（去声）倾（户孔切）瞒人。如装鬼戏，放烟火相似，且遮人眼。”例中的“倾”，《池录》卷三八、成化本、静嘉堂本和内阁文库本等皆作“澒”，其音“户孔切”，通“哄”，《朱子语类》借“倾（澒）”表示“哄骗”义。

又如韩愈《柳子厚墓志铭》：“居闲益自刻苦，务记览。”例中“刻苦”有“肯下苦功夫，很能吃苦”义。然检《说文》“刻，镂也”，无“苦”义，“刻苦”一词的理据不明。王宁《训诂学与汉语双音词的结构和意义》一文说：“‘刻苦’有‘勤苦’之义。‘刻’字难解。”她指出：“‘悈’训‘苦’，即《孟子》‘苦其心志的‘苦’，‘刻苦’用于脑力劳动，理据存于‘悈苦’。”[②] 考《玄应音义》卷十二释《贤愚经》第三卷猒悈之悈：“胡代反。《通俗文》：患愁曰悈。悈亦苦也，恨也。今犹言患悈，以有所苦也。”又卷二十释《六度集经》第八卷悈焉之悈：“胡代反。俗患愁曰悈。悈亦苦也，恨也。”据玄应所引《通俗文》，患愁曰“悈”。检《说文·心部》：“悈，苦也。”《玉篇》：“悈，恨苦也。”《广韵》：“悈，患苦。”“悈”有“愁苦不舒服”义，即玄应所说“以有所苦也”。如《韩非子·存韩》：“秦之有韩，若人之有腹心之病也，虚处则悈然，若居湿地，著而不去，以极走则发矣。”又如玄应所释原文为北魏慧觉等译《贤愚经》卷四：“其人老耄，家中大小，莫不厌悈，轻贱其言，无从用者。”“悈”有“苦”义，在“刻苦”一词中“刻”是其假借字。据《广韵》：悈，胡概切，匣母代韵；刻，苦得切，溪母德韵。悈、刻谐声，代、德为阴入对转，悈、刻上古同源，故“刻苦”一词的“刻”当为“悈”的假借字，其义为“苦”，“悈”、“苦”同义并列组成复合词。

---

① 雷汉卿：《禅籍方俗词研究》，成都：巴蜀书社 2009 年版，第 116 页。目、百形近，拍、百音近，“拍”亦有“满、全”义。如宋魏了翁《满江红·李提刑生日》词：“水拍池塘鸿雁聚，露浓庭畹芝兰馥。”又考文献中“百盲”多为偏正结构，意谓很多盲人。如隋释慧远《大乘义章》卷三：“如百盲聚，岂有所见？”又如唐释道绰《安乐集》卷上：“致令凡情种种图度，恐涉谄语刀刀，百盲偏执，杂乱无知，妨碍往生。”

② 王宁：《训诂学与汉语双音词的结构和意义》，《语言教学与研究》1997 年第 4 期。

“刻”本义为“雕镂”，引申有“修饰、润色”义。如刘向《新序·杂事一》：“引商刻角，杂以流征，国中属而和者不过数人。”又由“修饰、润色”义引申有“严格要求”义。如《韩非子·安危》：“人主不自刻以尧，而责人臣以子胥，是幸殷人之尽如比干。”又如韩愈《答元侍御书》：“刻身立行，勤己足取。”“悈苦”写作“刻苦”后，“刻苦”一词又融合了“刻”的语义而有“严格要求”和“勤苦”义。唐以后使用渐多，如《旧唐书·韩愈传》：“愈自以孤子，幼刻苦学儒，不俟奖励。”又《阳城传》：“阳城山人能自刻苦，不乐名利，今为谏官，必能以死奉职。”

（七）方言佐证

方言往往是语言的活的历史化石。由于语言的地域发展的不平衡，某些词的古义在共同语中已经消失，在方言中却往往可能保留至今。古白话词汇中有不少方言口语，因而运用现代方言来佐证古白话的词义往往能获确诂。

如《朱子语类》卷一一九：“尝见受学于金溪者，便一似咽下个甚物事，被他挠得来恁地。又如有一个蛊在他肚中，螬得他自不得由己样。”例中“螬”是个借字记音的白话俗语词，本指蛴螬，即金龟子的幼虫，咬食农作物的根和茎。朱熹用来形容一种愁燥搅缠的不舒适感觉。也写作“嘈”。如元郑廷玉《忍字记》第一折：“你端的便不疲乏，也不害心嘈。”又如《西游记》第二十七回：“桃子吃多了，也有些嘈人。”意谓胃部难受，心里不舒服。①今吴方言谓心里搅缠不舒适亦称“心嘈”。② 检《汉语方言大词典》，“嘈”也是西南官话，湖北武汉用以形容“恶心、烦躁”。③ 吴必大是湖北兴国人，此词也可能是其据方言所记。

又如《朱子语类》卷六〇：“‘利与善之间’，不是冷水，便是热汤，无那中间温吞暖处也。”此条为沈僩所录，出于《池录》。例中“温吞”为方言记音词，意谓不冷不热。其他文献也有用例。如宋吕居仁《轩渠录》：“因说昔时京师有营妇，其夫出戍，尝以数十钱托一教学秀才写书寄夫云：……天色汪囊，不要吃温吞蠖托底物事。”例中“温吞蠖托底物事”即不热的食物。亦写作“温暾”。如唐王建《宫词》之四十八：“新晴草色绿温暾，山雪初消渐出浑。”元稹《酬独孤二十六送归通州》：“宁爱寒切烈，不爱旸温暾。”白

---

① 参徐时仪：《释“心造”》，(日本)《俗语言研究》1997年第4期。

② 李荣主编《上海方言词典》释“心糟”：“情绪烦躁不安。”（南京：江苏教育出版社1997年版，第22页）《温州方言词典》释“懆（tsau）”有“指因感觉痒或者闷热而引起的不舒服的感觉”。（南京：江苏教育出版社1998年版，第270页）

③ 许宝华、［日］宫田一郎：《汉语方言大词典》，北京：中华书局1999年版，第6812页。

居易《开元寺东池早春》："池水暖温暾，水清波潋滟。"又写作"温燉"。如白居易《别毡帐火炉》："婉软蛰鳞苏，温燉冻肌活。"据元陶宗仪《南村辍耕录》卷八《温暾》："南人方言曰温暾者，乃微暖也。"此词由"不冷不热"义引申而有"含糊疲沓"义。如《朱子语类》卷九七："今观上蔡所记，则十分中自有三分以上是上蔡意思了，故其所记多有激扬发越之意；游氏所说则有温纯不决之意；李端伯所记则平正；质夫所记虽简约，然甚明切。"此条为辅广所录，吴振所录为："伊川语，各随学者意所录。不应一人之说其不同如此：游录语慢，上蔡语险，刘质夫语简，永嘉诸公语絮。"辅广所录"温纯"与吴振所录"慢"、"絮"语义相近，"温纯不决"即"犹疑不决"，意谓含糊黏滞，疲软拖沓。考"温纯"本有"温和纯厚"义。如《汉书·扬雄传下》："《典》《谟》之篇，《雅》《颂》之声，不温纯深润，则不足以扬鸿烈而章缉熙。"又如苏辙《次韵子瞻先寄迟适远却寄迈迨过遁》："豫儿扬眉稍刚劲，党子温纯无愠喜。"性格温和纯厚的人往往没脾气，不急不躁，由此引申有方俗语中往往含贬义的"疲软拖沓、含糊黏滞"义。吞、暾、纯为端组透母和禅母字，"温吞"和"温暾"、"温燉"似为"温纯"的方言记音。上海话形容人性子慢说"温吞水"，昆明话说"温暾鸡"。[①] 据《语录姓氏》，沈僩是永嘉（今浙江温州）人；辅广是庆源人，居嘉兴；吴振的里籍未载。可能沈僩和辅广记录时用了浙江一带的方俗词，此词今吴语仍沿用。[②]

（八）探求语源

探求语源即探明词义的起源及其演变，阐明其发展线索和规律。根据同源词的同义关系来考释词义，通过推求词的语源来阐发词的意蕴，这是探索词义之所以然的有效途径。

如"马虎"的语源似与指"难以名状的邪戾怪物"义的"邪忤"一词有关。"邪忤"一词至迟不晚于东晋已出现，可能源自记人们见到不可名状的怪物时发出的惊叫声，或者是记人们驱除怪物时发出的恐吓怪物之声。近代汉语中的"野狐"、"野雩"、"野胡"、"夜狐"、"夜壶"、"夜胡"、"麻胡"、"妈虎"等词在语义上与"邪忤"也有相似之处。"邪忤"、"野狐"、"麻胡"等所指多为抽象而难以名状的怪物，故引申而有"模糊"义，又可隐实示虚

① 张华文《昆明方言词源断代考辨》载，昆明方言也沿用此义，还可指人性格温驯、没性子。（北京：民族出版社2002年版，第155页）

② 据许宝华、［日］宫田一郎《汉语方言大词典》，吴语用以形容言语不冷不热，含糊随和；水不冷不热。（北京：中华书局1999年版，第6288页）

趣写作“马虎”。①

又如南朝宋鲍照《代陈思王京洛篇》云：“坐视青苔满，卧对锦筵空。琴瑟纵横散，舞衣不复缝。”诗中“锦筵”一词，《汉语大词典》释为“美盛的筵席”，引此例为首见书证。② 然诗中“锦筵”一词与“青苔”对，释为“美盛的筵席”与诗意不合，实际上是指铺在地上的华美的毡毯。如顾况《宫词》：“九重天乐降神仙，步舞分行踏锦筵。”常非月《咏谈容娘》：“举手整花钿，翻身舞锦筵。”元稹《立部伎》：“胡部新声锦筵坐，中庭汉振高音播。”白居易《柘枝妓》：“平铺一合锦筵开，连击三声画鼓催。”诸例中“锦筵”一词也都指歌舞时铺在地上的毡毯。蒋星煜《唐人勾栏图诠释》一文曾认为“锦筵”与“地毯”有关，③ 任半塘《明张宁咏唐人勾栏图诗解释及辨正》一文则说：“蒋氏深文周内，因追勾栏如何‘锦绣’，乃攀到‘锦筵’，结论曰：‘看来这是铺在舞台或演出场所地上（或楼上）的精织的地毯’，如此设想，未免蹈空。‘筵’之本意是坐垫；塞以棉，罩以锦，乃为‘锦筵’。从席地而坐之古风，上升到座椅与长案之制度；终不能卑之，降筵於地，指地毯也。唐诗所见‘舞锦筵’、‘踏锦筵’，乃于酒席筵前作歌舞，给座中人赏，非跳向陈设杯盘之桌面上歌舞也。偶见王誉昌《崇祯宫辞》云：‘锦罽平铺界紫庭，裙衫风度压娉婷。’所谓‘罽’，是毛织物；从知‘锦罽’方是地毯，‘锦筵’不是。”④ 考《说文·竹部》：“筵，竹席也。”筵是贴地而铺较为宽大的垫席。《周礼·春官·序官》：“司几筵。”郑玄注：“筵亦席也。铺陈曰筵，藉之曰席。”贾公彦疏：“设席之法，先设者，皆曰筵，后加者为席。”孙诒让正义：“筵长席短，筵铺陈于下，席在上，为人所坐藉。”古人席地而坐，坐于席上，席下又有贴地之席称为“筵”。据《新唐书·礼乐志》卷二十二载：“舞者三百人，阶下设锦筵。”宋陈旸《乐书》卷一百八十八《云韶乐》亦载：“舞者在阶下设锦筵。”故任半塘所说“唐诗所见‘舞锦筵’、‘踏锦筵’，乃于酒席筵前作歌舞”，也就是在铺有席子或毡毯的地上跳舞。任先生认为蒋氏深文周纳，实未明“席地而坐之古风上升到座椅与长案之制度”，“筵”随之引申可指陈设杯盘之桌面的筵席，而其铺陈于地之义仍存，锦筵指铺在舞台或演出场所地上的精织的地毯正用其原义，无须“降筵於地”。在“锦筵”上歌舞，故又可称作“舞筵”。如杜甫《城西陂》：“鱼吹

---

① 参徐时仪：《“马虎”探源》，《语文研究》2005 年第 3 期。

② 《汉语大词典》第 11 册，上海：汉语大词典出版社 1993 年版，第 1336 页。

③ 蒋星煜：《唐人勾栏图诠释》，《戏剧艺术》1978 年第 2 期。

④ 任半塘：《唐戏弄》下册，上海：上海古籍出版社 1984 年版，第 1299 页。

细浪摇歌扇，燕蹴飞花落舞筵。”白居易《重题小舫赠周从事兼戏微之》：“舞筵须拣腰轻女，仙棹难胜骨重人。”王建《宫词》：“玉箫改调筝移柱，催换红罗绣舞筵。”“锦筵”也好，“舞筵”也好，其所指“毡毯”这一物品并非中土之物，而是由西域传入的舶来品。据《旧唐书》卷一百九十八《波斯》载：“九年四月，献火毛绣舞筵、长毛绣舞筵、无孔真珠。”宋陈旸《乐书》卷一百五十八《波斯》亦云：“唐天宝中屡遣使来朝献马脑床并毛绣舞筵焉。”波斯所献火毛绣舞筵、长毛绣舞筵皆为毛毯类物品。佛经中又有“綩綖”一词，据《玄应音义》卷三释《摩诃般若波罗蜜经》第三十九卷此词说：“一远反，下以旃反。相传坐蓐也。未详何语。”又卷六释《妙法莲华经》第二卷此词说：“诸经有作蜿蟺二形。《字林》一远反，下以旃反。相承云坐缛也，未详何语立名耳。”“綩綖”是个外来词，玄应指出其又写作“蜿蟺”，相承为坐缛，对其出自何语存阙。考《慧琳音义》卷十二释《大宝积经》第十二卷此词说：“上于远反，下以旃反，并假借字。若依字义，与经甚乖，今并不取。经云綩綖者，乃珍妙华丽锦绣绵褥、褫（音池）毡、花毯、舞筵之类也。《字书》并无此正字，借用也。”① 又卷十五释《大宝积经》第一百十八卷此词亦云：“上音宛，下音延。《经》云綩綖者，花毡、锦褥、舞筵之类。”据慧琳所释，綩綖指精织的花毡花毯之类，可用作坐褥，也可用作舞筵。又考《慧琳音义》卷四释《大般若波罗蜜多经》第三百九十八卷中此词云：“上鸳远反，下余旃反。经言綩綖者，即珍妙绮锦筵、绣褥、舞筵、地衣之类也。”卷十六释《阿閦佛国经》上卷此词云：“于远反，下音延。经文错用也，正体从草作苑莛，舞莛、地衣之类。”卷十一释《大宝积经》第九卷中此词所加按语云：“綩綖，地褥也，即舞筵也。俗呼为地衣、毛锦是也。”又卷七十四释《僧伽罗刹集》下卷中“菀莛”亦特地加按语云：“菀莛，地褥也。即舞莛也。俗呼为地衣、毛锦是也。”慧琳数释此词，指出又写作苑莛、菀莛，可知此词当是外来词，其词义不为人所知，需要加以诠释。由慧琳所释可知“綩綖、锦筵、绣褥、舞筵、地衣”诸词的词义有相似之处，皆为坐褥、地褥类西域毛制物品的意译词，只是译时所取词义侧重点不同，其中“锦筵”偏重于华美，“舞筵”偏重于用途，“地衣”则为俗称。如白居易《红线毯》云：“一丈毯，千两丝，地不知寒人要暖，少夺人衣作地衣。”又如王建《宫词》：“自夸歌舞胜诸人，邀勒君王出内频。连夜宫中修别院，地衣帘额一时新。”诗中所说“地衣”亦即“地毯”。因而，鲍照《代陈思王京

① 《慧琳音义》，上海：上海古籍出版社1986年影印狮谷白莲社藏版《正续一切经音义》本。

洛篇》中的“锦筵”不能释为“美盛的筵席”，唐诗中所见“舞锦筵”、“踏锦筵”，也不是“跳向陈设杯盘之桌面上歌舞也”。

（九）寻绎词义演变轨迹

寻绎词义演变轨迹也是揭示词义之所以然的有效途径。

如“打”是汉语中使用非常广泛的一个常用词，可从形、音、义、结构诸方面考察“打”的衍变递嬗。“撞触”义最初由“朾”表示，同义的字尚有敞、敦、挦、枨，表“击”义的“打”至迟在汉代已在语言中使用。由于“木”与“扌”的笔误，“打”逐渐包容了“朾”的“撞触”义，大约在唐代“打”已由笔误而成为“朾”的俗字，最终取代了“朾”。“打”的阴声韵很可能受方言的影响由文白异读叠置演变而来。“打”在“触事皆谓之打”的语言应用中由其动词义演变虚化而产生有介词、连词和助词义，其词义的演变与其形和音的演变亦有密切的关联。①

又如“枪”和“抢”是汉语中的常用词，“枪”最初似为一头削尖的木棍，可能是由象形字或会意字演变而为形声字。“枪”由一头削尖的木棍又演变为两头尖锐的木桩、铁蒺藜等物，引申可指两端锐的钉子、长刺等而发展成为一种一头或两头施铁刃的刺击武器。大约在五代至宋元，火药发明后，“枪”才渐指火枪等兵器。“枪”由两头尖锐的木桩、铁蒺藜等防御物引申而有“抵御”义，又引申有“冲抵、碰撞”义。枪、抢在表“冲抵、碰撞”义上同义而构成古今字，“枪”指火枪等兵器后，其“冲抵、碰撞”义为“抢”所替代，“枪”与“抢”也渐分化为表“武器”义和表“抢先”、“抢夺”义的两个词。②

（十）考察历史文化背景

一个民族的语言史与该民族的社会史、经济史、政治史、文学史、文化史、思想史密切联系，带有深刻的民族规定性。陈寅恪曾说：“凡解释一字即是作一部文化史。”③ 凡解释一个词也就是作一部文化史。研究近代汉语名物词，尤其是观念名物词，就要将有关词语放到整个社会历史环境中去考察，考察词义产生的特定的历史文化背景，探讨汉语词汇古今发展演化的价值取向。

如“钥”既可指“钥匙”又可指“锁”，这与“关钥”或“管钥”这一事物自身的性质及其所起的作用有关。就从外开闭的锁而言，可单独拿开的

① 参徐时仪：《打的形音义衍变递嬗探微》，香港《中国语文通讯》2003 年总 65 期。

② 参徐时仪：《“枪”和“抢”的衍变递嬗考探》，《中国文字研究》第五辑，南宁：广西教育出版社 2004 年版。

③ 载沈兼士：《“鬼”字原始意义之试探》，《国学季刊》1935 年五卷三号。

“钥”的那部分和整个锁的关系与现在所用的钥匙和锁相似；而不能单独拿开的那部分“钥”则与现在锁中的锁舌相似，故“钥”有“钥匙”和“锁”二义。北魏吉迦夜共昙曜译《波斯匿王丑女赖提缘》中已出现“钥匙”一词，《汉语大词典》所引张守节注《史记》之例偏晚。西安洪庆堡汉代的愍儒乡遗址与河南荥阳王湾东汉窖藏中均出土有铁簧锁，其中有的附有齿耙形钥匙。[①] 洛阳3850号东汉墓的壁画中画有一持齿耙形钥匙的人物。[②]“钥匙”一词中的“匙”原为取食用的匕、勺，从外开闭的管钥的插入部分“钥”与“匙”的形状相似，故钥、匙并列组成复合词“钥匙”表“钥”原所指“开锁的器具”义。“钥”可指“开锁的器具”义后，为了与其所指的“锁”义不致混淆，于是原义指“链子”的“锁”遂引申有指关闭义的“锁”之义。“锁”这一新义的产生至迟不会晚于唐代，如杜甫《忆昔行》：“弟子谁依白茅屋？卢老独启青铜锁。”也可用作动词表“上锁”义，如杜甫《秋雨叹》之三：“长安布衣谁比数，反锁衡门守环堵。”于是管钥的“开锁的器具”和“锁”义分别由“钥匙”和“锁”来表示。唐以后“钥匙”还可称作“锁匙”，如《赵州录》上：“泉乃抛锁匙，从窗内入堂中。”又如胡三省注《资治通鉴·晋明帝太宁三年》“宫门管钥，皆以委之”云：“钥，关牡也，今谓之锁匙。”“锁”与“钥”还可组成并列复词来表“锁”义，如韩愈《竹洞》诗：“洞门无锁钥，俗客不曾来。”由“钥匙”和“锁”的演变可知词义的衍变递嬗既有其内在规律，又与社会的发展和人们的日常生活密切相关。“钥匙”和“锁”的词义演变在某种程度上可以说正是社会发展的真实写照。由内闭的锁发展至外闭的锁表明人类已由原始共产主义社会进入了私有制阶段，而当有一天人类社会发展至物质生活相当丰富，全世界凡是有人的地方皆可“夜不闭户”，社会安定，家给户足，那么“钥匙”和“锁”很可能会从人们的现实生活中淡出而成为历史事物。[③]

又如汉语的“民主”一词是由偏正结构的“民之主”义经重新分析而变为主谓结构的“民作主”义，当其用来称西方民选的最高国家元首，后又用来指西方现代政治制度时才最终由词组凝固成词。从“民主”一词所反映的人们民主观念的变迁，可以看到中国传统价值观念在西方现代思想冲击下变迁的复杂性。[④]

---

① 孙机：《汉代物质文化资料图说》，上海：上海古籍出版社2008年版，第402~403页。

② 洛阳市文物工作队：《河南洛阳市3850号东汉墓》，《考古》1997年第8期。

③ 参徐时仪：《“钥匙”探源》，《中国典籍与文化》2003年第3期。

④ 参徐时仪：《“民主”的成词及其词义内涵考》，《上海师范大学学报》2007年第4期。

（十一）定性与定量分析

定性与定量分析是统计语言学的方法。统计语言学是数理语言学的一个分支。数理语言学是数学向语言学渗透的产物。数量统计是统计语言学在语言描写中的具体运用，也是区别统一与个别、质变与量变、主流与支流的重要依据之一。不做定量分析，主要凭借研究者对材料的主观感受与判断，往往容易造成各举其例，各执一端而莫衷一是，很难把握住汉语诸要素在各时期的性质变化发展的界限，对一些重大问题也难做出令人信服的判断。因而有必要在相对穷尽性的定量分析基础上进行定性分析。从随意取例论证到定量分析，透过量来把握质，这是语言研究走向科学化的重要标志。

近代汉语词汇的静态描写要求全面、穷尽、科学。如词量与词次是两个不同的概念。从语用的角度来说，一个只使用一次的词与一个使用几十次甚至上百次的词在语言系统中的作用、地位和影响是不同的。词量是一种可能的量，它存在于词库的聚合中，未必使用，而词次才是现实的量，它是我们可以直接感受的词汇形式的使用情况，它体现在语流的组合中。这里也有一个聚合和组合相互转化的关系。可见，在研究词汇新陈代谢和描写词汇面貌的时候，词量的统计分析和词次的统计分析都是必不可少的，片面的统计分析得出的片面数据，会传递给我们不够准确的信息。[①]

如《朱了语类》中表“快速、急速”义有“疾”、“迅”、“速”和“快”。“疾”约有150例，其中90多例表“疾病、毛病”义，10多例表“痛恨”义，5例表“妒忌”义，2例表“乱、暴乱”义，表“快速”义约有20多例。[②] 如：

其实天左旋，日月星辰亦皆左旋，但天之行疾如日。(2.18)

且如端坐不如箕踞，徐行后长者不如疾行先长者，到这里更有甚礼，可知是不可行也。(22.515)

以某观之，若看得此，则亦可以麤想象天之与日月星辰之运，进退疾迟之度皆有分数，而历数大概亦可知矣。(78.1981～1982)

---

① 俞理明、谭代龙：《共时材料中的历时分析》，《四川大学学报》2004年第5期。

② “疾”、“迅”、“速”和“快”在《朱子语类》中的用例为杨艳博士归纳统计。张海媚《两种诸宫调和朱子语类词语的地域差别比较研究》一文据《朱子语类》后四十卷统计，“疾”有7例，其中“疾速”1例；“速”16例，其中“迅速”1例；“快”15例。“速”与“快”旗鼓相当，二者处在竞争之中。(《宁夏大学学报》2001年第4期)

“迅”有18例。如：

知至之后，如从上面放水来，已自迅流湍决，只是临时又要略略拨剔，莫令壅滞尔。(15.300~301)

常如风和日暖，固好；变如迅雷烈风。若无迅雷烈风，则都旱了，不可以为常。(37.987)

“速”有88例。如：

历家以进数难算，只以退数算之，故谓之右行，且曰：“日行迟，月行速。”(2.14)

此个事不可欲速，“欲速则不达”，须是慢慢做去。(18.394)

曰：“取效太速，相次易生出病。”(18.402)

“父召无诺，唯而起。”唯速于诺。(87.2230)

知其为贤而用之，则用之唯恐其不速，聚之唯恐其不多。(107.2659)

“快”约有170例，其中1例表身体舒适义，47例表心理上的愉悦或洒脱义，55例表对事理或义理的认识通达明快，3例表称赞义，6例表锋利义，表敏捷、快速和急迫义约有50多例。如：

“人心惟危，道心惟微。”毫厘间不可不仔细理会。才说太快，便失却此项功夫也。(15.303)

然这里只是说学之次序如此，说得来快，无恁地劳攘，且当循此次序。(15.311)

莫要恁地快，这个使急不得。(19.433)

他缘是快，只认得量浅底意思，便说将去。(25.631)

曾点却有时见得这个气象，只是他见得了便休。缘他见得快，所以不将当事。(40.1037)

古者教人有礼乐，动容周旋，皆要合他节奏，使性急底要快也不得，性宽底要慢也不得，所以养得人情性。(43.1103)

若能知而扩充，其势甚顺，如乘快马、放下水船相似。(53.1291)

一日，与诸生同行登台，见草盛，命数兵耘草，分作四段，令各耘一角。有一兵逐根拔去，耘得甚不多，其它所耘处，一齐了毕。先生见耘未了者，问诸生曰：“诸公看几个耘草，那个快？”诸生言诸兵皆快，独指此一人以为钝。曰："不然。某看来，此卒独快。"因细视诸兵所耘处，草皆去不尽，悉复呼来再耘。先生复曰："那一兵虽不甚快，看他甚子细，逐根去令尽。虽一时之难，却只是一番工夫便了。这几个又著从头再用工夫，只缘其初欲速苟简，致得费力如此。"(121.2947)

按："疾"先秦已有"快速、急速"义。如《庄子·天道》："斲轮，徐则甘而不固，疾则苦而不入。""速"先秦也有"快"义。如《论语·子路》："欲速则不达，见小利则大事不成。""迅"汉代有"快"义。如徐干《齐都赋》："竦长袖以合节，纷翩翩其轻迅。""快"本有"高兴、喜悦"义，心情好行动往往快捷，因而引申有"疾速"义。考段玉裁注《说文·心部》"快"云："俗字作駃。"《说文·马部》："駃騠，马父赢子也。"段注云："谓马父之骡也。"《玉篇》："駃騠，马也。生七日超其母。""駃"也引申有"行走迅速"义，后"快"取代"駃"表"疾速"义。梅祖麟《从语言史看几本元杂剧宾白的写作时期》一文认为"元代口语，迅速之快用'疾'、'疾快'、'疾速'和'快'，但'快'字的出现频率不比'疾忙'、'疾快'等词高。至早要到明初以后，才有白话文献专用'快'字来表示'迅速'义，不用'疾'、'疾快'等词"。实际上早于宋代，'快'已有'迅速'义。如《搜神记》卷四："如此，君可快去，我当缓行，日中必火发。"又如《续齐谐记》："其上复有盘石，圆如车盖，恒转如磨，声若风雨，土人号为石磨。转快则年丰，转迟则岁俭。"

《朱子语类》中"疾"、"迅"、"速"多为征引古书所载用语，"快"则都为口语。如上举末例"那个快"、"诸生言诸兵皆快"、"某看来，此卒独快"、"那一兵虽不甚快"中的"快"与"只缘其初欲速苟简"中的"速"形成文白对照，正好反映了文人口语文白并用的特点，同时也可见"快"口语性强，"速"文言味重，"快"新"速"旧，"速"与"快"二者处在此消彼长竞争之中。[①]"疾"、"迅"、"速"作为构词语素组成有"迅速、疾速、迅疾、快速、作速、健速"等复合词。如：

又乞下铨曹，作速差知州，后面有铨曹拟差状。约只隔得一二日，又有到任申状。其兵马监押才到时，其知州亦到了。其行遣得简径健速如此！(127.3043)

---

① 曹广顺《试说"就""快"在宋代的使用及其有关的断代问题》一文指出"'快'字在宋末（金）可能已经部分取代了'疾'"。(《中国语文》1987年第4期)

此条为吴雉所录，最早见于《饶后录》。例中“作速”和“健速”，郑明点校本同，成化本和徽州本作“疾速”和“捷速”。“作”与“速”并用组成复合词似是当时口语，用作副词表“立刻、赶快”义，王星贤点校时可能据万历本或清刻本改。其他文献也有用例。如元高文秀《黑旋风》第四折：“大小偻罗，作速与我趱上去者。”《二刻拍案惊奇》卷二十一：“作速追去，还可擒获。”《儒林外史》第三五回：“送了各官上去，叫作速开船。”《现代汉语词典》也收录此词。

据《朱子语类》的用例可知，“快”在宋代已逐渐取代了“疾”、“迅”和“速”而成为常用词。

“快”由“迅疾”义引申而有“任意”义。如：

佞，不是谄佞，是个口快底人。事未问是不是，一时言语便抵当得去。(28.712)

例中“口快”意谓说话不假思索，冲口而出。其他文献也有用例。如朱彧《萍洲可谈》卷三：“客次与坐席间固不能遍识，常宜自处卑下，最不可妄谈事及呼人姓名，恐对人子弟道其父兄名及所短者或其亲知，必贻怒招祸。俗谓口快，乃是大病。”又如《五灯会元》卷十五《雪峰存禅师法嗣》：“虽然如是，也须到这田地始得，亦莫趁口快乱问。”

“快”由“迅疾”义引申又有“锋利”义。如杜甫《戏题王宰画山水图歌》：“焉得并州快剪刀，剪取吴松半江水。”《朱子语类》用例如：

义如利刀相似，都割断了许多牵绊。(6.120)

此条为曾祖道所录，其中有小字注：

人杰录云：“似一柄快刀相似。”(6.120)

据万人杰所录，可推知朱熹当时所说原话，曾祖道所录似作有书面加工。

《朱子语类》中表“迅疾”义的还有“急”和“紧”。如：

如以一大轮在外，一小轮载日月在内，大轮转急，小轮转慢。虽都是左转，只有急有慢，便觉日月似右转了。(2.16)

才者，水之气力所以能流者，然其流有急有缓，则是才之不同。(5.97)

例中“急”和“慢”、“缓”相对，表急促状态的“迅疾”义。又如：

为学正如撑上水船，方平稳处，尽行不妨。及到滩脊急流之中，舟人来这上一篙，不可放缓。直须着力撑上，不一步不紧。放退一步，则此船不得上矣！（8.137）

例中“紧”和“放退”相对，表紧迫状态的“迅疾”义。再如：

只是气旋转得紧，如急风然，至上面极高处转得愈紧。若转才慢，则地便脱坠矣！（2.28）

例中“紧”和“慢”相对，表紧密状态的“迅疾”义。

（十二）借鉴与引进国内外语言学新理论

研究近代汉语词汇还应借鉴和引进国内外语言学新的理论，探索一些新的研究方法。

如根据比较语言学的理论，利用汉藏语系的亲属语言材料来考释单凭汉语本身难以解释的词语；运用梵汉对照的方法来研究汉译佛典语言；根据“相应生义”、“词义渗透”、“词义沾染”、“组合同化”、“词义虚化”、“概念整合”和“框架分析”等词义演变理论，由对单个词语的考释研究进而对一组词或一类词做整体观照及研究；综合运用词汇、语法、修辞等知识进行义素分析，揭示相关演变规律等。

例如从认知科学的概念整合理论看，“抄”、“钞”的“写录”和“货币”词义的形成是把来自不同认知域的框架结合起来的一系列认知活动，体现了一个动态的概念整合过程：输入空间1. 心理空间中“钞”的叉取概念，隐喻有将一物从一处移到另一处的获取义；输入空间2. 心理空间中“钞”作为抄写记录的概念，隐喻有从一处移到另一处的誊写义；输入空间3. 心理空间中的“钞”与刀币、铲币类似可作货币的概念，隐喻有从一处移到另一处的流通义；类属空间：从一处移到另一处反复进行的动作或状态；整合空间1. 由从一处移到另一处的叉取引申指抄写记录；整合空间2. 由从一处移到另一处的誊写引申指可流通反复使用的货币。在抄写记录义的形成中，输入空间1是表征的，输入空间2是所指的。在流通的货币义形成中，输入空间2是表征的，输入空间3是所指的。表征空间映射和所指空间映射的合并形成了概念整合产生新的所指。[1]

又如词义系统由词义及词与词间的各种关系相互连接而构成，其存在又反过来使具体的词义得以确立。这两者是相互依赖而互为前提的。词义演变的规律研究以词汇、词义系统的存在为前提，词汇、词义系统的存在又靠词义演变的规律来证明。“在某种程度上说，大多数词的意义和用法，是受另一些词在语言中的存在或可用性制约的。”[2] 词义反映的是一类切分了的事物或现象，这种切分是主观的。客观世界中的万事万物是不存在这种切分的。既然客观世界是一个整体，那么要充分认识切分了的某一部分，就必定要将这一部分放到与整体的关系中去分析。词义间的各种关系，实际上是客观世界中各种关系在主观精神世界中的反映。因此，研究近代汉语词汇，也需要运用系统论的理论将词义放在词义系统中与其相关的词义关系中进行考察，进而探讨近代汉语的词义体系。

再如王士元《竞争变化是造成剩余的一个原因》一文提出的词汇扩散理论指出，语音的变化是突变的，在词汇上的扩散是逐渐的。[3] 词汇扩散虽然最初是用在语音变化的研究之中，但从本质来看，词汇扩散则是一种以变异和选择为基础的语言进化理论。因而，词汇扩散作为一种变化形式不仅仅在语音上出现，而且也在语言的其他方面出现。在词义和语法范畴的演变中也有词汇扩散的现象。根据词汇扩散理论，无论是同一文献不同年代的版本异文还是不同年代的文献记载同一事件的异文，只要是不同时间点上对某一语言现象的不同记录，都可在考察语言的演变时互为佐证。[4]

上述各种方法，互有短长，在具体考释词义的过程中还涉及语法和语用的考察，往往需要将多种方法结合起来加以运用，从不同角度对词义作综合的考察，从而提高考释的精确性和可靠性。如上文所释“掉”、“刻苦”、“倾”、“脱”、“赚”、“温吞”、“马虎”和“锦筵”等词都涉及审辨字形和利用互文、对文、异文、同义并列词组及因声求义等方法。

---

① 参徐时仪：《〈朱子语类〉词汇研究》，上海：上海古籍出版社2013年版。

② 罗宾斯：《普通语言学概论》，上海：上海译文出版社1986年版。

③ 参王士元：Competing Changes as a Cause of Residue，*Language*，1969，Vol. 45，No. 1.，pp. 9-25.

④ 参徐时仪：《词汇扩散与文献传本异文》，《中国语言学报》第13期，北京：商务印书馆2008年版。

第八章

近代汉语词汇研究的现状及展望

Jin DAI han yu CI HUI Xue

词是语言最基本的成分，也是语言成分中最具生命力的底层单位。中国传统语言学发展到清代的乾嘉时期达到了古代语言文字研究的高峰，然而由于政治的原因和历史的局限，中国传统的语言学作为儒家经学的附庸，主要以明经为用，偏重于古代汉语的研究而忽视白话词语的研究，重视文字而忽视了文字所代表的语言，未对汉魏以来的新词俗语做系统研究。随着 20 世纪初新文化运动的兴起，白话文取代了文言文的正宗地位，传统语言学开始向现代语言学转变，语言文字研究不再是经学的附庸，研究方法、研究目的、研究对象、研究领域等方面也随着时代的变化而有了新的发展，近代汉语词汇的研究也受到学术界的普遍重视，许多学者投身到这一未经充分开发的处女地。尤其令人欣喜的是自 20 世纪 80 年代以来我国进入了改革开放的新的历史时期，学术界以更开阔的视野看世界，古白话词语的研究有了长足的进展，[①] 国内外学术刊物上不断有研究古白话词语的论文发表，研究古白话词语的一些专著也相继出版问世，研究成果斐然可观，大致上形成了一支以中青年为主且学力坚实的研究队伍，研究对象既涉及古代各类文献，同时又相对集中在不同历史时期内一些具有代表性的口语文献上。就范围而言，上至汉魏，下至明清，诗文、笔记、小说、戏曲、语录等均在研究之列。就内容而言，除了考释词义外，还涉及词义的构成、词义的系统、词义的诠释、词义的演变、词义的色彩、词义与语音、词义与文字等，从一般的词义考释拓展到对某一类词，或者一组相关词的综合研究和比较研究，注重于考探词义的深层内涵和语用特征，呈现出知其所以然的理论关注和规律探讨的趋势。就材料而言，有的论文大量使用了出土文献和佛经中的语言材料，且不仅限于中土文献，而且涉及域外文献，在考释词义的源流方面有了新的突破。就方法而言，将词的历时演变和共时变异结合起来研究，注重以动态的、联系的观点来对词及其相关的语言现象进行多角度、多侧面的研究，有的论文广泛运用了方言佐证法，从现代汉语的某些方言中去追踪近代汉语词语的渊源关系，理清了一些常用词的演变过程。就手段而言，随着文献信息载体向网络化、电子化的发展趋势，利用计算机建立近代汉语语料库，进行快速、准确、全面的检索和多角度、多方面的统计分析，已成为研究近代汉语词汇的先进

① 本书所指古白话词语包括中古汉语和近代汉语词语。有关中古汉语和近代汉语的分期各家说法不一，中古汉语和近代汉语二者间互有交叉，且“近代汉语”这一术语中的“近代”与人们通常惯用的中国历史分期所指“近代”不同，易引起混淆，因而本着联系的、发展的观点，我们认为用“古白话”来指中古汉语和近代汉语会更合适一些。有关古白话的形成可参徐时仪《汉语白话发展史》（北京：北京大学出版社 2007 年版）。

手段。下文拟就近代汉语词汇研究的现状和发展趋势略作论述。

第一节　近代汉语词汇研究的现状

一、古白话俗语词的考释

古白话是与文言相对而并存的一个反映了汉魏至明清历代口语成分的汉语书面语系统，古白话词是汉语词汇史上汉魏至“五四”以前各个时期流行于社会各阶层的口语中新产生的词语和虽早已有之但意义已有变化的词语，实际上也就是书面记录下来的充满活力而欲替代旧有词语的口语词。文白演变是20世纪初汉语的重大变革，随着“五四”以后白话由不登大雅之堂到升堂入室，进而取代了文言文的正宗地位，传统语言学的研究也冲破为经学服务的藩篱，而以汉译佛经、敦煌遗书、禅儒语录、笔记、诗词曲、戏剧、小说等古白话文献数据为研究对象，开辟了研究汉魏以来古白话俗语词的新领域，取得了令人瞩目的丰硕成果。其中张相的《诗词曲语词汇释》和蒋礼鸿的《敦煌变文字义通释》是考释古白话俗语词的代表著作。

张相《诗词曲语词汇释》成书于1945年，作者用了八年时间写成此书，于1953年由中华书局出版。初版以来，屡次再版。全书6卷，汇集解释唐宋金元明人诗词曲中的特殊词语六百多条，详引例证，诠释其意义，剖析其用法，材料丰富，考释精当，从语言学的角度对“镇”、“厮”、“解道”、“怎生”、“端的”等俗语词做了较为系统的研究。这些词语大都是历史上当时通俗的古白话，或见于诗词，或见于戏曲，向来没有专书作过解释。作者在序言里说：“诗词曲语辞者，即约当唐宋金元明间，流行于诗词曲之特殊语辞，自单字以至短语，其性质泰半通俗，非雅诂旧义所能赅，亦非八家派古文所习见也。”“其字型生涩而义晦，及字型普通而义别者，则皆在探讨之列。”作者作此书的意图是循《助字辨略》和《经传释词》的途径，综合研究诗、词、曲中的特殊词语，补诗、词、曲方面注释本子不多而又不大注重语辞的缺憾。

蒋礼鸿《敦煌变文字义通释》专门解释敦煌石室所出唐五代变文中的口语词语，1959年由中华书局初版。初版以来，每次修订，作者都本着在科学研究方面精益求精的态度加以增订，从而形成此书博大精深的格局，学术价值甚高，国内外学者都认为是中国当代敦煌语言学研究的重大成果，首次对敦煌变文中的口语词进行了系统的研究，开敦煌资料词语研究的先河。全书共释840个字词，大体以翔实可靠的材料为基础，从解疑入手，以点及面旁通其他文献，然后上溯词义之语源，下及方言俗语以证古语，运用本证、旁证、参互校核、因声求义等方法体会声韵、辨认通假及字形，审视文例、玩绎章法和文意，在纵横系联中归纳比勘，勾勒出俗语词之产生、发展的演变脉络和词形变幻及用字异同，在共时和历时的框架中将古白话俗语词的研究纳入了汉语词汇史的轨道，为汉语词汇史研究提供了丰富的实例，揭示了词义变化的一些规律。

黎锦熙在1933年出版的《比较文法》一书序言中曾说其时"只有周秦汉晋'经'、'传'释词，没有唐宋明清'诗词'、'语录'、'戏曲'、'小说'释词"，而随着近代汉语词汇研究的开拓和发展，近些年来唐宋明清的"诗词"、"语录"、"戏曲"、"小说"已大多有了释词。[①] 如考释汉译佛经词语的论著有朱庆之《佛典与中古汉语词汇研究》(1992)，俞理明《佛经文献语言》(1993)，梁晓虹《佛教词语的构造与汉语词汇的发展》(1994)，颜洽茂《佛教语言阐释》(1997)，胡敕瑞《〈论衡〉与东汉佛典词语比较研究》(2002)，姚永铭《慧琳〈一切经音义〉研究》(2003)，李维琦《佛经词语汇释》(2004)，陈秀兰《魏晋南北朝文与汉文佛典语言比较研究》(2004)，王绍峰《初唐佛典词汇研究》(2004)，竺家宁《佛经语言初探》(2005)，徐时仪《玄应〈众经音义〉研究》(2005)和《玄应和慧琳〈一切经音义〉研究》(2009)，景盛轩《〈大般涅槃经〉异文研究》(2009)等。

考释敦煌吐鲁番文献词语的论著有蒋礼鸿《敦煌变文字义通释》(1997)，张金泉、许建平的《敦煌音义汇考》(1996)，项楚《王梵志诗校注》(1991)，曾良《敦煌文献字义通释》(2001)，黄征《敦煌语言文字学研究》(2002)，陈秀兰《敦煌变文词汇研究》(2002)，王启涛《吐鲁番出土文书词语考释》(2005)，陈明娥《敦煌变文词汇计量研究》(2006)，张小艳《敦煌书仪语言研究》(2007)，叶贵良《敦煌道经写本与词汇研究》(2007)，曾良《敦煌佛经字词与校勘研究》(2010)，于淑健《敦煌佛典语词和俗字研究》(2012)等。

考释禅儒语录词语的论著有袁宾《禅宗著作词语汇释》(1990)，董志翘《〈入唐求法巡礼行记〉词汇研究》(2000)，唐贤清《〈朱子语类〉副词研

---

① 限于篇幅，凡2000年前的论著择要略举，详可参徐时仪《古白话词汇研究论稿》(上海：上海教育出版社2000年版)。

究》(2004)，谭伟《〈祖堂集〉文献语言研究》(2005)，雷汉卿《禅籍方俗词研究》(2009)，徐琳等《〈祖堂集〉佛教称谓词语研究》(2010)，程碧英《〈朱子语类〉词汇研究》(2011)，陈明娥《朱熹口语文献词汇研究》(2011)和徐时仪《〈朱子语类〉词汇研究》(2013)等。

考释诗词曲词语的论著有张相《诗词曲语词汇释》(1953)，王锳《诗词曲语辞例释》(1980)，陆澹安《戏曲词语汇释》(1981)，蒋绍愚《唐诗语言研究》(1990)，王云路《汉魏六朝诗歌语言论稿》(1997)、《六朝诗歌语词研究》(1999)，项楚《寒山诗注》(2000)，魏耕原《全唐诗语词考释》(2001)、《唐宋诗词语词考释》(2006)，闫艳《全唐诗名物词研究》(2004)和《唐诗食品词语与文化之研究》(2004)，徐颂列《唐诗服饰词语研究》(2008)，郭作飞《〈张协状元〉词汇研究》(2008)，王学奇、王静竹《宋金元明清曲辞通释》(2002)等。

考释小说词语的论著有陆澹安《小说词语汇释》(1964)，香阪顺一《〈水浒〉词汇研究(虚词部分)》(1987)，江蓝生《魏晋南北朝小说词语汇释》(1988)，李申《〈金瓶梅〉方言俗语汇释》(1992)，张惠英《〈金瓶梅〉俚俗难词解》(1992)，段观宋《文言小说词语通释》(1993)，鲍延毅《〈金瓶梅〉语词溯源》(1996)，遇笑容《〈儒林外史〉词汇研究》(2001)，谭耀炬《〈三言二拍〉语言研究》(2005)，周志锋《明清小说俗字俗语研究》(2006)，范崇高《中古小说校释集稿》(2006)，周俊勋《魏晋南北朝志怪小说词汇研究》(2006)，曾良《明清通俗小说语汇研究》(2009)，王毅《〈西游记〉词汇研究》(2012)等。

考释史书词语的论著有刘百顺《魏晋南北朝史书词语考释》(1993)，方一新《东汉魏晋南北朝史书词语笺释》(1998)，张能甫《〈旧唐书〉词汇研究》(2002)，杨小平《〈后汉书〉语言研究》(2004)，万久富《〈宋书〉复音词研究》(2006)，高明《中古史书词汇论稿》(2008)，宋闻兵《〈宋书〉词语研究》(2009)，刘传鸿《两唐书列传部分词汇比较研究》(2009)等。

考释笔记杂著词语的论著有王锳《唐宋笔记语词汇释》(1990)，吴金华《〈世说新语〉考释》(1994)，周日健、王小莘《〈颜氏家训〉词汇语法研究》(1998)，张能甫《郑玄注释语言词汇研究》(2000)，郑光《原刊〈老乞大〉研究》(2000)，李泰洙《〈老乞大〉四种版本语言研究》(2003)，化振红《〈洛阳伽蓝记〉词汇研究》(2002)，罗维明《中古墓志词语研究》(2003)，刘志生《东汉碑刻复音词研究》(2007)，汪维辉《〈齐民要术〉词汇语法研究》(2007)，姚美玲《唐代墓志词汇研究》(2008)，陈敏《宋代笔记在汉语词汇学理论研究中的价值》(2011)，杨观《周密笔记词汇研究》

（2011）等。

考释方言、市语词语的论著有王锳《宋元明市语汇释》（1997），张惠英《汉语方言代词研究》（2001），景尔强《关中方言词语汇释》（2002），张华文《昆明方言词源断代考辨》（2002），蒋宗福《四川方言词语考释》（2002），褚半农《〈金瓶梅〉中的上海方言研究》（2002），邓章应《〈跻春台〉方言词语研究》（2006），崔山佳《宁波方言词语考释》（2007）等。

考释断代和中古、近代汉语词语的论著有蔡镜浩《魏晋南北朝词语例释》（1990），王云路、方一新《中古汉语语词例释》（1992），李申《近代汉语释词丛稿》（1995），江蓝生《近代汉语探源》（2000）和《近代汉语研究新论》（2008），顾之川《明代汉语词汇研究》（2000），董秀芳《词汇化：汉语双音词的衍生和发展》（2002），王锳《近代汉语词汇语法散论》（2004），曾昭聪《中古近代汉语词汇论稿》（2004），曹小云《中古近代汉语语法词汇丛稿》（2005），敏春芳《文献字词考略》（2005），崔山佳《近代汉语词汇论稿》（2005），杨荣祥《近代汉语副词研究》（2005），杨爱姣《近代汉语三音词研究》（2005），雷汉卿《近代方俗词丛考》（2006），陈群《近代汉语程度副词研究》（2006），丁喜霞《中古常用并列双音词的成词和演变研究》（2006），何亮《中古汉语时点时段词汇论稿》（2007），金桂桃《宋元明清动量词研究》（2007），徐时仪《古白话词汇研究论稿》（2000）、《汉语白话发展史》（2007），雷冬平《近代汉语常用双音虚词演变研究及认知分析》（2008），周俊勋《中古汉语词汇研究纲要》（2009），王云路《中古汉语词汇史》（2010），方一新《中古汉语词汇学》（2010），钟兆华《近代汉语虚词研究》（2011），张美兰《明清域外官话文献语言研究》（2011），魏启君《十七世纪前中期汉语词汇研究》（2013）等。

古白话俗语词的考释与词典编纂有着密切的关系。词典的编写以词汇研究为基础，同时又反过来推动词汇研究的深入。王力《理想的字典》（1945）提出“字的形、音、义的变迁，乃是文化史的一部分。拿历史的眼光来看，经义和俗义的价值无轻重之分”。古白话俗语词是语文辞书收录诠释的重要组成部分，《辞源》、《辞海》、《国语辞典》和《汉语大词典》等大型语文辞书都十分注重收录诠释古白话俗语词，尤其是《汉语大词典》，古今并收，源流并重，收字22 000个，词语37万条，其中有不少是古白话俗语词。一些专书词典和断代语言词典也十分注重收录诠释古白话俗语词，专书词典主要有张永言《〈世说新语〉辞典》（1992），张万起《〈世说新语〉词典》（1993），蒋礼鸿等《敦煌文献语言词典》（1994），辛嶋静志《〈正法华经〉词典》（1998）、《〈妙法莲华经〉词典》（2000）和《〈道行般若经〉词典》（2010），廖珣英《〈全宋词〉语言词典》（2007），刘心贞《〈红楼梦〉方言及难解词词典》（2010），袁宾《禅宗大词典》（2010），白维国《白话小说语言词典》（2011）等。断代语言词典有龙潜庵《宋元语言词典》（1985），刘坚和江蓝生担任总主编的近代汉语断代语言词典系列（1997—1998）《唐五代语言词典》、《宋语言词典》和《元语言词典》，高文达主编《近代汉语词典》（1992）、许少峰主编《近代汉语词典》（1997）和《近代汉语大词典》（2008），石汝杰、宫田一郎主编《明清吴语词典》（2005），王启涛《吐鲁番出土文献词典》（2012）等。

二、古白话常用词的研究

古白话常用词的研究也充分体现了近代汉语词汇研究的新发展。早在20世纪40年代，王力首先明确提倡并进行常用词的研究。他在《汉语史稿》第四章“词汇的发展”中勾勒了若干组常用词变迁更替的轮廓，又在他主编的《古代汉语》中专门训释了一千一百多个常用词，尤其注重辨析词义演变的微细差别。此后朱自清、叶圣陶、吕叔湘在《开明文言读本》导言中也对古今词语作有比较，展示了常用词词义演变的规律性。近些年来蒋绍愚多次论及这一问题，如《近代汉语词汇研究》中有“常用词演变的研究”和“各阶段词汇系统的描写”专节的论述，以“吃”、“喝”、“穿”、“戴”四个常见的词为例作有说明。[①] 又如《关于汉语词汇系统及其发展变化的几点想法》一文中对《祖堂集》里“木/树”、“道/路”、“言/语/说”等几组同义词的考察（1989）等。还有专文《白居易诗中与“口”有关的动词》（1993），分析探讨了与“口”有关的四组动词从《世说新语》到白居易诗和《祖堂集》的发展演变情况，并运用了判别新词与旧词的两种基本方法——统计使用频率和考察词的组合关系。张永言也曾经尝试通过考察个别词语的消长与更替（如：言/说，他人/傍人，有疾/得病）来探讨作品语言的时代特征，撰有《从词汇史看〈列子〉的撰写时代》。张永言和汪维辉《关于汉语词汇史研究的一点思考》（1995）一文讨论了八组常用词在中古时期变迁递嬗的大概情况，通过具体实例的分析，大力提倡词汇史研究领域中长期被忽视的常用词演变的研究。

古白话常用词的研究论著主要有李宗江《汉语常用词演变研究》（1999）

---

① 蒋绍愚：《蒋绍愚自选集》，郑州：河南教育出版社1994年版。

和汪维辉《东汉——隋常用词演变研究》。《汉语常用词演变研究》分“专题讨论”和“个案研究”两部分，较为全面地探讨了汉语常用词的演变。汪维辉《东汉——隋常用词演变研究》一书探讨了三十八组常用同义词，举例详析了这些常用词从东汉到隋代的演变，其中名词为目/眼，涕泣/泪（泪），足/脚，他人/旁（傍）人，翼/翅，舟/船，木/树，侧、畔、旁（傍）/边，内、中/里；动词为衣、冠、服/着（着、箸）、戴，视/看，求、索/寻、觅，寝、寐/卧、眠（瞑）、睡，言、云、曰/说、道，呼（謼）/唤、叫（噭、嘂），使、令/教（交），击/打，悬（县）/挂（挂、絓），闭/关，覆/盖，释/放，书/写、抄（钞）、腾（誊），曝（暴）/晒（晒），易、更/换，建、筑、作、立/起、盖（戴）、架，还、返（反）、归/回（回、回），入/进，居、止/住，生/活，宜、当/应、合；形容词为愚/痴，瘠（膌）、癯（臞）/瘦（膄），痛/疼，误、谬、讹、舛/错，寒/冷，疾、速、迅/快（駃）、驶，广/阔、宽等，大体考定了每一组常用词的更替从何时发生，到何时完成；描写了演变更替的过程，对常用词演变的一般规律有所揭示。① 就汪维辉论及的这三十八组常用词而言，旧词几乎都是秦汉以前已有的古词，新词则大都始见于战国两汉。新词的来源有来自方言的，如“船、著（着）、看、觅、眠、唤、打、疼、冷”等；有来自某词引申而产生的新义的，如“挂”由“挂住”引申为“悬挂”，“关”由名词“门闩”用为动词“上门闩”，再引申为“关门”等；也有来自其他语言的，如“姐”始见于《汉书》、《说文》，本为蜀羌人呼母，又指姊。

三、近代汉语词汇研究的理论探讨

随着古白话词义考释的不断深入，学者们已不再只满足于仅仅对词义进行考释，而是在把词的内容意义作为重要课题的研究过程中，跳出平面静观的审察，开始了词义本身规律的探讨，有意识地把“是什么”的描写和“为什么”的解释结合起来，在对某一时期或某一专书穷尽性调查、分类和考释的描写基础上进一步考探汉语词汇演变的规律，在近代汉语词汇研究的理论探讨上有了新的发展。

1. 词义演变规律的探讨

近代汉语词汇研究开始深入到语言的内部和外部去寻找引起词义演变的

① 汪维辉：《东汉——隋常用词演变研究》，南京：南京大学出版社2000年版。

动力和条件，不仅注意对单个词意义延伸状况的描写，还注意到了相关的词在意义演变过程中彼此渗透和伴生的现象。在词义研究的模式上，已不仅是考释单个的词语，而且更是对一组词或一类词作整体的观照与研究。如陆宗达、王宁《训诂方法论》（1983）探讨了词义引申的因果、时空、动静、施受、反正、实虚、同状、同形、同态、同用、同所、同感、礼俗等众多形式。孙雍长《古汉语的词义渗透》（1985）提出了“同步引申”的理论，分析了相关词意义之间的相互渗透现象，指出在传统的词义引申的纵向分析之外，词义引申还有横向的联系。许嘉璐《论同步引申》（1987）又进一步指出词义引申并不是词的个体孤立地、彼此隔绝地进行的，一个词意义延伸的过程常常“扩散”到与之相关的词身上，引起后者也产生相类似的引申。蒋绍愚《古汉语词汇纲要》（1989）运用义位分析的方法，指出甲词有 a、b 两个义位，乙词原来只有一个乙 a 义位，由于乙 a 与甲 a 同义（或反义），逐渐地乙词也产生出一个和甲 b 同义（或反义）的乙 b 义位的“相因生义”现象。朱庆之《试论佛典翻译对中古汉语词汇发展的若干影响》（1992）认为研究词义演变，不仅要揭示变化的过程，还要总结变化的方式。指出所谓词义沾染是指不同的词由于处在同一组合关系或聚合关系而发生的词义上的相互渗透。这种渗透可能导致一方或双方增加新的义项或词义的完全改变。张博《组合同化：词义衍生的一种途径》（1999）提出了“组合同化”也是词义衍生的一种途径，指出组合同化是有方向的，制约同化方向的是组合体中两要素的语义地位。赵倩《汉语人体名词词义演变规律及认知动因》（2013）指出词义演变的复杂性源自不同个体的多样化发展，认知因素对词义演变具有重要的制约力和影响。

2. 词义系统的研究

客观世界具有体系性，因而反映客观世界的事物、现象的概念也具有体系性，反映客观事物、现象和表现概念体系的词汇同样也具有体系性。词汇不是一盘散沙或纯属不相联系的语言材料，而是如同语音、语法一样有其体系性联系。词汇是一个开放性系统，不同的词在词汇系统中各有自己的位置，互相联系而形成词义系统。词义系统中的各个词义按意义聚合成为若干有序的语义场，按照一定的关系联结成一个整体，每个词的意义取决于同一场内其他词的意义。王力《我的治学经验》（1985）一文曾指出：“普通语言学还有这样一个原理：语言的历史发展也是系统的。从一个时代变到另一个时代，是一个新的系统代替一个旧的系统。”近代汉语词汇研究在考释词义时已注意到词义的系统性。蒋礼鸿《敦煌变文字义通释·序目》认为研究古代语言要从纵横两方面做起。“所谓横的方面是研究一代的语言，如元代；其中可以包括一种文学作品的，如元剧；也可以综合这一时代的各种材料，如元剧之外，可以加上那时的小说、笔记、诏令等。当然后者的做法更能看出一个时代语言的全貌。所谓纵的方面，就是联系起各个时代的语言来看它们的继承、发展和异同。”徐时仪《古白话词汇研究论稿》（2000）认为词义系统可从词义的微观结构、中观结构和宏观结构上进行分析。词义微观结构系统的范围是指一个词的意义范围和含义的覆盖面。词义的中观结构是指词在词以上的单位中，凭借意义和形式的各种各样联系线索而组合在一起的词义类聚。这些词义类聚比词大，构成词汇系统中的子系统。词义的宏观结构是建立在中观结构基础上的。在语言交际中，反映主观精神与客观事物结合的词义构成了词义的宏观结构。蒋绍愚《近代汉语研究概要》（2005）指出在专书词汇研究基础上，把相关的词以义位为基本单位，按概念场加以分类。在每个概念场中按义位的上下位关系建立起层级结构，进而对各个概念场的层级结构中的相互关系进行分析，勾勒出同一概念场及不同概念场语义单位间引申和同源等各种各样的联系脉络。他又在《汉语词义和词汇系统的历史演变初探——以“投”为例》（2006）一文中按这一设想，把“投”的具体使用意义归纳为3个词10个义位,.分置于8个概念场，逐一考察了每个概念场中各层级下的语义单位成员及其分布状况。王东海《古代法律词汇语义系统研究——以〈唐律疏议〉为例》（2007）运用结构语义学和认知语言学理论，探讨了《唐律疏议》的法律词汇语义系统，以语义特征分析法为基础，以语义关系分析为核心，全面分析和描写了《唐律疏议》的法律词汇语义系统中的上下义关系、平行关系以及多义词内部多义位之间的语义关系，证实了词汇语义处于彼此互有关联的网络之中，词汇语义的系统性是可以局部描写的。谭代龙《义净译经身体运动概念场词汇系统及其演变研究》（2008）依据义净译经，通过对共时材料的描写和历时材料的考察，研究共时系统的产生、形成、面貌、属性和发展趋势，探讨了“卧睡”等四个非位移运动概念场词汇系统和“前进”等14个位移运动概念场词汇系统的共时面貌和历时演变情况，指出不同概念场的词汇系统古今是不一样的，共时材料中存在着“系统迭加”的现象。郭作飞《〈张协状元〉词汇研究》（2008）根据“历史悠久”和“普遍使用”这两个标准把词汇系统分成“基本层、常用层、局域层、边缘层”，对《张协状元》中的5 272个词一一做了考察。从历史悠久性来说，考察了哪些词产生于上古，哪些词产生于中古，哪些词产生于唐代，哪些词一直使用到现代；从使用普遍性来说，考察了在197种南宋文献中哪些词普遍使用，哪些词使用不普遍，哪些词罕用。不仅描写了《张协状元》的词汇构成，而且也有助于词汇系统的研究。徐时仪《〈朱子语类〉词汇研究》

(2013) 论述了词义系统与词语类聚的关系，指出同一概念的词语类聚相当于一个词汇场，每个词语类聚中的成员来自不同的历时层面，各成员又有各自的组合，在类聚中形成互补关系，词义系统则由一个个概念词语类聚互相关联构成。具体考察了《朱子语类》中认知上属于放置、拘泥、愚昧、痴狂、招惹、放逸、恐惧、隐藏、欺骗、猜测、探究和知晓范畴的词及其义位，探究了表达这些概念的词语同概念场内其他成员在意义用法上相互联系、相互制约、相互区别的聚合关系，也探究了这些词语同本场成员（场内组合）以及其他概念场成员（场外组合）的组合关系。

3. 词义理据的探讨

词汇作为语言的建筑材料具有历史的继承性，同时又处在经常的变化与发展之中。语言的词汇是动态的不断发展的，词汇发展的主要方式是创造新词，而新词的创造又是在已有的语言材料和构词方法的基础上进行的。人们使用的词汇不只是大量随意记下的表述单位及相关的意义，在人类概念系统和语言系统之中，大部分意义单位既不是彻底任意性的，也不是彻底组合的，而是在某种程度上具有其理据性。[①] 理据联系使形式单位与意义单位之间、各个词义之间的联系合理化，构成语言词汇的主干。因此，新词的语音形式和意义内容的关系就往往不是偶然的，而是历史地形成的。正如王力在《新训诂学》一文中所说："从历史上观察语义的变迁，我们首先应该有明锐的眼光，任何细微的变化都不能忽略过去。""无论怎样'俗'的一个字，只要它在社会上占了势力，也值得我们追求它的历史。例如'松紧'的'松'字和'大腿'的'腿'字《说文》里没有，因此，一般以《说文》为根据的训诂学著作也就不肯收它。我们现在要追究，像这一类在现代汉语里占重要地位的字，它是什么时候产生的。至于'脖子'的'脖'，'膀子'的'膀'，比'松'字的时代恐怕更晚，但是我们也应该追究它的来源。总之，我们对于每一个词义，都应该研究它在何时产生，何时死亡。"[②] 古白话词语由词组凝固而为复音词的最多，这些复音词的每一个词素也都有其来历。近代汉语词汇研究在考释词义时往往从共时平面对词语进行历时演变的研究，注重词义理据的探讨。如江蓝生《语词探源笔记选录》(1989) 探讨了"乘凉"、"不待见"、"隐脚"等词语的语源。郭芹纳《释"感冒"》(1995) 指出"冒"有

---

① 且不同民族不同语言认知的理据也有不同，如汉语用"蚯蚓"，英语用"earthworm"，指称的意义相同，而汉语在认知上着重该动物运动时的屈伸动作，英语在认知上则着重其生存的环境。

② 王力：《新训诂学》，《开明书店二十周年纪念文集》，北京：中华书局 1985 年版；又《龙虫并雕斋文集》第 1 册，北京：中华书局 1980 年版。

"冲犯、遭受"义，"感"亦有"遭受"义。古白话中"感"和"冒"可连用，并可与"风寒"、"暑气"等词语搭配。随着汉语词汇双音化的总趋势，"感"和"冒"渐由同义并列词组凝固成词，表示"感了风寒"。后又由动词变为名词，用作疾病的名称。① 张联荣《近代汉语词汇研究中的推源问题》(1995) 探讨了"正、正复；侧、侧塞；寻；了达；较、觉、差；能；委；波"等词的语源，指出对近代汉语词汇作断代研究应注意词语的推源工作：一要注意词语的"始现"时间，有些所谓近代汉语的词语实际上早于唐宋已出现；二是要注意从声音入手进行分析，有些词尽管形式（语音的、文字的）不同，但来源却是一个；三是要注意词义的引申关系。

4. 词组词汇化的探讨

汉语词汇从以单音词为主过渡到以双音词为主，这是汉语内部的一个发展趋势。学术界在考释古白话词义时已意识到双音词在产生和发展过程中所经历的变化比单音词多且更复杂，往往涉及范畴性质的大的改变，从而引起了汉语词汇系统的本质性的变化，改变了词汇系统的整体面貌。解惠全《谈实词的虚化》(1987) 和刘坚、曹广顺、吴福祥《论诱发汉语词汇语法化的若干因素》(1995) 曾就汉语词汇的语法化作有探讨。徐时仪《论词组结构的虚化》(1998) 对汉语词组结构功能的虚化现象进行了探讨，指出词组演变为词实际上是词汇语法化的过程。丁喜霞《中古常用并列双音词的成词和演变研究》(2006) 探讨了中古时期常用并列双音词成词的途径、演变的机制和规律。董秀芳《词汇化：汉语双音词的衍生和发展》(2002) 从共时和历时结合的角度探讨了汉语双音词的衍生和发展，详尽地辨析了不同类型短语的词汇化，指出词汇化的原因主要是认知和语用方面的因素。董秀芳在结语中认为此书的研究"也从一个侧面证明了从共时与历时两个角度同时进行考察对于认清某些语言现象的必要性。以往现代汉语与古代汉语的研究不太搭界，很多从事古汉语研究的人对于现代汉语所关心的问题以及所使用的研究方法不太理会；而从事现代汉语的人对于能说明现时存在的某些范畴来源的十分有用的古汉语材料也注意不够。"② 有关词汇化的研究在某种程度上可以说比较充分地体现了从古白话的角度进行汉语词汇研究的重要性。徐时仪《汉语白话发展史》(2007) 指出，就语义而言，由单音词合成的双音词体现了一个由词组或短语词义逐渐凝固成词的变化过程，其衍生实际上经历了一个结构

① 近年来又演绎有"敏感"、"兴趣"等义。如"没想到你对这事还挺感冒"，"人们对奥斯卡越来越不感冒"。

② 董秀芳：《词汇化：汉语双音词的衍生和发展》，成都：四川民族出版社2002年版，第330页。

功能虚化的语法化演变过程。

四、近代汉语词汇研究的成绩与不足

近年来近代汉语词汇研究在理论上兼收并蓄，在方法上博采众长，无论是所采用的理论、方法和手段，还是研究的对象、规模和深度，抑或是研究的人员、队伍和人数，都有了较大的发展，取得了长足的进步。这主要表现在以下几个方面：

（1）加强理论的探讨，语义场、词汇化、类型学等理论促进了近代汉语词汇的研究，尤其是借助计算机和网络运用相关数据库，极大地提高了寻找例句和借鉴已有成果的效率；

（2）注重将共时和历时、共同语和方言等各个方面联系起来，采用动态的、发展的，连续的、联系的观点进行多角度、多侧面的研究；

（3）扩展了研究的对象、规模和深度，力求在描写的基础上做进一步的解释；

（4）从形式或意义等不同角度揭示词义间的相互依存关系，沟通基本义和派生义的内在联系，注重词义系统和近代汉语词汇演变规律的研究；

（5）研究的队伍扩大，除了大学教师，每年有大量的硕士生、博士生和一些外国留学生参加到研究的行列中。

如果说还有什么不足的话，那就是由于词汇的系统性不强，近代汉语词汇研究大多也都集中在微观研究方面，单个词的研究和分析比较详尽，对词汇系统和词义系统的实证描写还很有限，描写的词群种类少，而且覆盖的词的数量也很有限，不能展示大量的词与词之间网络状的关系，没有总结出描写词汇系统和词义系统行之有效的可操作方法等等。由于大规模词群和词汇、词义系统的实证描写还很有限，因此整体探讨和理论总结研究相对简略，表层现象的描写归纳和分析居多，深层关系的探索和解释较少，不善于运用业已证明行之有效的词汇学理论来指导研究工作，也不善于对已发掘到的重要语言事实或已得出的有价值的结论进行理论的概括，使其上升为理论形态的语言规律。讨论某一问题时，往往停留于就事论事，没有作进一步的理论思考，缺乏语言系统的意识和历史发展的观点，“只见树木，不见森林”。不善于把所要研究的问题与相关的问题联系起来观察，纳入系统的框架来审视，从历史变化的角度来探讨。

江蓝生在为《东汉——隋常用词演变研究》所作序中曾指出：“汉语史研

究有两项基础性的工作必须做。一是有计划、有选择地开展各代的专书研究，全面考察、描写其中的语言现象。……另一项是系统开展词汇史尤其是常用词演变史的研究。词汇史的研究跟语音史和语法史相比最为薄弱，最近 20 年的词汇研究侧重于对疑难词的考释，而对常用词、对某一历史时期词汇系统的研究则很少着力。"① 近代汉语词汇的研究也是如此。由于词汇基本层与常用层的词汇成分比较常见，阅读理解上不会构成障碍，所以对各个时代的词汇基本层和常用层的描写和研究很少着力，我们几乎完全不了解各时代最常用的词是哪些，也不了解其中哪些是长期稳定使用的，哪些是一时流行的，我们既不了解大量的复音词是如何从局域层进入常用层以及基本层的，也不了解单音词是如何在常用层和基本层被取代，更不了解汉语基本词汇的大致数量和具体演变情况及规律，而无论从历史词汇学的角度还是从近代汉语词汇学的角度来看，这样的描写都是很有必要的。同时，词汇是一个系统，需要把同类型的词语集中起来进行整体考察，从而发现词语之间的内在联系，搜寻、发现构词的规律。在词义研究上，要对一组词、一类词或类型相似的词语进行整体考察，例如对某一专书，在一个有限的范围内进行穷尽性考察。近代汉语词汇系统的分析描写应该是既有结构形式的表层分析，又有语义场意义的深层联系；既有聚合的类别描写，又有各类词汇单位的组合说明；既有静态的共时的研究，又有动态的历时的演变叙述；既有定性的理论论证，又有定量的数据证明。研究的手段方法可以多样性，分析的角度和切入点可以不同。这样才能从整体上系统讨论某一断代的词汇构成、变化的规律和内部机制，从不同角度及各个方面对近代汉语词汇系统有整体和宏观的认识，为汉语词汇系统的研究提供更多的材料。

此外，有些论著对所使用的文献材料缺乏严格的鉴别，往往使用一些没有版本依据的材料，在下结论时也很少考虑文献资料的方言地域背景，甚至也不注意版本的优劣等因素。从事近代汉语词汇的研究者又往往各自为战，课题分散，缺乏通盘规划。

大致而言，目前的近代汉语词汇研究大多还停留在词语产生时间的考订和演变过程的描写上，对词语演变做出合理解释的成果还不多见，且乏从人类语言演变的普遍动因和一般机制作出更高层次的概括和解释，即宏观的理论探讨尤其是近代汉语词汇特点和演变规律的探讨还有待进一步深入，且既要研究近代汉语词语演变的特性，也更要了解哪些演变揭示了人类语言演变的共性。

---

① 汪维辉：《东汉——隋常用词演变研究》，南京：南京大学出版社 2000 年版，第 1 页。

第二节　近代汉语词汇研究的拓展

汉语词汇学发展到今天已从表层的描写转为深层的解释，从词的结构分析转为语言理据的探求，从单个的语义分析转为对汉语语义系统整体结构的认识，从平面的语言研究转为社会文化和民族心理的立体考察。　个共时平面是由无数个历时的层面积淀和发展而成，或者说，后代语言的平面图总是由无数个前代语言平面图的投影、积淀和发展而成。那么，要描写、解释一个共时平面的词汇状况，就必须深入分析其各个成分的历时情况，观察彼此之间的关系，而不能仅仅将之看作是静止的铁板一块。词汇研究可以说处于语言研究的枢纽地位，词汇的发展通常都是综合性的演变，因而近代汉语词汇研究可以通过多种途径进行，可以是某些问题的历史演变研究，可以是两个时期或两部专书的比较研究，可以是词汇方面某些理论问题的研究，也可以是专书词汇研究，即既有具体的单个词的点的研究，又有单个词推及某类词的线的研究，还有各类词间的面上的研究，更有词义和词汇系统“究天人之际，通古今之变”贯通古今中外而融会文史哲各领域的多维立体的研究。下文就近代汉语词汇研究的拓展略作探讨。

一、描写基础上的理论探讨

近代汉语词汇研究要加强理论方面的探讨。蒋绍愚谈到：“在扎扎实实地掌握材料，认真细致地分析材料的同时，要注意方法问题，加强理论思考。……我们所说的‘理论思考’，并不是指套用甚至比附某种时髦的‘理论’，给近代汉语穿上一件新奇的但根本不适体的外衣，而是在充分掌握汉语语言材料的基础上，一方面注意用正确的理论（包括那些从国外发展起来的，适合于汉语的理论、方法）进行观察、分析；另一方面，不仅要问个‘是什么’，而且要问个‘为什么’，即不但要正确地描写出近代汉语语音、语法、词汇的状况，而且要进一步探求隐藏在这种状况后面的语言发展规律和语言发展机制。”①

① 蒋绍愚：《近十年间近代汉语研究的回顾与前瞻》，《古汉语研究》1998 年第 4 期。

语言的词汇、文字、语音、语法等彼此关联，构成一个相辅相成的系统。近代汉语词汇是近代汉语的一部分，研究近代汉语词汇的特点时，不能孤立地观察问题，必须联系整个近代汉语来进行研究，要注意它与整个近代汉语各个方面的关系。从历时的角度看，近代汉语词汇的发展演变是和整个汉语的历史演变紧密地联系在一起的，是与汉语语音、语法等的历史演变相适应的。因此，一方面我们可以通过近代汉语词汇观察汉语语音、语法等的某些历史演变现象，另一方面又可以结合汉语语音、语法等的历史演变来更好地认识近代汉语词汇的特点。

如“长”和“久”是同义形容词，皆可表某种具有时间延展性的事物的距离大，然“久”是单义形容词，本身已包含有“时间”的属性对象，“长”是多义形容词，属性对象是“距离”，除时间外也可是空间，因而语义上“长”还可表某种具有空间延展性的事物的距离大，故可说“过了很长时间”，而不说“过了很久时间”。单义形容词“久”本身隐含了其默认的属性对象，所以不与表示其默认属性的名词同现，而多义形容词则不同，在表示强调或避免歧义时往往需要与表示其默认属性或非默认属性的名词同现。

词义演变是一个动态的过程，而不是一个静态的定式。近代汉语词汇是在秦汉以来不同地域方言白话的基础上融会新旧质素而成，又随着时代的发展在中外各民族的交往中不断丰富和发展，旧义的延续和新义的诞生共存于近代汉语词汇。如果说 20 世纪的中国语言学主要是受惠于西方普通语言学的话，那么在 21 世纪，中国语言学将更多地以对汉语的深入研究，尤其是词汇的研究，来进一步充实普通语言学的理论，近代汉语词汇研究也同样要致力于探求汉语词汇发展的规律，不仅要吸收和借鉴西方语言学的理论和方法，运用系统论、认知语言学理论、语言言语二分说、共时历时双坐标思想、静态动态双向原则等各种理论进行近代汉语词汇的描写和解释，而且要将词的历时的演化（change）和共时的变异（variation）结合起来研究，时间上贯通古今，地域上贯通方言、民族语和通语，用发展的、联系的观点在共时平面上做出历时的解释，从单层面到语音语义语法语用等多层面对近代汉语词汇的各种交叉现象进行多角度、多侧面的研究，逐一考释每一个常用词的古今演变，逐一描写各个历史阶段不同地域产生的新词新义，逐一描写各个历史阶段不同地域旧词旧义的消亡或起用，在此基础上进行大规模的局部词汇系统和词义系统的实证描写，建立起多层面立体交叉的词汇和词义系统的网络，进而揭示汉语词汇演变发展的规律。

二、数据库建设与语料鉴别

语言作为人类信息交流的符号要和信息交流传播的物质发生关系，每一次传播革命都给人类带来新的境界和新的时代。如东汉时纸张逐渐代替竹简和丝帛来书写文字促进了词汇的发展，印刷传播时代导致了文化和教育的普及，促进了知识和思想的扩散，加快了新词新语的产生和流传。以广播和电视为主体的电子时代传播革命使人类信息传播开辟了一条便捷、高效、经济的空中途道，加快了人类传播的速度，也加快了语言间的交流融合。网络传播时代以各自单一的传播转变为综合传播，把人类由工业社会带入了信息社会，信息成了社会财富的象征和社会运作的“核能”。在互联网这个综合传播大平台上，人们可以根据需要进行各种类型的传播，既可以进行两人之间“点对点”的面对面传播交流，也可以进行个人对群体（小组）即“点对群”的传播交流，还可以进行个人对大众、社会的“点对众”传播，以及“众对点”传播，“群对点”传播，“群对群”传播，“群对众”传播等。网络时代的“无纸化”也改变了人类以往的书写方式，计算机成了人类主要的书写工具。网络传播革命突破了以往公共传播少数人向多数人的信息传播局限，对语言的发展可以说是一场彻底的革命，而一种新的“基于语料库”的研究方式（corpus-based approach）或者“语料库驱动”的研究方式（corpus-driven approach）则为语言学的研究提供了更大规模的真实语料。①

随着信息时代的到来，人工智能的发明与数字化应用使人们可以效率更高、准确度更大地掌握原始材料。近年来，人类利用文献信息的方式正在朝着数据化、电子化、网络化方向发展，语言研究方法也正面临着战略转移的大变革。语言学家为适应信息处理的需要，虽对汉语词义分类进行了探索并已取得了一些成果，但还远远不能满足计算机处理的需要。词义的研究不仅是重点，也是难点。语言信息处理要求计算机能理解具体语句中的词义，必须对多义词的义项进行筛选。这就要求我们对词义进行更加细致深入的研究，不仅要求弄清一个多义词有多少个义项，还要求进一步弄清每个义项有多少变体，每个义项和义项变体出现的频率的大小、词的义项组合可能性的大小

① 冯志伟《论语言学研究中的战略转移》指出传统语言学的方法正面临着经验主义的严峻挑战，一种新的“基于语料库”的研究方式或者“语料库驱动”的研究方式将逐渐地代替传统的依靠“内省”和“诱导”的研究方式。当前语言学战略转移的正确方向是把这种基于语料库的研究方式或者语料库驱动的研究方式与语言学家对于语言现象的“洞察力”结合起来。（《现代外语》2011 年第 1 期）

等，建立聚合和组合的语义关系网络。要实现高效的机器翻译和情报检索等，还要求计算机能进行义素分析。因为不同语言之间很难找到词义完全相等的对应词，而义素是超语言的语义单位，如果不是以义项为单位，而是以义素为单位，建立对应关系，就能大大提高机器翻译的准确性和效率，也可给情报检索提供一种新的高效的检索方式，以义素为单位进行检索，比以词为单位进行检索更加灵活细致。要实现这种功能，就要对一种语言的词语进行全面系统的义素分析。因而运用现代信息处理工具，建立大容量的近代汉语词汇语料库，从而对有关近代汉语词汇现象进行多方面的统计分析，溯源探流，贯通古今，从语义的角度探讨词素的组合机制以及复合词从语义层到形式层的生成问题，进而在探索汉语如何"组字构词成句"的问题上为中文信息处理技术提供切实可行的语言学方面的支持，建立适合计算机需要的词汇知识库，不断提高计算机的智能水平，这对近代汉语词汇研究来说既是机遇也是挑战。

目前我们面临的任务是全面地了解近代汉语各个时段的文献概貌，兼容并包不同的文体和内容，系统而有选择地先整理一些重要的、有代表性的文献，[①] 在对典型语料进行逐词校勘基础上，根据各本异文理清其文本系统，然后输入计算机，建立有关这些文献的既反映各个时段汉语的面貌特点，又彼此相辅相成反映各时段词语发展演变脉络的近代汉语词汇系列语料库，然后借助于计算机对具体的语料进行定量和定性分析，统计比较各个时段平面上表示某个意义的语义场中有哪些词，弄清每个词及词义的来龙去脉和使用频率，给每个词及其义项标明一系列复杂的语义特征、语法特征和语用特征，使近代汉语词汇研究由笼统的定性分析走向现代语言学研究科学的定量分析，通过对近代汉语的数十个或数百个重要语义场的考探，探讨近代汉语词汇和词义系统的传承和演变脉络，揭示出汉语古今演变的规律，推动汉语史研究的深入进展。

---

① 所谓代表性主要看其是否使用或反映了某个断代的口语，因为有书面记载以来的整个汉语史都是口语和文言并存的历史，只有记载口语的文献才比较真实地反映了某个断代所用词语的面貌。如汉代有《史记》、《论衡》、乐府民歌和汉译佛经等代表性文献，唐五代有敦煌变文、曲子词、禅宗语录、《祖堂集》及李白、杜甫、白居易、寒山、王梵志等的诗作等代表性文献。吕叔湘《汉语研究工作者的当前任务》一文说："如果能够出现一些像《诗词曲语词汇释》、《敦煌变文字义通释》、《元曲俗语方言例释》这样的著作，十种，二十种，五十种，一百种，《汉语大词典》的编纂工作就会有更多的依据和参考，在不太长的期间内完成。"（《吕叔湘文集》第4卷，北京：商务印书馆1992年版，第39页）

三、多重证据与发掘新材料

近代汉语词汇研究要善于发现新的材料。陈寅恪曾指出："一时代之学术，必有其新材料与新问题。取用此材料，以研究问题；则为此时代之新潮流。治学之士，得预于此潮流者，谓之预流（借用佛教初泉之名）。"① 蒋礼鸿也说："以前人们提到敦煌俗文学，大抵知道敦煌词、变文，然后是王梵志诗，不知道什么是敦煌愿文、敦煌愿文有哪些内容。当我们的研究材料局限在《敦煌变文集》等早期校录的老本子上时，我们的研究就会速度逐渐变慢；而当我们获得一批新材料的时候，就会给这方面的研究带来新的生机，掀起新的研究热潮。"② 由于传世的纸质文献几乎多为后时资料，因而研究近代汉语词汇要充分利用出土文献和域外文献，纸上之材料和地下之材料结合起来，运用多重证据进行考证。

如佛经音义是专门诠释佛经语言的著作，诠释对象从东汉到宋辽，大致囊括了所有的汉译佛经，而佛经的汉译正是汉语史上从上古转向中古，又由中古发展至近代由文言到白话的演变时期，大致上客观地反映了这一历史时期汉语古今演变的脉络。现存最早集释众经的佛经音义是《玄应音义》。此书成书后存于释藏，并有传抄本流行。敦煌遗书残卷中也有数种传抄的写本。③

---

① 陈寅恪：《陈垣敦煌劫余录序》，《历史语言研究所集刊》1930 年 6 月第 1 本第 2 分册；又陈美挺编：《陈寅恪集·金明馆丛稿二编》，北京：三联书店 2001 年版，第 266 页。

② 蒋礼鸿：《〈敦煌愿文集〉序》，长沙：岳麓书社 1995 年版。

③ 据张涌泉《敦煌经部文献合集》前言，敦煌文献中共有《玄应音义》写本三十九件，分藏于中、法、英、俄各国。又据敦煌藏洞所藏写经卷子题记，敦煌设有官经生。如 S1547《成实论》卷十四卷末的"题记"载："延昌元年（512 年）岁次壬辰八月五日，敦煌镇官经生刘广周所写论讫。"又如 BD14940《四分律》卷四十九后"题记"载："咸通十二年（871 年）三月一日，幽州庐龙节度副大使知节度事，观察处置押奚契丹两蕃经略庐龙军等使，特进/检校司徒兼侍中幽州大都督府长史，上柱国，燕国公，食邑三千户张等敬造一切经。"又据 S5895 载："《一切经音义》卷第一、第三、第九、第十二、第二十三、第二十四，已上陆卷现在，余欠。"P4788 载："《一切论音义》第十七、第十八、第十九、第二十、第口#口、第二，已上陆卷今藏见在，余者并欠。题虽称《经音》，并是《论音义》。"北临 631 载："《一切经音义》卷第一、第十七、第口#口已上肆卷，并依次剩，重出。"方广锠《敦煌佛教经录辑校》下册第四部分点勘录十四《一切经音义点勘录》题解说："敦煌遗书中保存关于《一切经音义》的点勘录共三号：S5895，二行；P4788，二行；北临 631，二行。三号的形制都似签条，字体完全相同，应为一人所书。均为九、十世纪写本。"（南京：江苏古籍出版社 1997 年版，第 639～641 页）吐鲁番也可能有抄本流传，据《宋史》卷四百九十《外国传》载太平兴国六年（981 年）王延德出使此地，提到"佛寺五十余区，皆唐朝所赐额，寺中有《大藏经》、《唐韵》、《玉篇》、《经音》等"。王延德所见《经音》很可能是《玄应音义》。

据《正仓院文书》记载，日本奈良时代《玄应音义》已传到了日本，人们屡屡书写、读诵、钻研《玄应音义》。[①] 正仓院圣语藏收录的卷六残卷即为天平年间（729—749 年）写本，[②] 存卷四、卷十七至卷二十二，共七卷及卷六的一部分残卷，其中卷六为天平写卷。[③] 日本尚存有北宋福州东禅寺及开元寺藏经本，[④] 杨守敬《日本访书志》卷四亦著录有两种古抄本。[⑤] 东京博物馆旧藏有大治三年（宋高宗建炎二年，1128 年）释觉严的钞写本，[⑥] 昭和五年（1930 年）十月转藏于宫内省图书寮（后称为宫内厅书陵部），大致与 P. 3734 所存卷十六相一致，缺卷三至卷八，共十九卷。1933 年日本学者山田孝雄曾经汇集圣语藏本和大治写本编印在一起，而以大治本为主，所缺各卷则用高丽藏本补足。[⑦] 尤其值得一提的是日本的法隆寺、石山寺、七寺、兴圣寺、西方寺、新宫寺和金刚寺等寺庙中也藏有《玄应音义》的一些写卷。法隆寺本写于大治三年（1128 年），藏宫内厅书陵部。石山寺的写卷写于承安四年到安元年间（1174—1175 年），广岛大学藏有第二卷至第五卷，天理图书馆藏有第九卷和第十八卷，名古屋博物馆藏有第十二卷，反町弘文庄藏有第十三卷，大东急纪念文库藏有第二十五卷。京都大学文学部亦藏有其中的第六和第七卷。我们将正仓院圣语藏所藏卷六残卷与京都大学文学部所藏第六卷逐字做了比勘，发现除了个别传写误字外，二者大致相同，如其中“旃檀”、“瞻察”、“纯一”、“懈怠”、“族姓”、“箫笛”等九条亦同正仓院圣语藏本而

① 梁晓虹《日本现存佛经音义及其史料价值》（《首届佛经音义研究国际学术研讨会论文集》，上海：上海古籍出版社 2006 年版）一文述及佛经音义在日本的传存，可参。

② 正仓院藏有天平写本，隋写本，宋版，日本宽治版（宽治为崛治天皇年号，1087 至 1093 年）等，合称为圣语藏。落合俊典《日本存七种一切经对照目录》（暂定第二版）可能因据大正藏编号而漏录了此写卷。

③ 严绍璗《日本藏汉籍珍本追踪纪实》记正仓院藏唐人写本《一切经音义》误以为玄应所作《一切经音义》为一百卷。（上海：上海古籍出版社 2005 年版，第 82 页）

④ 吕澂《佛典泛论》曾据日人著作翻影数行北宋福州东禅寺及开元寺藏经本《玄应音义》。日本宫内厅书陵部藏有毗卢藏本，存有《玄应音义》，每卷之首皆有慧通大师了一的题记，刻工为王稹、郑昌、王英、林森等，内容与碛砂藏本和丽藏本略有不同。如卷五释《海龙王经》第二卷“繁裔”一词中无“繁，多也”和“下古文裔，同”，第三卷“妖态”一词中无“谓度人情貌也”，“刈获”一词中无“《诗》云‘十月获稻’是也”，大体上与碛砂藏本相近。

⑤ 其一为古钞本，题有“大治三年戊申五月十八日敬奉书写毕”。其二为宋椠本，理宗嘉熙三年安吉州资福寺刊，据杨守敬云：“今以校明两藏本，非唯异于南藏，并与北藏大异。”“异同不下数千事。别详《札记》。”检《杨守敬集》（武汉：湖北人民出版社 1988 年版），未收录此《札记》。

⑥ 据周祖谟：《校读玄应一切经音义后记》，载《问学集》，北京：中华书局 1966 年版，第 192 页。

⑦ 落合俊典《写本一切经的数据价值》（《世界宗教研究》2000 年第 2 期）指出写本一切经有刻本所没有的字句与文字，保留了古老的形态，是编纂刻本时删除或改窜前的原本。宋代的一切经被施加较大的修订。日本所存的一切经并非完全从刻本转抄，它更加正确地传承了中国唐代的佛教。

为今各传本所无，其中“箫笛”条亦见于德藏吐鲁番残卷 Ch/U7447（ⅡY18.1），[①] 从而证实石山寺本与圣语藏本是同一个古写本系统，京都大学所藏正可补圣语藏和大治写本这两卷之阙。七寺、兴圣寺、西方寺和金刚寺等所藏为奈良平安写卷。稻园山七寺的写卷今存有卷一至卷十、卷十二至卷十四、卷十六至卷十八、卷二十一、卷二十三至卷二十五，其中第十五卷曾为小杉温邨（1834—1910 年）收藏，现藏于东京大学史料编纂所。七寺藏写卷的卷一末有“一校了荣俊安元三年（1177 年）四月廿九日书了”。兴圣寺今存有卷一至卷二十五全书。西方寺存有卷一、卷三至卷六、卷九、卷十三、卷二十一和卷二十五，其中卷二十五末有“弘安四年（1281 年）七月四日于大门寺书写了”。新宫寺存有卷一、卷五、卷八、卷十一、卷十三、卷十六至卷二十一、卷二十五。天野山金刚寺今存有卷一[②]至卷四、卷六至卷七、卷九至卷二十一、卷二十四至卷二十五，其中卷二十一末题有“保元元年（1156年）”，卷十三、卷十九、卷二十末题有“嘉祯二年（1236 年）”，卷一、卷四、卷九、卷十、卷二十一末题有“嘉祯三年（1237 年）”，卷一末亦附有《新华严经音义》。近年日本国际佛教学大学院大学落合俊典教授主持的文部科学省私立大学学术研究高度化推进事业的项目对“奈良平安古写经”进行整理和出版，已在全面调查日本现存《玄应音义》写卷后，出版了《日本古写经善本丛刊》第一辑，即金刚寺、七寺、西方寺、东京大学史料编纂所、京都大学文学部所藏之玄应撰《一切经音义》二十五卷写卷。据我们考察比勘，七寺、金刚寺等所存写卷与碛砂藏本互有异同，大致与丽藏本相近。敦煌卷子和日本所藏这些写本互补其阙，可整理成一个较为齐全的古写本《玄应音义》，作为同时材料在研究近代汉语词汇上具有不言而喻的学术价值。[③] 如《玄应音义》不仅收录大量的双音词作为词条，而且这些词中有许多皆是当时出现并沿用至今的现代汉语常用词。据我们统计，《玄应音义》收释的双音词中约有 2 500 个复合词，其中沿用至今而为《现代汉语词典》收录的有668 个，为我们研究双音词提供了丰富的资料。

---

① 《古辞书音义集成》第七、八、九册收录了正仓院的圣语藏写本，法隆寺的大治三年写本和石山寺写本。参小林芳规：《一切经音义解题》，载《古辞书音义集成》（第九册），东京：汲古书院昭和 56 年（1981）版。

② 卷末附有《新华严经音义》。

③ 这些传抄本的异同也为研究古代写本大藏经的形态提供了线索，反映了佛教当时在中日韩的传播状态和大致途径。如《开宝藏》是依据当时传写本刻印，其所据传写本今已不存，《开宝藏》今也仅存零本，而比勘这些传抄本与《开宝藏》零本的异同或多或少也可略窥《开宝藏》所据传写本的概貌。

又如《朱子语类》既是朱熹与其门人讲学问答的实录，也是文人口语的实录，既有书面语成分，又有口语成分，不仅反映了朱熹的思想演变脉络和当时的社会生活状况，而且也反映了当时语言的使用状况和古今汉语文白演变的概貌，尤其是有一些讲学内容，几个弟子都有记载，这些详略不同的语录形成互补，可以参证，文献史料的可靠程度较高，生动地体现了朱子的理学思想和宋代的民情习俗，往往具体地反映了当时宋以前汉语原有单音词和唐宋以来新产生的复音词并存的语言事实和上古汉语和近代汉语相交叉的中间状态，不仅是研究宋代语言的一座丰富宝库，而且也是研究近代汉语发展规律的一部重要文献，在汉语演变发展史的研究上具有重要的价值。[①] 学界以往的研究多依据通行的黎靖德本或清人张伯行所辑八卷本《朱子语类辑略》，而我们可采用文献学与语言学研究结合的方法，在比勘鉴别《朱子语类》今存李道传编辑的宋刻残本《晦庵先生朱文公语录》，朝鲜古写宝祐二年再校徽州本，明成化九年江西藩司复刊宋咸淳六年导江黎氏本，清康熙年间吕留良刊刻本、正谊堂本和四库全书本，中华书局出版的理学丛书本和安徽教育出版社与上海古籍出版社出版的《朱熹全集》中所收《朱子语类》各本异同的文献学基础上，从文字学、音韵学、词汇学、文化史等多角度揭示《朱子语类》中词语的形音义演变，尤其是一些常用词词义和汉语词汇古今文白演变的线索。这样建立在扎扎实实文献研究基础上的《朱子语类》语言研究所得成果也就具有更高的学术价值。如方一新《中古近代汉语词汇学》一书据《近代汉语语法资料汇编·宋代卷》所载《朱子语类·训门人》："这天理说得荡漾，似一块水银，滚来滚去，捉那不著。"他指出"捉那不著"的"那"费解，加按语认为"'那'疑应读为'捺'，按住，压住。中古佛典已见"，"近代汉语作品亦用"。"今吴方言仍说。《朱子语类》中现存于吴方言的词语不少，此即一例。"[②] 此条为黄义刚所录。据我们核校宋刻《晦庵先生朱文公语录》，"那"作"它"，又检徽州本和成化本皆作"那"，似黄士毅编《蜀类》时改"它"为"那"。据宋刻《晦庵先生朱文公语录》作"捉它不著"，文义通顺，并不费解。

---

① 参徐时仪：《略论朱子语类在近代汉语研究上的价值》，《上海师范大学学报》2000年4期。

② 方一新：《中古近代汉语词汇学》北京：商务印书馆2010年版，第59页。《近代汉语语法资料汇编·宋代卷》所载《朱子语类》为江蓝生校录，校记称所选的《训门人》和《总训门人》以正谊堂本卷五、卷六、卷七为底本，参校集成本；有少数段落参校宋本。

四、开拓传承基础上的创新

语言学作为一门领先的学科是在于语言学研究的内容与人的活动密切相关，语言的意义不只限于语言系统内部，而是植根于人与客观外界互动的过程，语言结构和意义的形成与人的认知和经验等密切相关，尤其是作为语言研究中最为精微复杂的领域，语义反映了人类的认知过程和思维成果。语言学作为一门人文科学，需要尽量利用技术科学进行研究，但与技术科学有着本质的不同，而具有思想意识形态的人文性。近代汉语词汇顺应汉语语词双音化趋势，推动了汉语复音化的进程，推动了汉语造词法向更高级阶段的演进，实现语音造词为中心向结构造词为中心的转移，促进了汉语词义的发展演化，丰富了汉语语义发展变化的形式，打破了正统文言对俚语俗词的禁锢，大量采摭俗语词义，奠定了汉语文白转型的基础。

郭在贻说："学术研究，应善于开拓新领域，发现新课题，不要老是在前人所走过的道路上徘徊顾瞻。"① 研究语言也就是研究人与人的交际，涉及人类的所有活动。近代汉语词汇的研究不能只局限于描写语言结构的本身，还应注重传统文化的传承，贯通古今中外，充分利用不同语言为参照系进行比较，从语言是一种文化现象和语言隐含的价值观念着眼，解释为什么是这样，要联系社会、物理、生理、心理把近代汉语词汇现象置于空间和时间中去描写和解释，涉及社会的发展和人们思想观念的转变等各个方面，在注重词汇本体研究的同时，还应考察词汇产生的社会背景、文体特征、语体风格，揭示因政治、经济、文化的发展，民俗、民族的差异，外来文化渗透对词语的影响。近代汉语词汇研究要进一步拓展研究的领域，由一元到多元、微观到宏观多学科结合，运用语义场理论和义素分析法探讨近代汉语的同义、反义、多义、异义等词义的聚合和组合现象，揭示词的意义和形式之间的相互依存关系，从不同的角度入手研究词的语义特征以及语境中默认、隐含和蕴涵的相关因素，既考察词与词在近代汉语的共时平面上如何形成相互之间的联系和区别，也探讨一个历史传承词的历时演变，如该词在近代汉语词汇系统中所占有的位置，与哪些词构成分布上的互补关系等，从对某些口语白话词和常俗用词意义和用法的一般说明和归纳，拓展到对某一类词，或者一组相关

---

① 郭在贻：《昙盦文存》下编《函札存稿》，载《郭在贻文集》第四卷，北京：中华书局 2002 年版，第 93 页。

词的综合比较研究，不但描写词义演变，而且挖掘语义的深层内涵和语用的特征倾向。

五、近代汉语大词典的编纂

近代汉语词典不同于古代汉语词典和现代汉语词典，它不是一种全面描写性的词典，而是一种专门的、例释性的古白话词典。近年来虽已出版了三部《近代汉语词典》，一部为高文达主编的《近代汉语词典》，另两部为许少峰主编的《近代汉语词典》和《近代汉语大词典》，但即使是许少峰的《近代汉语大词典》收词也仅5万余条，还不能全面反映近代汉语词汇的全貌，而大量已问世的词语考释论著和专书词典或多或少地已为编纂一部更全面的《近代汉语大词典》奠定了扎实的基础。因此，在进行专书词汇研究和断代词汇研究的基础上，综合各个具体领域的研究成果，规划编纂一部更为完善的反映当代水平的《近代汉语大词典》应是目前研究近代汉语词汇的题中应有之义。

20世纪30年代黎锦熙起意编纂《中国大辞典》，致力于每一个词都须以其时代叙明"形"、"音"、"义"变迁的历史，惜由于经费不足、战乱频仍而未能成书，着实令人扼腕。80年代罗竹风主编的《汉语大词典》是古今并收、源流并重的语文性词典，由上海、江苏等五省一市四百多位专家学者参加编纂，历时十八个春秋，1986年由上海辞书出版社出版第一卷，从第二卷起由1986年成立的汉语大词典出版社出版，至1993年出齐，共十二卷，附录一卷。收字二万二千个，词语三十七万条。这部迄今为止最具权威性的大型历史性汉语语文辞典，收词宏富，释词力求义项全备，析义准确；引书范围之广，数量之多，堪称前无古人，不仅有助于解释词义，而且致力于溯源穷流，在一定程度上显示了词义发展的历史过程，但也仍然存在一些问题。其中诸如释义不确、义项未赅、收词遗漏、源流失考等不足的原因皆涉及可供概括吸收的近代汉语词汇研究成果太少。随着近年来近代汉语词汇研究的不断深入，《近代汉语大词典》亟须编纂，《汉语大词典》也亟须进行全面的修订，[①] 而语文辞书的编纂和修订是一项细致而又繁琐的工作，尤其是大中型语文辞书的编纂和修订不仅是一项费时费力的大工程，而且更是一个逐渐完

① 《汉语大词典》（第二版）的编纂出版已于2012年12月10日在人民大会堂召开正式启动会议，将于2015年开始出版，2020年完成。全书分25册，约6000万字。

善与时俱进的大工程，往往要经过一代又一代人的努力，一次修订一个飞跃，一次修订一个台阶，一版又一版的打磨锤炼才能达到精品之“典”，从而充分体现我国的学术水准和文化软实力。

结 语

任何事物的构成无不包含着一定的机制在内。所谓机制，是指事物的构造或构成所隐含的某种规律，这个规律表现为构造或构成的原理以及由此而决定事物所具有的功能。语言的机制就在于语言构造的符号性。就语言符号而言，其能指即语言单位及其系统，所指即语义单位及其系统，其组合规则即组词成句的规则，也就是语言的语法结构规则。因而，语言的机制就是符号机制，这种符号机制具体地表现为语音、语义、语法这三个要素所构成的单位和系统以及它们三者之间的关系。词是语言系统中的综合体，又是语言与社会及文化整体关联的综合体，集聚着词的形音义，既是语言存在的基本单位，也是语言运用的基本单位。词和词义的历史演变不是自然的机械运动，而是诸多因素交互消长地推动其前进。古往今来，汉语中词和词义的演变更替几乎每个时代都在发生，一些词语消亡了，又产生了一些新的词语，一些词语原有的词义又可能由别的词语取而代之。这往往或由于表述对象的变化而影响到相关词语的变化，或由于文化因素的影响和时间的推移而引起所使用词语的变化，或由于其他词语对该词所用汉字的假借而造成的更替。诸如此类的种种因素造成了古今词汇的演变。

近代汉语的时间跨度大，词义变化繁复，词汇体系中各个单位在共时条件下语义上处于彼此制约、联系的平衡状态，新成分的出现或旧成分的消失都会打破原有的平衡机制，导致词义再分配并引起词义的发展演变。近代汉语词汇的演变发展不是单一的线性流程，也不是各断代系统简单对应的静态延续，而是处于既有不同时间上的纵向传承和垂直对照，又有同一时间平面上空间横向影响的纵横交错、相辅相成的立体状态。

近代汉语词汇中增加了一大批新词，尤其是复音词，顺应了汉语语词双音化趋势，推动了复音化的进程，实现了语音造词为中心向结构造词为中心的转移，促进了词义的发展演化，丰富了词义发展变化的形式，吸收了大量外来词，既有不同层次的同义异构的竞争，又有同一层次内同义异构的演变关系，从而推动了文白此消彼长由量变向质变的转化，形成文白转型的雏形，表明了汉语词汇是一个受社会因素影响的多元异质系统，即融典雅精英文化与通俗平民文化以及本土文化与外来文化而不断发展的开放系统。

近代汉语词汇研究面对的是数量庞大的语词材料，不管是共时、历时的研究，还是专书、专类词语的研究，都要求较长的、甚至是多年的语料积累，而词汇和词义系统的研究则要求有更多的语料积累和理论阐析。如分析词汇、词义现象往往要求具有哲学、心理学和社会学等多方面的知识，考释词语意义要求有文字、音韵、训诂以及丰富的历史文化知识作为基础，词汇学的研究往往又要求同语法、修辞的研究结合起来，在近代汉语词汇研究这个领域则要求更多的踏实苦干精神和更艰辛的劳动。王国维在 1908 年发表的《人间词话》中谈到："古今之成大事业大学问者，必经过三种之境界：'昨夜西风凋碧树，独上高楼，望尽天涯路'，此第一境也。'衣带渐宽终不悔，为伊消得人憔悴'，此第二境也。'众里寻他千百度，蓦然回首，那人却在，灯火阑珊处'此第三境也。"王国维巧妙地运用了这三句词中蕴含的哲理意趣，表现了"登高望远的悬思——坚韧不拔的苦索——心旷神怡的顿悟"的治学三重境界。近代汉语词汇研究也是如此。

词汇在语言中占有重要的地位，尽管词汇学研究近年来不断取得长足的进展，但与语法学和音韵学等相关学科相比还是略显滞后。这与词汇学在中国语言学整体格局中所占位置则很不相符，词汇学研究的巨大潜力尚待充分发掘，而近代汉语词汇的研究和近代汉语词汇学的研究在汉语词汇学的研究上处于承上启下的重要地位，近代汉语词汇的研究和近代汉语词汇学的研究越深入，也就越能更充分地勾勒出汉语词汇的古今传承演变线索和揭示其内在发展规律。黄侃曾明确指出："夫所谓学者，有系统条理，而可以因简驭繁之法也。"近代汉语词汇的研究旨在揭示近代汉语词汇的体系、结构、特点、模式和规律，"明其理"，"得其法"，[①] 建立一个完整的近代汉语词汇学的理论系统，探明汉语词汇发展演变之所以然。

20 世纪以来的近代汉语词汇研究在前人成果的基础上获得了新的发展，然而由于近代汉语的时间跨度长，材料异常丰富，且原有基础薄弱，所以余留的空白点还有不少，尤其是近代汉语介于古代汉语和现代汉语之间，古代汉语和现代汉语的区别表现在书面上就是文言与白话的区别，而文白演变是 20 世纪初语言的重大变动，文白的转型深刻广泛地影响了我们整个民族的思维和演说方式，成为中国文化由古典形态走向现代形态的起点。白话文是怎

① 黄焯整理、黄侃述：《文字声韵训诂笔记》，上海：上海古籍出版社 1983 年版。

样取代了文言文？现代汉语的词语怎样由上古演变而来？凡此种种都与近代汉语词汇的研究密切相关，有待我们进一步探讨。

汉语文白的转变不仅是一种语言现象，也是一种文化现象，涉及社会的发展和人们思想观念的转变以及价值观念的更新等诸多方面，而“文白的转变也是一个新的系统代替一个旧的系统，遵循了语言发展自身的规律”，① 近代汉语词汇的演变线索在一定程度上反映了我们的母语——汉语由文言演变为白话和白话由不登大雅之堂到升堂入室取代文言文的发展过程。因而近代汉语词汇研究在汉语词汇史的研究上意义重大，且有很多的发展空间需要我们进一步开拓，我们需要做的工作是全面整理归纳现有成果，注重词的意义内容与词的外部形式相结合，定性分析与定量分析相结合，个案考察与系统研究相结合，客观描写与理论总结相结合，采用归纳和演绎相结合、相验证的互动、互证的方法进行近代汉语词汇的专书和断代研究，本着联系的、发展的观点探讨汉语词汇的古今演变和发展，从而不仅使近代汉语词汇的研究迈上一个新的台阶，而且也将对汉语词汇学和普通语言学的研究作出贡献。

我们期待着21世纪近代汉语词汇研究和近代汉语词汇学研究有新的更大的发展。

---

① 参徐时仪：《汉语白话发展史》，北京：北京大学出版社2007年版，第237页。

参考文献

1．曹炜：《现代汉语词汇研究》，北京：北京大学出版社 2004 年版。

2．曹炜：《现代汉语词义学》（修订本），广州：暨南大学出版社 2009 年版。

3．常敬宇：《汉语词汇与文化》，北京：北京大学出版社 1995 年版。

4．陈明娥：《敦煌变文词汇计量研究》，南昌：百花洲文艺出版社 2006 年版。

5．陈明娥：《朱熹口语文献词汇研究》，李如龙、李无未主编《朱熹口语文献语言通考之一》，厦门：厦门大学出版社 2011 年版。

6．陈敏：《宋代笔记在汉语词汇学理论研究中的价值》，北京：光明日报出版社 2011 年版。

7．陈秀兰：《敦煌变文词汇研究》，成都：四川民族出版社 2002 年版。

8．陈秀兰：《魏晋南北朝文与汉文佛典语言比较研究》，北京：中华书局 2008 年版。

9．程碧英：《〈朱子语类〉词汇研究》，成都：巴蜀书社 2011 年版。

10．崔山佳：《近代汉语词汇论稿》，成都：巴蜀书社 2005 年版。

11．［日］长泽规矩也编：《明清俗语辞书集成》，上海：上海古籍出版社 1989 年版。

12．丁喜霞：《中古常用并列双音词的成词和演变研究》，北京：语文出版社 2006 年版。

13．董秀芳：《词汇化：汉语双音词的衍生和发展》，成都：四川民族出版社 2002 年版。

14．董秀芳：《汉语的词库与词法》，北京：北京大学出版社 2004 年版。

15．董志翘：《〈入唐求法巡礼行记〉词汇研究》，北京：中国社会科学出版社 2000 年版。

16．董志翘：《中古近代汉语探微》，北京：中华书局 2007 年版。

17．董为光：《汉语词义发展基本类型》，武汉：华中科技大学出版社

2004 年版。

18. 方一新：《东汉魏晋南北朝史书词语笺释》，合肥：黄山书社 1997 年版。

19. 方一新、王云路：《中古汉语读本》（修订本），上海：上海教育出版社 2006 年版。

20. 方一新：《中古近代汉语词汇学》，北京：商务印书馆 2010 年版。

21. ［瑞士］费尔迪南·德·索绪尔著，高名凯译：《普通语言学教程》，北京：商务印书馆 1980 年版。

22. 符淮青：《现代汉语词汇》，北京：北京大学出版社 1985 年版。

23. 符淮青：《汉语词汇学史》，合肥：安徽教育出版社 1996 年版。

24. 符淮青：《词义的分析和描写》，北京：外语教学与研究出版社 2006 年版。

25. 高名凯：《语言论》，北京：科学出版社 1963 年初版，北京：商务印书馆 1995 年再版。

26. 高文达：《近代汉语词典》，北京：知识出版社 1992 年版。

27. 葛本仪：《现代汉语词汇学》，济南：山东人民出版社 2001 年版。

28. 葛本仪主编：《汉语词汇学》，济南：山东人民出版社 2002 年版。

29. 顾之川：《明代汉语词汇研究》，郑州：河南大学出版社 2000 年版。

30. 郭在贻：《训诂丛稿》，上海：上海古籍出版社 1985 年版。

31. 郭在贻：《训诂学》（修订本），北京：中华书局 2005 年版。

32. 韩陈其：《汉语词汇论稿》，南京：江苏古籍出版社 2002 年版。

33. 何九盈：《中国古代语言学史》，广州：广东教育出版社 1995 年版。

34. 何九盈、蒋绍愚：《古汉语词汇讲话》，北京：中华书局 2010 年版。

35. 胡敕瑞：《〈论衡〉与东汉佛典词语比较研究》，成都：巴蜀书社 2002 年版。

36. 胡竹安、杨耐思、蒋绍愚编：《近代汉语研究》，北京：商务印书馆 1993 年版。

37. 华夫编：《中国古代名物大典》，济南：济南出版社 1993 年版。

38. 化振红：《〈洛阳伽蓝记〉词汇研究》，北京：中国文史出版社 2002 年版。

39. 黄金贵：《古代文化词义集类辨考》，上海：上海教育出版社 1995 年版。

40. 黄金贵：《古代文化词语考论》，杭州：浙江大学出版社 2001 年版。

41. 黄金贵：《汉语同义词辨释论》，上海：上海古籍出版社 2002 年版。

42. 黄金贵编：《解物释名》，上海：上海辞书出版社 2008 年版。
43. 黄侃：《文字声韵训诂笔记》，上海：上海古籍出版社 1983 年版。
44. 黄征、吴伟：《敦煌愿文集》，长沙：岳麓书社 1995 年版。
45. 黄征、张涌泉：《敦煌变文校注》，北京：中华书局 1997 年版。
46. 黄征：《敦煌语言文字学研究》，兰州：甘肃教育出版社 2002 年版。
47. 黄征：《敦煌俗字典》，上海：上海教育出版社 2005 年版。
48. 贾德彦：《汉语语义学》，北京：北京大学出版社 1999 年版。
49. 江蓝生：《魏晋南北朝小说词语汇释》，北京：语文出版社 1988 年版。
50. 江蓝生：《近代汉语探源》，北京：商务印书馆 2000 年版。
51. 江蓝生：《近代汉语新论》，北京：商务印书馆 2008 年版。
52. 蒋冀骋：《近代汉语词汇研究》，长沙：湖南教育出版社 1991 年版。
53. 蒋冀骋、吴福祥：《近代汉语纲要》，长沙：湖南教育出版社 1997 年版。
54. 蒋礼鸿：《敦煌变文字义通释》（增补定本），上海：上海古籍出版社 1997 年版。
55. 蒋礼鸿编：《敦煌文献语言词典》，杭州：杭州大学出版社 1994 年版。
56. 将绍愚：《近代汉语研究概况》，北京：北京大学出版社 1994 年版。
57. 蒋绍愚：《汉语词汇语法史论文集》，北京：商务印书馆 2000 年版。
58. 蒋绍愚：《古汉语词汇纲要》，北京：商务印书馆 2005 年版。
59. 蒋绍愚：《近代汉语研究概要》，北京：北京大学出版社 2005 年版。
60. 蒋绍愚：《汉语词汇语法史论文续集》，北京：商务印书馆 2012 年版。
61. 蒋绍愚、江蓝生编：《近代汉语研究（二）》，北京：商务印书馆 1999 年版。
62. 李富华、何梅：《汉文佛教大藏经研究》，北京：宗教文化出版社 2003 年版。
63. 李明权：《佛学典故汇释》，杭州：浙江古籍出版社 1990 年版。
64. 李申：《〈金瓶梅〉方言俗语汇释》，北京：北京师范学院出版社 1992 年版。
65. 李申：《近代汉语文献整理与研究》，石家庄：河北教育出版社 2002 年版。
66. 李仕春：《汉语构词法与造词法研究》，北京：语文出版社 2011

年版。

67. 李维琦：《佛经词语汇释》，长沙：湖南师范大学出版社2004年版。

68. 李文泽：《宋代语言研究》，北京：线装书局2001年版。

69. 李宗江：《汉语常用词演变研究》，上海：汉语大词典出版社1999年版。

70. 雷汉卿：《近代方俗词丛考》，成都：巴蜀书社2006年版。

71. 雷汉卿：《禅籍方俗词研究》，成都：巴蜀书社2009年版。

72. 梁晓虹、徐时仪、陈五云：《佛经音义与汉语词汇研究》，北京：商务印书馆2005年版。

73. 梁晓虹：《佛教词语的构造与汉语词汇的发展》，北京：北京语言学院出版社1994年版。

74. 梁晓虹：《佛教与汉语词汇研究》，台北：台湾佛光文化2001年版。

75. 梁晓虹：《佛教与汉语史研究——以日本资料为中心》，上海：上海古籍出版社2008年版。

76. 刘坚、江蓝生编：《近代汉语断代语言词典系列》，上海：上海教育出版社1997年版。

77. 刘坚、蒋绍愚：《近代汉语语法资料汇编》，北京：商务印书馆1990年版。

78. 刘坚、江蓝生、白维国、曹广顺：《近代汉语虚词研究》，北京：语文出版社1992年版。

79. 刘坚：《古代白话文献选读》，北京：商务印书馆1999年版。

80. 刘坚：《近代汉语读本》（修订本），上海：上海教育出版社2005年版。

81. 刘洁修：《汉语成语考释词典》，北京：商务印书馆1989年版。

82. 刘洁修：《汉语成语源流大辞典》，北京：开明出版社2009年版。

83. 刘敬林、刘瑞明：《北京方言词谐音语理据研究》，北京：中国言实出版社2008年版。

84. 刘叔新：《词汇和词典学问题研究》，天津：天津人民出版社1984年版。

85. 刘叔新：《汉语描写词汇学》，北京：商务印书馆1990年版。

86. 刘叶秋：《中国字典史略》，北京：中华书局2003年版。

87. 龙潜庵：《宋元语言词典》，上海：上海辞书出版社1985年版。

88. 陆志伟等：《汉语的构词法》，北京：科学出版社1964年版。

89. 陆宗达、王宁：《训诂方法论》，北京：中国社会科学出版社1983

年版。

90. 陆宗达、王宁：《训诂与训诂学》，太原：山西教育出版社 1996 年版。

91. 罗常培：《语言与文化》，北京：语文出版社 1996 年版。

92. 罗维明：《中古墓志词语研究》，广州：暨南大学出版社 2003 年版。

93. 罗正坚：《汉语词义引申导论》，南京：南京大学出版社 1996 年版。

94. 罗竹风主编：《汉语大词典》，上海：汉语大词典出版社 2007 年版

95. 潘允中：《汉语词汇史概要》，上海：上海古籍出版社 1989 年版。

96. 濮之珍：《中国语言学史》，上海：上海古籍出版社 1987 年版。

97. 曲彦斌编：《中国民俗语言学》，上海：上海文艺出版社 1996 年版。

98. 任继昉：《汉语语源学》，重庆：重庆出版社 2004 年版。

99. 史存直：《汉语词汇史纲要》，上海：华东师范大学出版社 1989 年版。

100. 苏宝荣：《词义研究与辞书释义》，北京：商务印书馆 2000 年版。

101. 苏宝荣：《词汇学与辞书学研究》，北京：商务印书馆 2008 年版。

102. 苏新春：《当代中国词汇学》，广州：广东教育出版社 1995 年版。

103. 孙常叙：《古—汉语文学语言词汇概论》，上海：上海辞书出版社 2005 年版。

104. 孙常叙：《汉语词汇》，北京：商务印书馆 2006 年版。

105. 孙机：《汉代物质文化资料图说》，北京：文物出版社 1991 年版。

106. 孙雍长：《训诂原理》，北京：语文出版社 1997 年版。

107. 宋均芬：《汉语词汇学》，北京：知识出版社 2002 年版。

108. ［日］太田辰夫：《汉语史通考》，重庆：重庆出版社 1991 年版。

109. 谭代龙：《义净译经身体运动概念场词汇系统及其演变研究》，北京：语文出版社 2008 年版。

110. 汪维辉：《东汉——隋常用词演变研究》，南京：南京大学出版社 2000 年版。

111. 汪维辉：《〈齐民要术〉词汇语法研究》，上海：上海教育出版社 2007 年版。

112. 汪维辉：《汉语词汇史新探》，上海：上海人民出版社 2007 年版。

113. 万献初：《汉语构词论》，武汉：湖北人民出版社 2004 年版。

114. 王艾录、司富珍：《语言理据研究》，北京：中国社会科学出版社 2002 年版。

115. 王东海：《古代法律词汇词义系统研究》，北京：中国社会科学出版

社 2007 年版。

116. 王凤阳：《古辞辨》，长春：吉林文史出版社 1993 年版。

117. 王吉辉：《固定语研究》，天津：南开大学出版社 2009 年版。

118. 王继如：《敦煌问学丛稿》，南京：江苏古籍出版社 2001 年版。

119. 王军：《汉语词义系统研究》，济南：山东人民出版社 2005 年版。

120. 王力：《中国语言学史》，太原：山西人民出版社 1981 年版。

121. 王力：《同源字典》，北京：商务印书馆 1983 年版。

122. 王力：《汉语词汇史》，北京：商务印书馆 1993 年版。

123. 王力：《汉语史稿》，北京：中华书局 2002 年版。

124. 王宁：《训诂学原理》，北京：中国国际广播出版社 1986 年版。

125. 王启涛：《中古近代法制文书语言研究——以敦煌文书为中心》，成都：巴蜀书社 2003 年版。

126. 王启涛：《吐鲁番出土文书词语考释》，成都：巴蜀书社 2005 年版。

127. 王启涛：《吐鲁番出土文献词典》，成都：巴蜀书社 2012 年版。

128. 王毅：《〈西游记〉词汇研究》，上海：上海三联书店 2012 年版。

129. 王绍峰：《初唐佛典词汇研究》，合肥：安徽教育出版社 2004 年版。

130. 王学奇、王静竹：《宋金元明清曲辞通释》，北京：语文出版社 2002 年版。

131. 王彦坤：《前四史生僻词语考释》，北京：商务印书馆 2006 年版。

132. 王锳、曾明德编：《诗词曲语辞集释》，北京：语文出版社 1991 年版。

133. 王锳：《唐宋笔记语辞汇释》（修订本），北京：中华书局 2001 年版。

134. 王锳：《近代汉语词汇语法散论》，北京：商务印书馆 2004 年版。

135. 王锳：《诗词曲语辞例释》（第二次增订本），北京：中华书局 2005 年版。

136. 王锳：《〈汉语大词典〉商补》，合肥：黄山书社 2006 年版。

137. 王锳：《语文丛稿》，北京：中华书局 2006 年版。

138. 王锳：《宋元明市语汇释》（修订增补本），北京：中华书局 2008 年版。

139. 王云路、方一新：《中古汉语语词例释》，长春：吉林教育出版社 1992 年版。

140. 王云路、方一新编：《中古汉语研究》，北京：商务印书馆 2001 年版。

141. 王云路:《汉魏六朝诗歌语言论稿》，西安：陕西人民教育出版社 1997 年版。

142. 王云路:《六朝诗歌语词研究》，哈尔滨：黑龙江教育出版社 1999 年版。

143. 王云路:《词汇训诂论稿》，北京：北京语言文化大学出版社 2002 年版。

144. 王云路:《中古汉语词汇史》，北京：商务印书馆 2010 年版。

145. 温端政:《汉语语汇学》，北京：商务印书馆 2005 年版。

146. 魏启君:《十七世纪前中期汉语词汇研究》，北京：中国社会科学出版社 2013 年版。

147. 吴金华:《世说新语考释》，合肥：安徽教育出版社 1994 年版。

148. 吴金华:《古文献整理与古汉语研究》，南京：江苏古籍出版社 2001 年版。

149. 吴金华:《古文献整理与古汉语研究续集》，南京：凤凰出版社 2007 年版。

150. 武占坤、王勤:《现代汉语词汇概要》，呼和浩特：内蒙古人民出版社 1983 年版。

151. [日] 香坂顺一:《白话语汇研究》，北京：中华书局 1997 年版。

152. 向熹:《简明汉语史》（修订本），北京：商务印书馆 2010 年版。

153. 项楚:《王梵志诗校注》，上海：上海古籍出版社 1991 年版。

154. 项楚:《敦煌歌辞总编匡补》，成都：巴蜀书社 2000 年版。

155. 项楚:《寒山诗注》，北京：中华书局 2001 年版。

156. 项楚:《敦煌变文选注》（增订本），北京：中华书局 2006 年版。

157. 徐朝华:《上古汉语词汇史》，北京：商务印书馆 2003 年版。

158. 徐国庆:《汉语词汇系统论》，北京：北京大学出版社 1999 年版。

159. 徐时仪、陈五云、梁晓虹编:《佛经音义研究——首届佛经音义研究国际学术研讨会论文集》，上海：上海古籍出版社 2006 年版。

160. 徐时仪、陈五云、梁晓虹编:《佛经音义研究——第二届佛经音义研究国际学术研讨会论文集》，南京：凤凰出版社 2011 年版。

161. 徐时仪:《慧琳音义研究》，上海：上海社会科学院出版社 1997 年版。

162. 徐时仪:《古白话词汇研究论稿》，上海：上海教育出版社 2000 年版。

163. 徐时仪:《玄应〈众经音义〉研究》，北京：中华书局 2005 年版。

164. 徐时仪：《汉语白话发展史》，北京：北京大学出版社 2007 年版。

165. 徐时仪：《语言文字》，南京：南京大学出版社 2009 年版。

166. 徐时仪：《玄应和慧琳〈一切经音义〉研究》，上海：上海人民出版社 2009 年版。

167. 徐时仪：《〈朱子语类〉词汇研究》，上海：上海古籍出版社 2013 年版。

168. 徐通锵：《历史语言学》，北京：商务印书馆 2001 年版。

169. 许少峰：《近代汉语大词典》，北京：中华书局 2008 年版。

170. 许威汉：《汉语词汇学引论》，北京：商务印书馆 1992 年版。

171. 许威汉：《二十世纪的汉语词汇学》，太原：书海出版社 2000 年版。

172. 许威汉：《汉语词汇学导论》，北京：北京大学出版社 2008 年版。

173. 严修：《二十世纪的古汉语研究》，太原：书海出版社 2001 年版。

174. 闫艳：《〈全唐诗〉名物词研究》，成都：巴蜀书社 2004 年版。

175. 闫艳：《唐诗食品词语语言与文化之研究》，成都：巴蜀书社 2004 年版。

176. 颜洽茂：《佛教语言阐释——中古佛经词汇研究》，杭州：杭州大学出版社 1997 年版。

177. 杨观：《周密笔记词汇研究》，成都：巴蜀书社 2011 年版。

178. 杨爱娇：《近代汉语三音词研究》，武汉：武汉大学出版社 2005 年版。

179. 杨琳：《汉语词汇与华夏文化》，北京：语文出版社 1996 年版。

180. 杨同军：《语言接触与文化互动——汉译佛经词汇的生成与演变研究》，北京：中华书局 2011 年版。

181. 杨建国：《近代汉语引论》，合肥：黄山书社 1993 年版。

182. 叶贵良：《敦煌道经写本与词汇研究》，成都：巴蜀书社 2007 年版。

183. 俞理明：《佛经文献语言》，成都：巴蜀书社 1993 年版。

184. 于淑健：《敦煌佛典语词和俗字研究》，上海：上海古籍出版社 2012 年版。

185. 遇笑容：《〈儒林外史〉词汇研究》，北京：北京大学出版社 2001 年版。

186. 尹戴忠：《上古“看视”概念场词汇研究》，长沙：湖南人民出版社 2011 年版。

187. 袁宾、徐时仪、史佩信、陈年高：《二十世纪的近代汉语研究》，太原：书海出版社 2001 年版。

188. 袁宾：《禅宗著作词语汇释》，南京：江苏古籍出版社 1990 年版。
189. 袁宾：《近代汉语概论》，上海：上海教育出版社 1992 年版。
190. 詹人凤：《现代汉语语义学》，北京：商务印书馆 1997 年版。
191. 张联荣：《古汉语词义论》，北京：北京大学出版社 2000 年版。
192. 张联荣：《汉语词汇的流变》，郑州：大象出版社 2009 年版。
193. 张美兰：《近代汉语论稿》，南昌：江西教育出版社 2004 年版。
194. 张美兰：《明清域外官话文献语言研究》，长春：东北师范大学出版社 2011 年版。
195. 张相：《诗词曲语辞汇释》，北京：中华书局 1955 年版。
196. 张小艳：《敦煌书仪语言研究》，北京：商务印书馆 2007 年版。
197. 张诒三：《词语搭配变化研究——以隋以前若干动词与名词的搭配变化为例》，济南：齐鲁书社 2005 年版。
198. 张永言：《词汇学简论》，武汉：华中工学院出版社 1982 年版。
199. 张永言：《语文学论集》（增补本），北京：语文出版社 1999 年版。
200. 张涌泉：《汉语俗字研究》，长沙：岳麓书社 1995 年版。
201. 张涌泉：《敦煌俗字研究》，上海：上海教育出版社 1996 年版。
202. 张涌泉：《汉语俗字丛考》，北京：中华书局 2000 年版。
203. 张玉萍：《近代汉语研究索引》，成都：巴蜀书社 2009 年版。
204. 张志毅、张庆云：《词汇语义学》，北京：商务印书馆 2005 年版。
205. 赵克勤：《古汉语词汇学》，北京：商务印书馆 1994 年版。
206. 赵振铎：《中国语言学史》，石家庄：河北教育出版社 2000 年版。
207. 赵倩：《汉语人体名词词义演变规律及认知动因》，北京：中国社会科学出版社 2013 年版。
208. 郑光：《原刊〈老乞大〉研究》，北京：外语教学与研究出版社 2000 年版。
209. 郑贤章：《龙龛手镜研究》，长沙：湖南师范大学出版社 2004 年版。
210. 郑贤章：《〈新集藏经音义随函录〉研究》，长沙：湖南师范大学出版社 2007 年版。
211. 周荐：《汉语词汇研究史纲》，北京：语文出版社 1995 年版。
212. 周荐：《汉语词汇结构论》，上海：上海辞书出版社 2004 年版。
213. 周荐、杨世铁：《汉语词汇研究百年史》，北京：外语教学与研究出版社 2006 年版。
214. 周荐：《20 世纪中国词汇学》，北京：中国人民大学出版社 2008 年版。

215. 周俊勋:《中古汉语词汇研究纲要》，成都：巴蜀书社 2009 年版。
216. 周日健、王小莘编:《〈颜氏家训〉词汇语法研究》，广州：广东人民出版社 1998 年版。
217. 周志锋:《大字典论稿》，杭州：浙江教育出版社 1998 年版。
218. 周志锋:《明清小说俗字俗语研究》，北京：中国社会科学出版社 2006 年版。
219. 朱承平:《故训材料的鉴别与应用》，广州：暨南大学出版社 2001 年版。
220. 朱庆之:《佛典与中古汉语词汇研究》，台北：台北文津出版社 1992 年版。
221. 朱庆之编:《中古汉语研究（二）》，北京：商务印书馆 2005 年版。
222. 朱星:《汉语词义简析》，武汉：湖北人民出版社 1981 年版。
223. 曾良:《俗字及古籍文字通例研究》，南昌：百花洲文艺出版社 2006 年版。
224. 曾良:《隋唐出土墓志文字研究及整理》，济南：齐鲁书社 2007 年版。
225. 曾良:《明清通俗小说语汇研究》，南昌：江西教育出版社 2009 年版。
226. 曾良:《敦煌佛经字词与校勘研究》，厦门：厦门大学出版社 2010 年版。
227. 曾昭聪:《中古近代汉语词汇论稿》，北京：中央文献出版社 2004 年版。
228. 曾昭聪:《汉语词汇训诂专题研究导论》，广州：暨南大学出版社 2010 年版。

思考题

汉语词语的创制方法有哪些?

以实例说明近代汉语词语主要是采用哪几种方法创制的?

从汉语史的角度观察，古代汉语和近代汉语在造词法上有何不同?

汉语中有不少意合词，试述意合在构词法上的价值和意义。

试述造词法和构词法的区别。

试述外来词的概念。

试述历史词的概念。

待嵌格式造成的固定语为何大多是四字的?

近代汉语中的单纯词在古代可能是合成词，古代的单纯词演变到近代也可能是合成词，这是什么原因?

词汇单位的内容和形式有何关系?

词汇化形成的原因?

构词规则与句法规则是否相同?

试述词汇学与哪些学科关系密切?

试述词汇学与词典学的关系。

试述汉字与语素的关系。

试述自由语素与黏着语素的关系。

口语词与书面词能否相互转化?

如何理解词语创制中的理据?

书面语词和口头语词的竞争和消长上有没有规律可循?

书面语词进入口语和口语词进入书面语，是词语自身的特点决定的，还是社会历史文化原因决定的?

基本词与一般词是如何在竞争中互相转化的?

推动词汇及其系统发展的动力是什么?词汇是如何在竞争中发展变化的?受到了哪些因素的制约?存在着怎样的规律?

试用义素分析法分析一组同义词。

多义词新义的产生有哪些方式?

复合词内部语素与语素是如何结合起来的?语义结构是如何构成的?在由词组到词的转化过程中哪些因素起着决定性作用?哪些条件制约着对语素的选择和最后凝固成词?

近代汉语词汇研究的未来发展趋势如何?

近代汉语词汇研究的意义何在?

白话文为什么会取代文言文?

白话文是怎样取代了文言文?

试述汉语词汇演化的雅←→俗价值取向。

白话史有哪些发展阶段?

现代汉语的词语怎样由上古演变而来?

试述文白之争的是非和本质。

语言的变革在“五四”新文化运动中起了什么作用?

后　记

汉语词汇的研究迄今已有多部《古汉语词汇学》和《现代汉语词汇学》，然尚无《近代汉语词汇学》。有鉴于此，曹炜教授邀我应暨南大学出版社之约撰写“面向21世纪的研究生教学用书”中的《近代汉语词汇学》，以填补汉语词汇学论著中无近代汉语词汇学之阙。

本书的初稿是我给研究生授课的讲义，自1992年开设近代汉语词汇研究这门课程以来日有所积，参考了有关的词汇学和近代汉语词汇研究论著，续有多次增补，力求博采众长，人详我略，详人之所略，以自己多年研治近代汉语词汇的一得之见来融会贯通前贤时秀已有研究成果，而冀与学界已有各家《古代汉语词汇学》和《现代汉语词汇学》相辅相成。

金代元好问《论诗》诗之三曾说“鸳鸯绣了从教看，莫把金针度与人”，意谓绣好的鸳鸯任凭人欣赏，而不要把针黹手艺传授给别人。《朱子语类》卷一〇四也曾记载朱熹说：“所谓‘鸳鸯绣出从君看，莫把金针度与人’，他禅家自爱如此。”朱熹意谓禅家讲道不明示玄机而让人自悟。我从教至今则深感授人以鱼不如授人以渔，讲授近代汉语词汇学既要展示绣出的鸳鸯，又要阐明针线穿引的过程，更要引导学生自悟，掌握基本功和研究方法，不仅知其然，而且还要致力于探求其所以然。大学的教学，尤其是研究型大学的教学，不只是教师教学生学，更重要的是教学相长，教学与科研结合。教师要授人以渔，一步一步循序渐进地引导学生治学，鼓励学生有抱负有追求，在传承的基础上有所创新，学到真知灼见，做出象牙塔尖上的真学问，活出生命的精彩和人生的价值。我1980年进《汉语大词典》编纂处参加《汉语大词典》编纂，1985年考取上海师范大学古典文献专业研究生。当时程应镠先生给我们讲授魏晋南北朝史，程先生授课循循善诱，注重治学方法，一再强调研究任何问题必须注意到一定的具体时间、地点和条件。程先生所撰《论北魏实行均田令的对象与地区》一文已详细考证了北魏实行均田令的对象与地区。[①]在程先生的指导下，我根据有关史料记载和听课笔记，又对北魏实行均田的具体时间、对象、范围和目的作了进一步较为全面的考察，后就探讨所得撰写了作业。程先生给了“优+”的高分，批语为：“论均田及计口受田，极为用功，现有材料可谓完全占有了。可嘉，可嘉。畿内之地（可据史料确定）土地占有情况，可专作述论。目前还没有这方面的研究成果。我那篇收入顾颉刚先生纪念论文集的文章也只不过略示其端倪而已。”[②] 我在读研期间学到和自悟到治学的“金针”，这使我受益良多，也使我在教学中力求授人以渔和促人自悟。毕业后至今我一直孜孜矻矻于古白话文献和词汇的研究，在近代汉语词汇浩繁的多元异质现象面前，既看到这一领域大有作为，尚有许多空白有待填补，且如行山阴道上，探讨其所以然而渐入佳境，也常深感学无止境和阐明自己思路的力不从心。本书虽几经修改，但撰写近代汉语词汇学毕竟还只是斗胆而为的一次尝试，且限于学识水平，书中所论难免会有不妥之处，在此谨不揣谫陋而抛砖引玉，冀后出转精而有所补正，亦冀有志研读近代汉语词汇学的学生能从中自悟到治学的“金针”。至于管窥蠡测而有疏失不当之处，则由笔者负责。

本书是国家社会科学基金项目“古白话词汇研究”（13BYY107）、上海市教委科研创新项目“古白话词汇研究”（13ZS084）和085工程项目“宋代文献整理与研究”及上海地方本科院校“十二五”内涵建设项目“东亚文献与城市发展研究”的研究成果。初稿作为授课讲义，为讲述方便，引用前贤时秀论著中若干例说时，除已随文注明外，或有融入论述之中而未能一一注明之处，撰写此书时又几经修订，抑或有漏加注明之处，但主要参考文献已在书末逐一列出，特说明非敢掠美之意，在此谨向所引论著的作者表示衷心的谢意。书中引用前修时贤的论点时为节省篇幅，省去了先生的称呼，亦在此谨向所引论著的作者表示衷心的谢意。

本书的撰写和顺利问世得到蒋绍愚、杨端志、徐文堪、曹炜和杜小陆先生的关爱，诸位先生对本书的撰写勉励有加，且提出了许多很好的建议。我要感谢的师长和学友有很多，受之滴水，也自应涌泉相报，值本书出版之际，我谨在此向所有奖掖关心我学业上有所长进的前辈学者和同行专家致以最衷

---

① 程应镠《论北魏实行均田令的对象与地区》，载《纪念顾颉刚学术论文集》，成都：巴蜀书社1990年版。

② 参徐时仪《北魏均田的对象、范围、目的和时间考探》，《论史传经》，上海：上海古籍出版社2004年版。

心的谢意和敬意。暨南大学出版社编辑陈蒙、朱斌和友生郎晶晶、潘牧天、俞莉娴、胡平、邢怒海、廖宏艳、郭丽华、赵欣、陈佳燕、沈叶露、傅雪等协助核校清样，多有补正，亦以为谢。

我在拙著《玄应〈众经音义〉研究》补记所附《幻梦成真》小文中曾说："经过寒冬的人倍觉春天的温暖，失去学习机会的人当然更加珍惜重新获得的学习权利，经历失而复得的磨难，今天我求知求真的欲望显得更加强烈。"我最看不起那些不珍惜学习机会还不择手段混学位者，真学问又岂是急功近利者所能为也?《朱子语类》卷四载朱熹说："气有清浊，则人得其清者，禽兽则得其浊者。人大体本清，故异于禽兽；亦有浊者，则去禽兽不远矣。"又指出"明道说水处最好，皆水也，有流而至海，终无所污；有流而未远，固已渐浊；有流而甚远，方有所浊。有浊之多者，有浊之少者"。大浪淘沙始到金，路漫漫其修远，我将继续不懈地上下求索，谨再以此与学术界同仁共勉。

徐时仪

2008 年初稿，2013 年定稿于上海师范大学古籍研究所